McGraw Hill Education

"十二五"国家重点图书出版规划项目

工商管理经典译丛

Business Driven Information Systems

Paige Baltzan　Amy Phillips

管理信息系统

(美) 佩奇·巴尔茨　埃米·菲利普斯　著

钟佳桂　主译

东北财经大学出版社
Dongbei University of Finance & Economics Press
大连

图书在版编目（CIP）数据

管理信息系统／（美）巴尔茨（Baltzan，P.），菲利普斯（Phillips，A.）著；钟佳桂译．—大连：东北财经大学出版社，2012.11
（工商管理经典译丛）
书名原文：Business Driven Information Systems
ISBN 978-7-5654-0992-9

Ⅰ．管…　Ⅱ．①巴… ②菲… ③钟…　Ⅲ．管理信息系统　Ⅳ．C931.6

中国版本图书馆 CIP 数据核字（2012）第 221509 号

Business Driven Information Systems
Original ISBN：0-07-332307-1

辽宁省版权局著作权合同登记号：06-2008-398

东北财经大学出版社出版
（大连市黑石礁尖山街 217 号　邮政编码　116025）
教学支持：（0411）84710309
营 销 部：（0411）84710711
总 编 室：（0411）84710523
网　　址：http：//www.dufep.cn
读者信箱：dufep@dufe.edu.cn
大连美跃彩色印刷有限公司印刷　　东北财经大学出版社发行

幅面尺寸：185mm×260mm　字数：449 千字　印张：20 1/4　插页：1
2012 年 11 月第 1 版　　2012 年 11 月第 1 次印刷

责任编辑：李　季　王　玲　　责任校对：赵　楠　王　娟
封面设计：冀贵收　　版式设计：钟福建

ISBN 978-7-5654-0992-9
定价：42.00 元

前 言

《管理信息系统》首先讨论企业的各种业务活动，其次讨论技术如何支持这些活动。这一独特作法的前提在于，我们认为应基于业务活动进行技术选择，即应先讨论业务需求，然后思考解决这些业务需求所需的技术支持。本教材为学生将来有朝一日在企业中表现出卓越的能力提供了坚实的基础，无论他们的专业是运营管理、生产、销售、市场营销、财务、人力资源，还是会计等。《管理信息系统》可以使学生明白信息技术可以是组织的重要力量来源。

常见的业务与信息技术项目的目标包括：降低成本，提高生产率，提高客户满意度和忠诚度，创造竞争优势，精简供应链，实施全球扩张等。实现这些成果是不容易的。实施新的会计制度或营销计划不太可能给整个组织带来长期增长或降低整个企业的成本。企业必须进行企业级的举措以实现广泛的一般性的业务目标。信息技术通过促进交流、增加商业智能，在上述企业级举措中起着关键作用。任何一个期待拥有成功职业生涯的个人，无论是在会计、金融、人力资源部门，还是运营管理部门，都必须了解信息技术的基础知识，而这些知识可以在这本教材中找到。

格式、特性与亮点

《管理信息系统》的内容是很先进的，其以易于理解的方式提出概念，鼓励学生进行参与式学习。信息技术的快速发展要求所有学生，特别是商科学生，对当前以及正在出现的新技术保持敏感。学生们面临着复杂的环境，需要明确、简明的解释帮助他们在整个职业生涯中正确理解和使用概念。书中包含大量的案例研究、练习、项目和问题，以加强概念理解。《管理信息系统》将为教师和学生带来独特的学习体验。

■ 读者。《业务驱动的信息系统》可用于本科或 MBA 的管理信息系统课程。

■ 逻辑布局。学生和教师会发现这本书的章节组织非常清楚。每章章首都提供了一个综合的引例，然后是引言、学习目标、内容和章后案例。

■ 透彻的解释。每个主题都被完全覆盖与介绍，学生可以深入地理解每个概念以及相关的其他概念。

■ 坚实的理论基础。教材内容基于前沿理论与实际的信息系统，反映当前真实的商业环境。整个教材引用大量学术和专业期刊的内容。

■ 综合主题。教材包括综合主题，以增加内容的全面性。这些主题包括技术和方法论、伦理与社会责任、全球化、赢得竞争优势等。这些主题对企业获得对自身战略的完整理解而言必不可少。

目 录

第 1 章　企业中的信息系统

1.1　企业中的信息系统

- 信息技术在企业中的角色
- 信息技术基础
- 信息技术中的角色和责任
- 测度信息技术的成功

1.2　企业战略

- 识别竞争优势
- 五力模型——评估细分市场
- 三种一般竞争战略——建立业务核心
- 价值链分析——聚焦业务流程

引例：苹果——整合技术、业务和环境

过去的 20 年，创新和创造被苹果电脑公司丢掉了。在几乎被遗忘之后，现在，其走在数字世界的路上，重新回到人们面前。ipod 的引入标志着技术、业务和环境的完美整合，亦令苹果重新回到主流。

捕捉新趋势

2000 年，斯蒂夫·乔布斯（Steve Jobs）正集中精力为 Macintosh 开发视频编辑软件。然而，很快他认识到数以百万的人们正使用计算机和 CD 烧录软件制作音频 CD，以及从类似 Napster 的非法在线服务网站下载 MP3 数字歌曲。乔布斯担心自己走错方向，错失 MP3 的流行。

乔布斯迅速转移。他从软件工程师、前苹果员工、28 岁的杰夫·罗宾（Jeff Robbin）手中购买了 SoundStep 公司。当时，SoundStep 正在开发简化加载和压缩 MP3 歌曲的软件。罗宾和其他几个程序员从零开始编写代码，不到 4 个月，即编写出 Mac 机上的 iTunes 软件。iTunes 功能强大且具有独创性，用户可以迅速以不同方式检索几万首歌曲，在几纳秒（十亿分之一秒）的时间内就能找到特定的歌曲。

乔布斯给团队的下一个挑战是使 iTunes 便于携带。他设想这个产品应该是可以存储上千首歌曲、可以带着到处走的类似 walkman 的播放器。这一想法改变了 iTunes，并试图表构建在本质上微型计算机的便携音乐设备上运行的小系统，其带有检索和定位音乐文件的用户界面，音乐文件的音质与 iTunes 在 MAC 机上播放的一样。9 个月之后，iPod 诞生了。

乔布斯注意到最后一个关键元素的缺失——购买下载歌曲的网上商店。这样的商

店应该需要电子商务基础设施的支持，能够自动传送数以百万计的账单并能实施在线支付。2003 年春天，iPod 发布后 18 个月，苹果 iTunes 音乐商店开张了。公司的目标是在前 6 个月销售 100 万首歌曲，然而，这个目标 6 天就达成了。

捕捉 iPod

消费者在 2005 年圣诞和新年期间购买了 1 400 多万个 iPod，苹果公司零售店的销售收入超过 10 亿美元。到目前为止，苹果已经累计售出多达 4 000 万个 iPod。这一突破性产品将苹果从一个特定利基（Niche）市场上的计算机制造商变成数字媒体的领先供应商。

由于消费者疯狂购买数以千万计个 iPod，其他公司开始关注这个市场，以寻找利用这个产品的机会。John Lin 开发了 iPod 遥控器的原型，Lin 带着这个原型产品到苹果公司 Macworld 大会会场，并在这里找到了成功的机会。几个月之后，Lin 的公司得到苹果的垂青，被允许在苹果零售店里销售其产品。Lin 说："这是苹果公司支持 iPod 经济生态系统的方式。"

将 iPod 作为核心产品，数以百计的公司正在开发 500 多种 iPod 配件——从汽车充电器到价值 1 500 美元的 Fendi 手包。Belkin 公司，一家电缆和外设制造商，其副总裁 Eric Tong 相信 75% 的 iPod 拥有者至少会购买一个配件，而这意味着 3 000 万个配件的销售量。由于大多数产品的价格在 10 美元到 200 美元之间，iPod 经济生态系统的价值超过 3 亿美元，并很可能高达 60 亿美元。流行的 iPod 配件包括：

■ Altec Lansing 技术公司——iPod 扬声器和充电器（150 美元）。

■ Belkin——TuneCast 移动调频广播发射机（40 美元）。

■ Etymotic 研究所——高端耳机（150 美元）。

■ Griffin 技术——iTrip 调频广播发射机（35 美元）。

■ Kate Spade——Geneva iPod 仿鳄鱼皮迷你包（55 美元）。

■ 苹果——iPod 外套，共有六种颜色，绿色、紫色、蓝色、橙色、粉色和灰色（29 美元）。

■ 苹果——数码相机连线（29 美元）。

捕捉未来

最新款的 iPod 集成了音乐、有声电子书、广播、图表片、视频、通讯录、日历、游戏、时钟等多种功能，其外形与老款有 45% 的相似度。新款有值得夸耀的电池续航能力（长达 20 个小时）、更大的存储容量（30GB 或 60GB）、充分个性化的功能（直观的、允许个性化设置的菜单）和触摸键（Apple 圆形触摸按键）。新款 iPod 的功能包括：

■ 视频——在 iTunes 音乐商店里，有超过 2 000 个音乐视频可供选择，也可以购买喜闻乐见的美国广播公司（ABC）或迪斯尼公司的因加入广告可免费观看的电视剧，忙中偷闲的时候看。

■ 广播①（Podcast）——iTunes 的广播目录，是一个有着上千个免费播客或广播

① 播客，英语 Podcast 或 Podcasting 的音译，这个词为苹果电脑的"iPod"与"广播"（broadcast）的合成词，指的是一种在互联网上发布音频文件并允许用户订阅以便自动接收新文件的方法，或用此方法来制作的电台节目。这种新方法从 2004 年下半年开始在互联网上流行，用于发布音频文件。这种新传播方式的最大优势就是使得人人可以说出他们想说的话。订阅播客节目可以使用相应的播客软件。这种软件可以定期检查并下载新内容，并与用户的便携式音乐播放器同步。

图表 1—9　　　　成功的高级 IT 管理人员所需的关键技能

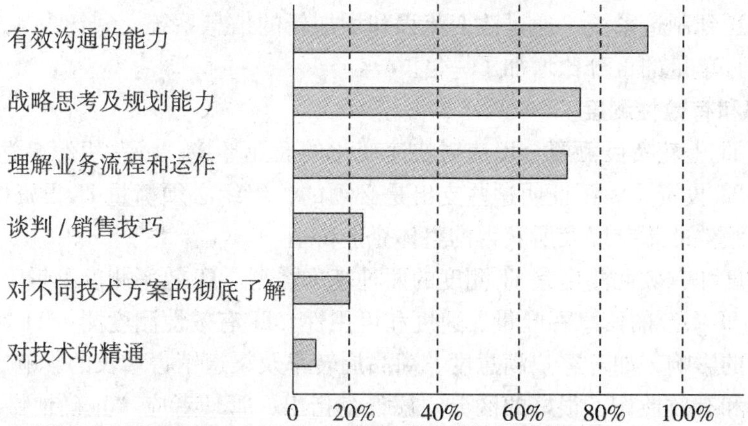

同时，组织必须实施使 IT 人员与业务职能相结合的战略。通常，IT 人员会被排除在战略会议之外，因为管理层认为 IT 人员不理解业务，他们不能为企业增加任何该方面的价值。这是一种危险的做法。如果组织希望确定哪项技术对业务有益（或有害），则 IT 人员必须理解业务。通过沟通上所做的小小努力，IT 人员能够提供存在于信息系统中的业务运行信息，并为如何改善客户服务增加价值。业务和 IT 人员的协同工作使得组织有可能创造竞争优势、降低成本和优化业务流程。

确保业务人员和 IT 人员之间的有效沟通是 CIO 的职责。如果说 CIO 在全企业层面上对有效沟通负责，则能够在个人层面上进行有效沟通，是每一位员工的责任。

1.1.4　测度信息技术的成功

为向各级管理者提供业务运行的详细信息，通用电气公司（GE）在员工时间、硬件、软件和其他技术上投资 15 亿美元，实施其实时运营监控系统。使用该系统，GE 的高级管理者每隔 15 分钟对公司的 13 个全球企业的销售、库存和现金情况进行一次实时监控。这使得 GE 可以在以小时为单位的时间段里对变化做出反应、缩减周转时间、改善风险管理，而不是等待月度或季度报告。GE 估计，15 亿美元的投资将在 5 年中带来 33% 的利润回报。

IT 专业人士知道如何安装和维护信息系统。业务专家知道如何成功地运转企业。但是，公司如何才能知道某个信息系统是否有助于商业成功？

这个问题的答案取决于测度（Metrics）。设计测度系统需要的专长，既不是 IT 专家也不是业务专家通常具有的。测度既不关乎技术，也不关乎企业战略。测度中的问题几乎是哲学问题：如何定义成功？如何使用定量手段测度业务流程，尤其是如何对诸如客户服务等定性业务进行定量测量？哪些信息能够最好地反映业务进展或者业务上的不足？

关键绩效指标（Key Performance Indicators，KPIs）是与业务驱动力量有关的测量指标。测度是按照 KPIs 进行的详细测量。绩效测度是商业智能的中间领域，既不以技术为中心，也不以业务为中心，但是需要 IT 和业务专家的加入。Cisco 公司成立了一个跨部门委员会以开展测度，改善业务流程的运营。委员会开展了评价公司在线订类节目的列表，列表中包括广受欢迎的知名的美国广播公司（ABC）的新闻广播及 Adam Curry、ESPN、KCRW 和 WGBH 等知名播客。

■ 有声电子书——iTunes 音乐商店的数字书架上存储了超过 11 000 个有声电子书，包括类似《哈利·波特》系列小说等独家内容。

■ 照片——iPod 最多可以存储 25 000 幅照片，iPod 用户可以用幻灯片的方式查看照片，同时听着音乐。可以在 iPod 上看，也可以通过光纤视频连接线在电视上看。

iPod 对音乐业的影响

在数字时代，仅购买单个曲目而不是购买整个 CD，使消费者可以花少得多的钱去获得他们所喜欢的歌曲。许多分析家据此预测，iPod 的成功加上消费者可以选择单个曲目下载将会使音乐行业的收入增加。然而，音乐界看到的却是，单个音乐曲目的下载蚕食了音乐 CD 的利润，同时并没有增加音乐的销售量。

全球音乐行业几年来一直遭受销售下滑的侵袭。唱片公司遭受盗版的折磨，以及 CD 走私带来的数以百万计美元的损失。同时，音乐行业面临着视频游戏、DVD 和移动电话在时间和支出上的竞争。在传统音像商店，DVD 和游戏碟占据了越来越多的货架空间，挤占了 CD 的空间。音乐下载数量表明 iPod 的成功并没有带来新增的音乐销售，这一点不同于音乐载体从黑焦碟变到卡式磁带再变到 CD 所带来的音乐销售量的增长。对许多用户来讲，使用便携设备仅仅是储存和聆听音乐的另一种方式，并未对其构成购买音乐的激励。“我没购买过下载音乐”，Eneka Iriondo-Coysh 说。Eneka 住在伦敦，21 岁，是一名图表形设计专业的学生。两年多以前，他购买了一个能容纳 10 000 首歌曲的 iPod。他说：“我从我买的 CD 中获取音乐，大多数为嘻哈音乐（hip-hop）和灵魂乐（soul）。”

据总部位于伦敦的国际唱片业协会统计，全球 CD 的销售额在 2005 年的上半年下降了 6.7%，为 124 亿美元。这个数据表明，数字音乐下载并不有益于音乐行业。

引言

信息无处不在。大多数组织将信息视作战略性资产。考虑苹果公司和它的 iPod、iPod 配件以及 iTunes 音乐商店的例子。苹果的成功有赖于对其客户信息、供应商的信息、市场信息以及每一个产品线的运营信息的全面、及时的掌握。例如，苹果必须预测未来一年内购买 iPod 的人数，以帮助预测来年 iPod 配件和 iTunes 音乐的销量。预测过高会导致苹果的超额库存，预测不足则可能意味着产品短缺将引发销售损失（甚至进一步导致 iTunes 下载收入的减少）。

理解信息对组织盈利的直接影响对于成功经营一家企业而言是至关重要的。本章重点关注信息、业务和技术以及管理大多数组织所需的这三方面的活动的集成。其中，许多活动已成为现代企业的标志——供应链管理、客户关系管理、企业资源计划、外包、信息集成、电子商务等。

1.1 企业中的信息系统

学习目标

1.1 描述企业的各个职能领域，并解释企业的成功为什么需要各个职能部门共同发挥作用。

1.2 解释信息技术在商业中的作用，以及如何度量信息技术成功与否。

1.3 比较管理信息系统（MIS）和信息技术（IT）。界定人、信息技术和信息之间的关系。

1.4 比较首席信息官（CIO）、技术总监（CTO）、首席安全官（CSO）、首席隐私官（CPO）和首席知识官（CKO）的责任。

1.5 解释IT和业务之间的隔阂，分析隔阂存在的主要原因。

1.1.1 信息技术在企业中的角色

学生总是在问："为什么我们需要学习信息技术?" 答案很简单：信息技术在企业中无处不在。理解信息技术会为每一个学习商科的人带来不同寻常的洞察力。

用实例说明信息技术在商业中的作用很容易，只需看看流行的商业杂志，如《商业周刊》（*BusinessWeek*）、《财富》（*Fortune*）、《商务 2.0》（*Business2.0*）或者《快速公司》（*Fast Company*）。在与技术有关的文章或广告页面上做一个标记（例如加一个黄色便条纸）（见图表1—1），就会发现信息技术在企业中无处不在。这些杂志是商业杂志，不是技术杂志，然而其中充斥着技术。能够理解技术的学生在企业中拥有优势。

图表1—1 **《商业周刊》和《财富》杂志中的信息技术**

这些杂志里的文章，典型地，会讨论诸如数据库、客户关系管理、Web 服务、供应链管理、安全、伦理、商务智能等主题，会关注诸如 Siebel、Oracle、Microsoft 和 IBM 等公司。本章将详细探讨上述主题，同时重新思考与这些主题相关的商业机会和挑战。

信息技术对业务运营的影响

图表 1—2 引自杂志《首席信息官》（*CIO*），用以说明从信息技术中获益最多的业务职能部门，以及常见的信息技术项目寻求的业务目标。

图表 1—2　**信息技术项目的收益和目标**

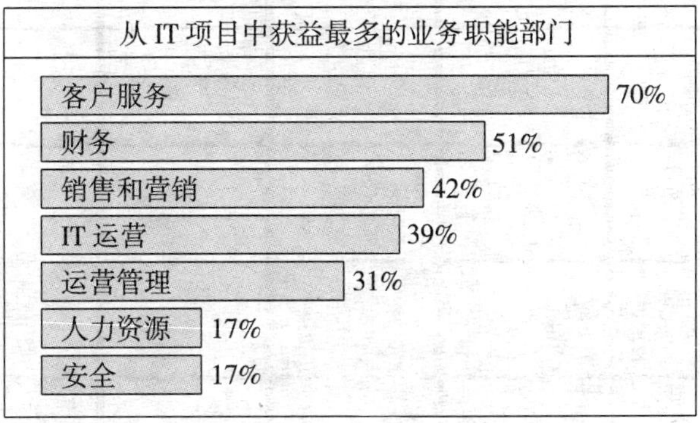

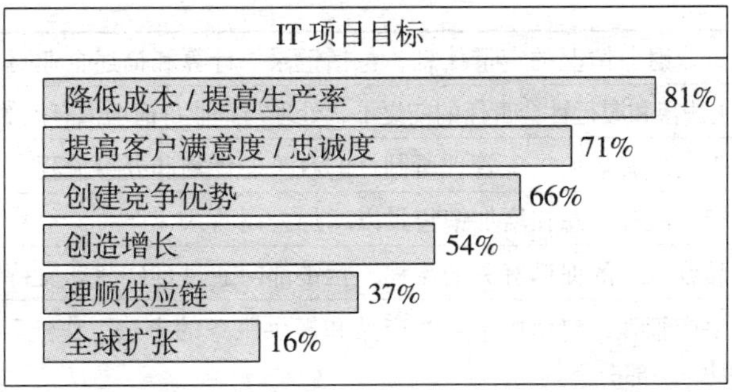

取得图表 1—2 中列出的成果，如降低成本、提高生产率和实现业务增长并不容易。仅仅实施新的财务系统或市场营销计划不太可能实现企业的长期增长或全企业范围内的成本降低。企业必须采取全企业范围的行动以达成广泛的总体目标，如降低成本。信息技术使通信更为便捷，提升了企业的商务智能，并因此在企业实现上述目标的过程中发挥关键作用。例如，E-mail 和手机使组织间以不同以往的创新方式进行通信。

理解信息技术，首先要理解业务职能以及 IT 在提升整个组织效率和有效性方面的作用。绝大多数企业通过业务职能划分来维持企业运营（通常将其称作职能“竖井”）。每一个职能部门需承担特定的核心业务职能（见图表 1—3）。

各个职能部门在组织中绝不是独立的。事实上，各个职能部门是相互依赖的（见图表 1—4）。销售人员必须依赖来自运营部门的信息以了解库存、订单状况，计算运输成本及根据生产计划了解产品的可交货情况。对于一个希望获得成功的组织，每一个职能部门必须协同工作，共享信息，而不是成为一个个职能“竖井”。信息技术使各个部门更高效且更有效地完成其职能运转。

期望在企业中拥有成功事业的个人，无论做什么，会计、财务、人力资源或者运营管理，都必须理解信息技术，其具体包括：

■ 信息技术基础。

■ 信息技术中的角色和责任。

■ 信息技术成功与否的测度。

图表 1—3　**组织的常见部门结构**

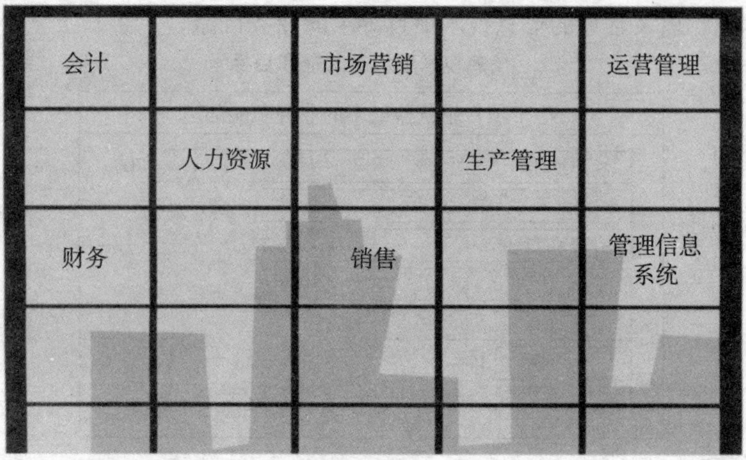

- ■ **会计**　提供有关企业财务情况的定量信息，包括记录、计算和描述企业财务信息
- ■ **财务**　在遵守适用法律和履行社会责任的前提下，处理与企业价值增值有关的战略性的财务问题
- ■ **人力资源**　包括为实现有效的员工管理所制订的政策、计划和办事流程
- ■ **销售**　即产品销售和服务，意在增加销售量以增加公司收入
- ■ **市场营销**　与产品或服务的促销有关的流程，营销部门通过推广活动支持销售部门
- ■ **运营管理**　也称生产管理，包括用于生产产品和提供服务的方法、作业和技术。运输（也称作物流）是运营管理的一部分
- ■ **管理信息系统（MIS）**　规划、开发、实施和维护 IT 硬件、软件及应用程序组合以支持组织目标实现

图表 1—4　**营销部门与其他职能部门相互依赖**

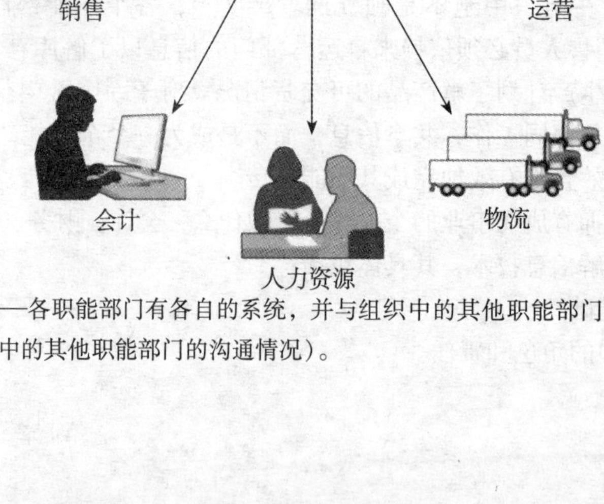

职能型组织——各职能部门有各自的系统，并与组织中的其他职能部门沟通（图表中显示的是营销部门与组织中的其他职能部门的沟通情况）。

1.1.2 信息技术基础

信息技术（IT）是人们处理信息相关事务时需要和使用的基于计算机的工具。对组织而言，信息技术（IT）是满足组织信息需要、支持组织信息处理需要的基于计算机的工具。信息技术是企业成功和创新的重要使能力量。这并不是说 IT 等于企业成功或创新，也不是说 IT 代表了企业成功或创新。为有才能人的所用，信息技术才派上用场。除非正确的人知道如何有效使用和管理信息技术，否则，信息技术本身在企业中是无用的。

管理信息系统是类似营销、财务、运营和人力资源管理的业务职能。正式的定义为，**管理信息系统（MIS）**是规划、开发、实施和维护 IT 硬件、软件和应用程序以支持组织目标实现的职能。为有效履行 MIS 职能，今天几乎所有的组织，尤其是大型和中型企业，都有内部 IT 部门，通常叫作信息技术（IT）、信息系统（IS）或者管理信息系统（MIS）部门。开始学习信息技术知识，首先理解下面三个概念是很重要的：

- 信息。
- IT 资源。
- IT 文化。

信息

理解数据和信息的区别很重要。数据是事件特征的事实表述。例如，销售事件的特征数据应包括日期、产品编号、产品名称、定购数量、客户名称和运输信息。信息是将数据转换成有意义和有用的内容。有关销售的信息包括最好卖产品、最不好卖产品、最佳客户和最差客户等。

IT 资源

IT 部门的计划和目标应该与组织的计划和目标一致。信息技术能够帮助组织提升制造效率、留住关键客户、寻找新的供应源以及引入高效的财务管理。

对管理者来说，当使用 IT 支持（大多数时候是驱动）业务活动时，做出正确的选择并不总是一件容易的事。大多数管理者能够很好地理解自己的管理业务活动，但是，在如何有效利用和管理 IT 以支持业务活动方面，管理者们常常感到困惑不解。能够理解什么是 IT、IT 能做什么以及不能做什么的管理者离成功很近。本质上

- 人使用
- 信息技术让
- 信息融入工作（见图表 1—5）。

这三个关键资源——人、信息和信息技术（按优先级排序），是彼此紧密相关的。如果一方面失败，就会全部失败。最重要的是，如果一方面失败，企业就会失败。

图表 1—5　　　　　　　　人、信息与信息技术的关系

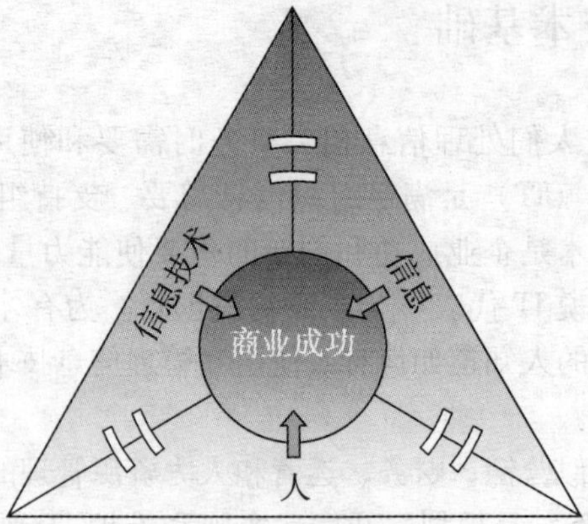

IT 文化

组织的文化在决定组织能否成功分享信息方面发挥着重要作用。文化影响人们使用信息的方式（人们的信息行为），同时公司领导将能够获得成功或避免失败归因于信息的使用。现存于当今组织中的四种常见的信息共享文化是：信息功能文化、信息共享文化、信息查询文化和信息发现文化（见图表 1—6）。

图表 1—6　　　　　　　　组织中不同的信息共享文化

信息功能文化	员工将信息作为影响他人和展示力量的手段。例如，销售部门的管理者拒绝与市场营销部门分享信息。这导致每次新销售策略实行时，市场营销部门都需要销售经理输入相关信息
信息共享文化	不同部门的员工彼此信任（尤其是关于问题和失败的信息），共享信息以改善绩效
信息查询文化	不同部门的员工寻找信息以更好地理解未来，并根据当前趋势和未来方向调整他们的行为
信息发现文化	不同部门的员工分享对危机和根本变化的认识以寻找创建竞争优势的方法

组织的 IT 文化能够直接影响组织在全球市场上的竞争力。如果组织以信息功能文化来运营，则运营会面临巨大的困难。在这种情况下，快速的产品市场引入以及创建从销售到收款的端到端的（整个）业务流程就成为挑战。如果组织以信息发现文化来运营，组织便能够迅速将产品引入市场，很容易看到整个组织的 360 度的全景。员工能够利用他所看到的企业全景更好地理解市场，向市场提供能够带来竞争优势的新产品。

1.1.3　信息技术中的角色和责任

信息技术是一个相对新的职能领域，正式进入大多数组织仅约 40 年。不同组织的信息技术人员的职务名称、角色和责任经常不同。尽管如此，一个清晰的趋势是，将组织内的一些 IT 职位定位为战略层职位。

大多数组织在战略层都设有首席执行官（CEO）、首席财务官（CFO）及首席运

营官（COO）。近来，更多与 IT 有关的战略层职位纷纷涌现，如首席信息官（CIO）、技术总监（CTO）、首席隐私官（CPO）、首席安全官（CSO）和首席知识官（CKO）。

能够成为美国参议院的第一位 CIO，J. Greg Hanson 感到非常自豪。与一些看法相反，Hanson 认为，参议院采用的技术非常好。Hanson 的责任包括构建参议院的技术远景，领导其 IT 部门以及部署其 IT 基础设施。Hanson 必须与大家共同工作，包括 137 位网络管理员和每一位参议员，以确保一切运转正常。

首席信息官（CIO）的责任是：（1）掌管对信息技术的使用；（2）确保 IT 与业务最终目标与阶段目标战略上一致。CIO 通常直接向 CEO 汇报（见图表 1—7）。CIO 必须有着对组织的各个方面的完整理解以及对 IT 能力的深刻洞察力。CIO 的广泛角色包括：

■ 管理者——确保 IT 项目如期完成、预算内完成。

■ 领导者——确保 IT 的战略远景与组织的战略远景一致。

■ 信息传递者——通过建立和维护强有力的执行关系，提出并传递 IT 战略。

图表 1—7 **不同行业 CIO 的平均年薪**

行业	CIO 的平均年薪（美元）
批发/零售/分销	243 304
财务服务	210 547
保险	197 697
制造	190 250
医疗/牙科/保健	171 032
政府	118 359
教育	93 750

尽管 CIO 被视作一个 IT 职位，但是 CIO 必须关心的不仅仅是 IT。一个近期调查表明（见图表 1—8），大多数 CIO 将"提升客户满意度"排在他们所关注的 IT 部分的前面。我们应该为那些认为客户满意度比 IT 更关键、更重要并拥有宽阔商业视角的 CIO 们鼓掌。

图表 1—8 **CIO 最关注什么？**

CIO 的关注点	百分比（%）
提升客户满意度	94
安全	92
技术	89
预算	87
人员	83
ROI 分析	66
建立新应用系统	64
外包	45

技术总监（CTO） 对组织信息系统的信息吞吐量、速度、精确度、可用性和可靠性负责。CTO 对整个组织中的 IT 系统的效率负有直接责任。大多数 CTO 拥有全面的 IT 知识，包括硬件、软件和通信技术。CTO 一般向 CIO 汇报。CTO 的角色与 CIO 类似，不同的是，CIO 还承担了确保 IT 与组织的战略一致的责任。

首席安全官（CSO） 对 IT 系统的安全、制定安全战略及防卫 IT 系统免受黑客和病毒攻击负责。由于黑客和病毒攻击数量的不断增加，CSO 的重要性近几年来一直在提升。大多数 CSO 拥有网络和通信方面的详细知识，因为黑客和病毒通常会通过网络侵入组织的 IT 系统。

首席隐私官（CPO） 对组织合乎伦理和符合法律的信息的使用负责。CPO 是 IT 领域最新的高级管理职位。近来，500 强中的 150 个公司在其高级管理职位中增加了 CPO。许多 CPO 是经过培训的律师，培训可以帮助他们理解围绕信息使用可能产生的复杂的法律问题。

首席知识官（CKO） 对收集、维护和分发组织中的知识负责。CKO 设计使重用知识变得容易的程序和系统。知识管理系统建立包含组织文档、方法论、工具和实践经验等知识的储存库，以及过滤搜索所需知识的工具。CKO 必须持续鼓励员工贡献他们的知识，以使系统保持最新状态。CKO 通过降低新员工及承担新任务的员工的学习曲线，对组织的盈利有直接贡献。

1998 年，Danny Shaw 成为波士顿儿童医院的第一位 CKO。他最初的任务是将处于分散系统中的信息整合起来，以便分析医院运营的效率和有效性。Shaw 从建立一系列小型的集成系统开始，后来建成的集成的信息系统迅速证明了其价值。然后，在逐步建立起来的成功系统的基础上，他一次性地建立了一个知识使能的组织。Shaw 的信息系统使得进行医院管理分析和临床运营分析成为可能。

上述所有 IT 职位及其责任，对组织的成功而言都是关键性的。虽然许多组织中，不同的职位可能不会都由不同的人担任，但是他们必然有领导在负责所有这些受关注的领域。对组织中的 IT 和 IT 相关事务负责的员工，必须为组织中的其他员工提供指导和支持。图表 1—9 列示了一个成功的 IT 管理者所需的重要的个人技能。

业务人员和 IT 人员之间的沟通障碍

今天，管理者面临的最大挑战是，业务人员和 IT 人员之间的有效沟通。图表 1—9 清楚地说明了 IT 高级管理人员拥有沟通能力的重要性。业务人员在诸如市场营销、会计、销售等职能领域拥有专业知识，IT 人员拥有技术专长。不幸的是，两者之间常常存在沟通障碍。基于其经验和专业知识，业务人员有自己的词汇表，而 IT 人员则有自己的含有首字母缩略字和技术专有名词的词汇表。业务人员和 IT 人员之间的有效沟通应该是一个双行道，每一方都试图理解对方（包括书面和口头沟通）。

改善沟通

业务人员必须增加对 IT 的了解。他们不需要知道技术细节，但业务人员能够理解 IT 能做什么、不能做什么则是非常有益的。企业管理者和领导应该读一些业务导向的 IT 杂志，例如《信息周刊》和《首席信息官》（*CIO*），以多了解 IT 方面的知识。

单处理效率的测度，发现由于错误，超过70%的在线订单需要手动输入，而且不能被自动地转送到制造系统。通过改变流程和增加新的信息系统，6个月内，直接转入制造系统的订单量的百分比增加了一倍。

IT效率和有效性测度

组织在IT上花费巨额资金以应对快速变化的商业环境。一些组织高达50%的资本支出用于IT投资。为了证明这些支出是必须的，组织必须衡量IT投资的回报、IT投资对商业绩效的影响以及所获得的整体企业价值。

效率测度和有效性测度是IT测度的两种基本类型。**IT效率测度**测量IT系统自身的绩效，如IT系统的信息吞吐量、速度和可用性。**IT有效性测度**测量IT对业务流程和业务活动的影响，如对客户满意度、商品周转率及渠道销售增长的影响。彼得·德鲁克对效率和有效性作了很好的区分。德鲁克指出，管理者应“正确地做事”和/或“做正确的事情”。“正确地做事”意味着效率——从每一项资源中获得更多。“做正确的事情”则意味着有效性——设立适当的总目标和阶段目标，并确保目标达成。

效率指组织用不同方式利用资源的程度，而有效性则关注组织在多大程度上达成其总目标和阶段目标。这两方面——效率和有效性——是相互关联的。然而，一方面的成功却不一定意味着另一方面的成功。

标杆管理——测度基准

不论测量什么、如何测量、测量是否为了知道效率和有效性，测量都必须有标杆，其即是系统力求达到的基准值。**标杆管理**是一个管理过程，包括连续测量系统结果、将测量结果与最佳系统绩效（标杆值）进行比较，以及确定改善系统绩效的步骤和过程。

考虑在线政府服务（电子政务）的例子（见图表1—10）。从有效性的角度看，根据公民对电子政务服务的满意程度的排名，加拿大排第一（美国排第三）。这项由埃森哲（Accenture）公司资助的调查，除包括满意度调查外，还包括客户服务方面的内容，目的是识别个体公民所需的电子政务服务的调查以及通过多种渠道提供电子政府服务的服务方式调查。这些都是加拿大政府表现杰出的方面。

图表1—10　**电子政务的效率和有效性排名**

效率	有效性
1. 美国（3.11）	1. 加拿大
2. 澳大利亚（2.60）	2. 新加坡
3. 新西兰（2.59）	3. 美国
4. 新加坡（2.58）	4. 丹麦
5. 挪威（2.55）	5. 澳大利亚
6. 加拿大（2.52）	6. 芬兰
7. 英国（2.52）	7. 中华人民共和国香港特别行政区
8. 荷兰（2.51）	8. 英国
9. 丹麦（2.47）	9. 德国
10. 德国（2.46）	10. 爱尔兰

与这项调查的结果不同，根据联合国公共经济与公共管理部门对IT效率的测度，加拿大排名第六位（美国排第一）。这一排名，纯粹基于对IT效率的测度，效率测度指标包括每100位公民中计算机的拥有量、每10 000个公民中所拥有的互联网主机数量以及网民的比例等。所以，虽然加拿大在IT效率方面排在后面，但是在电子政府服务的有效性方面却排在前面。

希望提升电子服务表现的政府，应进行IT效率和IT有效性的标杆管理。电子政务的效率和有效性之间高度相关，虽然这并不绝对。

IT效率和有效性测度之间的相互关系

IT效率测度集中在技术方面，图表1—11列出了IT效率测度的常见指标。

图表1—11　　**IT效率测度的常见指标**

信息吞吐量	任何一个时点上，通过某一系统的信息量
事务（交易）处理速度	系统处理一笔交易或者一项事务的时间
系统可用性	对用户来讲，系统可用的小时数
信息精确性	多次处理同一交易时，系统返回正确结果的程度
Web流量	一组指标，包括页面访问量（page views）、独立访问用户的数量、在网页上的平均停留时间
反应时间	与用户交互时，如用户点击鼠标时，系统的反应时间

尽管对效率测度指标数据进行监控很重要，但系统效率高并不总能保证系统的有效性。有效性度量指标依照组织的使命、战略和目标来确定。这种情况下，考虑组织采用的战略十分重要。例如，一个采用成本领先战略的组织（如Walmart），其具体目标包括增加10%的新用户或缩短新产品开发周期至6个月。相应的，其IT系统应反映上述战略，IT有效性的测度也和上述目标有关。图表1—12列示了IT有效性度量的常见指标。

图表1—12　　**IT有效性度量的常见指标**

易用性	用户处理交易和找到所需信息的容易程度。互联网上一个流行的易用性度量指标是自由度——计量用户找到所需信息需要点击鼠标的次数
客户满意度	通过客户满意度调查、客户保留比例以及每个用户新增的收入等方法和数据进行度量
会话率	组织首次“接触”到客户并成功促使其购买的客户的数量。这是评价网页横幅广告（banner）、弹出式广告（pop-up）、隐蔽式弹出广告（pop-under①）有效性的流行方法
财务指标	如投资回报分析、成本收益分析和盈亏平衡分析等

① 隐藏式弹出广告，是在进入网页时不显示，当关闭该网页时才弹出的广告。

在私有部门，eBay 公司一直是 IT 效率和有效性度量方面的标杆。2005 年，eBay 发布了令人印象深刻的年末报告，收入增长 75%，盈利增长 125%。保持网站的持续的高可用性和最优的事务处理能力，对 eBay 的成功所起的作用是决定性的。

2005 年，Jupiter Media Metrix① 公司连续 4 年将 eBay 作为拥有最高访问量（效率）的网站，2005 年 eBay 的访问量比前一年增长了 80%。2005 年圣诞以及新年期间的各周，网站平均独立访问量（unique visitor）为 800 万，日访问量峰值超过 1 200 万。为了确保系统持续的可用性和可靠性，eBay 实施了系统性能测量，并采用了管理跟踪工具 ProactiveNet。这个工具使得 aBay 能够监控系统的运行，帮助系统管理团队很好地控制系统。使用 ProactiveNet 后，系统的可用性改善了，将系统运行时间作为指标的生产率增加了 150%。

在进行 IT 效率和有效性测度时，必须考虑安全问题。组织赋予其用户通过互联网购买产品和服务的能力，就必须实施相应的安全措施。当然，实施安全措施的互联网交易系统比不实施安全措施的低效。然而，如果没有必要的安全措施，组织恐怕很难吸引用户，增加基于互联网的业务收入。纯粹从 IT 效率的角度讲，安全影响效率；但从组织战略的角度看，安全应该会带来 IT 有效性的增加。

图表 1—13 描绘了效率和有效性之间的相互关系。理想情况下，组织应在图形的右上角区域运营，该区域同时拥有高效率和高有效性。在左上角（很低的有效性，较高的效率）或者右下角（很高的有效性，但较低的效率）运营，可能是组织实施特定的战略所致。一般情况下，在左下角运行（有效性低、低效率）对任何组织来说，都不是理想状况。

图表 1—13　　**效率和有效性之间的相互关系**

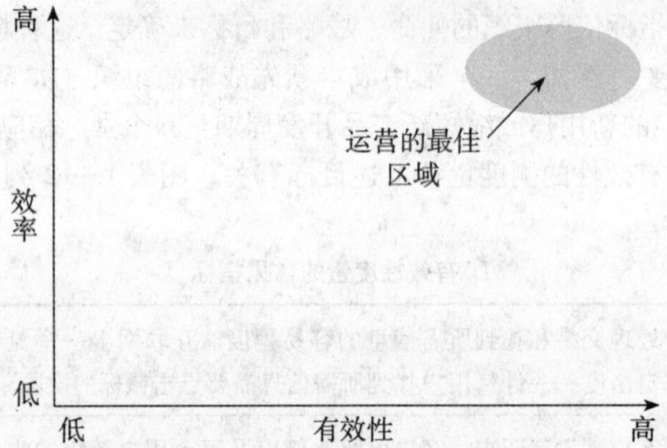

引例问题

苹果——整合技术、业务和环境

1. 如果苹果的最高管理层没有支持对 iPod 的投资，苹果公司会发生什么样的状况？
2. 构想一个计划：苹果使用 IT 效率测度来改善其业务运营。
3. 构想一个计划：苹果使用 IT 有效性测度来改善其业务运营。
4. 为什么苹果向其他企业销售其客户信息是不道德的？
5. 假设苹果不能确保其客户信息的安全性，导致其客户信息意外地被贴到一个

① 美互联网调查与研究公司。

匿名网站上，试想这会对苹果的业务造成什么样的影响。

1.2 企业战略

学习目标

1.6 解释为什么竞争优势大多数情况下都是暂时的。

1.7 列出并描述波特五力模型中的五种力量。

1.8 比较波特提出的三种一般竞争战略。

1.9 描述业务流程和价值链分析之间的关系。

1.2.1 识别竞争优势

为了生存和发展，组织必须建立竞争优势。所谓竞争优势是指，组织的用户认为组织提供的产品和服务比组织的竞争者提供的类似的产品或服务有更大的价值。不幸的是，竞争优势在大多数情况下都是暂时的，因为竞争者总是试图寻求复制组织的竞争优势。接下来，组织必须再去发展基于建立新竞争优势的战略。

如果组织是具有竞争优势的市场先行者，则组织会获得先行者优势。具体来讲，组织会最先进入某一市场，因而会显著地增加在其中的市场份额，为此，组织获得了先行者优势。FedEx 公司通过其客户自助服务软件建立了先行者优势，这一软件允许其个人用户或者组织用户在线请求包裹收取、自助打印邮寄地址签和在线自助跟踪邮包状态。其他快递公司很快也开始着手构建它们自己的在线服务体系。今天，基于互联网的客户自助服务已经成为快递服务业的标准项目。

组织构建竞争优势时，必须通过环境扫描密切关注竞争态势。环境扫描是指对组织外部环境中的事件和趋势进行分析。信息技术在环境扫描中有机会扮演重要的角色。

Frito-Lay，作为 Cracker Jacks 和 Cheetos 等休闲食品最重要的供应商，不是简单地派其代表到杂货店看看货架，这些代表拿着手提电脑，记录产品的提供过程、库存状况甚至竞争者产品所处的位置。Frito-Lay 利用这些信息分析出竞争对手产品的销售情况、本厂产品的最优摆放位置等信息。

组织利用三种常见的工具分析和构建其竞争优势：（1）五力模型；（2）三种一般竞争战略；（3）价值链分析。

1.2.2 五力模型——评估细分市场

企业面临决定是否要进入一个新行业或一个新行业细分市场时，迈克尔·波特（Michael Porter）的五力模型是一个有用的工具。五力模型列出了决定行业吸引力的五种力量，包括：

1. 购买者的力量。
2. 供应商的力量。

3. 替代产品或服务的威胁。

4. 新进入者的威胁。

5. 现有竞争者之间的竞争（见图表1—14）。

图表1—14 波特的五力模型

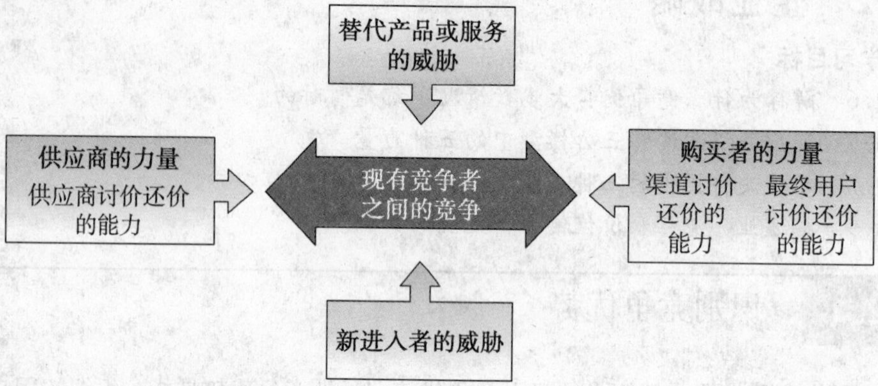

购买者的力量

五力模型中，如果购买者在决定从谁那里购买时有很多选择，则购买者的力量就强；反之，如果购买者在决定从谁那里购买时几乎没有选择，则购买者的力量就弱。组织必须令其产品或服务对客户而言比竞争对手的产品或者服务更有吸引力。在这方面，基于IT的最好的例子是许多组织采用的忠诚度计划（Loyalty Programs）。

忠诚度计划根据客户与组织的交易量给予客户一定的回馈。旅游行业使用忠诚度计划广为人知。经常乘飞机的旅客以及某个旅店的常客都会得到一定的回馈。忠诚度计划需要持续跟踪成千上万个客户的活动和交易记录，如果没有大规模的IT系统这是不可能实现的。忠诚度计划是使用IT减少购买者力量的绝佳实例。旅行者得到了客户回馈（例如免费的机票、机票升级或者免费住宿等），所以他们更愿意是忠诚的，或选择与单个组织达成他们绝大多数的交易。

供应商的力量

五力模型中，如果购买者在决定向谁购买时几乎没有选择，则供应商的力量就强；反之，如果购买者有很多选择，则供应商的力量就弱。供应者的力量与购买者的力量是相对的，供应商希望购买者的力量弱。**供应链**包括与产品和原材料采购有关的所有各方，包括直接相关或者间接相关。典型的供应链中，一个组织很有可能既是供应者（相对于其客户），又是客户（相对于其供应商）（见图表1—15）。

图表1—15 供应链中的组织

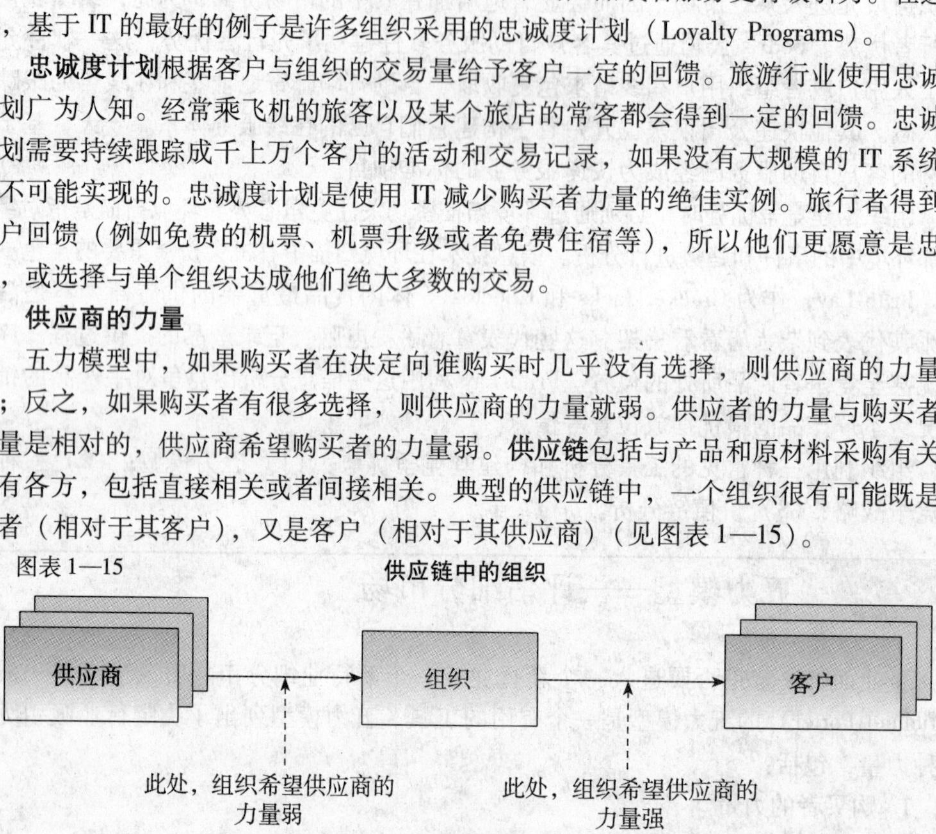

作为购买者，组织可以通过寻找替代供应商资源来建立竞争优势。IT 使能的企业对企业（B2B Marketplace）**电子市场**在寻找替代供应商方面发挥了作用。企业对企业电子市场提供一种基于互联网的服务，电子市场里集中了许多买方和卖方（详见第 3 章）。企业对企业电子市场的一个重要变种是**专属采购**（Private Exchange）。专属采购是一个允许购买者发布需求并面向任何希望投标的供应商招标采购的电子市场。典型的做法是，采购通过反向拍卖的方式进行。反向拍卖是一种拍卖方式，这种方式下，希望卖出产品或服务的投标者不断报出低价，随着投标价格越来越低，越来越多的供应商会退出竞价。最终，最低价投标者会赢得合同。基于互联网的反向拍卖是信息技术降低供应者力量，为组织构建竞争优势的绝好实例。

替代产品或服务的威胁

五力模型中，如果一项产品或服务有很多替代选择，则替代产品或服务的威胁就大；反之，如果一项产品或服务几乎没有替代品，则替代产品或服务的威胁就小。理想情况下，组织希望市场中其生产的产品或提供的服务几乎没有替代品。当然，今天这种愿望几乎不可能实现，但是组织可以利用提高转移成本来构建竞争优势。

转移成本是将其转移到其他产品或服务时使客户感觉很不情愿的那些成本。转移成本不一定与金钱成本有关。例如，对于多次在亚马逊（Amazon. com）购物的消费者来说，亚马逊建立了含有客户购物和购买习惯内容的客户参数文件，这使得亚马逊能够为客户提供有针对性的产品和服务。如果消费者转移到其他网站去购物，就会发生相关的转移成本，因为那家网站没有含有客户以往购物记录内容的客户参数文件。用这种方式，亚马逊建立了客户转向其他在线零售网站的转移成本，减少了替代产品或服务的威胁。

移动通信行业提供了另外一个转移成本的实例。移动运营商希望尽可能长时间地留住其客户。许多移动运营商会向消费者提供免费电话或者免费通话时间，但同时要求消费者签署 1 年或 2 年的服务合同，运营商用这种办法建立客户转移成本，试图留住客户。因为如果消费者要转到其他运营商，消费者就需要为违反合同支付罚金。此外，消费者失去原有电话号码也是转移成本。当然，这项成本已经因为本地号码转移（Local Number Portability，LNP）的实现，即转移原有号码到新运营商而不存在。用波特的五力模型分析，取消转移成本会使供应商面临的替代产品和服务的威胁更大。也就是说，消费者现在很期待更多的移动运营商在未来几年内纷纷涌现，且它们能够在服务价格、服务质量及附加服务方面与 AT&T、Verizon 等大牌移动运营商竞争。没有转移成本或者只有低转移成本，客户将获得更大的力量。

新进入者的威胁

五力模型中，如果新竞争者很容易进入一个市场，则新进入者的威胁大；反之，如果新进入者面临巨大的进入壁垒，则新进入者的威胁就小。进入壁垒是一个特定的行业中，客户期待的产品或服务的特征，进入这一行业中的组织必须提供具有相应内容的产品和服务才能在行业中生存和参与竞争。例如，一家新开业的银行必须能够向其消费者提供一系列 IT 使能的服务，包括 ATM 机、在线账单支付和账户监控等。这一点就构成了银行市场的巨大进入壁垒。在之前的某个时刻，第一家提供类似服务的银行获得了先行优势，但是优势是暂时的，因为竞争者随后也建立了 IT 系统。

现有竞争者之间的竞争

在波特五力模型中，如果市场竞争残酷，则**现有竞争者**之间的竞争就强；反之，就弱。虽然，某些行业的竞争总是比另一些行业的竞争要激烈，但是对于各个行业而言，总体趋势都是竞争越来越激烈。

食品杂货零售行业是一个竞争激烈的行业。在美国，Kroger、Safeway 和 Albertsons 三大零售巨头以各种方式竞争。必不可少的，它们都试图在价格上击败对手或至少与对手势均力敌。它们几乎都有给购物者特别折扣的忠诚度计划。零售商收集客户购买习惯等有价值的信息，据此制定价格策略，消费者因此可以得到更低的价格。未来，消费者会看到，食品杂货零售商使用无线通信技术跟踪客户在店内的行动路线。再结合客户采购商品的信息，商店即可决定商品摆放和价格策略。这样一个系统一定得是 IT 使能的，其会成为第一个实施该系统的企业的巨大的竞争优势。

由于食品杂货零售行业的边际利润很低，零售店需要提高其供应链运行效率。与供应商通过 IT 使能的系统联系，就像 Walmart 与其供应商伙伴的做法一样。使用电信网络与供应商联系，而不是使用纸质系统，使得采购过程更快捷、更便宜以及更精确。这意味着消费者可以获得更低的价格，同时增强了现有竞争者之间的竞争。

1.2.3 三种一般竞争战略——建立业务核心

一旦确定了行业的相对吸引力，而且组织已决定进入某一市场，组织必须构想进入新市场的战略。组织可以按照波特的三种一般竞争战略的理论框架制定战略：(1) 宽市场上的总成本领先战略；(2) 宽市场上的差异化战略；(3) 目标集聚战略。宽市场战略表明企业的目标市场是一个大的分割市场。目标积聚战略表明企业的目标市场是一个窄的利基（niche）市场。目标集聚战略又分为在利基市场上的总成本领先战略和在利基市场上的差异化战略。试图为所有人制造所有东西对组织来说是场灾难，因为组织很难面向整个市场打造一致的形象。波特建议组织采用三种一般竞争战略中的一个。

举例说明三种一般竞争战略，见图表 1—16。矩阵图表列示了战略（成本领先和差异化）和目标市场（宽市场和窄市场）之间的相互关系。

■ 现代汽车（Hyundai）采用的是宽市场上的总成本领先战略。现代向每一个大用户群层次市场提供低成本车辆，以特定型号供应相应的各层次市场。

■ 奥迪（Audi）不同价位的 Quattro 车，采用的是宽市场上的差异化战略。奥迪的差异化是安全的，其不同价位的 Quattro 车（比现代相应车型价格高）面向一个大的中高端层次市场。

■ 起亚（Kia）采用的是目标集聚市场上的成本领先战略。启亚主要向低端市场提供低成本汽车。

■ 悍马（Hummer）是行业中在目标集聚市场上采用差异化战略的最典型实例（包括梅塞德斯—奔驰在内）。

图表 1—16　　以汽车行业为例，说明波特的三个一般竞争战略

1.2.4 价值链分析——聚焦业务流程

一旦组织使用波特的三种基本竞争战略之一进入了一个新市场，则组织必须理解、接受并成功执行这个战略。组织的每个方面都会对战略的成功或失败产生影响。组织的业务流程和组织建立的价值链是战略执行的一部分。

价值创造

业务流程是完成特定任务的一套标准化活动，例如客户订单处理流程。评价业务流程的效率，可以使用波特的价值链分析方法。组织通过执行一系列活动创造价值，波特将这些活动连接成价值链。**价值链**分析方法将组织的活动看成一系列流程，每一个流程都为向客户提供的产品和服务增加价值。为建立竞争优势，组织必须向其客户提供独特的价值。除了组织自身的价值创造活动，组织是在一个垂直的价值系统中运作，这个价值系统包括上游的供应商和下游的渠道伙伴。为了获得竞争优势，组织的一个或者多个价值创造活动必须比其竞争者创造更多的总体价值。价值创造通过向消费者提供低价格或高品质（差异化）的产品来实现。

组织通过提供低价格或有特色的产品来增加客户价值。将组织作为价值链（实际上是大量独立但相互之间紧密联系的价值链），有助于组织识别对增加客户价值而言重要的组织活动，随后找到支持这些活动的 IT 系统。图表 1—17 描绘了组织价值链，组织活动包括基本价值活动和辅助价值活动。基本价值活动显示在图表底部，包括接收并存储原材料、制造、产品发送、市场营销、销售以及提供售后服务。辅助价值活动，在图表上部，包括公司基础设施、人力资源管理、技术开发和采购，辅助价值活动支持基本价值活动。

价值链分析的目标是，调查并询问客户每一项组织活动增加产品或服务的客户价值的程度。而这一点会带来计量问题，如图表 1—17 中的百分比即表明每一项活动是

如何增加价值（减少价值）的。随后，竞争决策是：（1）瞄准高增值活动，进一步提高这些活动的价值；（2）对低增值活动，提高其价值；（3）将这两方面结合起来。

图表 1—17　　价值链

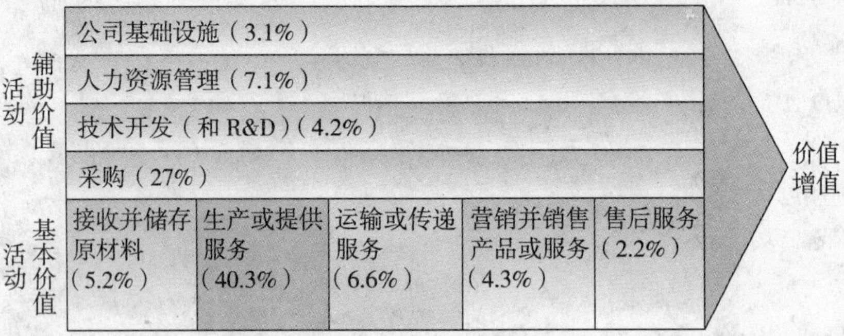

组织应设法利用信息技术增加基本活动和辅助活动的价值。利用 IT 支持基本活动的例子讲述的是市场营销活动管理系统，此系统使得营销活动更高效，并能降低营销活动的成本。该系统还可以帮助组织更好地定位目标市场，并增加销售量。利用 IT 支持辅助活动的例子讲述的是人力资源系统，人力资源系统使组织基于员工绩效支付报酬的过程更有效。该系统还能识别存在离职风险的员工，从而使组织提早发现有助于留住员工的挑战或机会，降低员工流失成本。

价值链分析是非常有用的工具，能提供可靠且及时的评价组织活动有效性的数据。组织可以依据波特的五力模型，分析和重构其价值链以创造更多价值（见图表 1—18）。例如，如果组织希望削弱其购买者或客户的力量，便可以通过重构其“售后服务”的价值链活动，提供高质量、高服务水平的客户服务，增加客户的转移成本，由此便削弱了客户的力量。分析并构建组织的辅助活动，有助于组织减少新进入者的威胁。分析并构建组织的基本活动，有助于组织减少替代产品或服务的威胁。

图表 1—18　　价值链和五力模型

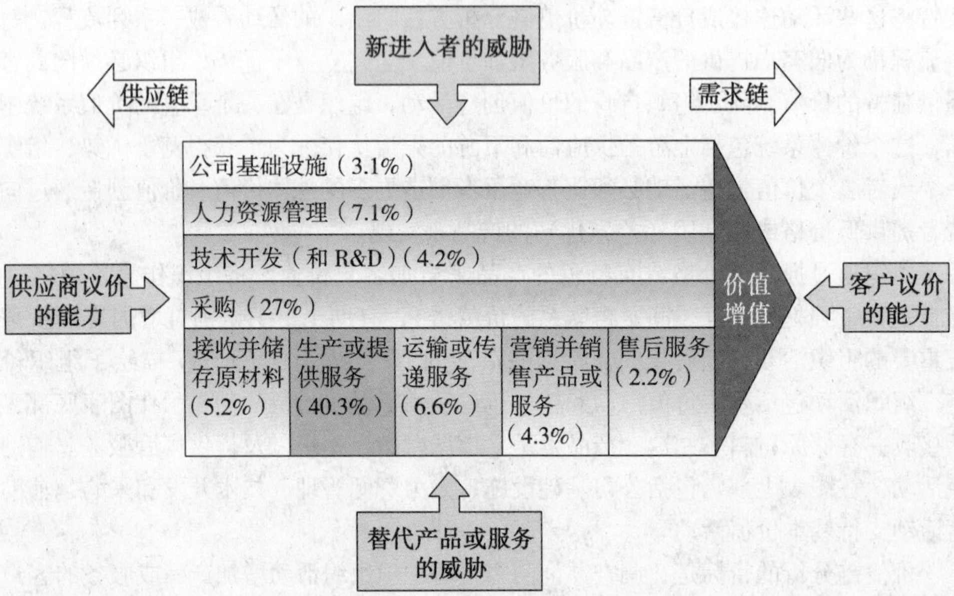

公司能够通过制定程序、预算和流程来实施所选战略。战略实施涉及公司资源的组织和员工激励。公司如何实施其所选战略对其成功有重要影响。在大公司，实施战略的人与构想战略的人往往不是同一个人。基于此，就战略的有效沟通非常关键。如果战略被误解或者低层管理者因不理解为所选战略所确定的流程而拒绝执行战略，将会导致战略失败。

组织必须改变企业战略以持续适应其竞争环境。为保持成功，组织在采用新的业务战略时应使用波特的五力模型、三种一般竞争战略和价值链分析模型等分析框架。

引例问题

苹果——整合技术、业务和环境

6. 苹果从其投资在线音乐业务的决策中获得竞争优势了吗？
7. 苹果如何从环境扫描中获得商业机会的？
8. 使用波特的五力模型分析苹果公司面临的购买者力量和供应商力量。
9. 苹果公司使用的是三种一般竞争战略中的哪一种？
10. iPod 产品的引入过程中，苹果公司重点考虑了五力模型中的哪一个？

章后案例：世界是平的——托马斯·弗里德曼

在《世界是平的》这本书里，托马斯·弗里德曼（Thomas Friedman）描述了有效“碾平”世界经济的一系列互相联系的、未能预计的技术和社会变革，“不经意间，北京、班加罗尔、贝塞斯达（Bethesda①）成为了邻居”。多好啊，班加罗尔的 Bhavya 在看你的 X 光片，或者如弗里德曼书中提到的，“穿着浴袍的 Betty 祖母”为你的盐湖城回家之旅预定了 Jetblue 公司的机票。

弗里德曼认为，现在是全球化 3.0 时期。弗里德曼解释道：“从 1492 年开始了全球化 1.0 时期，世界从‘大尺寸’变成‘中等尺寸’。全球化 2.0 时期，跨国公司出现，世界从‘中’变成‘小’。2000 年左右，世界进入全球化 3.0 时代，世界从‘小’（small）缩成‘微小’（tiny）。人们可以在互联网上打更便宜的长途电话，或者在口袋里装一个可以访问 Goolge 的 PDA 在立雅得（Riyadh②）闲逛。这些改变的程度是巨大的，世界变成了不同的世界。”图表 1—19 列出了弗里德曼的“碾平”世界的十股力量。

弗里德曼提出“碾平”世界的力量大约是在 2000 年，他写道：“要创造一个平坦的世界：一个全球化的、Web 使能的多重形式的知识和工作分享平台，一个可以不考虑时间、距离、地理以及语言的平台”。在一个特定的时刻，这个平台出现了，诞生了三大经济体——印度、中国、苏联——“之前处在‘游戏’范围之外的 30 亿人，走入了竞技场”。最终的情形可能会决定美国在全球化中的命运。“政治上的天摇地动”就像弗里德曼描述的那样——以及网络泡沫的破灭、“9·11”恐怖袭击和安然丑闻——“使我们不能仅考虑一个国家”。当我们需要面对全球化的事实，当我

① 位于美国马里兰州的小镇，沃尔玛公司总部所在地。
② 沙特阿拉伯的首都。

们需要在一个新世界里竞争时，“我们要完全着眼于别处（本国之外）”。

图表 1—19　　**弗里德曼的“碾平”世界的十股力量**

1. 柏林墙的倒掉	柏林墙于 1989 年 11 月 9 日倒塌，打破了世界的权力平衡态势，使其朝民主和自由市场导向的治理方式倾斜
2. 网景公司（Netscape）股票上市	网景公司 1995 年 8 月 9 日股票公开上市，引发了对光纤的大规模投资
3. 工作流软件	从 PayPal① 到 VPN 应用的增加，使得相距遥远的员工可以开展更快、更紧密的协作
4. 开源	自组织的网上社区，例如 Linux，发展成一场协作革命
5. 外包	转移业务职能到印度或第三世界经济体以节省成本
6. 离岸生产	合同生产使中国经济引人注目
7. 供应链	健全的供应商、零售商及客户网络，增加企业效率
8. 内包	后勤巨人控制客户的供应链，帮助家庭店、小零售店走向全球
9. 信息搜索	强大的搜索使每个人都可以将互联网视作“个人知识供应链”
10. 无线技术	无线技术激发协作，使世界更移动化和个人化

弗里德曼相信，在生物技术领域的下一个重大突破可能源自一个下载了人类基因组的 5 岁埃及孩子之手。比尔·盖茨的看法很类似：“20 年前，你更愿意成为住在 Poughkeepsie 的成绩为 B 的学生，还是生活在上海的天才？20 年前，你更愿意成为住在 Poughkeepsie 的成绩为 B 的学生。今天，却不一定，你会更愿意成为生活在上海的天才。因为今天，你可以在世界的任何地方展现你的才华。”

问题

1. 你同意弗里德曼“世界是平的”的看法吗？
2. 对于正在找工作的学生来说，“世界是平的”的潜在影响是什么？
3. 学生对于在一个平坦的世界里竞争应该做什么样的准备？
4. 找一个最近的、弗里德曼没有提到的“碾平”力量。

① PayPal（贝宝），是 eBay 旗下的公司，提供在线支付服务。

第2章 战略决策制定

2.1 决策系统

■ 决策制定

■ 事务处理系统

■ 决策支持系统

■ 主管信息系统

2.2 企业系统

■ 企业系统

■ 供应链管理

■ 客户关系管理

■ 业务流程重组

■ 企业资源计划

引例：增加哈雷（Harley-Davidson）摩托车的销量

哈雷生产摩托车有其独特的成功秘诀。可以毫不夸张地说，世界上没有摩托车像哈雷摩托车那样品质精良。它的外观、驾驶体验和引擎声音都是无与伦比的。尽管企业每年生产30万辆摩托车，哈雷摩托车依然供不应求，且每年可为企业带来40多亿美元的收入。某些车型的订单甚至排到了两年以后。

近年来，哈雷获得了多项荣誉，其中包括：

■ 名列计算机世界百佳IT企业雇主第2名。

■ 名列财富百佳就职企业第51名。

■ 名列财富五佳机动车制造企业第1名。

■ 在《哈里斯互动报告》（*Harris Interactive Report*）评选的十佳最诚信企业中名列第1名。

■ 在《哈里斯互动报告》评选的十佳最全面企业中名列第1名。

哈雷对技术的关注

哈雷5 000美元的技术研发预算占其总收入的2%以上，这远远超过了制造业的平均水平。其中，超过50%的预算又用于开发新的信息技术，比如信息共享、商务智能等，并被用于提高决策水平。哈雷对技术的关注正逐渐收到回报，并且通过利用战略信息系统，将公司的运营成本降低了4 000美元。

Talon是哈雷专用的经销商管理系统，也是其应用最成功的信息系统之一。Talon管理哈雷所有经销商的库存、车辆登记、维修以及销售点业务。该系统会检查经销商的库存水平，生成零部件订单信息，并分析来自全球的企业信息。Talon 使哈雷的管理者能够以 360 度的视角审视企业信息，从而支持企业各级战略目标和决策的制定。

建立供应商关系

哈雷理解并重视与供应商建立紧密联系的重要性，并投入大量时间、精力和资源改进企业对企业的信息系统。为了强化这些重要的企业关系，哈雷部署了 Manugistics 供应链管理（SCM）系统，使得企业可以在一个基于 Web 的协作环境中与供应商开展业务。企业应用这套供应链管理软件管理物料的流动清空，并且提高了与重要供应商的协同合作水平。

建立客户关系

每当客户与企业接触时，企业就有机会与该名客户建立一种信赖关系。哈雷意识到，为了满足客户的需求，仅生产和销售摩托车是远远不够的。因此，企业致力于在交付高质量产品的同时，为客户带来难忘的购物体验。

哈雷向它的忠实顾客销售了价值 5 亿多美元的零配件。哈雷电子商务与交流部主管 Ken Ostermann 认为，通过在线销售产品，可以增加零配件的销售量。但是采用在线策略面临的问题是，直接向顾客销售类似夹克、挂包和 T 恤等产品，会绕过哈雷 650 家经销商，而这些经销商的利润正来源于这些有着高附加值的零配件。Ostermann 的解决方案是，建立一个网上商城 Harley-Davidson. com，顾客在下订单之前必须挑选一个哈雷的经销商，被选中的经销商负责完成该客户的订单要求。这个策略确保了经销商仍旧是客户完成购买体验要接触的重要对象。现在，Harley-Davidson. com 每月有超过 100 万次的访问量。为了确保每个顾客都能拥有非常满意的在线购物体验，企业要求其经销商需达到一系列的操作标准，其中包括：

■ 每天要查看在线订单两次。

■ 接到订单 24 小时内发货。

■ 对于顾客的疑问，24 小时内给予回复。

哈雷另一个以顾客为中心的策略是，通过哈雷车友会（Harley's Owners Group，HOG）向其会员提供一系列的会员服务、试驾体验和其他帮助。HOG 是世界上最大的厂办摩托车俱乐部，拥有超过 60 万名会员，车友会有助于在哈雷摩托拥有者之间建立强烈的集体感、归属感。哈雷已经拥有了一批绝对忠诚的追随客户，这在任何行业都是很难做到的。

哈雷的企业文化

企业员工是哈雷杰出表现背后的推动力和企业获得全面成功的基础。哈雷看重企业道德与价值观。企业的 5 大核心价值观如下：

■ 诚实。

■ 公平。

■ 守信。

■ 尊重个人。

■ 鼓励求知欲。

哈雷坚信其贯彻核心价值观是企业能够获得《哈里斯互动报告》两项荣誉的主要原因。《哈里斯互动报告》是最受推崇的、有关企业诚信、道德和标准的客户评论杂志之一。遵守企业道德和贯彻价值观现在是，并将一直是哈雷及其员工优先考虑的事情。

为了进一步提高企业的管理水平，哈雷计划继续采用新的技术和战略，其中包括基于 Web 的信息存取方法，以及利用企业系统整合其 8 家美国工厂的采购活动。

引言

据《华尔街日报》报道，Caliper Associates 对 1 000 名企业主管最近的一项调查显示，决策和解决问题的能力，是目前那些有为的主管身上最被看重的两项特质。换句话说，决策者和问题解决者拥有无限的职业发展潜力。

在当今电子世界中，能够决策和解决问题意味着，需要大规模的、机会导向和面向战略的应用解决方案的支持。已经不能再用传统的方法做决策了。本章将集中讲述有助于制定决策、解决问题以及发现革新机会的技术问题。本章还将探讨如何利用全面、灵活的解决方案中的最佳 IT 流程和工具，将人员聚集在一起。使用这些解决方案使我们能够抓住商业机会，并应对商业挑战（见图表 2—1）。

图表 2—1　　决策制定、问题解决与机会抓取信息系统示例

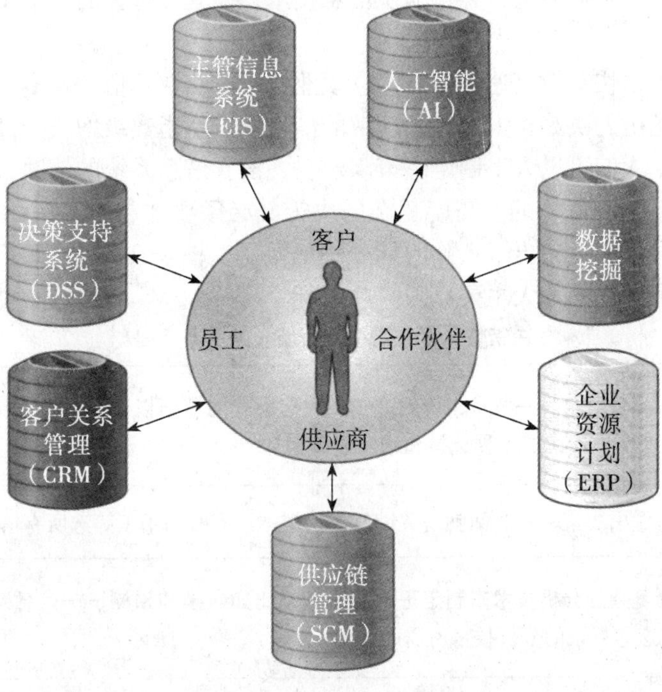

2.1　决策系统

学习目标

2.1　说明业务信息与分析信息之间的区别，并各举一例。

2.2　界定 TPS、DSS 与 EIS，并说明企业如何利用这些信息系统制定决策以及获

取竞争优势。

2.3　描述3种在决策支持系统中使用的定量模型。

2.4　描述数字仪表板与主管信息系统之间的关系。

2.5　明确4类人工智能系统。

2.1.1　决策制定

信息有哪些价值？对于这一重要问题，答案有很多个。Karsten Solheim 解释道，信息的价值在于它可以识别并降低企业所面临的风险并识别其带来的影响。Solheim是一名活跃的高尔夫球运动员，他发明的“Ping”球杆“孕育”了一个成功的高尔夫球具企业和PING高尔夫俱乐部的诞生。PING公司是第一个提供定制化高尔夫俱乐部服务的私营企业。企业对它的准时制生产模式感到很骄傲，准时制生产依赖于柔性信息系统制定明智的生产决策。PING的生产系统扫描大量信息，并从中提取出满足一定标准的订单，比如订单日期（本周）、订单优先级（高）和客户类型（金卡会员）等。接着，企业生产适量的产品，并仅保持少于5%的库存。PING公司依赖其柔性信息系统支持生产决策，并得益于信息技术，使其在过去的几十年里开拓了业务范围。

商业活动正以快节奏高速发展着。一项业务所需获取的信息越多，就越难做出决策。为了制定正确的决策，人们必须理解的信息量正呈指数级增长。过去因为可供处理的信息有限，人们可以人工制定决策。现在，没有信息系统的辅助，处理海量信息以制定决策几乎是不可能的。高度复杂的决策又必须要在越来越短的时间内制定出来，涉及的信息量远远超出了人脑所能处理的范围。图表2—2强调了决策对于信息系统的依赖日渐增加的几大主要原因。

图表2—2　**决策信息系统需求不断增长的主要原因**

1. **人们需要分析海量信息**——技术本身的进步、通信方式的革新以及全球化，使得人们在制定决策或鉴别机会时需要考虑的各种选择和维度显著增加
2. **人们必须迅速做出决策**——时间就是关键，人们根本没有时间手工筛选所有信息
3. **人们必须应用复杂的分析技术来制定正确的决策，比如建模和预测**——信息系统的使用明显缩短了操作完成这些复杂的分析技术所需的时间
4. **人们必须保护企业的信息资产**——信息系统提供了安全性，确保了企业信息的安全

模型是现实世界的简化表示或抽象。模型可以预测风险，理解不确定性，改变变量以发现其影响以及计划和控制时间。决策信息系统通过建立企业信息的模型，帮助企业深入理解重要的商业问题与机会。图表2—3描述了当今企业中常见的3类决策信息系统——事务处理系统、决策支持系统和主管信息系统。每类系统使用不同的模型来辅助决策、解决问题以及捕捉机会。

图表 2—3 企业中的 IT 系统

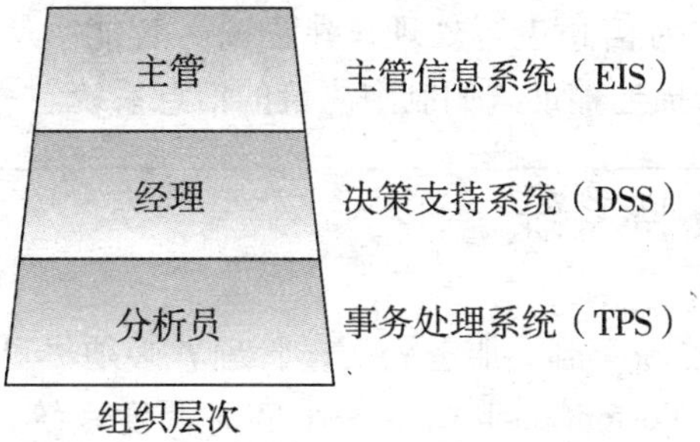

2.1.2 事务处理系统

事务信息涉及包含在单一业务流程或作业单元中的所有信息，其主要目的是支持日常事务的运作。事务信息包括购买股票、预订航班、ATM 取现等。企业利用事务信息完成业务运作及重复性决策，例如通过分析每日销售报表来决定库存水平。

分析信息包括所有的企业信息，其主要目的是支持管理分析任务。分析信息包括业务信息以及其他诸如市场、行业等信息。举例来说，业务走向、销售、产品统计以及未来发展规划等都是分析信息。管理者利用分析信息制定重要的决策，比如企业是否需要建立新的生产车间或雇用额外的销售人员。

典型的企业结构类似于金字塔。各种企业行为发生在金字塔的不同层次上。企业中的员工对信息有着各自独特的需求，因此需要各种各样的 IT 工具集（见图表 2—4）。在金字塔结构的底层，人们一般进行的是事务处理等日常工作。**联机事务处理（OLTP）**利用技术，获取事务和事件信息，从而：(1) 根据预先界定好的业务规则处理信息；(2) 存储信息；(3) 更新已有信息以反映新情况。在联机事务处理的过程中，企业必须捕捉事务与事件的每一个细节。**事务处理系统（TPS）**是最基础的业务系统，服务于企业的业务层（分析员）。TPS 最常见的例子是日常会计系统，例如工资系统或订单录入系统。

图表 2—4 信息和信息技术的企业视图表

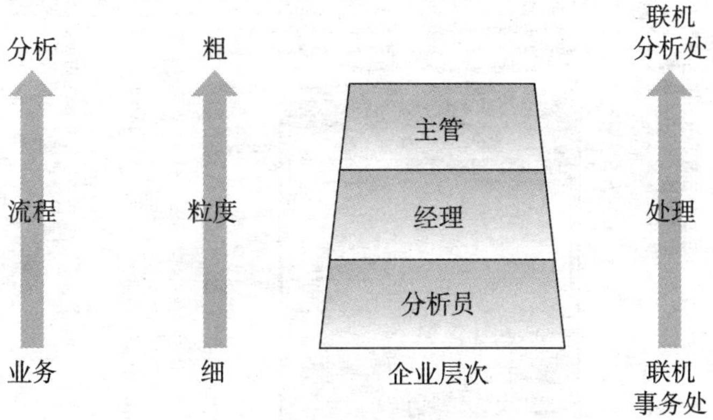

沿着企业金字塔向上，人们（通常是管理者）要处理的细节信息（"细粒度"信息）逐渐变少，而要处理的更多的是更具价值的汇总信息（"粗粒度"信息），从而方

便企业制定更为宏观的决策（粒度是指精细、详细的信息或“粗略”、抽象的信息）。**联机分析处理**（OLAP）对信息进行处理，建立商务智能，从而支持战略决策。商务智能这一术语一般用来描述辅助人们制定决策的信息系统。

2.1.3 决策支持系统

在 BostonCoach 豪华轿车客运服务公司，管理者必须尽可能高效地调度由成百上千辆轿车组成的车队。BostonCoach 需要一个实时调度系统，来统筹考虑可用车辆、客户需求以及一些如天气、交通流量状况等外部、多变的“软”因素。IBM Thomas J. Watson 研究中心的研究人员，为 BostonCoach 的客户调度系统设计了一套数学算法，结合各类信息，如天气、交通状况、司机位置、客户需求等，以决定为哪位客户分派哪辆轿车。该系统运行非常有效，在亚特兰大应用该系统后，公司收入增长了 20%。

决策支持系统（DSS），比如 BostonCoach 的客户调度系统，建立信息的模型，并在决策过程中为管理者和业务专家提供支持。DSS 中经常使用的 3 种定量模型包括：

1. **敏感性分析**是研究当模型中的一部分（或多部分）发生改变时对其他部分的影响。用户反复改变某一变量的值以观察其他变量值的变化情况。

2. **What-if 分析**检查某一假设的改变对于拟定的解决方案的影响。例如，“如果南卡罗莱纳州的一场飓风使库存从 30% 减少到 10%，会对供应链造成何种影响?”用户反复进行这种分析，直到理解各种情况的效应为止。图表 2—5 列示了一个使用 Microsoft Excel 进行 What-if 分析的实例。该软件正在计算 20% 的销售增长对企业盈亏的实际影响。

图表 2—5　　**用微软 Excel 表进行的 What-if 分析实例**

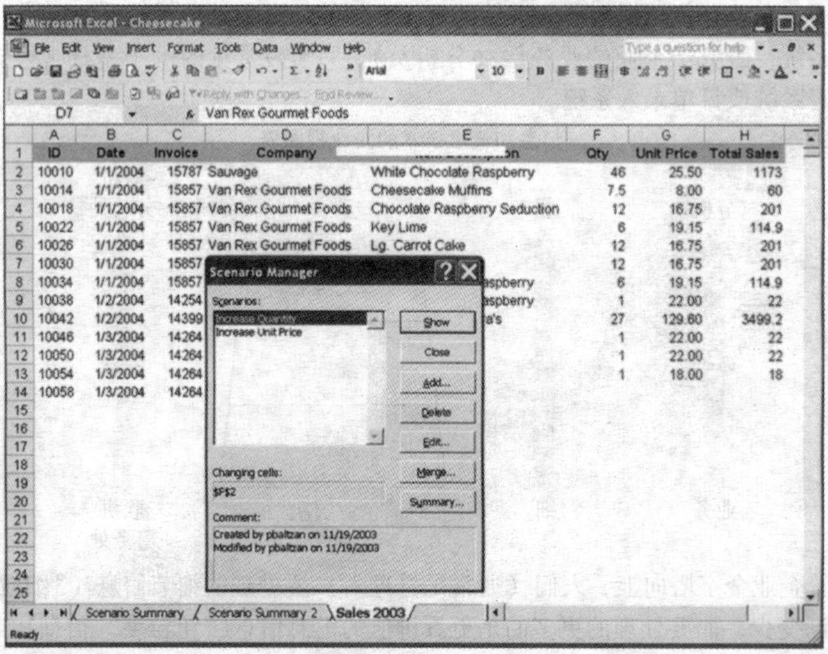

3. **目标搜寻分析**用以发现为达到既定目标，比如达到理想的产量输出或销售额，所必需的输入。与 What-if 分析中观察一个变量的变化如何影响其他变量所不同，目标搜寻分析预先为变量设置一个目标值（目标），接着反复改变其他变量值，直到得到目标值。例如，“需要有多少顾客购买新产品才能使企业的毛利润增加到 500 万美元?” 图表 2—6 列示了使用 Microsoft Excel 进行目标搜寻分析的实例。模型试图找到每月所需的还款额度，从而可以在 130 个月之内将余下的贷款还清。

图表 2—6　　　　**用微软 Excel 表进行的目标搜寻分析实例**

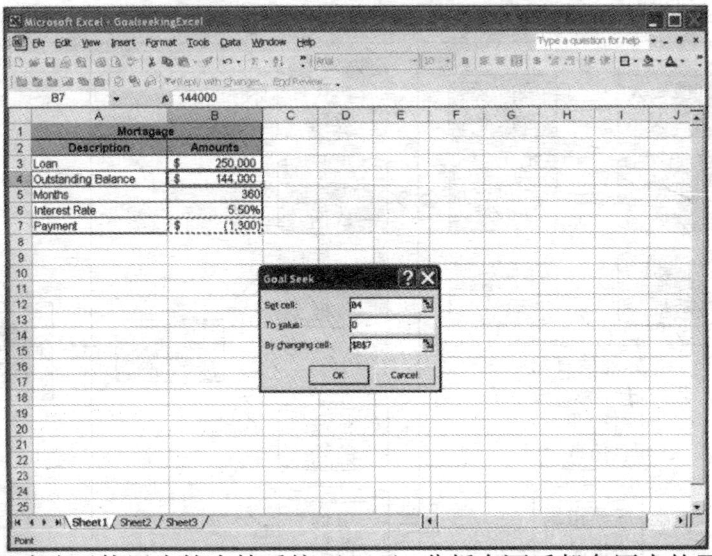

某国有保险公司使用决策支持系统（DSS）分析有酒后驾车历史的司机承保的风险。DSS 的分析发现，只有 3% 的已婚男性在其 40 多岁期间接受过超过一次的酒后驾车检查。公司随即决定降低此类客户的保费，这样做增加了收入，同时还减少了企业所面临的风险。

图表 2—7 列示了在 DSS 中如何应用 TPS。TPS 为 DSS 提供事务数据。DSS 总结和汇总来自多个不同 TPS 系统的信息，辅助管理者做出明智的决策。美国伯灵顿北方圣达菲（BNSF）铁路公司会定期检查其铁轨状况。每年，有数百起火车脱轨事故是由问题轨道引起的。通过应用 DSS 来调度安排列车轨道的更新，BNSF 将问题轨道引起的火车脱轨事故率降低了 33% 。

图表 2—7　　　　**TPSs 与 DSSs 的交互**

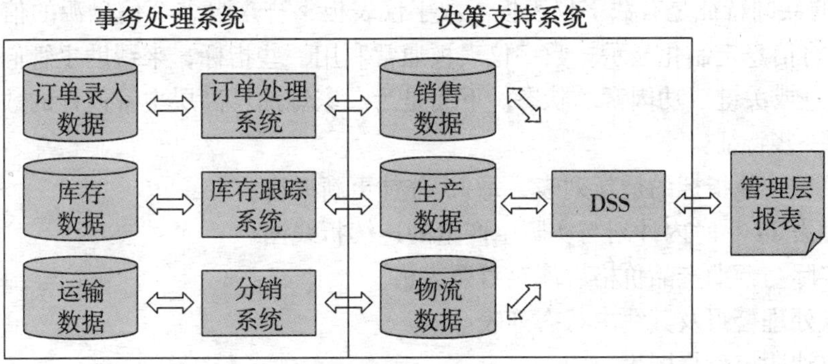

2.1.4 主管信息系统

主管信息系统（EIS）是一类特殊的决策支持系统（DSS），用以辅助企业内部高层主管的决策。但 EIS 又不同于 DSS，因为它的数据来源除包括企业内部信息外，还包括企业外部信息（见图表 2—8）。

图表 2—8　　　　TPSs 与 EISs 的交互

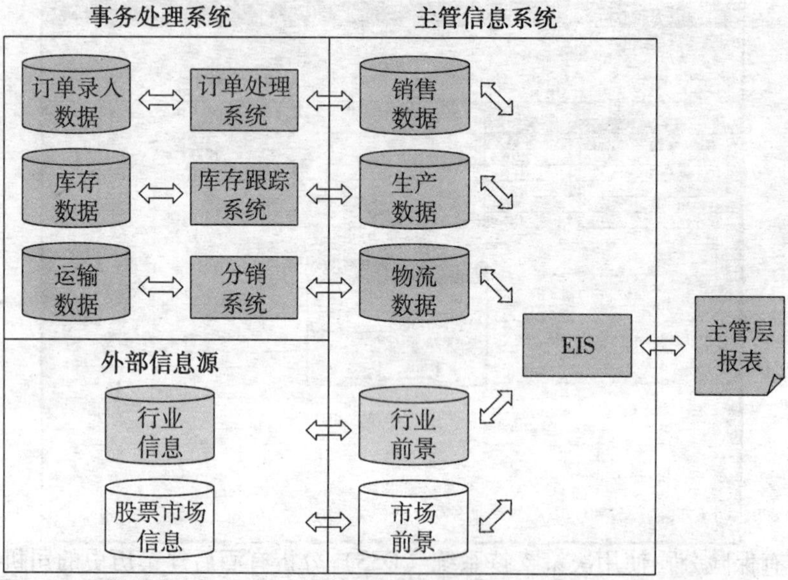

大多数 EIS 具有数据整合、“向下钻取”、“切片和切块” 等功能。

■ **数据整合**指信息的汇总，其涉及范围从简单的汇总到复杂的相关信息整合。许多企业在区域一级追踪记录财务信息，然后在全局层次上整合这些信息。

■ **“向下钻取”**使管理者能够查看信息的细节以及信息细节的细节。“向下钻取”功能包括查看每月、每周、每天，甚至每小时的信息。

■ **“切片和切块”**指从不同角度查看信息。比如，一个信息切片说明了所有产品在某一次促销活动中的销售情况，而另一个切片则说明了某一种产品在所有促销活动中的销售情况。

数字仪表板

EIS 的共同特征是有数字仪表板。数字仪表板整合来自多个信息源的信息，并按个人偏好将信息定制化显示。数字仪表板通常利用一些指标，来帮助主管们迅速识别出关键信息或关键成功因素的状态。下面是为一家炼油厂高层主管设计的数字仪表板所包含的一些特征：

■ 关键性能指标的最新列表，每 15 分钟更新一次。

■ 过去 24 小时内计划与实际生产量的连续折线图。

■ 实际与预期产品价格、库存对照表格。

■ 未处理警报及其解决状态列表。

■ 原油股市价格图表。

■ 行业新闻服务，如 Petroleum 公司提供的头条新闻一览。

数字仪表板，无论是最基础的还是综合型的，都能快速地提供结果。随着数字仪表板使用的日趋简单化，越来越多的主管可以独立完成分析，而无需反复向 IT 人员进行咨询或要求业务人员提供报表。Nucleus Research 一项独立的研究表明，应用数字仪表板与企业的投资回报率（ROI）有直接的相关性。图表 2—9 和图表 2—10 列示了来自 Visual Mining 公司的两类不同的数字仪表板。

图表 2—9　　　　　Visual Mining NetCharts **公司财务仪表板**

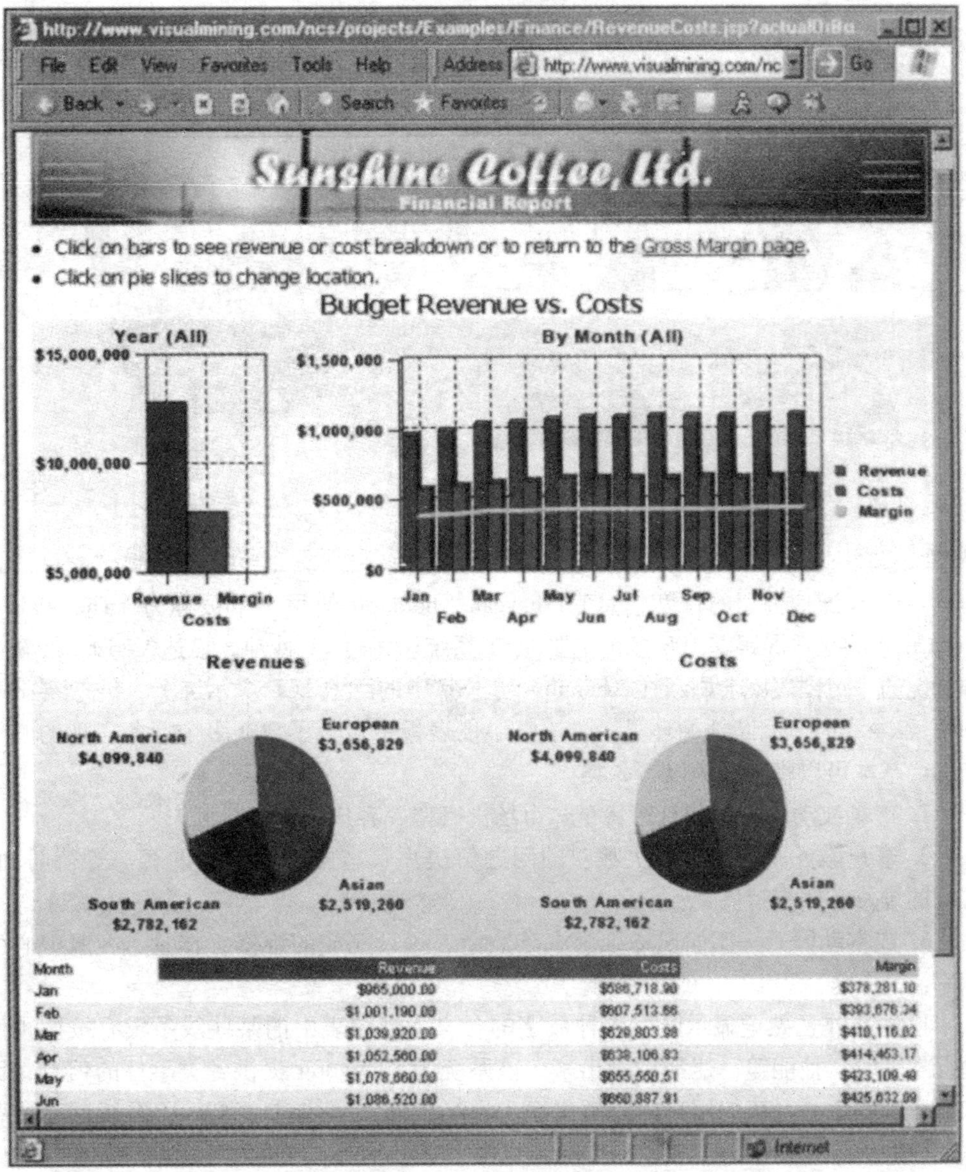

EIS 系统，比如数字仪表板，使主管们不局限于报告，而可以利用业务信息直接影响企业绩效表现。数字仪表板帮助主管们对信息即时做出反应，并将过去的按月制定决策、解决问题和改变策略，缩短到可以按天来进行。

图表 2—10 Visual Mining NetCharts **市场信息仪表板**

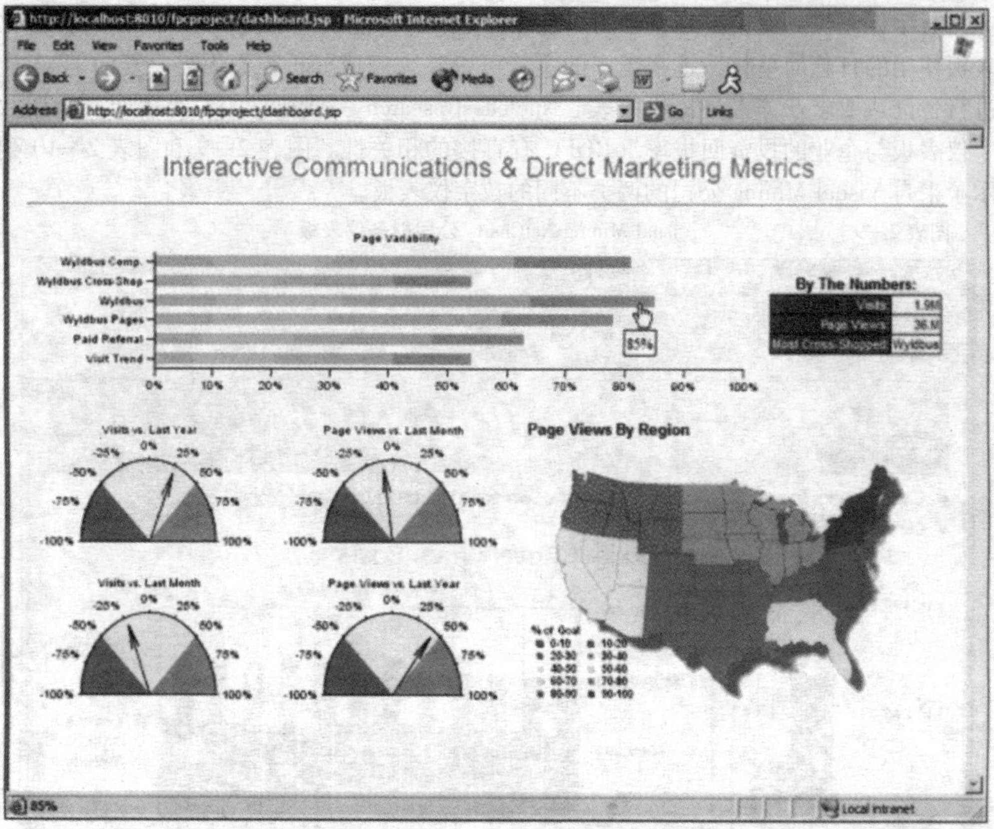

Verizon 通信公司的首席信息官 Shaygan Kheradpir 使用一个被称为“The Wall of Shaygan”的显示屏跟踪 100 多个主要的 IT 系统。每过 15 秒钟，描述 Verizon 最新业务状况的一组图表就会刷新在 Kheradpir 办公室中的巨型 LCD 显示屏上。44 个屏幕截图每天 24 小时不间断地循环显示。该数字仪表板中包含了 300 多个业务表现的测量指标，基本可以将其归为以下 3 类：

1. **市场波动**——比如日销售量、市场占有率、客户的增加与流失。

2. **客户服务**——比如一次呼叫的问题解决率、客服呼叫中心的客户等待时间、准时的维修呼叫支持。

3. **成本动因**——比如现场维修汽车数量、每日完成的维修工作量、客服中心生产率。

Kheradpir 已熟记显示屏上各种数字的含义，当图表中的某些线条没有按照预期情况发展时，他能够迅速地识别出来。该系统为 Kheradpir 提供各类事件的信息，比如语音呼叫中心系统的用户问题解决率、现场维修汽车数量、解决 IT 系统问题所花费的时间等。该数字仪表板以同样的方式为 400 个 Verizon 的各级经理服务。

人工智能

主管信息系统正逐渐开始利用人工智能，帮助主管们制定战略决策。总部位于加利福尼亚州圣克拉拉的 RivalWatch 公司利用人工智能技术，提供企业战略信息服务。这项服务使得企业能够追踪在线竞争对手的产品供应、定价策略以及促销信息。管理者可以指定他们想要关注的竞争对手以及希望获取的具体信息，比如竞争对手的新产品上市、产品退市、产品脱销、价格变动、优惠券发放以及物流快递等信息。管理者可以按天、按周、按月或按季度查看每个竞争对手、每个产品类别和每个具体产品的信息。

RivalWatch. com 销售市场部副总裁 Phil Lumish 说："因特网环境下的竞争完全不同于传统的实体业务竞争，因为你将与全世界的同行竞争，而不仅仅是你周围的竞争对手。新的产品和市场活动正在以惊人的速度发展变化，电子商务需要新的工具，来监控这一异常激烈的竞争环境，而我们提供的服务就是为了满足这些需求而设计的。"

智能系统是人工智能技术的各种商业应用。**人工智能**（AI）模拟诸如推理能力、学习能力等人类智能。人工智能系统可以从经验中学习和理解，理顺模棱两可或相互矛盾的信息，甚至可以利用推理能力高效地解决问题并做出决策。人工智能系统能够完成各种任务，比如监测设备的运行情况，并在需要维护时发出提示信号，从而提高工厂的生产效率。它的最终目标是建立一个能够完全模拟人类智能的系统。目前，人工智能系统被应用于各行各业：

■ 在英格兰的曼彻斯特机场（Manchester Airport），人工智能机器人清洁工 Hefner 每天一边清洗 65 600 平方英尺的地板，一边提醒旅客注意安全及机场内禁止吸烟的规定。Hefner 利用激光扫描仪和超声波探测仪，来避免与旅客相撞。

■ 壳牌石油公司（Shell Oil）的智能加油机器人 SmartPump 可以让司机在阴冷、潮湿的冬天待在车里即可为车加油。智能加油机器人能给任何 1987 年以后生产的汽车加油，因为 1987 年之后的汽车安装有特殊的加油口盖，在挡风玻璃上挂有发射应答机以告诉机器人加油枪的插入位置。

■ 松下公司（Matsushita）的信使机器人可以在医院走廊上为患者指路，传送病历、X 光片和医疗用品等。

■ 人工智能机器人 FireFighter 可以利用水、泡沫、粉末或惰性气体扑灭化工厂和核反应堆的大火，使消防员与大火之间保持一定的安全距离。

人工智能系统显著提高了决策的速度和一致性，有助于管理者在不全面的信息环境中解决问题，并且解决那些利用传统计算方法不能解决的复杂问题。人工智能系统有很多种，其中最常见的有四种：（1）专家系统；（2）神经网络；（3）遗传算法；（4）智能代理。

专家系统

专家系统是模拟专家在解决复杂问题时的推理过程的计算机程序。人的专长被转化为专家系统，用户可以通过专家系统获得具体建议。大多数专家系统反映了许多人具有的专业知识，因此能比任意一位专家提供更好、更专业的分析。通常，系统内的知识库包含各类积累经验，以及应用知识库解决特定问题的一组规则。最广为人知的专家系统有国际象棋对弈、辅助医学诊断等。专家系统是人工智能技术在商业领域应用最广泛的一种形式，它克服了专家难找、咨询费用高等缺点。

神经网络

神经网络，又被称为人工神经网络，是试图模仿人类大脑思维运转原理的一类人工智能系统。神经网络最善于解决模式或图像识别一类的问题，因为它可以从所处理的信息中学习。神经网络通过分析海量信息，可以在逻辑或规则未知的情况下建立模式和特征。

金融行业是应用神经网络技术历史最久的行业之一，它应用各种形式的神经网络技术已近20年。神经网络技术可以应用于审核贷款申请，并产生相应的审核结果：赞成或拒绝。有一种神经网络已经演变成检测信用卡欺诈的业内标准。1992年以来，美国Bancorp公司应用该技术将欺诈率削减到70%。如今，即使很小的信用卡机构都被要求使用这种软件，以从信贷互助会全国联合会取得借记卡担保资格。

模糊逻辑

模糊逻辑是用来处理不精确或主观信息的数学方法。基本的方法是为模糊或不精确信息指定0到1之间的一个值。值越高，越接近1。值为“0”，表示没有集合从属关系；值为“1”，表示有集合从属关系。比如，洗衣机应用了模糊逻辑，以决定用水量以及洗衣时间（漂洗直到水干净为止）。在会计和财务领域，主观财务价值（如信誉等无形资产）是经济分析方面重要的考虑因素，模糊逻辑为人们提供了分析这些信息的方法。模糊逻辑和神经网络经常结合起来，表达复杂、主观的概念，由此使得简化问题和在一定水平的确定性基础上应用规则变得可能。

遗传算法

遗传算法是一种人工智能算法系统，它模拟进化、优胜劣汰的过程，并能不断优化问题的解决方案。遗传算法从本质上讲是所得解不断优化的算法：它寻找那些能够产生最佳输出结果的输入条件的组合。

遗传算法最适用于决策制定的环境，因为在决策过程中有数以百万种的解决方案可供选择。与人类相比，遗传算法可以更快、更全面地发现和评估更多可能的解决方案。企业面临的决策环境中，有种种问题需要利用最优化技术来解决，比如：

■ 企业主管利用遗传算法，帮助他们决定公司该投资哪一组合项目，同时还要考虑复杂的纳税规则。

■ 投资公司利用遗传算法，来辅助交易决策的制定。

■ 电信公司利用遗传算法，以决定在包含超过100 000个结点的网络中光纤电缆的最佳接法。使用遗传算法，能够从上百万种线路接法中挑选出一种使用电缆线总数最少的接法。

智能代理

智能代理是一类具有特定目标、基于知识的信息系统，用以代替系统本身的用户完成特定的任务。智能代理利用其知识库，按照用户的意图来制定决策或完成任务。智能代理一般都有图形化的标识，比如信息搜索代理“Sherlock Holmes”。

最简单的一类智能代理是“购物篮”。“购物篮”是一种通过搜索各大零售商网站，提供价格及可用性比较的软件程序。逐渐的，智能代理会处理企业大部分的网上采购及销售业务，并处理诸如发现产品、议价、产品交付等业务流程。智能代理同样具有处理整条供应链采购及销售业务的功能。

另外，智能代理还应用在竞争环境监测和竞争信息智能处理方面。比如，智能代理可以学习用户想要追踪的竞争者信息的类型，然后在 Web 上不断搜索这类信息，并在有重大事件发生时提醒用户。

此外，在物理智能代理方面，在不远的将来，预计会有上百万个人工智能机器人被应用于家庭及企业中，完成从换煤气到送信等各种任务。据联合国及国际机器人联合会的最新报告显示，超过半数的人工智能机器人将变成玩具，而剩下的一半将提供各种服务。这些机器人将执行拆弹、清洁高楼窗户和打扫房间等任务。

数据挖掘

沃尔玛（Wal-Mart）整合其 3 000 家卖场销售情况的详细信息，并利用人工智能将这些信息转变为商务智能。数据挖掘系统能够即时对信息做出筛选，从而揭示那些不易被人类研究者发现的模式或关系。沃尔玛利用得出的结果，可以非常精确地预测每家店面每种商品的销售情况，从而节省了大量的库存成本，并使促销支出所换来的回报最大化。

数据挖掘软件通常包括许多类型的人工智能系统，比如神经网络和专家系统。数据挖掘工具将算法应用于信息集合，从而揭示信息中的固有趋势和模式。分析员再利用它们制定新的商业策略。分析员利用数据挖掘工具的输出结果建立分析模型，当有新的信息集合输入时，模型即可以完成各种数据分析。分析员结合当前的商业问题和分析技术给出商业解决方案，而这些商业问题和技术通常能够揭示信息中一些重要的新关联、模式及趋势。一些更普遍的数据挖掘分析包括聚类分析、关联检测和统计分析，这些内容我们将在第 6 章中详细讲述。

引例问题

增加哈雷的销量

1. Talon 是如何帮助哈雷的员工提高决策能力的？
2. 确定几个哈雷的市场总监可能想要在数字仪表板上监测的关键指标。
3. 哈雷是如何通过在业务中应用决策支持系统来获益的。

2.2 企业系统

学习目标

2.6 描述供应链管理的四个基本组成部分。

2.7 解释客户关系管理及其为企业带来的好处。

2.8 界定企业资源计划并解释其对企业的重要性。

2.9 明确企业如何利用业务流程重组提高其业务水平。

2.2.1 企业系统

Trek 是自行车及零配件制造行业的领先者。企业通过提高信息系统的整合度，将市场份额提高了 30%。新系统实现的最大改进在于，能够围绕企业的战略目标获取关键管理信息，从而推动商业决策的制定。该系统还包括一个运作非常成功的网站。1 400 名 Trek 经销商可以通过该网站录入订单信息，检查库存供应能力，查看应收账款及验证信誉度。Trek 北美地区渠道主管 Tonja Green 说："我们希望能为经销商提供一种更简单、更快捷的方式来录入订单及获取其他信息。应用新系统后，每周的网上订单数量增加了 25% ~30%。"

本节将介绍供应链管理、客户关系管理、业务流程重组和企业资源计划。这些企业系统可以帮助企业制定决策并获得竞争优势。

2.2.2 供应链管理

为了理解什么是供应链，我们想象一个顾客从 Trek 经销商那里购买了一辆自行车。供应链起始于顾客向经销商提出订购 Trek 牌自行车。当订购行为发生后，经销商从生产厂家 Trek 那里购买自行车，而 Trek 从不同供应商那里购买生产自行车所需的原材料，如金属、包装材料和零配件等。Trek 的供应链包括了在满足客户订单需求过程中发生的一系列行为和所有参与者。

供应链管理（SCM）涉及对供应链各阶段信息流的管理，从而最大限度地提高供应链的总效率与总收益。供应链管理的四个基本组成部分包括：

1. **供应链策略**——管理各种生产和服务资源所采用的策略，这些资源是企业向客户提供满足其需要的产品和服务所需的。

2. **供应链伙伴**——管理被选中的合作伙伴，包括负责交付成品，供应原材料，提供如定价、送货、支付等服务的合作伙伴以及伙伴关系监控。

3. **供应链运作**——对检验、包装、发货准备等活动的进度安排，以及对这些活动的绩效衡量，如生产率和质量。

4. **供应链物流**——管理产品交付过程和要素，包括订单、仓储、运输、缺陷产品召回和开发票等。

要实现和完成上述要素都需要许多步骤。通过实现自动化和改善信息流在不同供应链组成部分间的流动，供应链管理软件帮助企业提升完成这些步骤的效率。

沃尔玛（Wal-Mart）和宝洁公司（P&G）实施了一套非常成功的供应链管理系统，它将沃尔玛的配送中心与宝洁公司的制造中心直接联系起来。每当顾客从沃尔玛购买宝洁公司的产品时，系统就会自动给宝洁公司发送一条提示补充库存的信息。当某一样商品在沃尔玛的配送中心低于一定的库存量时，系统同样会向宝洁公司发送自动提示信息。这些实时信息使宝洁公司避免了大量库存，同时，保证了及时地为沃尔玛生产和提供产品。供应链管理系统为宝洁公司节省了时间，减少了库存和订单处理成本。宝洁公司又以打折的形式，将这些好处带给沃尔玛。

图表 2—11 描述了顾客从沃尔玛购买商品的供应链管理系统的各个阶段。从该图表可以看出，供应链如何动态地管理在不同参与者之间不断流动的信息流。比如，某顾客从沃尔玛购买了某件商品，并产生了订单信息。沃尔玛将这一订单信息传送给仓库或分销商，而仓库或分销商则把信息传送给生产厂家。厂家负责向超市提供产品的定价与供应信息，并补充库存。供应链上合作伙伴间所有的支付信息都以电子形式传送。

图表 2—11　　沃尔玛采购供应链

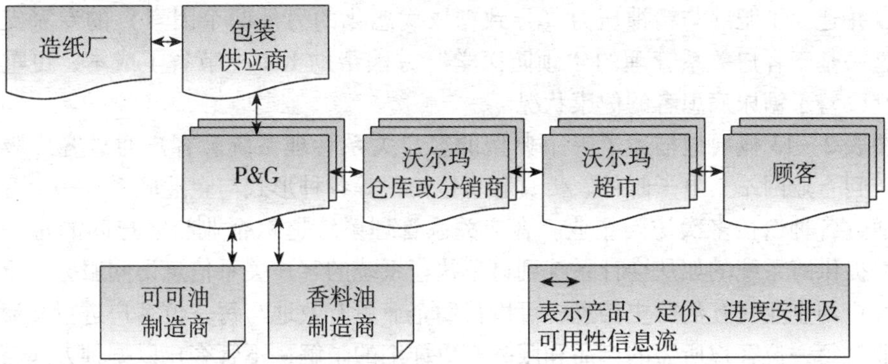

有效的供应链管理系统可以使企业：

■ 降低购买者的讨价还价能力。

■ 提高供应商的讨价还价能力。

■ 增加转换成本，以减少替代产品或服务的威胁。

■ 建立进入壁垒，从而减少新进入者威胁。

■ 通过实施成本领先战略，在寻求竞争优势的同时提高效率（见图表 2—12）。

图表 2—12　　用波特五力模型分析高效的供应链管理

2.2.3　客户关系管理

如今，客户只需点击鼠标便可在众多互相竞争的厂商之中做出选择。激烈的市场竞争迫使企业将战略从以销售为中心转向以客户为中心。

Charles Schwab 仅用了不到两年的时间，就收回了其客户关系管理系统数百万美元的成本。这套由 Siebel 开发的系统，使这家经纪公司能够追踪与客户或潜在客户的每一笔交易，并为每一位客户提供他们所需要的以及感兴趣的服务（比如退休养老计划）。系统为 Schwab 提供了全面的客户视图，方便其区分重要的和非重要的客户。比如，其名下薪酬的自动存款是区分重要投资者的标志；相反，余额不变者则不大可能投资。Schwab 一旦能够发现客户间的差异，就可以相应地分配资源，不在非重要投资者身上投入时间或资源，从而节省了资金。

客户关系管理（CRM）涉及管理企业与客户关系的各个方面，以提高客户忠诚度与企业的盈利水平。客户关系管理使企业能够深入了解客户的购买行为。Kaiser Permanente 实施客户关系管理战略，帮助延长糖尿病患者的寿命。通过收集整理 84 000名糖尿病患者的信息，Kaiser 发现只有 20% 的患者定期接受眼部检查（得糖尿病是造成失明的一大诱因)。为此，Kaiser 要求糖尿病患者必须进行严格的定期眼部检查，并建立了肥胖与精神压力（导致糖尿病恶化的另外两个因素）的专家支持小组。这一基于客户关系管理的“预防医学”方法帮助 Kaiser 节省了成本，更重要的是，它改善了糖尿病患者的健康状况。

图表 2—13 概要地描述了一个典型的客户关系管理系统。客户通过客户服务中心、访问企业网站、电子邮件、传真和直接销售等各种形式与企业联系。一个客户可能会通过各种途径多次访问企业。客户关系管理系统追踪企业与客户间的每一次交流，并提供跨系统的如从会计系统到订单执行系统的客户关系信息访问服务。全面的了解客户与企业交互的历史信息，可以帮助企业更有效地与每一位客户进行交流。这使企业对每一位客户所需的产品和服务有更详细的了解，不管客户以哪种方式与企业进行交流。当需要向客户提供如预计发货日期、互补产品信息、支付和结算等信息时，客户服务代表可以很容易地通过客户关系管理系统，查看详细的账户信息和交易历史。

图表 2—13　　客户关系管理概览

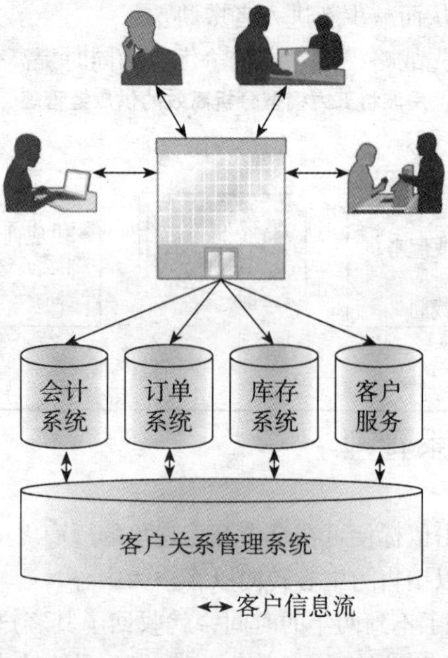

客户关系管理战略

Eddie Bauer 每年寄送出 1.1 亿份商品目录，运营着两家网站，并拥有超过 600 家零售商店。公司收集客户交易信息，并通过分析这些信息来选择对每一位个人客户的最佳销售方式。Eddie Bauer 发现，通过全部三条销售渠道——商品目录、网站和零售商店——购物的顾客的消费量，是仅通过单一渠道购物的顾客的消费量的 5 倍。

Eddie Bauer 的客户关系管理主管 Michael Boyd 说：“经验告诉我们，客户关系管理绝不是一种软件应用。从根本上讲，它是一种企业战略，试图帮助企业优化效益、收入，以及提高消费者的满意度水平。企业中的所有资源，每一个单独的流程或应用，都可以作为工具，为客户关系管理的目标服务。”

客户关系管理不仅仅是一项技术，它同时也是企业在总体层面上必须采取的一项战略。认识到这一点是非常重要的。虽然客户关系管理存在很多技术成分，但实际上它只是一种用技术来强化的流程和企业目标。客户关系管理系统的应用能够帮助企业识别客户，并为每一位客户设计专门的营销活动，从而促使客户增加消费。客户关系管理系统还使企业把客户当作个体来对待，并深入了解其购买偏好及行为，从而提高销售额、盈利水平以及客户忠诚度。

2.2.4 业务流程重组

业务流程是完成特定任务的一套规范活动，比如客户订单处理流程。**业务流程重组**(BPR) 是对企业内部或企业间工作流的分析与再设计。业务流程重组的概念可以追溯到19世纪，那时已提出与其有关的管理学理论，其目的是打造一流的业务流程。科学管理理论的提出者弗雷德里克·泰罗在19世纪80年代提出，管理者应该发现业务执行的最佳流程并能重组现有流程以优化生产效率。业务流程重组重申了这一经典理念，即存在执行业务的最佳方法。在泰罗所处的年代，技术水平限制了大型企业跨职能或跨部门设计业务流程。在当时的技术条件下，专业化是提高效率最时髦的做法。

业务流程重组的概念在20世纪90年代初进入了全盛时期。当时，迈克尔·汉默和詹姆斯·钱皮出版了畅销书《企业重组》。其提出这样一种理念，即企业从根本上的再设计与再组织（抛开过去，重新开始）对于降低成本、提高服务质量是十分必要的，而信息技术正是这一深刻变革的关键推动力。汉默和钱皮认为，大多数大型企业的工作流程设计都基于对技术、人员与企业目标错误的假设。他们提出了7条用以提高工作流程效率的重组原则，从而在质量、时间管理和成本方面获得显著的改善(见图表2—14)。

图表2—14　**业务流程重组的7大原则**

1. 围绕结果，而非任务来组织
2. 识别企业的所有流程，并按照重组的紧迫性排出优先顺序
3. 将信息处理工作整合到产生信息的工作当中
4. 以集中的眼光看待地理上分散的资源
5. 将工作流中并行的活动联系起来，而非仅集成它们的结果
6. 将决策点置于工作执行过程中，并在流程中建立控制
7. 从源头一次性获取信息

利用BPR发现机会

企业通常希望通过找到更快、更低成本、更好的方法来改进业务流程。图表2—15描述了同一条道路的不同通行方式。企业可以改进其通行方式，从步行改为骑马，再从骑马改为乘坐汽车。然而，真正的业务流程重组意味着开辟一条新的线路。企业应该忘记原来通行的道路，而利用飞机到达最终的目的地。企业在业务活动中往往使用相同的、间接的路径，而没有意识到可能还有不同的、更快、更直接的方式来达到目的。

图表 2—15　　　　更好、更快、更便宜，还是重组业务流程

是否及如何为客户创造价值，是企业着手进行业务流程重组时需考虑的首要因素。信息技术在其中往往发挥着重要的推动作用。全新的业务流程使得 Progressive 保险公司将理赔处理时间从 31 天大幅缩减至 4 小时。通常，汽车保险公司会遵循这样的标准理赔处理流程：客户出了一起事故，把故障车辆拖走后，并另找方法回家。接着，客户打电话给保险公司，进入理赔程序。这一过程一般要持续一个月以上（见图表 2—16）。

图表 2—16　　　　汽车保险理赔过程

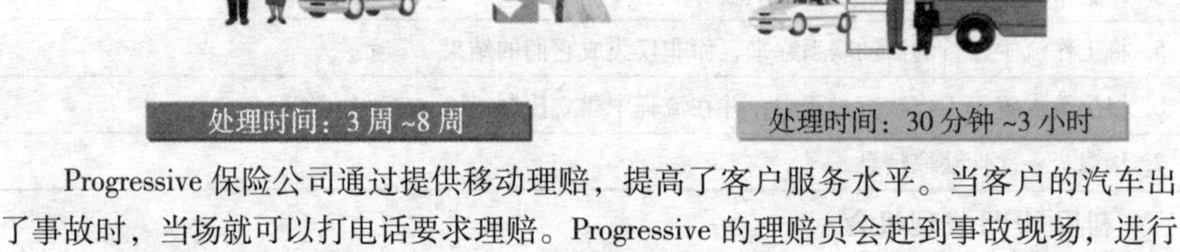

Progressive 保险公司通过提供移动理赔，提高了客户服务水平。当客户的汽车出了事故时，当场就可以打电话要求理赔。Progressive 的理赔员会赶到事故现场，进行现场移动理赔。理赔员调查现场情况，并拍摄数码相片。接着，理赔员为该客户提供现场赔付、拖车服务，并将客户送回家（见图表 2—16）。

比起更好、更快、更低成本地完行业务流程，真正的业务流程重组能为企业带来更多的收益。Progressive 保险公司的业务流程重组为整个行业重新定义了最佳实践。图表 2—17 描述了企业可以实现的不同类型的业务流程变更，其中横坐标表示变更的幅度，纵坐标表示潜在的商业利益。

图表 2—17　　　　　　　　**流程变更**

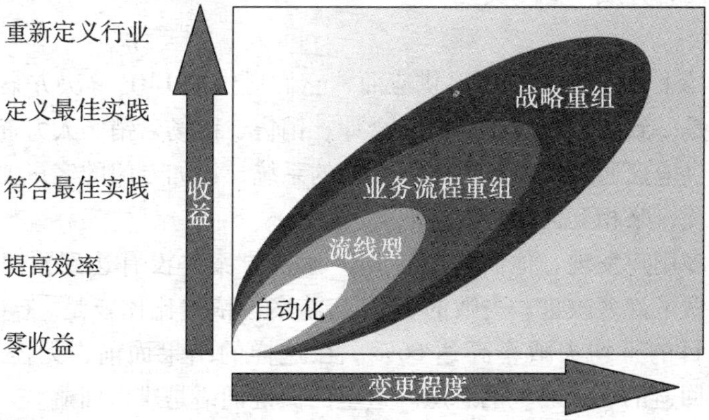

BPR 的陷阱

业务流程重组的一大风险在于，企业会过分执着于解决自身存在的不足，而在推出新产品或服务方面跟不上竞争对手的脚步。正当 American Express 全面重组其信用卡业务时，MasterCard 和 Visa 推出了一款新产品——企业采购卡。American Express 落后了整整一年，才向其客户推出同类业务。

2.2.5 企业资源计划

许多企业未能在跨部门运作上保持一致性。如果一个独立的部门，比如销售部，在没有考虑其他部门的情况下打算实施一套新系统，那么就有可能发生不一致的情况。当然不是所有的应用系统都需要与其他应用系统交换数据，但如果销售部门突然实施了一套新系统，而这套系统不能被市场和生产部门所使用或者与其处理信息的方式不一致，则企业各部门的业务运作就会被分割，并陷入孤立。

企业资源计划系统为企业提供了一致性。**企业资源计划**（ERP）将企业所有部门和职能集成到一个单一的（或一套集成的）IT 系统中，使管理者能够通过浏览全面的企业业务运作信息来制定决策。企业资源计划系统提供了一种有效规划和控制所有资源的方法。这些资源在制造、分销或服务企业中是获得、生产、运输和结算客户订单所必需的。企业资源计划中的关键词语是企业。

洛杉矶是一座拥有 350 万人口、44 000 名公务人员和 40 亿美元财政预算的城市。然而几年以前，政府各部门都是独立采购的。这意味着，分散在 600 座政府办公楼和 60 家仓库的 2 000 名员工在分别采购。每年有将近 120 000 份采购单（POs）和 50 000张支票送达 7 000 多个供应商那里，效率低下成风。

“原有系统并未考虑经济责任，人们会增加未经授权的支出”，该市的 ERP 项目经理 Bob Jensen 解释道。每个部门在不同系统中管理各自的库存。支出与所购商品条目不符的问题逐渐累积起来。一个部门用这种方式采购，而其他部门又偏好采用另一种方式。原有各系统是相互独立的。作为 2 200 万美元项目的一部分，该市政府选用了一套 ERP 系统，来整合全市的采购和财务信息。项目使处理支票的工作人员减少了一半，缩短了采购订单的处理时间，裁减了 40 个仓库岗位上的员工，使库存从

5 000万美元下降到1 500 万美元，并为每位供应商提供了单一的联系途径。此外，每年可以节省合同合并成本500 美元。

ERP 软件

如今，市场上存在着许多 ERP 供应商，它们提供的 ERP 解决方案各不相同，但是核心功能却是一致的，集中在财务、会计、销售、市场营销、人力资源、运营和物流上。而软件供应商通过提供具有不同功能的系统，比如专门的客户关系管理系统和供应链管理系统，来相互区别。

但是，很多用户发现，他们选择的 ERP 解决方案并没有达到预期的效果。尽管软件本身已经做了许多改进，失败的 ERP 实施案例依然比比皆是。Gartner 公司调查显示，ERP 项目的平均失败率高达 66%。在这样的结果面前，无怪乎有些企业把 ERP 看作难以回避的、战略上的恶魔。这里的关键词语是难以回避。

许多企业希望通过明智的投资，做出正确的财务决策。确保 ERP 项目投资效果的最好方法，是去了解项目为什么会失败以及如何避免。企业要面临的首要挑战是 ERP 产品的多样化。但要明白 ERP 的主要目的还是为业务流程提供支持和自动化。商业世界存在着许多不同的商业模型，可以用现有的许多 ERP 产品来实现。

寻找令人满意的 ERP 解决方案

一套好的 ERP 系统会高度反映与支持企业中的业务流程。这意味着，软件必须完成许多不同的任务。这使软件变得非常复杂。大多数企业并没有对培训 ERP 软件知识给予较高的重视，使得选错软件的情况很容易发生。实施有效采购的关键，在于拥有稳定的业务流程。成功的 ERP 项目有三个基本的共性：

1. 总体契合。
2. 正确的业务分析。
3. 坚实的实施计划。

总体契合

这一点是指，系统与业务流程之间的拟合程度较好。一套拟合良好的 ERP 系统与企业流程没有较大的差异，只存在极少的、细微的差异。可以把一套新的 ERP 系统想象成一套西装。通常，客户购买西装主要有三种方式：购买成衣，购买成衣加少量裁剪，或量身定做。

ERP 解决方案与业务流程的拟合程度往往可以决定客户的满意度水平。购买现成的 ERP 产品相当于购买封装好的软件包。它能够很好地拟合一部分业务流程，但不是全部。客户可以通过自己修改软件的方式，使其与企业的业务流程更匹配。如果选择的软件包支持这种修改，这将是一个很好的策略。这种方式的不足之处在于成本可能会较为高昂。选择一套定制的系统可以很好地拟合业务流程，但企业必须清楚地认识到业务流程是什么，并有能力支付由此带来的大额的开支。

正确的业务分析

判定哪种拟合策略正确的最佳方法是进行全面的业务分析。成功的企业一般将 10% 的项目预算用于业务分析。正确的业务分析将绘制出企业业务流程表。这也是衡量软件供应商能力的一个基本方法。

坚实的实施计划

任何新流程的采纳或机械设备的成功安装，都离不开坚实的实施计划来监控质量目标和时间表。计划制订可以使用诸如工作流分析、作业合并等方法，从而节省开支。

ERP 的全面实施将会把知识转移给系统用户。当项目完成时，员工必须能够使用新系统提供的各种工具。员工还必须知道当流程变动时应该如何应对。大多数系统的失败都是由低质量的实施过程所造成的。ERP 仅仅是一种工具。如果人们不知道如何使用这个工具，就和完全没有这个工具一样。

引例问题

增加哈雷的销量

4. 评价 HOG 的客户关系管理战略，并指出哈雷会给 HOG 会员提供的额外好处，从而提高客户满意度。

5. 描述哈雷的 SCM 系统 Manugistics，说明该系统是如何提高其业务运作水平的。

6. 给出一个哈雷 SCM 系统的可能例子，要包括所有的上、下游参与者。

章后案例：定制

过去，顾客购买产品有两种选择：（1）购买诸如牛仔裤或糖果一类的批量生产的产品；（2）多花一些钱定制理想的产品。在零售业，批量定制是新趋势。它恰到好处地找到了一个平衡点，既利用了批量生产的成本优势，又为客户提供了众多选择，使客户觉得就像是为自己量身定做的一样。如今，很多企业在尝试利用战略信息系统，实现批量定制的商业战略。

Lands' End

Lands' End 的决策支持系统通过收集一些测量数据并运行一系列算法，精确地确定一个人的体型。这一过程开始于顾客在 Lands' End 网站上回答从腰围到裤长等一系列问题。公司将这些数据存储在客户关系管理系统中，用于再次订购、促销及营销活动。接着，订单信息被传送到旧金山，那里的供应链管理系统会从 5 家合约生产厂家中挑选一个符合本次订单要求的厂家。然后，被选中的厂家就会裁剪、缝制衣料，并把成衣直接发送给顾客。

尽管每件定制服装至少需要多花 20 美元，并且需要 4 个星期才能到货，但与标准尺码的服装相比，超过 40% 的 Lands' End 顾客更偏爱定制服装。定制服装的销售额在 Lands' End 5.11 亿美元的在线业务中所占的比例正在不断增加。再次订购率也比标准尺码服装高出 34%。

Nike

最初的 Nike iD 商业模型将精力集中在与客户保持联系及建立客户忠诚度上。在 Nike iD 的网站上，顾客可以设计属于自己的跑鞋。首先，顾客从 7 种设计风格和众多配色方案中挑选一种，如暗粉色鞋底、红色鞋面、亮黄色衬里、紫色鞋带、蓝色耐克标志和桉树绿装饰。顾客甚至可以在鞋的侧面写上 8 个个性化字母。这种鞋平均要比商场里的一般鞋贵 30 美元。

一旦 Nike 接收了客户订单，其供应链管理系统就会按照生产情况，把该订单传送给 15 家制造工厂中的一家。顾客将在 4 周内收到他们定制的跑鞋。该项服务在两年时间里获得了 3 位数字的利润增长。

Stamps. com

Stamps. com 与美国邮政服务公司（U. S. Postal Service）达成协议，出售定制邮票。顾客可以将自己选择的图片印在实际的邮票上。图片的选择范围很广，从宠物狗到未婚妻的图片都可以选择。该项业务的反响十分惊人：在 7 周内，Stamps. com 受理和出售了 200 多万张面额为 1 美元的邮票，这是面额最小的邮票。

将批量定制作为目标改变了企业对其客户的认识。利用供应链管理系统和客户关系管理系统实现批量定制对企业的盈亏有着直接的影响。

问题

1. 在批量定制的商业战略中，供应链管理和客户关系管理起着什么样的作用？
2. Lands' End 如何利用 CRM 系统提高其业务绩效？
3. Nike 如何利用 CRM 系统改善其客户关系？
4. 为什么 Nike 的 SCM 系统对其 Nike iD 的订单执行流程是至关重要的？
5. 选择前面讲过的一个案例，说明 ERP 系统是如何促进批量定制的实现的。
6. 选择前面讲过的一个案例，说明企业如何试图通过批量定制获得竞争优势。
7. 另举一个可能会从批量定制中获益的企业案例，说明为什么该企业会需要 SCM 和 CRM 系统来实现批量定制的商业战略。

第3章 电子商务

引例：亚马逊（Amazon.com）——不是大家所想象的书店

贝佐斯（Jeffrey Bezos），亚马逊网上书店的首席执行官和创建者，经营着被称为“世界上最大的书店”，贝佐斯的虚拟书店的故事启发了很多人。这个不知道从哪里冒出来的网上书店在业内引起了轩然大波。这不仅是创建一个网站，贝佐斯构想并建立了一个智能的、全球化的数字商业系统。其业务就是其技术，其技术也是其业务。亚马逊在其最初几个月的经营中，好似开了数以千计个书店，震动了书籍销售业的传统价值链。

贝佐斯毕业于普林斯顿大学，而且曾是纽约银行家信托集团最年轻的副总裁。1994年，他必须决定是留下来接受华尔街的奖金，还是加入互联网创业大潮。“我曾试着想象自己已经80岁，回顾自己过去的生活，我知道我不会后悔放弃1994年华尔街的奖金，而会后悔放弃成为互联网热潮中的一分子——那才真正让我难过”，贝佐斯说。一天晚上他整理了一份适合在互联网上销售的20个产品的清单，其中书籍作为运输便捷和成本低廉的小单物品，被列在清单的最前面。同样显然的是，没有哪家书店能把每年出版的500万种图书都采购并储存下来。贝佐斯一生从未卖过一本书，却开发了网上销售图书的战略计划。亚马逊在那一晚的3年后正式成立。1994年秋天，亚马逊交付了其第一笔订单——由贝佐斯和妻子亲手包装。

亚马逊的电子商务战略

亚马逊没有任何实体店，其所有销售均通过网站进行。亚马逊不断在搜索中注入新技术为顾客提供满意、个性化的体验。当人工编辑的产品推荐清单进化成复杂的、由计算机算法生成的个性化推荐及搜索引擎时，会怎样呢？公司搜集购买者的评价和推荐信息以供网站访问者参考——就好像友善的售货员给出购书建议一样。网站会追踪顾客的活动、访问网站的次数、停留时间、点击了哪些页面等。公司使用这些信息来评估购买和销售方式以及促销活动。亚马逊迅速成为全球范围内电子商务领域的成功代表。

亚马逊通过网站的特色来保留顾客，如个性化推荐、在线顾客产品评论和"一键订购"——带给客户真正的一站式购物体验，顾客可以找到想在线购买的任何东西。通过 Amazon. com 网上拍卖、zshops（独立的第三方卖方）以及近期推出的亚马逊电子市场（顾客可以卖使用过的物品），亚马逊几乎能够向顾客提供任何一样东西。

打造亚马逊的未来

亚马逊发布的免费的 web service 程序组件，可以让它的商业合作伙伴（亚马逊称之为关联企业）与亚马逊网站进行数据交换。确切地说，这项服务允许其合作伙伴访问亚马逊的产品分类目录数据，并在自己的产品页面上创建和使用亚马逊购物车，甚至开启付款过程。在 16 个月内，这项措施促使 30 000 个合作伙伴以新方式增加亚马逊在互联网上的可见度。拥有 3 000 万个顾客，亚马逊已成为一个家喻户晓、妇孺皆知的品牌。

引言

改变商业世界的最大驱动力之一就是互联网。技术公司，如 Intel 和思科（Cisco），是最早开展互联网重组业务的先锋。Intel 部署了基于网络的自动化订单处理，将 200 名销售员从乏味的订单录入工作中解放出来。于是，销售员可以集中精力进行客户关系管理，例如分析销售趋势和满足客户需要。思科的在线业务占总业务的 70%，而且 45% 的线上业务不需要员工进行任何处理。这种基于互联网的订单处理方式令思科的效率在过去两年中提高了 20%。

电子商务是在网上从事商务活动，除了单纯的买和卖，还包括通过网络为顾客提供服务以及与商业伙伴的合作。各公司都认识到为顾客、员工和合作伙伴提供一个简单的网站并不是电子商务，正如亚马逊在图书销售行业所做的一样，电子商务网站必须具有创新性、能够增加价值并且提供有用的信息。简而言之，网站必须建立社区意识和合作意识，并逐渐成为进入特定商业领域的入口。要想理解电子商务，应先了解：

- 突破性技术。
- 互联网的演化。
- 获取互联网信息。

■ 提供互联网信息。

3.1 商务活动和互联网

学习目标

3.1 比较突破性技术和持续改进技术。

3.2 解释互联网是如何引发企业突破性发展的。

3.3 明确 Internet 和 www 的关系。

3.4 说出几种企业获取互联网信息的方法。

3.5 比较三种不同类型的服务提供商。

3.1.1 突破性技术

成立于1937年的美国宝丽来（Polaroid）公司，在20世纪40年代生产了第一台即拍即得照相机。宝丽来照相机的诞生是摄影业最令人兴奋的技术进步之一。使用宝丽来相机的用户，不用去冲洗店就可以即时洗出照片。这项技术很具创新性，而且产品也很高端。该公司最终公开上市，成为华尔街最突出的企业之一，其股票价格1997年超过了60美元。而在2002年，其股价却跌到了8美分，公司宣布破产。

像宝丽来这样拥有创新技术和忠实客户群的企业，怎么会突然破产呢？也许公司管理层未能利用好波特的五力模型分析替代产品和服务的威胁。如果其很好地分析了，则其是否注意到一小时底片处理技术和数码相机会最终抢占宝丽来的市场份额呢？其是否曾意识到其客户，那些希望不需第三方介入就可以即时取到照片的人，将会成为首先使用一小时底片处理技术和数码相机的用户呢？公司能找到办法与一小时底片处理技术和数码相机相抗衡来拯救自己吗？

大多数公司现在都要应对宝丽来公司所处的窘境——公司所使用的现行商业决策依据很可能会给未来的业务发展带来负面影响。更本质地说，对现在业务适合的商业决策，长远上考虑可能会导致企业毁灭。一些商业环境观察员对未来持一种不太乐观的看法——数字进化论。数字进化论表明，不能适应信息时代生存要求的公司，终将灭亡。

突破性技术与持续改进技术

突破性技术是一种做事的新方式，这种方式在开始时并不能满足现存客户的需要，突破性技术趋向于开拓新的市场并破坏旧的；而持续改进技术则致力于生产顾客热衷购买的更先进的产品，如更快的汽车或更大的硬盘驱动器。持续改进技术趋向于在已有的市场基础上提供更好、更快、更便宜的产品。行业现存的公司最常把持续改进技术引入市场，但几乎从不进入由突破性技术开拓的市场。图表3—1列示了期望使用新发明（突破性技术）和现存发明（持续改进技术）来实现增长的公司。

图表 3—1　　　　　　突破性技术与持续改进技术的比较

500 强企业排名	企业	新投资（使用突破性技术）的预期回报率（%）	现有投资（使用持续改进技术）的预期回报率（%）
53	戴尔电脑	78	22
47	强生公司	66	34
35	宝洁	62	38
6	通用电力公司	60	40
77	洛克希德·马丁公司	59	41
1	沃尔玛	50	50
65	英特尔	49	51
49	辉瑞	48	52
9	IBM	46	54
24	默克	44	56
92	思科系统	42	58
18	家得宝	37	63
16	波音公司	30	70
11	Verizon 通信	21	79
22	克罗格	13	87
32	西尔斯·罗巴克	8	92
37	AOL 时代华纳	8	92
3	通用汽车	5	95
81	菲利普斯石油	3	97

突破性技术通常从低端市场“切入”，最后逐渐取代高端竞争者的统治性技术。索尼公司就是一个绝好的例子。索尼从进入低端市场开始，而后逐步取代其高端竞争者。索尼最早是一个生产用电池供电的便携晶体管收音机的小公司，索尼的收音机可随身携带。索尼的晶体管收音机音质一般，因为晶体管扬声器的质量不如传统的真空管，后者能产生更好的音质。然而，顾客却愿意牺牲音质以获得便携性。有了该产品的经验和资金，索尼不断改进产品技术，生产出了更便宜的、适于家用的低端晶体管扬声器。随后，公司将收入用在改进技术上，不断生产出更好的收音机。

《创新者的两难》一书的作者是 Clayton M. Christensen，该书探讨了仍有现存业务的公司是如何利用突破性技术却并未影响与当前顾客、伙伴、股东的关系的。施乐（Xerox）、IBM、西尔斯（Sears）和美国数字设备公司（DEC）都乐于倾听客户的心声，并积极地在技术上投资，发展具有竞争力的领域，可仍然失去了市场主导性地位。Christensen 称，这些公司可能过于强调满足顾客的现时需求，而忽略了使用能满足顾客未来需求的最新突破性技术，因此导致公司最终失去原有的市场份额。图表

3—2 列举了利用突破性技术开拓新业务的几家公司。

图表 3—2　**利用突破性技术的公司**

公司	突破性技术
嘉信证券	在线经纪业务
惠普	基于微处理器的计算机、喷墨打印机
IBM	小型计算机、个人电脑
英特尔	低端微处理器
Intuit 公司	QuickBooks 速达软件、TurboTax 软件、Quicken 软件
微软	基于因特网的计算、操作系统软件、SQL 和 Access 数据库软件
Oracle	数据库软件
Quantum 公司	3.5 寸硬盘
索尼	晶体管消费类电子产品

互联网——商业突破

在互联网发展的早期，没有人想到它会变得如此强大。电脑公司认为它不会成为一宗大生意，电话和有线电视公司也持相同看法。由于很难访问和使用，互联网看起来似乎更像是国防部和学术界使用的秘密工具。然而，随着互联网的发展、发展再发展，它的用户数量由 20 世纪 60 年代的少数人，发展到 2005 年的 10 亿（如图表 3—3）,互联网用户数在不远的将来将达到 30 亿。在印尼和印度的一些村庄，在家庭安装电器之前就可以先接入网络。图表 3—4 列示了互联网改变商业的几种方式。

图表 3—3　**全球互联网使用情况统计数据——世界互联网用户和人口统计数字一览表**

地区	人口（2006）	占世界总人口的比重（%）	互联网用户数	互联网用户数占地区人口的比重（%）	地区用户占世界互联网用户数的比重（%）	2000—2005 年的增长率（%）
非洲	915 210 928	14.1	22 737 500	2.5	2.2	403.7
亚洲	3 667 774 066	56.4	364 270 713	9.9	35.7	218.7
欧洲	807 289 020	12.4	290 121 957	35.9	28.5	176.1
中东	190 084 161	2.9	18 203 500	9.6	1.8	454.2
北美	331 473 276	5.1	225 801 428	68.1	22.2	108.9
拉美/加勒比	553 908 632	8.5	79 033 597	14.3	7.8	337.4
大洋洲/澳大利亚	33 956 977	0.5	17 690 762	52.9	1.8	132.2
总计	**6 499 697 060**	**100**	**1 017 859 457**	**15.7**	**100**	**182**

图表 3—4 **互联网对业务的影响**

行业	技术引起的业务变化
旅游业	旅游网站 Expedia. com 是美国最大的休闲旅游代理商，即使与美国运通（American Express）相比，也有更高的利润率。2002 年，13% 的传统旅游代理公司纷纷关门，因为它们无法与在线旅游代理商竞争
娱乐业	传统音像业阻碍了 Napster 和其他类似的音乐下载网站的运营，但是每年 350 亿美元的音乐下载还是破坏了传统的音像业。美国音像业的单位销售额 2000 年以来下滑了 20%。下一个受电子商务影响的娱乐产业将会是价值 670 亿美元的电影业
电子业	通过使用互联网联系供应商和顾客，戴尔重新确定了行业利润水平。它的利润率从 2002 年的 7. 3% 上升到 2003 年的 8%，尽管它已把价格降到了对手不可能获利的水平
金融服务业	几乎每一家上市的电子金融公司都在赚钱，凭借提供网上抵押贷款服务，在线贷款服务网（Lending Tree）的业务一年内增长了 70%。使用在线抵押贷款申请对用户来说可以便宜 40%
零售业	不到 5% 的零售业销售额来自线上业务。eBay 今年要跻身全国销售额最大的 15 家零售商之列，亚马逊也将进入前 40。沃尔玛的电子商务经营策略，迫使对手将大量投资用于技术
汽车业	因为供应链管理和基于网络的采购，车辆的生产成本下降了。eBay 已成为美国领先的二手车交易商，大多数大的汽车网站也有利可图
教育培训业	通过把培训转移到网络上，思科公司去年节省了 1. 33 亿美元，而且菲尼斯大学（University of Phoenix）网络学院的课程也令投资者感到满意

3. 1. 2 互联网的演化

20 世纪 60 年代中期的冷战时期，美国军方决定，军方应建设一个防导通信系统，于是概念互联网诞生了。这个系统将全国范围内的电脑联接起来，即便国内大片地区因受到导弹袭击而导致网络被破坏，冗余的计算机网络仍可以传输讯息。在早期，联入网络的仅限于政府智囊团和一些大学内的计算机，因此，那时互联网本质上是由美国国防部的高等研究计划署经营的一个紧急军用通信系统，被称作 ARPANET。而**互联网**通常的定义是：互联网是计算机网络的网络，是全球公用的网络，它使用通用的计算机协议把信息从一台计算机传递到另一台计算机。**通信协议**规定数据格式以及传输中需要遵循的规则。

当时，美国有国防相关基金的大学都安装了 ARPANET 计算机。渐渐的，互联网从一个军用的渠道变成了科学家的通信工具。随着越来越多的学者联网，网络系统管理权从军方的 ARPA 手里转移至美国国家科学基金委。几年后，商界开始使用互联网，管理权再次转移。如今，没有一个团体或组织负责经营互联网，而是由若干独立团体负责监督互联网的运行并制定标准，这些团体包括：

■ 互联网工程任务组（Internet Engineering Task Force，IETF）：负责互联网相关协议和开发工具的制定。

■ 互联网体系结构委员会（Internet Architecture Board，IAB）：负责确定互联网总体体系结构，为 IETF 提供咨询和各种指导。

■ 互联网工程指导小组（Internet Engineering Steering Group，IESG）：负责 IETF 活动的管理和互联网标准制定程序的技术管理工作。

万维网的演化

人们经常混淆互联网和万维网这两个概念，但是这两个词不等同。在整个 20 世纪 60 年代、70 年代和 80 年代，互联网主要被国防部用于发送 E-mail 和进行文件传输等活动。互联网仅可用于非商业活动，它的使用者包括政府官员、研究人员、大学教授和学生，而万维网改变了互联网的目的和作用。

万维网（WWW）是将互联网作为传输媒介的全球范围的超文本系统。**超文本传输协议（HTTP）**是支持万维网上信息交换的互联网标准。通过定义统一资源定位符（URLs）以及使用 URL 获取互联网上任意站点的资源，HTTP 使网页作者可以在其页面中加入超链接。HTTP 定义了一个过程：通过这个过程网页用户可通过浏览器，创建一个信息请求并将请求发送给网页服务器。网页服务器是一个程序，它应答用户的信息请求并提供所需信息。在超文本系统中，用户通过点击当前文档里的超文本链接来导航，进行这个操作将会在当前或新的浏览器窗口中显示另一个文档。网页迅速成为在互联网上发布信息的理想媒介，并开始成为电子经济的平台。图表 3—5 列出了万维网流行和获得增长的原因。

图表 3—5　　**万维网快速增长的原因**

■ 微型机的技术变革使每人拥有一台电脑成为可能
■ 网络硬件、软件和传输介质的发展使商业 PC 机可以以较低成本连接到更大的网络
■ 浏览器软件，如微软的 IE，为计算机用户提供了简单易用的图形用户界面以查找、下载和显示网页
■ E-mail 的快速、便捷和低成本使它成为在商业和个人通信中异常流行的工具
■ 简单的网页很容易创建且极其灵活

万维网 1991 年以前主要基于文本。1991 年，两件事的发生永远改变了网页的内容形式及从中可获得的信息的数量和质量（见图表 3—6）。第一件事是，Tim Berners-Lee1991 年 8 月建立了第一个 Web 网站（http：//info. cern. ch/——网站已被存档）。这个站点提供了创建万维网站的详细技术信息，包括如何创建浏览器以及如何安装 Web 服务器。它还整理出世界上第一个 Web 网站目录，后来 Berners-Lee 维护了一个除自己网站之外的其他 Web 网站的地址列表。

图表 3—6　　互联网对信息获取的影响

容易收集	使用互联网搜索产品、价格、客户、供应商及合作伙伴信息更快、更容易
更丰富	信息丰富指客户和企业间所传输信息的深度和广度，企业和客户可以使用互联网收集和追踪更详细的资料信息
"更多达"	"更多达"指在全球范围内，企业可以通信的人数。企业可以与遍及全世界的众多客户分享信息
更好的内容	互联网得以快速发展的一个关键决定因素是它能够提供动态的相关内容。买家需要有详细的产品说明，以便做出基于充分信息的购买决定，卖方使用产品说明营销并把自己同竞争对手区分开来。产品说明使交易双方建立了基本的了解，由此，内容是否丰富和多达会直接影响交易

第二件事是，Marc Andreesen 开发了一个叫作 NCSA Mosaic 的浏览器程序（在伊利诺伊大学的国家超级计算机应用中心），并且将其发布出来！浏览器的出现使得访问已经出现的网站变得更加简单。不久，网站就发展成不只包含文本文件，还包含音频和视频文件（如图表 3—7）。这些页面都是用超文本标记语言（HTML）编写的，其中的链接可以让用户从一个文档迅速转到另一个文档，即使这些文档存储在不同的计算机上，Web 浏览器仍可以读取 HTML 文本并把它转化成一个网页。

图表 3—7　　万维网上的文件格式

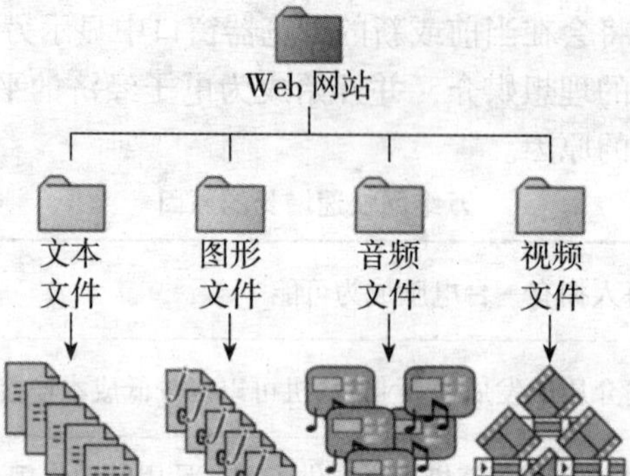

消除了时间和空间的限制，互联网使得企业可以以之前无法想象的方式开展业务。**数字鸿沟**意味着，那些拥有技术的人或组织比那些不能取得技术的人或组织拥有更大的优势。住在 Siroha 印度村庄里的人们必须骑 5 公里自行车才能找到一个电话。对于印度超过 7 亿的乡村居民来说，直到最近电子设备才成为其生活的一部分。亚洲媒体实验室（Media Lab Asia）通过安装在自行车上的移动互联网公众信息服务亭来销售电话和提供电子邮件服务，它被人们称为"info-thelas"。公众信息服务亭有一个随车携带的计算机，机器上配有一个为提供互联网服务而准备的天线和一个特别设计的可全天供电的电池。超过 2 000 个村民以 1 200 美元的价格购买了服务亭，另有 60 万个村民有意购买。

3.1.3 获取互联网信息

很多饭店和特许经营专家相信，酷圣石冰淇淋（Cold Stone Creamery）的加盟商内联网使该公司处在快速发展的轨道上，其特许经营加盟商之间通过 Creamery Talk，一种基于公司内网的聊天室交流。从开始启用之时起，Creamery Talk 就变成了特许经营商的黑皮书，上面有各方面的意见忠告，从临街铺面的设计到设备维修。当某个加盟商的冷库坏了时，发送到聊天室的公告会换来便宜、有效的维修服务，例如更换一个价值 21 美元的电风扇。

四种访问互联网信息的常见工具包括：

- 内联网。
- 外联网。
- 门户网站。
- 公众信息服务亭。

内联网

内联网是互联网上禁止外界进入的内部部分，它是一个组织为其员工提供的获取信息和应用软件的途径。内联网是发布组织信息的有效工具，因为它提供了一个“信息集中地”，在此，员工能够找到组织相关资讯。具体地说，这个“集中地”容纳了各种与公司相关的信息，如福利、日程安排、战略方向以及员工通讯录。在很多公司，每个部门在内网上都有自己的网页以进行部门内信息共享。内联网不必开放给外部互联网，却能让组织成员使用熟悉的互联网客户端，如 Web 浏览器、新闻阅读器和电子邮件以利用内部资源。

内联网信息发布是电子发布最基本的方式，仅仅通过内联网而不是印刷物来发布信息，如员工手册或电话通讯录，公司就看到了可观的投资回报。

花旗集团（Citigroup）全球总部和投资银行部使用内联网为其整个 IT 部门提供所有 IT 项目信息的访问服务，包括项目持有者、交付日期、关键资源、预算信息以及项目评价指标。通过内联网或一个方便的“地点”提供这些信息，使花旗集团在 IT 项目交付过程中获得了 15% 的效率改善。

外联网

外联网是指企业战略同盟（如客户、供应商、合作伙伴）可以访问的内联网。很多公司正在建设外联网，因为它们开始意识到为公司之外的相关方提供基于内联网的信息和应用软件，如订单处理，能够带来好处。拥有一个员工、合作伙伴、供应商和客户共同获取信息的地方，可能会成为企业重要的竞争优势。

沃尔玛为其供应商建设了外联网，在其上供应商可以看到所有分店中有关该厂商产品销售情况的详细信息。供应商登录沃尔玛的外网并浏览这些信息，如现有库存、订单、预测以及营销活动情况，可以帮助供应商维护自身供应链，同时确保沃尔玛不会缺货。

门户网站

门户（Portal）实质上是信息获取技术方面的一个常见术语。**门户网站**是一类提供多种资源和服务的综合网站，典型的服务包括 E-mail、在线讨论小组（BBS）、搜索引擎和网上商场等。门户有通用性门户、专业性或行业性门户两大类。领先的通用门户网站包括雅虎（Yahoo!）、网景（Netscape）和美国在线（AOL），而专业门户的例子有 Garden. com（面向园艺工作者）、Fool. com（针对投资者）以及 SearchNetworking. com（面向网络管理员）。

世界上最大的飞机发动机制造商之一普惠公司（Pratt&Whitney），因开通其现场服务门户网站节省了数百万美元。普惠公司各地的销售和售后服务办事处在地理上分散于全球各地，此前，各办事处通过昂贵的专用线路通信。该公司通过将专用线路替换成通过高速互联网访问的现场服务门户网站，每年可节省 260 万美元。各地的售后服务人员可以用比以前少得多的时间找到需要的信息，公司估计，这项改变因流程简化每年可再节省 800 万美元。

公众信息服务亭

公众信息服务亭(Kiosk）是一种允许进行互动信息浏览、方便公众获取信息的计算机系统。在信息亭中，计算机的操作系统被隐藏起来，应用程序以全屏模式运行，提供简单的导航工具。

Jason Suker 走进犹他州 Bountiful 地区的一个马自达展厅，很快他在汽车经销商处找到了他要寻找的东西——网络信息服务亭。这个信息服务亭是展厅内陈列的 6 个网络信息服务亭之一。使用信息服务亭，Suker 可以从 Kelly Blue Book 和 Edmunds. com 等网站上收集到最新的价格信息。Suker 看中了一款 4 年前产的看上去崭新的限量版 Miata，并马上从 Kelly Blue Book 网站上找出了它的平均零售价 16 000 美元，这比商家的出价高出 500 美元。接着，Suker 在 eBay 上搜索到同型号车的定价，要低很多。一位展厅销售代表看到了整个过程，确认了 Suker 的调查结果。内心忐忑的 Suker 虚报低价并做了最坏打算：进行无休止的价格辩论。然而，销售代表在肯定了 Suker 的搜索才能后，最终让步，以 13 300 美元的价格与之就该车达成交易。

实际上，这对马自达汽车经销商来说更是一桩好交易。信息亭帮助 Suker 找到满意的交易价格，而经销商出手了一辆二手车（比新款有更高的利润），而且还为 Suker 提供了价值 1 300 美元的、36 000 英里保修这一意想不到的售后服务。

3.1.4 提供互联网信息

价值 119 亿美元的英国航空公司，外包了其 FAQ（常见问题）网页的自动更新业务。航空公司需要自动化地开发、管理 FAQ 网页，并将不同的常见问题集提供给英航不同忠诚度计划中的顾客，使英航可以根据客户的忠诚度级别（金、银、铜）提供不同的促销方案。英航将此项目外包给应用服务提供商 RightNow 技术公司，新系统帮助英国航空公司为不同的客户层打造适宜的营销计划。

三种常见的服务提供商包括：

1. 互联网服务提供商（ISP）。
2. 在线服务提供商（OSP）。
3. 应用服务提供商（ASP）。

互联网服务提供商（ISP）

互联网服务提供商为个人及组织提供互联网接入服务以及网站建设等额外相关服务。互联网服务提供商具有接入互联网所需的设备和电信线路接入权，并可为客户提供互联网接入点。较大的互联网服务提供商拥有自己的高速、专用线路，因此较少依赖电信运营商，同时可以为客户提供更好的服务。AT&T、WorldNet、IBM Global Network、MCI、Netcom、UUNet 和 PSINet 都是最大的国家和地区级的互联网服务提供商。

在众多选择中，挑选互联网服务提供商可能是艰难和令人感到困惑的。在美国有 7 000 多家互联网服务提供商，一些是家喻户晓的大公司，另一些则差不多是个人经营的。互联网接入是一种服务，各个互联网服务提供商提供的功能和性能可能差异极大，图表 3—8 列出了常见的 ISP 提供的服务。

图表 3—8　　**常见的 ISP 提供的服务**

■ **虚拟主机**：为一个或多个网站提供网站文件存储与维护及网页服务器服务，是一种普遍的服务项目
■ **硬盘存储空间**：小型网站一般需要 300MB 到 500MB（兆字节）的网站存储空间，而其他电子商务站点一般至少需要 10GB（千兆字节）的空间或使用自己的 Web 服务器
■ **可用性**：要开展电子商务，网站必须 24 小时×7 天地为顾客提供服务，互联网服务提供商通过使用负载平衡和服务器集群等技术最大化网站的可用性
■ **支持**：使用 ISP 很大程度上的原因是，对维持 Web 服务器持续运行有所担心，大部分 ISP 可以提供 24 小时×7 天不间断的服务

ISP 家族的另一成员是**无线互联网服务供应商**，一个允许用户在指定的热点或接入点，使用无线方式连接到服务器的互联网服务供应商。实际上，无线 ISP 使用户可以在天线覆盖区域内的任何地方接入互联网和访问 Web 网站，天线覆盖区域通常是半径 1 英里的地区。图表 3—9 简要介绍了的这一技术的工作原理。

图表 3—9　　**无线接入服务**

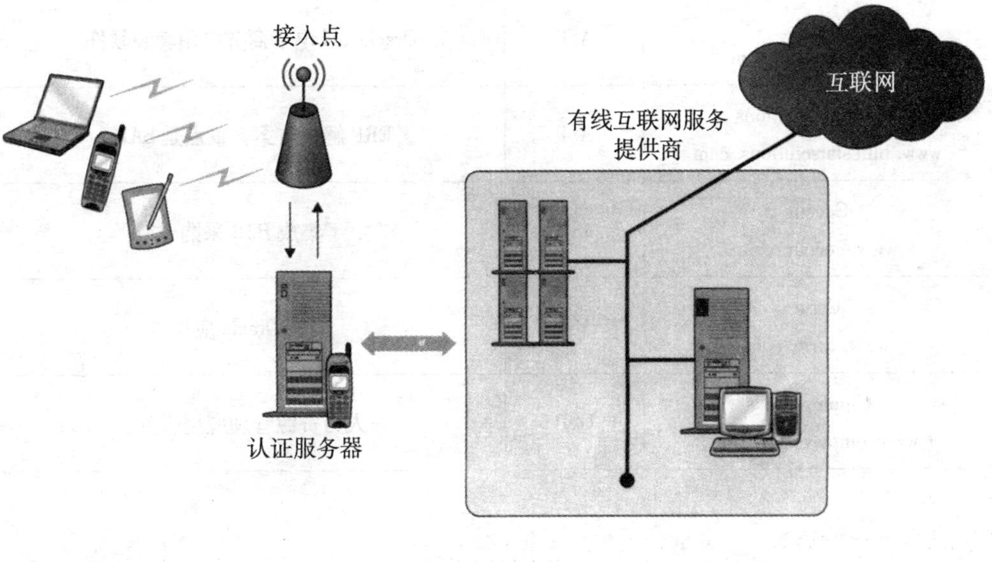

无线互联网服务提供商的例子是 T-Mobile 国际，一个在 2 000 多个地点为笔记本电脑用户提供无线接入服务的公司。这些地点包括机场、航空俱乐部、星巴克咖啡馆和 Borders 书店。T-Mobile 热站的无线通讯服务，使客户可以从远离家或办公室的方便地点通过无线网络访问互联网和 T-Mobile 公司的内网。T-Mobile 国际是第一家将服务扩展到大西洋两岸的移动通信公司，为在世界各地旅行的客户提供无线接入服务。

在线服务提供商（OSP）

在线服务提供商向其客户提供一系列广泛且独特的服务，如自行开发的浏览器。使用在线服务提供商这个名词，是为了区别提供互联网接入及自身在线内容的 ISP，如美国在线（AOL），还为了区别只是把用户连入互联网的 ISP，如 EarthLink。对于使用全国性 ISP 如 AT&T、MCI，或地区、地方性 ISP 连接到互联网的用户来说，使用 OSP 接入也是一个不错的选择。

应用服务提供商（ASP）

应用服务提供商是为企业提供通过互联网访问的应用系统，并提供相关服务，不使用 ASP，这些应用系统必须在个人或企业的电脑上安装设置，使用 ASP 服务实质上是外包了公司的部分业务，即通过使用 ASP 服务管理公司的软件系统将软件使用、维护和升级的责任从公司移至 ASP。

客户和 ASP 之间一个最重要的协议是服务水平协议（SLAs），服务水平协议明确了服务提供商的详细责任，并设定了顾客期望。SLAs 包括如下条目：可用性、可访问性、性能、维护、备份/恢复、升级、设备所有权、软件所有权、安全性和机密。例如，一个 SLA 可能会声明 ASP 必须保证软件周一至周五上午 7 点至下午 5 点为可用和可访问的，可能还会声明如果系统瘫痪超过 60 分钟，将不会支付当天的费用。大多数行业分析员认为 ASP 市场在快速增长，国际数据公司（IDC）认为全球的 ASP 市场已从 2005 年的 130 亿美元左右的产值上升至 2008 年的 230 亿美元的产值，图表 3—10 列示了领先的 ISP 、OSP 和 ASP。

图表 3—10　**领先的 ISP、OSP 和 ASP**

公司	描述	专长
Appshop www. appshop. com	ASP	**Oracle 11i 电子商务应用套装软件**
BlueStar Solutions www. bluestarsolutions. com	ASP	**ERP 解决方案，重点是 SAP**
Concur www. concur. com	ISP	**集成 B2B 采购**
Corio www. corio. com	ASP	**擅长 Oracle 应用**
Employease www. employease. com	OSP	**人力资源管理应用服务**

公司	描述	专长
Intacct www. intacct. com	OSP	在线总分类账服务
LivePerson www. liveperson. com	OSP	实时聊天工具提供商
NetLedger www. netledger. com	OSP	基于 Web 的会计平台
Outtask www. outtask. com	ASP	预算编制、客户服务、销售管理及人力资源管理应用一体化
RightNow www. rightnow	OSP、ISP	客户服务应用套装软件
Salesforce. com www. salesforce. com	OSP	客户服务应用套装软件
Salesnet www. salesnet. com	OSP	销售能力自动化产品和服务套装软件
Surebridge www. suiebridge. com	ASP	高科技制造、分销、保健行业的应用
UpShot www. upshot. com	OSP	销售能力自动化产品和服务
USi www. usinternetworking. com	ASP	Ariba、Siebel、微软及 Oracle 的客户群

引例问题

亚马逊（Amazon. com）——不是你想象的书店

1. 亚马逊如何利用技术改变了图书销售行业?
2. 亚马逊用了突破性技术还是持续改进技术运行其业务?
3. 亚马逊如何利用内联网和外联网运营其业务?
4. 亚马逊如何使用公众信息服务亭改善其业务?

3.2 电子商务

学习目标

3.6 比较四种电子商务模式。

3.7 描述企业的营销、销售、会计和客户服务部门如何使用电子商务增加收入或降低成本。

3.8　解释为什么企业使用绩效指标来确定网站的成功与否。

3.9　描述电子商务带来的利益和面临的挑战。

3.10　界定移动电子商务，并解释电子政务如何利用来它提高效率和效果。

3.2.1　电子商务基础

2003 年，Tom Anderson 和 Chris DeWolf 开创了一个社会网络站点 MySpace。MySpace 为会员提供全国范围内的、代表互联网和青年人文化的独立音乐剧的信息。音乐人可以注册以获得免费的 MySpace 个人主页空间，在此他们可以发布巡回演唱会的日期、歌曲和歌词，歌迷们通过注册可以获得自己的网页空间，以链接最喜欢的乐队和朋友。到 2006 年 2 月，MySpace 已成为世界五大最受欢迎的英语网站之一，拥有 6 000 个用户。

互联网最大的好处之一就是，它能让企业在任何时点、任何地点与任何人进行交易。电子商贸（E-Commerce）通过互联网进行商品和服务买卖。电子商贸仅指在线交易。电子商务（E-Business），由电子商贸衍生而来，是网上业务的总称，不仅指买和卖，还包括为顾客服务以及与业务伙伴合作。电子商贸和电子商务最大的不同就是电子商务还包括在线信息交换。例如，一个制造商允许其供应商查看其生产进度，或者一个金融机构允许其客户查看自己的存款、信用卡和抵押贷款账户。

过去的几年中，电子商务似乎已经渗透到人们日常生活的方方面面，不管企业还是个人都采用互联网技术以提高生产率，最大化便利性，改善全球通信。从存款到购物，再到娱乐，互联网已经成为日常生活中不可缺少的一部分。图表 3—11 列示了一些使用电子商务的行业的例子。

图表 3—11　　**使用电子商务的行业**

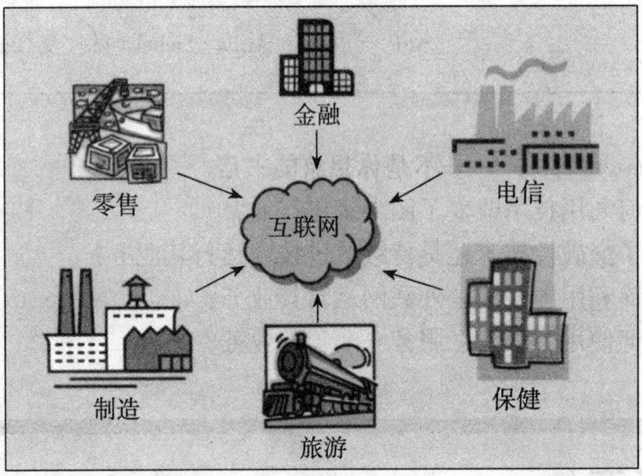

3.2.2　电子商务模式

电子商务模式指在互联网上开展电子商务活动的方式。电子商务交易发生在两个实体之间——企业和消费者。所有的电子商务活动发生在两种类型的商务关系框架之中：（1）企业与企业之间的产品、服务交换（B2B）；（2）企业与消费者之间的产品、服务交换（B2C）（见图表3—12）。

图表3—12　**基本的电子商务模式**

电子商务术语	定义
B2B	企业间通过互联网进行采购和销售
B2C	通过互联网向消费者销售产品或服务的任何商家
C2B	通过互联网向企业销售产品或服务的消费者
C2C	通过协助消费者在互联网上进行互动与交易，向消费者提供商品和服务的网站

	企业	消费者
企业	B2B	B2C
消费者	C2B	C2C

B2B 和 B2C 的主要区别是客户，B2B 的客户是其他企业，而 B2C 的客户是消费者。总的来说，B2B 双方关系更为复杂，并且有更高的安全需求。另外，B2B 是最重要的电子商务驱动力，占所有在线商务的 80%。图表 3—13 列举了四种常见的电子商务模式：B2B、B2C、C2B、C2C。

图表3—13　**四种常见的电子商务模式**

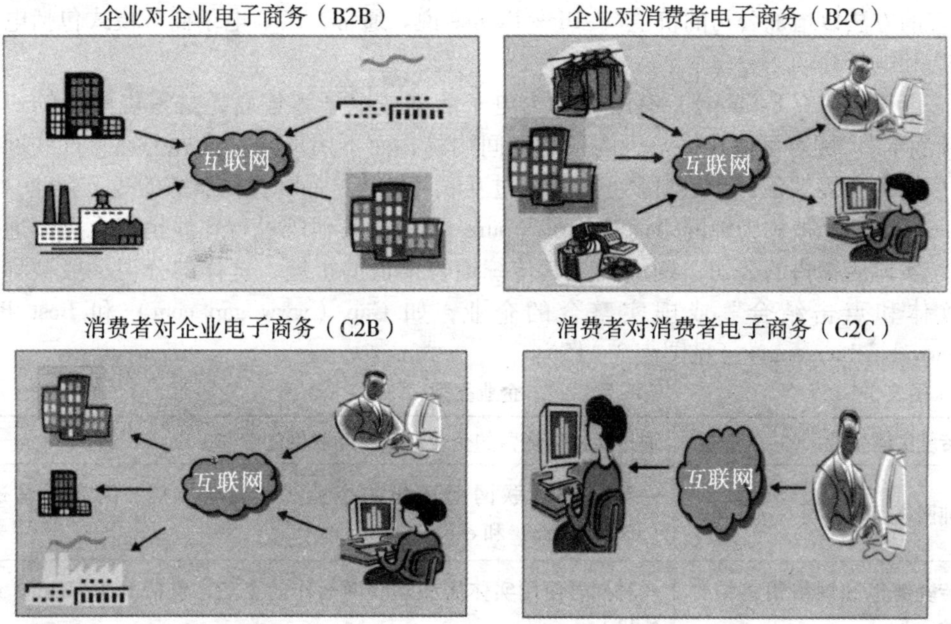

B2B

B2B（企业对企业电子商务）指企业通过互联网进行采购和销售。B2B 还包括在线数据获取，如由卖方或第三方提供商提供的预计出货日期、产品交付日期和运输状态等。**电子市场（E-marketplaces）**是 B2B 电子商务模式下的新产物。电子市场，是互动的商业社区，是一个中心市场，多个买家和卖家在此从事商务活动（见图表 3—14）。电子市场促进商业交流，巩固供应链，创造了新的销售渠道，首要目标是通过拉紧和自动化买卖双方之间的关系来提高市场效率。现有的电子市场允许通过各种市场机制购买和出售几乎任何一样东西，从服务到原材料。

图表 3—14　　企业对企业电子市场

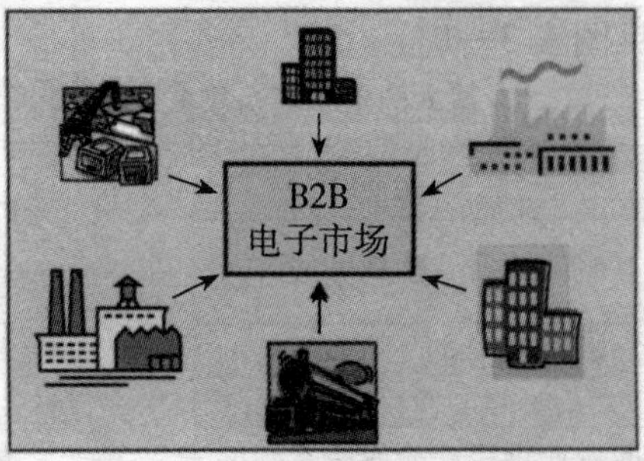

B2C

B2C（企业对消费者电子商务） 指通过互联网向消费者销售产品或提供服务。Carfax 在车辆历史信息提供业务上已经营了 20 年，二手车交易商是其最初的客户群。“互联网是我们进入消费者市场的一个新途径”，Carfax 总裁 Dick Raines 说。Carfax 做了 2 000 万美元的印刷品和电视广告，以吸引消费者光顾其网站。消费者可以用 14. 95 美元购买一份 Carfax 报告或用 19. 95 美元购买 6 天的 Carfax 报告。Carfax 现在针对小型汽车经销商发布了伙伴关系计划和现金回馈计划，将通过汽车经销商网站售出的 Carfax 报告的销售收入的 20% 分给汽车经销商，作为其中介报酬。“我们将寻找更多的方法以增加公司的价值”，Dick Raines 说。通常，B2C 电子商务模式包括电子商店和电子商场。

电子商店（E-Shop），有时被称为电子店铺或电子零售商，是零售商店的一个“新版本”。顾客可以在每一天的任意时间购物，而不用离开家或办公室，这些网上商店销售和提供各种产品和服务。只通过互联网销售产品和提供服务的线上企业，如 amazon. com，被称为纯网络运营公司（pure play）。其他既进行在线销售也可以通过传统实体店销售的公司，网络只是其传统销售渠道的扩展，这样的公司一般被称为“实体和点击结合”或虚实整合的企业，如 Gap（www. gap. com）和 Best Buy（www. bestbuy. com）（见图表 3—15）。

图表 3—15　　企业类型

传统实体企业	通过实体店运营的企业，没有互联网的参与
纯网络运营公司	一种只在互联网上运作的企业，没有实体店，例如亚马逊（amazon. com）和 expedia. com
传统销售和网络销售结合的企业	一种同时使用实体店和互联网运作的企业，包括 REI、Barnes & Noble

电子商场（E-Mall）

电子商场由若干电子商店构成，它是个入口，访问者通过它可以访问其他的电子商店。根据其所属的电子商店的产品范围，电子商场分综合和专业两类。电子商场经营者的收入包括商场中电子商店的会员费、广告费以及交易发生时可能收取的佣金，如果电子商场的经营者参与处理付款的话。电子商场中的商店受惠于品牌强化和“机会增加”，如当消费者访问一间店铺时，还往往会浏览“周边”店铺。一个例子是亚利桑那州的电子商场 www. lazl. com /shopping。

C2B

C2B（消费者对企业电子商务）指消费者通过互联网将产品或服务销售给企业。这种电子商务模式的一个例子是priceline.com，在这里由投标人（或消费者）设定价格，如机票或酒店价格，而由卖方决定是否供应。对C2B电子商务的需求在未来几年将会增加，因为消费者会更倾向于更方便和更低价格的商品或服务。

C2C

C2C（消费者对消费者电子商务）通过协助消费者在互联网上进行互动与交易，向消费者提供产品和服务，这里买卖双方都是个人消费者。eBay，互联网上最成功的C2C在线拍卖网站，就使买家和卖家进行沟通联系。图表3—16列示了在线拍卖的类型。

图表3—16　　在线拍卖的类型

电子拍卖	卖方和买方相互征求并连续出价，因而价格是动态的
底价拍卖（前向拍卖）	一个卖家向多个买家售卖，出价最高者将赢得拍品
反向拍卖	一种买方采购产品或服务的拍卖方式，选出价最低的卖方

C2C网上社区，或者虚拟社区通过电子邮件组、基于Web的论坛或聊天室进行互动。C2C的商业模式是由消费者驱动的，其目的是满足大多数消费者的需求，包括从找到一个抵押贷款到成功求职。其是以客户为中心的、以沟通为基础的全球交换店。一个C2C社区，KazaA，允许用户下载MP3音乐文件，或用户间交换文件。图表3—17列示了在互联网上蓬勃发展的不同类型的C2C社区。

图表3—17　　C2C社区

■ 兴趣社区——大家就特定主题进行互动交流，如高尔夫球和集邮
■ 关系社区——人们相聚以分享某些特定的生活经验，如癌症病人、老年人和汽车发烧友等
■ 魔幻游戏社区——人们参与虚拟环境下的活动，如踢虚拟足球、与乔丹玩一对一

3.2.3 组织的电子商务策略

若想在电子商务中获得成功，企业必须精通在电子世界中建立关系的艺术。传统的赢得顾客的方式，如广告、促销、公关，和网站一样重要。适宜采用电子商务的主要业务领域包括：

■ 市场营销/销售。
■ 金融服务。
■ 采购。
■ 客户服务。
■ 中介。

市场营销/销售

直销是电子商务最早的形式，并且被证明是通向更复杂的电子商务运作的里程碑。eBay、Barnes & Noble、Dell和Travelocity的成功激发了这类业务模式的快速增长，也不断证明了消费者是接受电子商务直销的。营销和销售部门正在开发一些令人感到兴奋的电子商务创新（见图表3—18）。

图表3—18 **营销和销售的电子商务创新**

■ 在线广告是显示在网页上的、含有广告内容的信息框。横幅广告通常包含一个到广告客户网站的超级链接。基于Web的广告服务可以跟踪用户点击横幅的次数，统计结果可以让广告客户判断广告支出是否值得。横幅广告就像活生生的分类广告
■ 弹出式广告是一个很小的网页，上面载有广告内容，即将弹出式广告加载到Web浏览器上，将其显示于当前网页之外的另一网页上。隐藏式弹出式广告是另一种形式的弹出式广告，用户直到关闭当前浏览器页面时才会看到该广告
■ 联合广告计划（加盟计划）允许加盟企业从一个互联网站点获得佣金。举例来说，企业可以注册成为一个主要的商业网站的合作者，如成为亚马逊的合作者，然后企业使用代码或横幅广告向潜在的买家介绍亚马逊网站，当该顾客在亚马逊购物时企业就会收到一份酬金
■ 病毒式营销是这样一种技术，其会诱导网站或用户将营销信息传递给其他网站或用户，制造消息可见度和影响的指数增长。实施病毒式营销成功的例子是Hotmail，它在每个用户的e-mail签名档信息中进行促销和显示自己广告客户的信息。病毒式营销，本质是鼓励电子商务产品或服务的用户邀请其朋友加入。病毒式营销是口口相传型的广告计划
■ 大规模定制是指企业为其客户提供机会，允许客户定制产品或服务以满足客户的特定要求。例如，客户可以订购有定制标语，如"嫁给我"的M&M巧克力产品
■ 个性化推荐是当网站足够了解其客户的好恶时，向客户提供更有可能吸引该客户的产品推荐。个性化推荐根据个人资料信息、人口统计学信息或之前的交易信息等，调整网站对个人或群体客户所发送的信息。亚马逊使用个性化推荐为每一位客户发送独特的信息
■ 博客（短语"网络日志"的缩写）是一个网站，供用户发布内容，发布的内容按时间顺序逆序显示（越靠近当前，越显示在前面）。同其他媒体一样，博客往往关注某一特定主题，如食品、政治或本地新闻，一些博客实际上是用户的在线日记。典型的博客包含文字、图片和到其他博客、网页和与博客主题相关的其他媒体的链接。自1995年出现以来，博客已成为世界各地流行的沟通、影响公众舆论的大众传播媒介
■ 内容聚合（RSS）是一类用于聚合Web程序和内容的Web提要格式（Web feed formats）。内容聚合被用在新闻网站、博客和播客上，对于消费者和记者而言，RSS可以使他们获取持续更新且主动推送的新闻，而不用他们费心寻找。除了促进聚合，RSS还允许网站的常客跟踪网站的内容更新
■ 播客传播的是音频或视频文件，如通过互联网发布电台节目或音乐视频，在移动设备和个人电脑上播放。播客的本质是创造内容（音频或视频），提供给那些想在喜欢的时间、喜欢的地点、以喜欢的方式收听/看节目的听/观众。播客网站也可提供文件的直接下载，但能够自动地发送新内容提要是播客与简单的下载或实时流媒体的区别。通常，播客将某档节目的最新一辑断续地或以规律的时间间隔，如每天、每周播出
■ 搜索引擎优化（SEO）是一套方法，旨在改善网站在搜索引擎上的排名位置。搜索引擎在其结果页（SERPs）显示不同类型的内容，包括：点击付费广告、已付费的厂商列表和实际的搜索结果。SEO的主要目的是，当用任意与厂商相关的关键字进行搜索时，增加厂商网站在实际搜索结果中显示的数量。SEO可以增加网站的访问人数和提高网站访问质量，网站访问质量是指完成登录网站目的的浏览者的数量（如购买、注册和学习）。 SEO，或"白帽SEO"，在方法和目标上有别于"黑帽SEO"或垃圾索引。垃圾索引使用多种欺骗性的技术试图操纵搜索引擎排名，而合法SEO的重点是建设更好的网站和使用诚实的方法推广网站。什么是诚实或道德的方法，一直是个广受争议的问题

辛辛那提 WCPO-TV 电视台 2002 年的收视率是一个亮点，它现在是全国第三的美国全国广播（ABC）公司的子公司。WCPO-TV 的成功很大程度上应归功于电子广告牌，它在每天不同时间推广不同的节目，电子广告牌直接通过网站来更新。电视台很快注意到，当早、晚新闻中对当前事件的报道在下午插播时，收听率会上升。

数字广告牌可以让多个公司分享一个广告空间，而且可以直接从公司的电脑上更改信息。上午，可以是一个商店在做促销广告，下午则是一家饭馆在为其特别推荐菜做宣传。最终客户可以以小时或分钟为单位购买广告时间。与 10 000 美元一个月的标准广告牌相比，多个企业共享一个电子广告牌的费用是 40 000 美元一个月。

电子商务使企业可以以简单方式进入全新领域和扩展其全球市场。无论大企业、小企业还是专业企业，只需很少的额外开支就可以利用在线销售网站在世界范围内销售其产品。这种能够向更大的国内乃至国际市场进军的能力，可以立竿见影地为艺术家、珠宝制造商以及酿酒厂等增加首次订单，而且还能通过回头订单来增加收入。

Gatti 旅馆（www. hotel-gatti. com）是意大利北部的一个小旅馆，主要面向意大利旅行者。通过用英语进行的网站介绍，它显著地提高了地理上的知名度。现在，只需较低的成本，旅馆工作人员就可以与来自美国和其他英语国家的潜在客户交流并接受他们的预定。重要的是，电子商务现在可以让很多公司在全球范围内营销和销售产品，无论公司规模是大还是小。

金融服务

金融服务网站正经历快速增长，因为在帮助消费者、企业和金融机构传播信息方面，网站比其他渠道更方便、传播内容也更丰富。电子商务市场的消费者通过信用卡或图表 3—19 中所列的方式为产品和服务付款。企业在线支付和消费者在线支付是不一样的，因为企业趋向于批量购买（花费数千或数十万美元），且一般不用信用卡。企业采用电子数据交换（EDI）的方式进行在线支付（见图表 3—20）。企业间的交易很复杂，且一般需要企业间一定程度上的系统集成。

图表 3—19　　**消费者在线支付的几种方式**

网络金融中介	一类基于互联网的公司，提供便利网上支付服务，Paypal 是广为人知的网络金融中介
电子支票	用支票账户或储蓄账户进行在线支付的机制，有多种方式，典型的如网上银行
电子账单寄交与支付	是一个系统，可通过互联网寄交账单，并包含方便简单的支付机制，例如用户可以简单地点击网页上的按钮支付此账单。电子账单寄交与支付系统由本地银行或类似 Checkfree 和 Quicken 的在线服务商提供
数字钱包	是一种软件，也是一种信息服务。软件能够确保交易的安全，信息包括支付以及与货物发送相关的信息（如信用卡号码和过期日）

图表 3—20　　**企业在线支付的几种方式**

电子数据交换（EDI），是商业数据交换的标准格式。组织使用 EDI 的常见方式是通过专用增值网络。**专用增值网络（Value-Added Network，VAN）**是由第三方提供的私有网络，可实现高速连接下的信息交换。VAN 支持电子产品目录，企业通过电子产品目录向其供应商下订单，VAN 支持基于 VAN 的订单处理和交易达成，VAN 支持加密和 EDI 邮箱等安全措施
金融 EDI（金融电子数据交换），是标准的 B2B 市场采购的支付手段。国家现金管理系统（National Cash Management System）是支持对账的自动化清算系统

许多企业正转向电子交易网络（Electronic trading networks）服务提供商以获得更好的互联网网络接入服务和市场信息。电子交易网络是管理网络交易的服务提供商，电子交易网络支持 B2B 集成的信息交换、高安全性、有保证的服务水平以及指挥中心客户支持（见图表 3—21）。随着电子交易网络市场的不断拓展和互联网业务数量的持续增长，对交易管理服务的需求也将增长。使用这些服务可以让企业缩短进入市场的时间，同时降低与企业基础设施集成相关的整体开发、部署和维护成本。

图表 3—21　　电子交易网络示意图

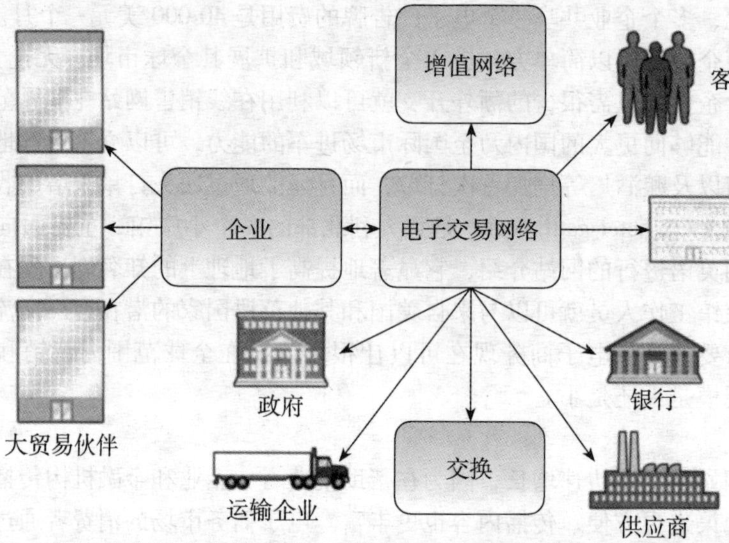

Vanguard 石油公司的交易员每天将大部分时间花在打电话上，以搜集市场上的价格和供需量信息，以发现最好的可能交易。这个过程很慢长，而且有时交易员可能会止步于某项交易，因此本质上很难掌握迅速变化的价格。例如，某年冬天，天气变冷且持续低温，引起丙烷价格急剧上升，价格变化如此之快以至于 Vanguard 错过了进行买卖和交易的机会，因为一次只能完成一笔交易。

为弥补这些缺点，加速流程，Vanguard 成为最先使用 Chalkboard 公司服务的厂商之一。Chalkboard 是大宗商品的电子交易网络，现在已成为 B2B 电子市场 ChemConnect 的一部分。Vanguard 使用 Chalkboard 进行买卖，信息被同时提供给数百名商人，而且可以实现在多个货物发运点同时进行多种货物的交易。现在，Chalkboard 可进行实时交易，并拥有来源更为广泛的买家和卖家。

采购

2009 年，全世界基于 Web 的维护、维修和运行（MRO）物料（间接物料）的采购额预计将超过 2 000 亿美元。维护、维修和运行（MRO）物料（也称间接材料）是企业运营所必需的材料，但与公司主要业务活动没有关系。典型的 MRO 商品包括办公用品（如笔和纸）、设备、家具、电脑和替换零件。在传统的 MRO 采购方式中，采购经理将收到一份纸质的物料请求。接下来，采购经理会查找各类商品目录，以找到价格适宜的产品。不会令人感到惊讶的是，用于购买间接材料的行政成本往往超过了产品本身的价值。根据经济合作与发展组织（OECD）的调查，一个拥有 5 亿多美元收入的公司，大概要支出 75 美元至 150 美元以处理每一张 MRO 材料的采购订单。

电子采购

电子采购是在互联网上进行的商品和服务的B2B的购买、出售。许多电子采购应用程序的目标是，要直接连接企业与经批准的供应商的电子产品目录，并在线完成整个采购交易。连接到电子产品目录，能显著减少在检查及时性及供应商资料准确性上所花的时间。

电子目录为客户介绍互联网上销售、出价或拍卖的产品和服务。一些电子目录管理着大量的个别项目，搜索功能能够帮助买家快速找到其要采购的项目。其他电子目录则强调商品介绍和特别优惠，就像零售商店一样，鼓励冲动购买或追加购买。至于电子商务的其他方面，电子目录的设计和功能与公司的业务目标相匹配是十分重要的。

客户服务

电子商务通过把传统客户响应系统的通信能力与网络提供的丰富的内容结合起来，促使客户自助服务——基于Web的客户服务系统，每天都是24小时可用、可运作的。结果，通过Web为客户服务提供了客户想要的便利，同时也把员工解放出来去处理更复杂的问题。组织通过e-mail、发送特别消息等手段向客户提供更好的服务，通过提供私人密码网页访问服务，为顶级客户提供更好的服务。

Vanguard管理着6 900亿美元的资产，并且在行业中收取最低的费用：比起行业平均0.81%的费率，Vanguard公司的费率仅为0.26%。Vanguard指导其投资者更好地利用网站，以此来保持自身的低费率，这很容易理解：网站登录仅花费Vanguard几便士，而客户打给服务代表的成本却为9美元。

提供客户服务是一个业务流程，大多数买方和卖方之间的接触在此过程中发生。无需惊讶，电子商务战略家发现，基于网页的客户服务是电子商务中潜在的、最具挑战性的获利领域之一。对于使用电子商务的客服部门来说，最主要的问题是消费者保护。

消费者保护

对于一个想要把提供完善的客户服务作为竞争优势，意图占据市场主导地位的企业来说，不仅要考虑如何服务客户，还要考虑如何保护客户。企业必须意识到很多客户并不知悉自己的选择，而一些电子商务企业却相当清楚。比如，一个住在迈阿密的17岁高中生想在eBay上出售其“年轻男人的童贞”，这一“产品”竟吸引了1 000万个在线客户给出华而不实的出价。佛罗里达州好莱坞的Diana Duyser，在eBay上以28 000美元的价格将半个很像圣母玛利亚（Virgin Mary）的烤乳酪三明治卖给了一个在线赌场的拥有者。图表3—22列举了不同的消费者保护领域。

图表3—22 **消费者保护**

■ 未请求的商品和通信
■ 非法或有害的商品、服务和内容
■ 产品或其供应商的不充足的信息
■ 隐私侵犯
■ 网络诈骗

不管企业的客户是其他企业还是终端消费者，其最关心的问题之一是金融交易的安全水平。安全涉及各个方面的信息，但重点是与支付相关的信息（例如，信用卡号）及支付本身，即“电子货币”。一个企业必须考虑如加密系统、安全套接层协议（SSL）及安全电子交易协议（SET）等问题，详见图表3—23。

图表3—23 **电子商务安全**

加密系统将信息转化为另一种形式，通常需要密钥或密码来解密信息。加密通过打乱字母、替换字母、以数字替代字母及其他方式实现
安全套接层协议（SSL）：（1）在客户端与服务器之间创造一个安全的私人链接；（2）加密信息；（3）在互联网上发送信息。SSL通过一个http末端包括“S”的网址来辨识，即https
安全电子交易协议（SET）是一种保证传输安全的方法，用来确保交易的安全性和合法性。类似于SSL，SET在通过互联网发送之前对信息加密。然而，SET还可以让客户验证信用卡交易。SETs由万事达（MasterCard）、美国运通（American Express）、Visa、网景（Nescape）和微软等几个主要的电子商贸参与企业合作推出

中介

中介是把买家和卖家联系到一起的代理商、软件或企业，中介提供交易基础设施，推动了电子商务的发展。随着电子商务的出现，有很多关于中介人/中介机构会退出历史舞台的讨论。不过，最近在电子商务中，却可以看到更多的再中介（Reintermediation）。再中介是指利用互联网，以新的方式重新组织传统供应链中的买家、卖家和其他方。例如，总部设在纽约的E-Steel公司和总部位于费城的PetroChemNet公司分别把网络市场中的钢铁和化学品的生产者、贸易商、分销商和买家联系到一起。图表3—24列出了中介机构及其职能。

图表3—24 **中介类型**

中介类型	描述	举例
互联网服务提供商	出售服务，而不是产品	Earthlink. com，Comcast. com，AOL. com
门户网站	在线内容中心	Yahoo. com，MSN. com，Google. com
内容提供商	利用互联网发布受版权保护的内容	wsj. com，cnn. com，espn. com
线上代理	在产品、服务的买方与卖方中间的中介	charlesschwab. com，fidelity. com，datek. com
做市商	为市场参与者提供三种服务：场地、规则和基础设施	amazon. com，eBay. com，priceline. com
在线服务提供商	全面的在线系列服务	xdrive. com，lawinfo. com
智能代理	遵循指导独立学习的软件应用程序	Sidestep. com，WebSeeker. com，iSpyNOW. com
应用服务提供商	销售基于互联网的应用程序的使用权	ariba. com，commerceone. com，ibm. com
信息中介	为产品制造商或服务提供商及其潜在客户提供特定信息的网站	Autobytel. com，BizRate. com

3.2.4 衡量电子商务的成功

WalMart 零售网站的流量去年增长了 66%。该站点每天有超过 500 000 名访问者（650 万每周），每天下载 200 万张网页，平均有 60 000 名用户同时登录。沃尔玛最关心的是将在线交易维持在最佳状态。网站服务的中断会直接影响公司的利益底线和客户忠诚度。公司监控并追踪硬件、软件和网络的运转以保证提供高质量的服务。

Yankee Group 称，66% 的公司只用流量来衡量网站的成功与否。不幸的是，对于大量的网站而言，高流量并不代表高销售量，许多拥有巨大流量的网站只有很少的销售量。衡量一个网站成功与否最好的指标是：由网站流量产生的收入、由网站流量获得的新顾客的数量以及由网站流量引起的客户服务电话的减少量。

网站成效衡量指标

图表 3—25 列出了一些网站衡量指标，企业可以用来衡量网站的成效。

图表 3—25 **有效网站的衡量指标**

■ Cookie——网站保存在用户硬盘驱动器上的小文件，包含有关用户及其网络活动的信息。Cookies 通常在用户不知道或未表示同意的情况下，记录用户出入网站的情况
■ 点进——指访问网站并点击广告进入广告商站点的数量。基于点进数的有效跟踪，可以确保目标广告的曝光率。然而，并不能保证访问者喜欢该广告，也不能保证访问者会花大量时间阅读广告或对广告中的信息满意
■ 横幅广告——其他企业在本网站做的产品和服务广告，通常是其他电子商务企业，广告商会追踪人们点击横幅广告并进入其网站的频率。通常，横幅广告的成本视点击该广告的人数而定，跟踪横幅广告的点击数是了解广告对其目标顾客的效果的一种方式

为帮助厂商了解广告效果，通常厂商会跟踪监控互动性指标。**互动性**衡量访问者与目标广告的互动情况，这些互动指标包括访客观看广告持续的时间、浏览的网页数，甚至是目标广告的重复访问数。互动性指标数据的获得对广告商而言是向前迈进了一大步，因为传统的广告方式——报纸、杂志、广播、电视等——基本都未提供方法来追踪成效指标。互动性指标衡量实际的消费者活动，这在过去是不可能的，并且为广告客户提供了大量的商业情报。

任何广告的最终目标都是促成消费者进行购买。购买量与网站访问量两个指标可以很容易地衡量网站的商业价值。企业使用一些测量指标揭示收入金额和创造的新客户数量与网站或横幅广告之间的关系。组织可以通过**点击流数据**（clickstream data）观察消费者使用一个网站的模式，点击流数据可以透露一些关于消费者如何与网站互动的基本信息。图表 3—26 列举了不同类型的点击流数据指标。

图表 3—26	点击流数据指标

网页浏览量（例如，访问者访问某特定网页的次数）
■ 网站的访问模式，包括最常退出页和经常会跳转到本网站的网站
■ 网站停留时间
■ 访问日期和时间
■ 每 100 名访问者中的注册人数
■ 废弃的注册数
■ 注册访问者的人口统计信息
■ 拥有购物车的用户数
■ 放弃的购物车的数量

Marc Barach 是 Ingenio 公司的共同发明人及首席营销官。Ingenio 是一个处于创业阶段的公司，专门从事实时通信业务。当互联网刚刚出现时，横幅广告是被普遍采用的营销工具。接下来，出现了点击付费广告，每次网站通过搜索引擎被访问时，公司就会付钱给搜索引擎。现在 35% 的在线支出被用于“点击付费广告”。不幸的是，点击付费广告并不适合所有的企业。屋顶修理工人、水电工、汽车修理工和美容外科医生很少有自己的网站，所以不会使用点击付费广告业务。Barach 认为，互联网广告的下一阶段将是通话付费广告，Ingenio 已投入 5 年时间和 5 000 万美元建设用以经营此类业务的信息平台。以下是通话付费的工作模式：

■ 用户将关键字输入搜索引擎。

■ 搜索引擎将关键字传送给 Ingenio。

■ Ingenio 确定服务类别并指定 800 个特定的、可追踪的厂商电话号码给用户。

■ 这 800 个号码的接入需通过 Ingenio 的网关，客户打电话时，Ingenio 向商家收费。

Jupiter Research 的一项研究发现，企业愿意为每个此类电话支付 2 美元至 35 美元。

图表 3—27 提供了基于点击流量数据的衡量指标的定义。为了正确解释数据，管理者会尝试参考其他公司的标准。举例来说，消费者似乎经常访问其喜欢的网站，甚至在一次会话中会多次返回该网站。消费者往往忠诚于一小部分网站，其往往会在某一特定会话中多次重新访问那些网站。

图表 3—27 **网站成效指标的定义**

访问者	访问者指标
匿名访问者	访问者是访问网站的人，“匿名访问者”是指没有该访问者的信息
具名访问者	一个具名访问者在一个特定的时间段内，只能被识别和计数一次。准确地统计具名访客数必须有某种形式的身份识别、注册或身份认证
会话访问者	需要其会话 ID（如 cookie）是可用的，或可以通过其网络地址及浏览器类型被推断出来，利用该 ID 可以追踪访客在一个网站的特定访问中的反应

续表

访问者	访问者指标
被追踪的访问者	需要其 ID 是可用的（如 cookie），可以用来跟踪用户对一个网站的多次访问。除唯一的身份识别标志外，没有其他的访问者信息可被获取
可识别的访问者	需要 ID 是可用的（如 cookie 或自愿登记），可以跟踪用户对一个网站的多次访问，其他用户信息（如姓名、人口统计信息以及访客自愿提供的其他信息）可以与该 ID 联系起来
曝光	**曝光指标**
页面曝光	某个特定网页在一个特定的时间段内被访问者浏览的次数，不考虑重复访问
网站曝光	在特定的时间段内，一个网站的访问者的会话数量，不考虑重复访客
访问	**访问指标**
粘性（访问持续时间）	访问者停留在一个网站上的时间。可取一个特定时间段内各个用户的平均值，不考虑重复访客
原始访问深度（每次会话的总网页曝光数）	在对一个网站的一次访问中，访问者所浏览的页面总数，可以取某一特定时间段内的平均值或统计分布，不考虑重复访客
访问深度（每次会话不同网页曝光数）	在对网站的一次访问中，访问者所浏览的不同页面的总数，可以取某一特定时间段内的平均值或分布，不考虑重复访客
点击	**点击指标**
点击数	当访问者访问某网站时，他们的电脑会发送请求到该网站的服务器，并显示页面。被请求网页中的每个元素（包括图形、文字、互动项目）会被网站的服务器日志文件作为一次“点击”记录下来
有效的点击	排除记录在日志文件中的非重要信息（例如错误消息等）

3.2.5 电子商务的利益和挑战

NUA 互联网调查公司的一项调查显示，互联网将全世界超过 10 亿的人联系起来。据专家统计，全球互联网的使用在 2006 年至 2010 年间翻倍，这使得电子商务成为全球经济中一个更重要的因素。随着电子商务的发展，企业将会面临电子商务所带来的机遇与挑战。图表 3—28 详细介绍了电子商务为企业带来的利益。

图表 3—28　　电子商务的利益

非常方便	企业可以一年 365 天，一周 7 天，一天 24 小时运营
提高顾客忠诚度	额外的联系顾客、回应顾客、接近顾客的途径有利于增加顾客忠诚度
改善信息内容	过去，顾客想要比较价格和产品属性，不得不订购商品目录或跑到实体店。电子目录和网页将产品、服务和价格的最新信息实时地呈现给顾客
提高便利性	电子商务使购买活动中的很多操作自动化和更加完善了
提高全球遍及度	企业，无论大小，都可以进入新的市场
下降的成本	在互联网上从事商业活动要比传统的业务沟通形式的成本低得多

互联网迫使企业从内到外重新关注其信息系统。越来越多的公司已经开始使用互联网简化其业务流程，通过互联网采购原材料、销售产品、自动化客户服务以及创造新的收入流。虽然电子商务系统的好处很诱人，但开发、部署及管理这些系统并不容易。不幸的是，电子商务不是一个走出去就可以买回来的商品。图表 3—29 详细列举了电子商务所面临的挑战。

图表 3—29　　电子商务面临的挑战

保护消费者	消费者必须受到保护，以对抗垃圾商品和邮件、非法或有害商品的侵害，防止商品或供应商信息的不对称，隐私侵犯和网络诈骗
影响现有系统	大多数公司已经使用信息技术在非互联网环境中进行商业活动，如市场营销、订单管理、广告、库存、分销和客户服务。互联网为企业提供了一个备选和补充的处理和开展业务的方式。十分必要的是，电子商务系统和现存系统的整合必须避免功能重复，且要保证可用性、性能和可靠性
提高可靠性	电子商务将供应商置于未知的责任风险之中，因为《互联网商务法》定义模糊且各国之间各不相同。互联网及其在电子商务中的应用已经引起了很多道德、社会和政治问题，如身份窃取和信息复制
提供安全性	互联网提供了广泛的信息访问通路，但公司必须保护自己的信息资产以防止意外事件的破坏或对信息的恶意滥用。然而，保证系统安全绝不能以增加复杂性或降低灵活性为代价。顾客信息也需要保护以防止内部或外部的滥用。隐私保护系统应该保护好个人信息，这对建设一个令顾客和企业都满意的网站十分重要。使用互联网作为营销方式的确存在严重缺陷。60% 的互联网使用者并不信任将互联网作为支付渠道。很多人认为通过互联网消费是不安全的，这一点同时影响了企业和消费者。然而，随着加密系统和安全网站的发展，安全性已经不再是电子商务发展的束缚了
坚持税收规则	还未对互联网征收与传统业务相同水平的税。征税不应打消消费者使用电子消费渠道的积极性，也不应该对互联网消费行为予以特别优惠。相反，税收政策应为传统的零售业务、邮购公司和基于互联网的销售提供一个公平的竞争环境。互联网市场正迅速扩张，然而仍然基本上免税。最近的一项研究表明，不征收电子商务销售税的国家和地方的未征收的销售税款预计将超过 600 亿美元

电子市场的一个关键因素是它不仅有能力提供交易，还有向贸易伙伴提供动态、相关信息内容的能力。原有的电子商务网站在产品目录旁提供购物车。支持企业现有业务流程和信息系统的复杂电子市场的出现所带来的结果是，内容对于电子市场而言变得愈发重要。买家需要良好的内容描述以进行基于充足信息的购买，卖方使用内容来正确地营销并将自己从竞争中区分出来。内容和产品描述使交易双方间有了广泛的了解。因此，内容的易用性、可用性、准确性和丰富性会直接影响交易。图表 3—30 列示了各种电子交易市场盈利模式的利益和挑战。

图表 3—30　**各种电子交易市场商业模式的利益和挑战**

商业模式	优势	限制
交易费用	■ 可直接与流程简化和价格降低挂钩 ■ 当交易量大时是重要的收入来源	■ 如果流程简化不明显，就会令人感到失望（导致线下交易） ■ 交易费收入很可能随时间推移而下降
牌照费	■ 促进交易 ■ 定制化和后端集成会导致参与者锁定	■ 前向收费对参与者进入是障碍 ■ 价格区分策略很复杂
会员费	■ 促进交易 ■ 价格可以区分 ■ 有从新客户群获得额外收入的可能性	■ 固定费用对参与者进入而言构成障碍
增值服务费	■ 提供的服务可以区分 ■ 价格可区分 ■ 有从已有客户和新用户群（第三方）获得额外收入的可能性	■ 不断评估新服务对客户而言是一个繁琐的过程
广告费	■ 有针对性的广告可被交易参与者视为增值内容 ■ 易于实施	■ 有限的收入潜力 ■ 过度或针对性不强的广告，可能成为造成网站混乱的元素

3.2.6 电子商务的新趋势：电子政务和移动商务

最近出现的、呈上升态势的、促使企业利用互联网且创造价值的商业模式与电子政务有关。**电子政务**涉及通过战略和技术来转变政府，以改善政府所提供的服务和提高所有政府部门与公民（消费者）之间的互动质量（参见图表 3—31）。电子政务门户网站的例子是 FirstGov. gov，它是一个可以访问到所有政府信息的美国政府官方网站，它是成长中的电子政务的催化剂。其强大的搜索引擎和日益增加的专题集及以用户为本的信息组织方式，使用户可以连接数百万个网页，从联邦政府信息，到地方和部落政府信息，再到世界上其他国家的政府信息，图表 3—32 列示了具体的电子政务模式。

图表 3—31　　扩展的电子商务模型

	企业	消费者	政府
企业	B2B conisint.com	B2C dell.com	B2G lockheedmartin.com
消费者	C2B priceline.com	C2C eBay.com	C2G eGov.com
政府	G2B export.gov	G2C medicare.com	G2G disaterhelp.gov

图表 3—32　　电子政务模式

customer-to-government（C2G）	C2G 包括消费者（或公民）与政府互动的所有领域：如选举，当公民为政府官员投票时；人口普查，公民提供人口信息给政府；纳税，公民向政府支付税款
Government-to-business（G2B）	这一模式包括政府与商业公司所有的交流活动，不管是从供应商那里采购商品和服务，还是关于法律和商业信息的电子化传送
Government-to-consumer（G2C）	全世界的政府现在都在用电子化方式处理与消费者（公民）有关的事宜，这可以为其提供最新的信息。政府还通过互联网处理签证申请、护照换发和驾驶执照申请、招标公告发布事宜，以及提供其他在线服务
Government-to-government（G2G）	各国政府现在都以电子化的方式互动。尽管还处于初级阶段，这个电子商务模式将有利于加强国际贸易和信息共享，比如，关于新移民的犯罪记录。在国家层面上，在线进行信息交流和事务处理会提高效率

移动商务

未来数年，带上网功能的移动设备在数量上将超过个人电脑。**移动商务**，或称M—商务，是指使用带无线上网功能的设备购买商品和服务的能力。移动商务能够开展所需的是一台配备有可访问 Web 页面的微型浏览器的移动设备。为了充分利用移动商务的市场潜力，手机制造商诺基亚、爱立信、摩托罗拉和 Qualcomm 公司正在与电信运营商 AT&T 无线和 Sprint 合作开发智能手机。使用新技术，智能电话可同时具有传真、发送电子邮件和电话的功能，为日益增多的流动劳动者接受移动商务铺平了道路。图表 3—33 给出了移动商务的图示说明。

图表 3—33　　　　　　　　　　移动商务概览

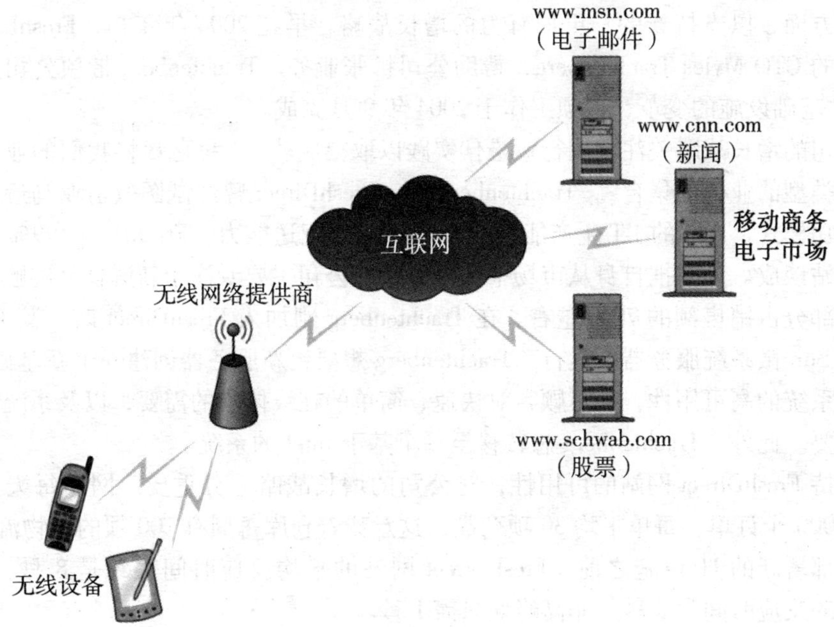

亚马逊已与诺基亚合作开拓移动商务这一新领域。随着其 amazon. com Anywhere 服务的推出，亚马逊已成为第一个意识到带互联网访问功能的无线设备的市场潜力并付诸行动的主要在线零售商。随着无线设备的信息传递得更快、更安全、可扩展，移动商务将超过座机（传统电话）成为商业交易的主要通信手段。据研究公司 Strategy Analytics 发布的报告，全球移动商务市场价值于 2005 年超过 2 000 亿美元，约有 350 万用户以及近 140 亿次交易。此外，基于移动设备的信息活动，像电子邮件、新闻、股市行情等，将发展到个性化服务水平，此外还包括“一次点击”旅行预订、网上拍卖和视频会议等。

企业面临着 20 世纪初近代工业革命以来最广泛和最深远的环境变化。科技是推动这些变化的主要动力，想要生存的企业必须认识到技术的巨大力量，面对所需的组织变化，并学会以完全不同的方式运营企业。

引例问题

Amazon. com——**不是你所想象的书店**

5. 亚马逊的电子商务模式是什么？
6. 亚马逊如何使用电子商务影响其业务？
7. 可使用哪些指标评估亚马逊网站的效率和效果？
8. 亚马逊面临着哪些商务挑战？

章后案例：食品杂货的网络直销

2002 年 7 月，FreshDirect 完成了第一个订单交付。这个创立于纽约大都会地区的线上食品杂货商已慢慢地、谨慎地从布鲁克林区扩展至皇后区再到曼哈顿区，现在其已经拥有每年1.5亿美元的收入。公司决定改进其IT基础设施，主要在可用性和可扩展性方面，以支持新的、更加有力的增长战略。早在2004年年初，FreshDirect任命了新的CTO Myles Trachtenberg，帮助公司扩张业务。Trachtenberg带领公司进行了整个IT基础设施的变革，这项工作于2004年9月完成。

公司的增长战略关注使用行业最佳实践以取得成功。“我喜欢将我们的业务看成是三种类型的业务的集合”，Trachtenberg说。FreshDirect曾经试图效仿亚马逊电子商务的成功模式、Dell的JIT生产能力以及FedEx的配送能力。FreshDirect 99%的业务通过网站谈成。为了把自身从市场中区分出来，公司主要专注于新鲜食品的贮备和配送，这部分占销售额的70%左右。在Trachtenberg刚加入FreshDirect时，其IT基础设施在Sun微系统服务器上运行。Trachtenberg想要更新服务器创建一个新基础设施，以确保系统的高可用性，满足顾客对快速、简单的在线体验的需要，以及系统可扩展性的需要。此外，Trachtenberg想转移至一个基于Intel的系统。

保持FreshDirect网站的可用性，对公司的增长战略十分重要。网站每天必须能处理4 000个订单，每单平均30项商品，这意味着仓库每周有100项的货物流动。

在部署新的IT设施之前，FreshDirect网站的平均反应时间大约是8秒，现在，高峰期的反应时间是2秒，非高峰期只需1秒。

数据中心运行着SAP的企业资源计划软件和数据库；在仓库里，订单被分解，以便进行分类和包装。订单首先由BouteSmart科技公司的一个物流应用程序进行处理，该程序根据目的地、交付日期和订单容量将订单分解。

FreshDirect将会如何迅速扩张仍未确定。“在我们从事的领域，还有很大的增长空间”，Trachtenberg说，“仅在纽约，我敢说一年会有3亿美元到5亿美元的利润”。

问题

1. FreshDirect使用的是哪种技术——突破性技术还是持续改进技术？
2. FreshDirect如何使用公众信息服务亭改善其业务？
3. FreshDirect如何使用移动电子商务改善其业务？
4. 三种不同的服务提供商分别是什么？FreshDirect会使用哪种服务来运营业务？
5. FreshDirect的内联网将包含哪类信息？
6. FreshDirect的外联网将包含哪类信息？
7. 如果让你来评估FreshDirect网站的效率和效果，你会选择哪些指标？

第4章　信息伦理和信息安全

4.1　伦理

- 伦理
- 信息伦理
- 制定信息管理政策
- 工作场合的伦理规范

4.2　信息安全

- 保护知识资产
- 第一道防线——人
- 第二道防线——技术

引例：《萨班斯—奥克斯利法案》：信息技术、财务和伦理的交汇

在公司财务和内部监管丑闻动摇投资者信心并损害了各类企业的声誉后，国会试图对企业进行整顿。2002 年，出台《萨班斯—奥克斯利法案》（Sarbanes-Oxley，SOX）就是为了应对广为人知的安然（Enron）公司和世界通讯（WorldCom）公司的财务丑闻，以保护股东和公众的利益，使其不因组织会计过失和欺诈行为而有所损失。

《SOX 法案》

《SOX 法案》的一个主要部分是确定哪些记录应该被保存以及保存多久。因此，法案不仅会影响到财务部门，也会影响到 IT 部门，因为 IT 部门的职责包括存储电子记录。《SOX 法案》指出，所有商业记录，包括电子记录（electronic records）和电子信息（electronic messages），“必须保存 5 年以上”。不服从规定者将被罚款、监禁或二者兼有。《SOX 法案》关于电子记录管理的三条规则包括：

1. 记录的破坏、变更和伪造。法案指出，凡是故意更改、破坏、毁灭、隐匿或者伪造文档资料的个人都会被罚款、被判 20 年以下的监禁或二者兼有。

2. 存储记录的保留时间。最佳实践显示公司应该使用与公共会计师同样的规则来安全存储所有商业记录。组织应该保存所有的审计或检查工作文件 5 年——从财年的结束开始，而且在此期间应该对本财年的工作文件进行审计和检查。

3. 需要被保存的业务记录和通迅内容包括电子通讯内容。IT 部门正面临着建立和维护组织记录档案的挑战，要有效率同时又要满足立法要求。

重要的是，任何使用 IT 支持财务工作的公共组织必须实施 IT 控制来遵守《SOX

法案》。对大公司来说，实施《SOX 法案》的费用每年高达 350 万美元。美国最大的货运公司 Yellow Roadway 的总裁 William D. Zollars 说："实施《SOX 法案》需要大批人力从事文书处理工作。" Zollars 分配了 200 人使工作符合《SOX 法案》的要求，而他需要为这些工作每年支付 900 美元，相当于年利润的 3%。

《SOX 法案》的优点

很多企业因实施《SOX 法案》获得更多利益。通用电气公司每年花费 3 000 美元用以确保遵守了《SOX 法案》，提高了对公司业务的控制，同时增加了投资者对公司的信心。联合技术（united technologies）公司使用《SOX 法案》标准化了分散在全球的业务的簿记审计工作。《SOX 法案》最大的好处在于，它可以让投资者对财务结果抱有更大的信心。

一些官员相信，企业、审计人员、监管者可以有效地应用这项法规还需要两年的时间。这看起来是很长一段时间，成本也可能会很高；然而，与帮助组织平稳地运行和恢复投资者信心相比，这只是很小的代价。

实施《SOX 法案》

最后，遵守《SOX 法案》需要所有部门的配合。遵守《SOX 法案》首先需要将 IT 作为业务运行的内容，同时加强 IT 的内部控制。以下是一些供组织在遵守《SOX 法案》时借鉴的内容。

■ 彻底检查或升级财务系统，满足更精确、更详细以及及时归档的管理要求。

■ 检查 IT 部门内部的控制过程，应用最佳实践以符合法案的目标。例如，系统开发人员的职责分离是广受赞同的最佳实践，它可以防止错误和欺诈。编程人员和测试人员应该是不同的两批人，同时应有一个独立的小组对产品应用环境的变化负责。

■ 确保信息系统的客户定制不忽略内部和外部审计师的控制要求。公司自建的财务系统有着潜在的信息完整性问题。虽然主导的企业资源计划（ERP）系统具有追踪审计线索功能，定制系统却经常忽略这些控制要求。

■ 与 CIO、CEO、CFO 以及公司的律师共同构建文档保存和销毁制度，确定何种类型的电子文档需要被保存，以及保存多久。

引言

对所有组织来说，伦理和安全是两个基本的问题。在最近几年，像安然公司以及随着"9·11"事件而来的玛莎·斯图尔特丑闻事件，为伦理和安全赋予了新的意义。当少数人的行为能对价值 10 亿美元的企业构成破坏时，伦理和安全就显得愈发重要了。

4.1 伦理

学习目标

4.1 围绕信息解释伦理问题。

4.2 识别计算机用户行为指引和使用同意条款的区别。

4.3　描述电子邮件隐私权政策和互联网使用政策的关系。

4.4　解释垃圾电子邮件对组织的影响。

4.5　总结不同的监管技术并解释员工监管政策。

4.1.1　伦理

Freenet 文件交换服务发明者 Ian Clarke 决定离开美国赶赴英国，因为那里的《版权保护法》宽松些。Grokster 文件共享服务发明者 Wayne Rosso 离开美国去了西班牙，也挥别了美国严格的《版权保护法》。美国的《版权保护法》在发明互联网的几十年前就出台了，这使文件共享和很多互联网技术的使用成了违法行为。虽然一些个人以不道德的方式共享文件，如非法下载音乐、电影，但文件共享同时也存在很多积极的用处，如改善对毒品的研究、有利于软件开发和信息的传播。

围绕版权侵害和知识产权的伦理问题，在电子商务世界中一直引人注目。技术的进步使人们可以更加容易地复制从音乐到图片的任何东西。技术对我们的伦理规范提出了新的挑战。这些**伦理规范**是指引我们行为的原则和标准。回顾图表 4—1，可以得到有关概念、词汇和对由技术进步引发的伦理问题的总体看法。

图表 4—1　**与技术有关的伦理问题**

知识产权	嵌入物理实体中的无形的创造工作
版权	对创意，如歌曲、视频游戏和某些专利文档，提供法律保护
公正使用原则	在规定的情形下，使用版权保护材料是合法的
盗版软件	未授权地使用、复制、散发或者销售受版权保护的软件
伪造软件	生产跟真实产品形似的软件，并以所仿冒对象的身份销售

2001 年 10 月 22 日，美国证券交易委员会（SEC）开始追查安然会计案。2001 年 10 月 23 日，David Duncan，负责安然公司的安达信（Arthur Anderson）合伙人，命令他的团队销毁与安然相关的纸质和电子记录。2001 年 10 月 24 日，Duncan 的下属 Kimberly Latham 对团队的所有成员发布指令要求其服从 Duncan 的命令，甚至给出了需要删除的计算机文件列表。Arthur Anderson 为 Duncan 销毁了成千上万的安然相关文件而谴责他。Duncan 则批评 Arthur Anderson 的律师 Nancy Temple，说是她发给他一个备忘录要求他破坏文件的。Temple 则反怪 Arthur Anderson 的文档删除政策。

不管是谁应该受到批评，更大的问题是在联邦调查开始之后对文件进行销毁是不符合伦理甚至违法的。公司在接受联邦调查时下达的销毁信息的命令使所有相关人员陷入进退两难的境地。服从，意味着参与到潜在的犯罪活动中；而违背，则可能丢掉工作。

隐私是组织面临的最大的伦理问题之一。**隐私权**是指你享有独处的权利，能控制你的私人财产，以及未经你允许不受观察的权利。隐私和**秘密**有关，隐私权保护消息的私密性和信息只能被经授权的人看到。隐私政策的模糊和混乱，往往导致组织作出有问题的决策。每次员工做涉及隐私问题的决策时，往往会潜在地影响公司。

公司、客户、合作者和供应商之间的信任是电子商务结构的支撑。这份信任的一个重要构成就是隐私保护。隐私问题依然是电子商务增长的主要障碍。人们担心自己的隐私因为网络交互受到侵犯。除非组织能够有效地解决隐私问题，否则其客户、合作者和供应商会慢慢丧失对组织的信任，这不利于组织的业务发展。图表4—2 列示了《CIO》杂志所做的调查“隐私问题如何降低对电子商务的信任”的调查结果。

图表 4—2　**降低电子商务信任的主要隐私问题**

1. 个人隐私的泄漏
2. 37% 的互联网用户更加倾向于在互联网上购买有隐私保护条款的产品
3. 有效的隐私保护会将更多的互联网用户转变为互联网上的购买者

4.1.2 信息伦理

每个人决定自己如何使用信息，以及信息如何影响他们。个体行为之间如何互相影响，他们如何处理信息和技术，很大程度上受其道德规范的影响。道德上进退两难的局面通常不是在简单、清晰的环境中产生的，而是在相互竞争的、目标、责任和忠诚的冲突之下产生的。不可避免的是，决策过程会出现不止一个为社会“认同”的正确决定。图表 4—3 列举了在信息技术的使用中，伦理上有疑问或难以接受的方面。

图表 4—3　**伦理上可疑或不被接受的信息技术的使用示例**

个人复制、使用和分发软件
员工为获得敏感的组织和个人信息搜索组织的数据库
在没有检查信息的有效性和准确性的情况下，组织收集、购买和使用信息
个人制造和传播病毒，给使用和维护 IT 系统的人带来麻烦
个人入侵计算机系统偷窃私有信息
员工破坏或偷窃组织私有信息，如图表、计划表、消费者名单和报告等

人们为支持或反对图表 4—3 中所指出的行为而争论。不幸的是，没有什么有效的、快速的规则能够决定哪些符合伦理而哪些违背伦理规范。法律并不能在任何情况

下都发挥作用，有些合法的事情并不符合伦理规范的要求，而那些符合伦理规范的事情有时候也未必是合法的。例如，Joe Reidenberg 接受 AT&T 无线公司提供的手机服务。AT&T 无线公司使用信用报告机构 Equifax 的信息确定 Joe Reidenberg 是潜在客户。总的来看，这是个很好的交易。Equifax 通过销售其已有信息获取额外收入，而 AT&T 无线公司则可以更准确地确定其目标客户，由此提高了市场营销活动的反馈率。

不幸的是，《公平信用报告法案》（Fair Credit Reporting Act）禁止有目的地扩散信用信息，除非是某公司要依据此信息对其信用或保险产品报价。换言之，有关信用信息唯一可销售的产品就是信用。Equifax 的代表说："AT&T 无线公司（或其他任何公司）基于信用来提供一些手机服务，例如让消费者在付款前使用某项服务，这是符合《公平信用报告法案》（FCRA）的。"然而，问题还是存在，这符合伦理规范吗？

这是组织面临的伦理难题的很好的例子。技术不断更新，并以无法预料的方式广泛存在，有关信息的伦理问题正处于被定义阶段。图表 4—4 为伦理、合法行为的四象限图。组织理想的目标是做出位于象限 I 的、既符合伦理规范要求又合法的决策。

图表 4—4　　伦理的行为与合法的行为并不时刻一致

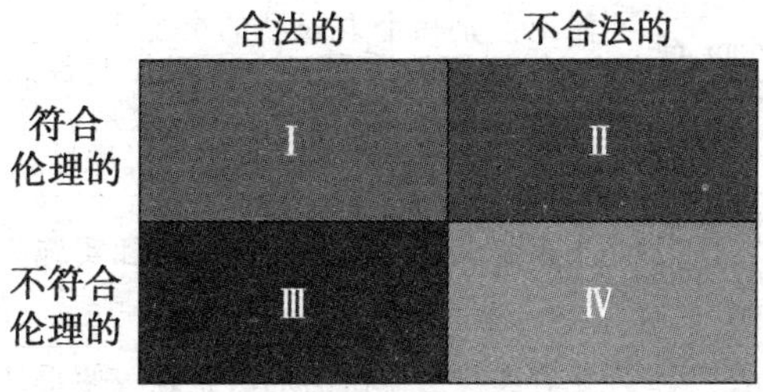

信息没有伦理规范问题

当美国 Saab 汽车公司首席信息官 Jerry Rode 收到一封愤怒的消费者发来的邮件时，他意识到他亲手搞砸了公司的公共关系。Saab 雇用了四个互联网市场公司向消费者分发关于 Saab 新车型的电子信息。Saab 公司提出，市场营销活动只联系那些同意（opt-in）通过电子邮件接收促销或市场信息的消费者。不幸的是，其中一家营销公司明显对同意（opt-in）有着不同理解，其没有考虑消费者的选择，给所有的消费者发送了电子邮件。

Rode 解雇了那家犯错的市场营销公司，并立即颁布了正式的关于消费者信息使用的政策。Rode 说："消费者看到的不是广告商和签约营销公司，他们只知道美国 Saab 公司不断用垃圾邮件骚扰他们。即便事后问责其他人，也不会让消费者感觉变好。"

信息本身没有伦理规范问题。信息不介意被如何使用。信息无法阻止被以广告邮件的方式寄给消费者，也不会因为是敏感信息或个人信息而不被分享，更没法拒绝被透露给第三方。信息无法删除或自行保存。因此，应承担责任的是信息拥有者，其需要发展一套伦理规范来管理信息。图表 4—5 大致展示了个人管理和保护信息时必须遵守的重要法律条款。

图表 4—5 已制定的信息相关的法律

《隐私权法》(Privacy Act)——1974	限制联邦政府可收集信息的范围；允许公民查看和更正自己的信息；建立保护个人信息安全的管理程序；禁止未经允许泄露与姓名链接的信息
《家庭教育权及隐私权法》(Family Education Rights and Privacy Act)——1974	规范政府机构和第三方查看个人教育记录的过程，保证学生有权看到自己的教育记录
《有线电视通讯法》(Cable Communications Act)——1984	有线电视提供商在发布频道选择或其他可确认个人身份的信息前，必须获得用户的手写或电子认同
《电子通信隐私法》(Electronic Communications Privacy Act)——1986	允许公司查看员工的通讯内容，并且员工在使用公司电脑时没有隐私权
《计算机欺诈和滥用法》(Computer Fraud and Abuse Act)——1986	禁止非法入侵金融机构、美国政府以及国内或国际商业企业的计算机
《Bork Bill 法案》(即《官方的录像隐私权保护法》)——1988	禁止消费者的录像租用信息用于面对消费者的产品和服务营销
《为法律实施的通讯协助法案》(Communications Assistance for Law Enforcement Act)——1994	要求电信设备的设计，能够确保授权的政府机构能够截取任何用户发送或接收的所有有线和无线通信内容。这个法案还要求用户通话识别信息能够在需要的情况下以及在需要的时候传送给政府
《信息自由法案》(Freedom of Information Act)——1967，1975，1994，1998	不侵犯企业和个人隐私的情况下，允许任何人检查政府记录。1974 年修订的法案只允许联邦调查局（FBI）检查政府记录。1994 年，法案允许公民监督政府行为和进行信息收集。1998 年，再一次调整法案，允许公民通过互联网获取政府信息
《健康保险便利及责任法案》(Health Insurance Portability and Accountability Act)——1996	该法案要求卫生保健行业规划和实施为病人的个人信息保密的规则
《身份盗窃及假冒制止法案》(Identify Theft and Assumption Deterrence Act)——1998	强化有关身份盗窃的刑法条款，使得使用或转移他人身份的行为成为联邦政府必须管理的罪行。同时，建立了针对受害者的联邦中央政府服务机制
《美国爱国者法》(USA Patriot Act)——2001，2003	当调查有关恐怖分子的行动或秘密情报活动时，允许执法者采集任何信息，包括图书馆借书记录、录像租用记录、书店购买记录和商务活动记录。2003 年，《爱国者法》第 2 版在第 1 版的基础上有所扩展
《国土安全法》(Homeland Security Act)——2002	授权政府机构可以挖掘个人或团体电子邮件和网站访问记录，对《信息自由法》规定公众可获取的信息加以限制，赋予政府机构宣告国家突发安全事件的权力
《萨克斯—奥克斯利法案》(Sarbanes-Oxley Act)——2002	致力于通过提高公司公开信息的准确性和可靠性来保护投资者，并且要求公司：（1）贯彻广泛细致的政策防止公司内部发生非法行为；（2）对非法行为进行及时调查
《公平信用交易法》(Fair and Accurate Credit Transactions Act)——2003	包括防止身份被盗用的条款，如消费者有着每年免费获得一份信用报告的权利，该法案要求商家在收据上只保留信用卡号的末 5 位，并且要求贷方和信用卡机构在意识到可能发生身份盗窃行为时采取必要的行动，即使当时受害者还未意识到此犯罪活动
《非请求的色情和广告信息控制法案》(CAN-Spam Act)——2003	该法案致力于通过限制和处罚向消费者发送非请求的电子邮件的行为来规范国内商务活动。该法案禁止欺骗性的邮件主题、邮件头和邮件回复地址，禁止从网络上收集电子邮件地址。法案同时要求发送广告邮件的商家在邮件中设置不要再收到此广告邮件的选项，并且在电子邮件中给出自己的邮政通讯地址

4.1.3 制定信息管理政策

将敏感的公司信息作为宝贵的资源是适宜的管理策略。基于员工能够理解和贯彻的伦理原则建立企业文化是尽责的管理行为。在一项为信息伦理管理者提供指南的研究中，*CIO* 杂志社（和一百多位首席信息官）提出了六项原则，如图表 4—6 所示。

图表 4—6　　*CIO* 杂志提出的信息伦理管理的六项原则

1. 信息是有价值的公司资产，应该像现金、厂房或其他公司资产一样管理
2. CIO 负责管理公司信息，并且要在信息的整个生命周期中都负责监管；信息生命周期指从信息的产生到适当销毁
3. 根据政府的规章制度和公司的条款，CIO 有权对访问和使用公司信息进行控制
4. CIO 有责任防止他人对公司信息进行破坏
5. CIO 有责任将技术性知识引入信息管理实践和政策制定中
6. CIO 应该和主管人员合作，共同制定和执行一套组织信息管理政策

组织应制定一套书面政策作为员工信息行为指南、员工信息工作程序和系统的信息规则。这些政策向员工说明了组织的行为惯例和标准，保护组织不会因计算机系统和 IT 资源的滥用而受到破坏。如果员工工作时需要使用计算机，则组织至少应该实行电子政策（ePolicies）。**电子政策**关注在商业环境下如何符合伦理地使用计算机和互联网的政策和程序。这些政策通常包括以下几个方面：

- 计算机使用行为指引。
- 信息隐私权政策。
- 使用同意条款。
- 电子邮件隐私权政策。
- 互联网使用政策。
- 反垃圾邮件政策。

计算机使用行为指引

创建符合信息伦理要求的公司文化的首要步骤之一是构建计算机使用行为指引。**计算机使用行为指引**包括指导员工如何使用计算机的一般原则。例如，计算机使用行为指引可能明确申明了员工应避免工作时玩游戏。该指引旨在确保员工明白工作时该如何表现，并且组织也有了处理员工违规的公开处罚标准。例如，在给予适当的警告之后，公司可以辞退工作时仍旧花大量时间玩游戏的员工。

组织对员工计算机的使用行为的期待是有很大差异的，但无论如何，寻求合理的计算机使用的最首要的原则是征得同意。用户应该了解系统使用规则，在同意遵守系统使用规则的基础上使用系统。

组织应该尽心尽责地努力，让所有用户通过正式培训或其他手段清楚了解计算机使用行为指引。如果组织打算只设定一个 ePolicy，那就应该选择计算机使用行为指引。因为该指引是组织信息政策制定的出发点，也是组织可能制定的其他信息政策的庇护伞。

信息隐私权政策

Scott Thompson 是 Inovant 公司的执行副总裁。Inovant 公司是 Visa 公司成立的、处理其技术业务的公司。Thompson 在对 Visa 拥有的消费者信息的谨慎使用上“误入歧途”：除了原本意欲实现的目标——呈送账单外，他禁止对 Visa 消费者信息进行任何其他利用。

Visa 所掌握的详细的消费者信息透露出人们是如何花钱消费的：哪天在哪家商店，甚至是一天中的哪些时候进行了消费。毫无疑问，全国上下的销售和营销部门都对 Visa 数据库中的消费者信息垂涎三尺。Thompson 说：“市场营销人员意欲分析挖掘 Visa 数据库中的信息，利用这些信息实施忠诚度计划，锁定目标市场，甚至与 Visa 建立合作。有很多能想出新点子的有创造力的人。信息共享的开发领域是巨大的，并且在持续增长着。对市场营销人士而言，天空才是尽头。”隐私专家和 Thompson 一起开发了一套公司应遵守的严格的信用卡信息使用政策。

现在的问题是 Thompson 是否能够保证信息不被不道德的使用？许多专家不相信 Thompson 可以完全禁止信息的不当使用。大多数情况下，信息的不道德使用是在无意间发生的，而非无赖商人的蓄意谋划。例如，信息会因某些原因被收集和存储，如保存的消费记录和账单。之后，销售员或营销专业人士在公司内部使用这些数据，并将之与合作伙伴共享，或卖给可信的第三方。这些信息在“无意间”有了新用途。此类无意识的信息重用的经典案例是公民社会安全码的重用。公民社会安全码最初仅与政府退休福利有关，现在成了通用的身份标识，从驾照到存折，几乎任何地方都可以看见。

想保护信息的组织应该制定一套信息隐私权政策。**信息隐私权政策**包括关于信息隐私的一般原理。图表 4—7 着重列示了一个组织在创建信息隐私权政策时应该遵守的一些方针。

图表 4—7　**组织创建信息隐私保护政策的指导方针**

1. 隐私权政策的采用和贯彻执行。开展在线业务或电子商务的组织，有责任采用和执行保护个人信息隐私权的政策。组织也应对其合作组织采取措施，鼓励它们采用和执行有效的在线隐私保护政策。例如，组织可以和合作伙伴分享其最佳实践

2. 告知和揭示。组织的隐私权政策必须具有可见性、易读性和易理解性。政策必须清晰地说明以下几点：

- 哪些信息正在被收集
- 所收集信息的使用
- 可能存在的向第三方的信息发送
- 个人对所收集的信息的收集、使用和分发的选择权
- 组织对信息安全的承诺
- 组织为保证信息的质量和访问所采取的措施

3. 选择和赞同。当个人信息的后期使用和最初收集的目的没有联系时，个人必须被给予机会以选择决定在线收集的个人信息如何被使用。至少，个人有权阻止对个人信息的此类使用

4. 信息安全。组织应该采取适当的措施，确保创建、维护、使用或发布个人信息时信息的可靠性，组织还应该采取适当的预防措施，防止信息损失、被误用或被篡改

5. 信息质量和存取。组织应建立适当的流程或机制，修正个人信息中的错误，例如个人账户信息或者联系信息中的错误应予以修正。其他保证信息质量的流程可能包括可靠的信息源、收集方法、正确的数据存取和防止意外或未授权的数据篡改

使用同意条款

使用同意条款(AUP) 是指用户在进入某个网络或互联网之前必须同意才能开始使用其服务的那些条款。**认可**(Nonrepudiation) 是一种契约性的约束，它使电子商务参与者不能否认（抵赖）所做的在线交易。通常，认可条款被包含在使用同意条款中。

很多商业和教育机构都需要员工或学生在获得网络进入许可之前签署同意条款。当客户开始使用某一个互联网服务提供商的服务时，每个客户都会被要求签署同意条款，条款中规定了客户应遵守的事项（详情参见图表4—8）。

图表4—8 **使用同意条款**

1. 不使用违反任何法律的服务
2. 不试图侵害任何计算机网络或者用户的安全
3. 没有获得事先许可，不向群组传递商业信息
4. 不进行任何反抵赖操作
5. 不试图发送垃圾邮件或者广告邮件给不想接收此类邮件的人
6. 不试图使用邮件轰炸网站。邮件轰炸是指发送大量的电子邮件给特定的人或者系统，导致邮件占满接受者的磁盘空间。在某些情况下，大量的电子邮件会使服务器不堪重负，甚至导致服务器停止运行

电子邮件隐私权政策

电子邮件在组织中如此普遍，以至于要制定专门的政策。最近一次调查显示，80%的专业工作者将电子邮件作为其首选的进行公司内部沟通的手段。同样的，工作场所中即时通讯（IM）的使用也在戏剧性地增长。电子邮件和即时通讯软件都是日常使用的商务沟通工具，实际上使用它们时存在着风险。例如，一封发出的电子邮件至少会被存储在三到四个计算机上（如图表4—9所示）。简单地删除电脑上的电子邮件并不能把它从其他所有电脑上删除。如果公司实施和遵守电子邮件隐私权政策，则可以减少使用电子消息系统过程中的许多风险。

图表4—9 **电子邮件被存储在多台计算机上**

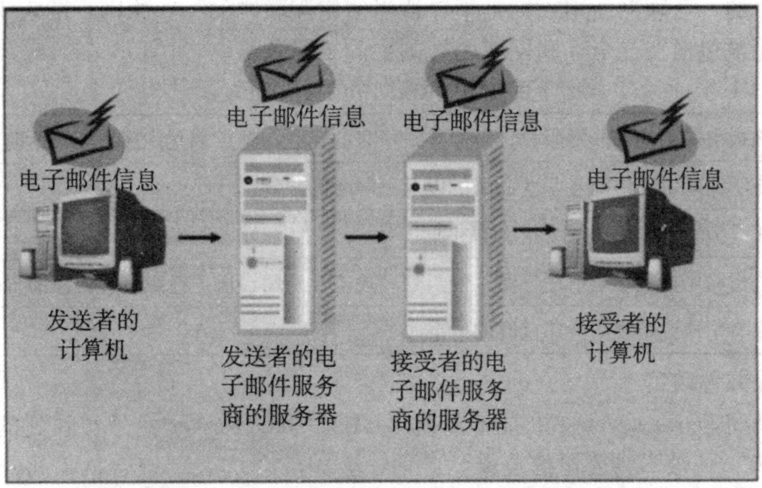

从接受者的计算机上删除电子邮件并不能把它从发送者的计算机上或者邮件服务提供商的服务器上删除。

涉及电子邮件的一个主要问题是用户对隐私保护的期待。很大的程度上，这种期待是基于对电子邮件隐私保护的错误假设，他们将电子邮件想象成美国最好的邮件服务，而这显然不是真的。

一般情况下，拥有电子邮件系统的组织可以根据需要公开或者秘密地操作该系统。这意味着如果组织想要读取每个人的邮件，它做得到。如果组织的选择是不读取邮件系统中的邮件，也可以，一切取决于组织，由组织决定读取多少邮件。当组织决定后，组织必须告知邮件系统的用户，以便用户了解组织对其电子邮件内容的监管，并同意这种程度的侵扰。换言之，**电子邮件隐私权政策**详细描述了用户电子邮件内容被他人读取的程度。

组织必须创建一个电子邮件隐私权政策。图表4—10展示了通常会出现在电子邮件隐私政策里的一些关键的约束。

图表4—10 **电子邮件隐私政策约束**

1. 该政策应该是计算机使用行为指引的补充
2. 它定义哪些是合法的电子邮件用户
3. 它解释备份程序。即便用户有时已将信息从电脑上删除了，组织也能从备份磁盘上重新找回
4. 它描述读取他人电子邮件的合法背景，以及监听邮件行动实施前所需要的流程
5. 它告知一旦电子邮件被传输到组织范围之外，组织便无权再控制它
6. 它解释当用户切断他/她跟组织的连接时会发生的情况
7. 它要求员工当他人可以获取组织的文件或文档时要保持警惕

互联网使用规则

类似电子邮件，互联网所具有的一些特性，使互联网需要使用规则。比如，互联网用户可以尽情使用大量计算资源，这使得确保对互联网的使用是合法的显得十分必要。另外，互联网上存在很多被认为具有攻击性的材料，在这种情况下，一些适当的规则是必需的。**互联网使用规则**是指导适当使用互联网的一般原则。图表4—11列出了一些可能被包括在一个互联网使用规则中的重要条款。

图表4—11 **互联网使用规则中的重要条款**

1. 规则应该指出可用的互联网服务，因为不是所有的互联网站点都允许用户获得所有的服务
2. 规则应该明确地说明访问互联网的目的以及上网时的限制
3. 规则应该成为计算机使用行为指引的补充
4. 规则应该指明用户在注明引用来源、恰当处理攻击性资料、保护组织名誉方面的责任
5. 规则应该清楚地说明规则被违反时的后果

反垃圾邮件政策

法律公司Fenwick&West的技术总监（CTO）Matt Kesner使公司收到的垃圾邮件减少了99%，他被奉为公司的英雄。此前，公司的合伙人（该合伙人每小时的价值为350美元到600美元）发现，他们每天都要花几个小时处理300封到500封垃圾邮件。Kesner开发的垃圾邮件阻挡程序每天要阻挡5 000条到7 000条讯息。

垃圾邮件是“不请自来”的电子邮件。反垃圾邮件政策要求电子邮件用户不发送未被请求的邮件（或垃圾邮件）。垃圾邮件给组织内各个层级（从前台到首席执行官）的员工都带来了无尽的烦恼。评估显示在大多数组织的通讯邮件中，垃圾邮件占40%到60%。Ferris 研究机构表明 2005 年，垃圾邮件给美国企业造成了超过 100 亿美元的损失。并且 Nucleus 研究机构声明仅仅因为垃圾邮件，公司每年每个员工因为生产力的下降所导致的损失为 874 美元。垃圾邮件阻塞了电子邮件系统，占用了许多信息技术（IT）资源。

制定反垃圾邮件的政策、法律或者软件很难，因为没有东西可以用作垃圾邮件的“石蕊试剂”。一个人的垃圾邮件，可能是另外一个人的时事通讯。所有最终用户都需要自己决定什么是垃圾邮件，因为哪些邮件是不需要的不仅仅在不同的公司间会有很大的差别，在不同的人之间也会有很大的差别。可能在某些员工看来，其他人看似垃圾的邮件却是非常重要的商业信息。

Libbey 是一家眼镜、瓷器、餐具生产商。Libbey 的首席信息官 John Zarb 测试了 Guenivere（是一种病毒，但也是标题行过滤器）和 SpamAssassin（开源的广告邮件过滤器）。但他却不得不在 10 天后关闭它们，因为其拒收了很多重要的合理的电子邮件。正像 Zarb 很快发现的那样，一旦组织开始过滤电子邮件（目的是删除大量广告邮件），便产生了错误阻止那些看起来像是广告邮件但实则合理的电子邮件的风险。避免无法接受的“错误的正效应”（即删除广告邮件是过滤器的正效应，删除合法的邮件称为错误的正效应），需要精确的平衡。IT 项目组调整了广告邮件过滤器，现在过滤器能过滤掉 70% 的垃圾邮件，Zarb 说“错误的正效应”率比以前低多了，但仍然还没有降低到零。图表 4—12 列出了组织可以遵循的防止广告邮件的一些小技巧。

图表 4—12 **防止广告邮件的小技巧**

- **在公共电子场所更改电子邮件地址。**在公共场所发布电子邮件地址时，更改电子邮件地址。这可以通过简单的方式实现，例如将 jsmith@ domain. com 替代为“jsmith at domain dot com”，这可以防止垃圾邮件程序识别出电子邮件地址
- **不要将可能包含电子邮件地址的成员通讯录公布在网络上。**不要将电子邮件地址放在网络上。如果电子邮件地址需要放在网络上，对它进行更改
- **使用过滤器。**很多互联网服务提供商（ISPs）和免费电子邮件服务商都提供广告邮件过滤服务。虽然这些过滤器都不完美，但是它们可以明显地消减一个用户收到的广告邮件的数量

4.1.4 工作场合的伦理规范

员工对违反公司规定的担心日益增多，因为即使是无意间违反规定都会导致惩罚。Whitehouse. gov 是美国总统的官方网站，网站会更新议案的签署和新政策的发布信息。然而，Whitehouse. com 是一个垃圾网站，却借用白宫这个广为人知的名字。如果有公司浏览非法网站，就终止合同，一个简单的 . gov 到 . com 的拼写错误就可能让某些人丢掉工作。公司的首席信息官制定信息管理政策时，监管员工的行为是其面对的最大问题之一。

规定企业对其员工行为经济上负责的法律程序，驱使公司做出监管员工上班时间使用公司资源行为的决定。日益增加的员工行为监管不再是一个选择，而成为风险管理的必要手段。爱尔兰银行的首席执行官 Michael Soden，发布了一个关于员工不能使用公司设备浏览非法网站的规定。之后，他雇用惠普（HP）公司管理其 IT 部门。惠普的员工很快在 Soden 的电脑里发现了访问非法网站的记录，Soden 便辞去了职务。

美国管理协会（American Management Association，AMA）和电子政策研究所（ePolicy Institute）最近进行的对“工作环境的电子监视（计算机使用及网络使用行为监视）和物理监视（如摄像头）实践”的调查显示了公司监管的程度：

■ 1 627 名被调查者中，82% 的公司承认采用了一定形式的电子监视或物理监视。

■ 63% 的公司表明其监管员工的互联网连接行为。

■ 47% 的公司承认存储和检查员工的电子邮件信息。

监管技术

很多员工利用公司的高速互联网进行网上购物、网站浏览和网上冲浪。2004 年，美国 59% 的网上购买行为发生在工作场合。根据 ComScore Networks. Vault. com 的测定，47% 的员工每天至少花费半小时在网上冲浪。

这项调查指出经理应该监督员工使用互联网的行为。多数经理都不希望员工上班时间处理私人事务。因此，组织越来越多地利用软件进行网络行为跟踪，甚至允许老板读取员工的电子邮件。然而，图表 4—13 列示了监管员工行为会导致比员工上网冲浪更低生产力的原因。

图表 4—13　　**员工监管影响**

1. 员工的旷工率升高。2004 年比前一年翻了一番，达到 21%。原因可能是更多的员工旷工去处理私事。（对公司来说）损失几分钟或者几个小时，比损失一整天的代价要小得多
2. 研究显示电子监管导致更低的工作满意度，部分原因在于人们开始相信工作数量比质量更重要
3. 电子监管引起了心理学家称之为“心理反抗”的现象，即反抗约束的倾向。如果你告诉你的员工不能网上购物，不能使用公司的网络处理私事，不能打私人电话，那么员工做这些事情的愿望很可能会增加

SAS 研究所是一家在许多“最佳工作环境”调查中都排名前十的私人软件公司。SAS 并不监督员工的网络使用情况。公司让其员工负责任地使用公司资源，并不介意员工偶尔在网上查看比赛结果或者进行网络购物。

许多管理者鼓吹基于信任文化的组织比基于不信任文化的组织更成功。在组织实施监管技术前，组织应自问“实施监管如何表明组织对员工的信任？”如果组织真的不信任员工，那么它应该去找新员工。如果组织要监管员工的每个按键行为，无意间将破坏组织和员工之间的关系。

信息技术监管通过对按键、错误率和事务处理过程的记录监管人的行为。图表 4—14 列出了几种可用的监管技术。

图表 4—14 **监管技术**

Key logger, or key trapper, software	一个程序，把其安装到计算机，可记录对键盘和鼠标的每一个动作
Hardware key logger	一种硬件设备，能在按键从键盘向主板的发送过程中，捕捉每一个按键操作
Cookie	是指网站存储在用户硬盘上的小文件，用来存储用户信息和用户在网站上的活动信息。Cookies 允许网站记录消费者的到达或者离去，通常不经用户了解或同意
Adware	广告生成软件，用户从网上下载其他软件时会自动安装在计算机上
Spyware (sneakware or stealthware)	藏匿在免费下载软件中的软件，追踪计算机用户的在线活动，挖掘计算机中存储的数据，或者启动计算机用户不知道的任务占用计算机的 CPU 和存储空间
Web log（网络日志）	记录网站的每个访问者的信息，通常被存储在网站服务器上
Clickstream	记录消费者网络冲浪期间的活动信息，例如消费者访问了哪些网站、每个网站用了多长的时间、看了哪些广告、购买了哪些商品等信息

员工监管政策

对计划进行员工监管的组织来说，最佳途径是就该问题进行公开协调。近期调查表明关于监管问题的协调在大多数组织中都是薄弱的。每五家公司中就有一家没有使用同意条款，并且每四家公司中就有一家没有互联网使用政策。即便有相应政策的公司也经常将那些政策放在员工手册中很少被触及的角落，于是政策变成了含糊的、类似法律套话的东西："XYZ 公司保留监管或检查在公司设备存储或在公司设备上传输的任何信息的权力"。保留监管的权力与清晰地声明公司会进行监管有本质的区别，公司要列出跟踪什么、寻找什么，要细致地描述各种违反规定行为的后果。

组织必须制定正确的监管政策，并将其付诸实践。员工监管政策清晰地说明了公司何时、何地以及如何对员工进行监管。清楚公司监管方式及监管原因并积极教育员工何种行为是不可接受的首席安全官，将会发现员工对政策适应得相当快，这大大减轻了他们的负担。图表 4—15 列出了组织创建员工监管政策时应遵守的原则。

图表 4—15 **员工监管政策条款**

1. 尽可能的具体
2. 强调政策的强制执行
3. 对每个人执行同样的政策
4. 清楚地表明公司保留对员工进行监管的权力
5. 明确地说明什么时候监管开始执行
6. 明确地说明监管内容（例如电子邮件、即时通讯、互联网访问、网络活动等）
7. 描述所收集的信息的种类
8. 说明违反规定的后果
9. 说明政策更新的条件
10. 详细说明对信息系统监管的范围和方式
11. 合适的时候，要求返回收条，表明收到、阅读并理解了监管政策

引例问题

《SOX 法案》：信息技术、金融和伦理规范的交融

1. 分析伦理和《SOX 法案》的关系。
2. 为什么记录管理是整个组织应该关心的领域而不仅仅是 IT 部门的？
3. 识别组织为保证符合《SOX 法案》应该执行的两项政策。
4. 通过实行《SOX 法案》可以解决哪些伦理难题？
5. 对试图符合《SOX 法案》的组织来说，最大的伦理障碍是什么？

4.2 信息安全

学习目标

4.6 描述信息安全政策和信息安全计划之间的关系。

4.7 总结创建信息安全计划的五步骤。

4.8 对每个信息安全领域提供一个范例：（1）身份验证和授权；（2）阻止和反击；（3）侦听和反应。

4.9 描述黑客与病毒之间的关系。

4.2.1 保护知识资产

组织的信息是知识资产。就像组织保护实物资产一样，如将钱保存在一家保险的银行中或者为员工提供安全的工作环境，组织需要保护其知识资产。组织的知识资产包括从专利到事务信息和分析性信息等全部内容。安全裂口日益增多，黑客无处不在，组织要在这样的环境下存活必须采取强大的安全措施。

《健康保险流通与责任法案》（The Health Insurance Portability and Accountability Act，HIPAA）保护了个人健康记录的隐私和安全，并且有可能对所有美国企业都有影响。HIPAA 影响了所有使用电子数据交换（EDI）交换个人健康记录的公司。HIPAA 要求所有的卫生保健组织在发送电子健康信息时，发展、执行和维护适当的安全措施。最重要的是，这些组织必须进行档案管理，要求组织保存对健康信息的传输采取安全措施的详细过程的记录。2005 年 4 月 21 日，法律强制各组织实施 HIPPA 规定的安全规则。

根据 Gartner 最近的民意调查，不到 10% 的卫生保健组织开始执行 HIPPA 里所规定的安全政策和程序。健康信息管理协会（Health Information Management Society）估计 70% 的卫生保健服务提供机构都未在 2005 年 4 月的截止期限前达到隐私规则的要求。卫生保健组织应认真对待 HIPPA 的规定，不服从会导致数量可观的罚款，甚至监禁。

不仅是卫生保健行业中的企业，所有企业都必须理解信息安全的重要性，即便它不是法律强制执行的。**信息安全**是一个围绕信息保护且含义宽泛的术语，包括保护信息不被组织内或组织外的个人意外或故意地错误使用。根据 2004 年 CSI/FBI（计算机安全研究所/美国联邦调查局）计算机犯罪与安全调查的结果，图表 4—16 列示了相对于组织全部 IT 预算，组织信息安全预算所占的比重。46% 的被调查者表示其1% 到 5% 的 IT 预算被用在安全问题上。只有 16% 的被调查者表示其在 IT 安全上的花费不到整个 IT 预算的 1%。

图表 4—16　　**组织的安全预算**

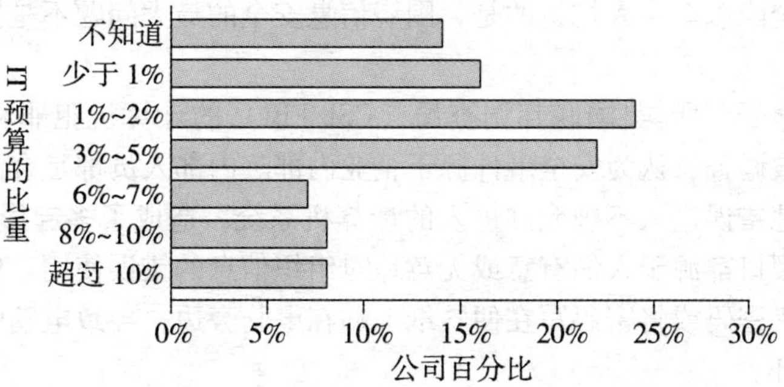

图表 4—17 列示了在公共部门和私有产业部门，平均用在每个员工身上的、确保计算机安全的支出。运输产业中，员工平均计算机安全投资支出最高。

图表 4—17　　**员工平均安全支出**

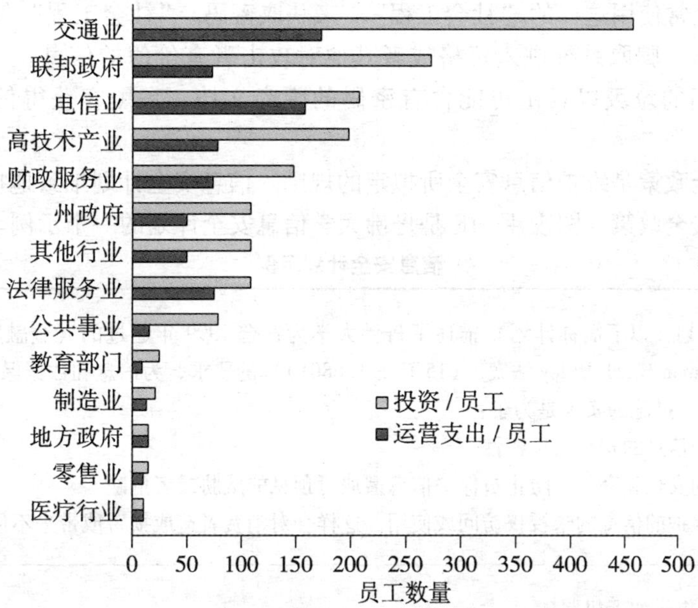

安全应该是组织为实施其商业战略，在所有技术和管理行动中，组织必须做到的最基础和最关键的部分。没有坚实的安全流程和程序，便没有技术可以帮助企业构建优势。

4.2.2　第一道防线——人

随着技术进步和诸如客户关系管理（CRM）等战略的发展，组织有能力甄别有价值的信息，例如谁是带来公司 80% 收入的 20% 的顶端消费者。大多数组织将这类信息看作是有价值的知识资产，于是组织实施安全措施防止这些信息“走出”组织范围，落入他人手里。企业建立信息安全防线，首先通过人，其次通过技术。

在这个电子世界，组织必须确保员工、消费者和合作者能够成功地通过电子手段获取信息，而这一点增加了信息安全的复杂度。使用电子手段处理业务，自然会带来巨大的信息安全隐患。令人惊讶的是，围绕信息安全的最大问题不是技术问题，而是人的问题。

计算机安全研究所/美国联邦调查局（CSI/FBI）的计算机犯罪和安全调查报告指出，38%的被调查者认为安全事件源于企业内部。内部人员都是合法用户，他们故意或者不经意地错误进入不被允许进入的计算机系统，造成了多起影响业务的事件。很多信息安全裂口都源于人们有意或无意地对组织信息的错误使用。例如，很多人随意交出其计算机密码或将密码写在便签纸上贴在电脑旁边，导致电脑中的信息之门直接对入侵者敞开。

一家大型卫生保健公司的信息安全主管雇佣外来审计员测试公司的安全意识，她发现制造信息安全裂口是很容易的事。有一次，审计师发现测试新系统的员工意外将网络暴露给了外部黑客。还有一次，审计师伪装成支持人员，竟获得了16个员工的密码。黑客经常使用这样的“社会工程”[①] 来获取密码。“社会工程”使用“社会技巧”欺骗他人，骗取系统进入资格或者其他对攻击者有价值的信息。垃圾搜寻，即仔细搜寻人们的垃圾以找出可能含有密码的废弃文档，是黑客获得信息的另一种方式。

信息安全政策是维护信息安全所拟定的规则。信息安全计划细致地描述了组织如何执行信息安全政策。图表4—18是丹佛大学信息安全计划的一个示例。

图表4—18 **信息安全计划示例**

此信息安全计划（以下简称计划）描述了丹佛大学为符合1999年通过的《金融服务现代化法案》（即《Gramm Leach Bliley 法案》（15 U. S. C 6801））的要求，为信息和数据保护采取的安全措施，这些安全措施的实施是为了：

- 确保被保护信息的安全与机密性
- 保护信息的安全和完整，防止被保护信息遭遇可预见的威胁或者危险
- 防止对被保护的信息的未授权访问或使用，这样会对消费者造成损害或带来不便

信息安全计划提供如下机制：

- 识别和评估可能对丹佛大学受保护信息产生威胁的风险
- 建立正式的政策和程序管理和控制这些风险
- 实施和检查安全计划
- 调整计划以反映技术的变动、被保护数据和信息的敏感性变化，以及来自内部或者外部的对信息安全的威胁的变化情况

① “社会工程”是一种利用人的弱点，如人的本能反应、好奇心、信任、贪便宜等，进行欺骗、伤害等，来获取自身利益的手法。

信息风险的识别和评估
丹佛大学意识到存在来自内部和外部的风险，这些风险包括但不局限于： ■ 非受保护数据和信息的所有人，未经授权访问受保护信息 ■ 对系统的非授权访问危及系统安全 ■ 传输过程中数据被监听 ■ 数据完整性的不足 ■ 在灾难中数据的物理性缺失 ■ 来自外部、被引入系统的错误 ■ 数据或者信息系统的崩溃 ■ 员工对受保护数据和信息的未授权访问 ■ 未授权情况下对受保护数据和信息的请求 ■ 未授权情况下对文件或报告硬拷贝的访问 ■ 向第三方的未授权的对受保护数据和信息的传递
丹佛大学意识到这并不是一个包含全部与信息保护有关的风险的列表。由于技术进步，新风险还会出现。在这种情况下，信息技术部门和学生事务部门将积极地参与由大学代表组成的咨询委员会的活动，并寻求咨询委员会的建议以识别新的风险。丹佛大学相信信息技术部门目前采用的安全措施是合理的。根据风险评估，亦能够确保大学所维护的受保护信息的安全和机密性
信息安全计划协调者
经指导委员会磋商，丹佛大学的 CIO 和负责学生事务的副主席，被指定为信息安全计划的协调者。他们需要对受保护数据和信息的未授权传输带来的风险进行评估，并承担责任，并采取措施使风险最小化
设计和执行安全计划
员工管理和培训
在员工培训期间，部门处理受保护信息的新员工会受到关于受保护信息机密的重要性的适当培训
实体安全
通过限制信息的访问，丹佛大学解决了受保护信息的实体安全问题。只有出于业务需要必须知道某些信息的员工才能够访问这些信息
信息系统
丹佛大学有管理电子资源和防火墙政策，以及无线政策。丹佛大学将会采取合理和恰当的步骤，与当今技术发展保持一致，保证所有受保护的信息是安全的，并且可以维护所储存的记录的完整性以及确保信息传输中的保密性。丹佛大学将发展一个计划来保证受保护信息在传输时被加密保护

续表

选取合适的服务提供商
由于需要专家进行设计、执行以及维护新技术，信息安全厂商需要为丹佛大学提供其不能自给的资源。在选择服务提供商时，由于所选择的服务提供商会维护或者定期接触受保护的信息，因此对候选服务提供商进行评价时将会考虑服务提供商捍卫受保护信息的能力。服务提供商的合同中应该包括以下的规定： ■ 约束：受保护信息必须保持高度的机密性，并且只有符合合同清晰规定的商业目的时才能访问这些信息 ■ 合同合作者担保他将会保护它所获得的受保护信息
持续评估和调整
信息安全计划需要定期的回顾和调整，特别是在技术不断变化并带来风险时。协调者即 CIO 和负责学生事务的副主席在与总法律顾问办公室（Office of General Counsel）协商后，会回顾该政策中设定的标准并且推荐必要的更新和修订。可能有必要通过调整计划来反映技术的变化、学生/消费者数据的敏感性，以及来自内部或者外部的对信息安全的威胁

组织应遵从的首要防卫要领是创建一个信息安全计划，详细地阐述各种各样的信息安全政策。一份详细的信息安全计划可以缓解以人为基础的信息安全问题。图表4—19 列示了创建一个信息安全计划的五个步骤。

图表 4—19 **创建信息安全计划的五个步骤**

1. 制定信息安全政策	识别谁将为设计和执行组织的信息安全政策负责。简单高效的信息安全政策包括要求用户在吃午饭离开或者开会前退出他们的系统、不告知任何人密码，并且每 60 天更换一次密码等。首席安全官（CSO）会代表性地为这些信息安全政策的设计负责
2. 传达信息安全政策	对所有员工进行政策培训，建立遵守政策的清晰要求。例如，让所有员工知道如果他们让电脑处于不安全状态，他们会接到一份正式的申斥
3. 识别关键的信息资产和风险	要求所有系统均使用用户 ID、密码和病毒防护软件。保证任何与外部网络连接的系统都有合适的技术保护措施，如防火墙，或入侵检测软件。防火墙是硬件或软件，通过分析留下的和进入内部网络的信息来保护私有的内部网络。入侵检测软件（IDS）在信息和网络通信流量中搜寻表现为攻击的模式，并且迅速反应阻止伤害
4. 测试和重新评估风险	持续地进行安全回顾、审计、背景检查和安全评定
5. 获得利益相关者的支持	从主管层和所有利益相关者处获得关于信息安全政策的赞同和支持

图表 4—20 提供了安永公司（Ernst & Young）经理在保证公司信息安全时首先应该问询的前十个问题。

图表 4—20　　经理考虑信息安全时应该首先问询的十个问题

1. 主管层是否意识到信息安全是一个主管级别的问题，不能留给 IT 部门独立解决？
2. 在我们的组织里，是否对信息安全有足够清晰的责任认定？
3. 我们的主管层是否清晰地说明了受到威胁而应保护的组织的关键资产有哪些？我们多长时间对这些进行一次回顾和更新？
4. 在信息安全上花费了多少钱，以及花在了哪里？
5. 一起严重的安全事件对组织的影响如何？
6. 我们的组织是否将信息安全看成促进因素（例如，通过执行有效的安全措施，我们是否可以让组织在互联网上增加业务）？
7. 当我们的业务有着低信息安全的声誉后，存在什么风险？
8. 我们必须采用什么样的步骤保证第三方不会危及我们组织的安全？
9. 我们如何独立地确保信息安全会在组织内被有效地管理？
10. 我们应该怎样衡量信息安全活动的有效性？

4.2.3 第二道防线——技术

阿肯色州立大学（ASU）最近完成了一项主要的网络升级工作，它将为校园内的每个宿舍和办公室提供 G 比特速率的网络。大学曾担心新网络会吸引黑客。为减少此类担忧，大学安装了思科的系统入侵检测软件（IDS）以保持最高的安全级别，并防止潜在的网络滥用。无论入侵检测软件在何时发现潜在的安全威胁，例如一个病毒或者黑客，它都会警告中心管理系统。系统自动将威胁告知 IT 员工，以便他们通过关闭系统的访问通路来处理攻击、识别黑客的位置并向安全部门报警。

曾经，组织通过告知员工详细的信息安全计划来保护其知识资产。组织现在可以集中精力部署正确的信息安全技术，例如安装在阿肯色州的入侵检测软件。

国际数据公司（IDC）估计 2004 年全世界在 IT 安全软件、硬件和服务上的花费将会高达 350 亿美元。组织可以部署无数的技术来防止信息安全裂口。在决定投资到哪些类型的技术时，有三个主要的信息安全领域：

1. 身份验证和授权。
2. 预防和阻止。
3. 检测和响应。

身份验证和授权

身份验证是证实用户身份的方法。一旦系统证实一名用户，它可以为该用户开通访问授权。**授权**是指允许某人做一些事情或者拥有一些权力的过程。在多用户计算机系统中，用户被授权进入系统或者被授权进行文件存取，授权还可以规定用户访问时间的长短，和分配给用户的存储空间的大小。证实和授权技术被分为三个类别，最安全的做法是使用三种技术的组合：

1. 用户知道的事情，例如用户的 ID 和密码。
2. 用户拥有的事物，例如智能卡或者令牌。
3. 用户的一部分，例如指纹或者声音信号。

用户知道的事情，例如用户的 ID 和密码

第一种类型的验证，即使用一些用户知道的事情，是最普通的识别个人用户的方式。这种方式通常包含一个独特的用户 ID 和密码。然而，事实上这是效率最为低下的验证方式，因为密码是不安全的。黑客有足够的时间攻破密码。超过 50% 的产品技术服务（help desk）访问是与密码有关的，客户密码丢失将花掉组织相当多的金钱，并且密码对"社会工程师"来说不堪一击，很容易被他们骗去。

身份盗用行为是以欺诈为目的伪造别人的身份。欺诈通常是金融欺诈，用来申请并且以受害者的名义使用信用卡或者申请贷款。图表 4—21 展示了几种身份盗用的示例。

图表 4—21　　**身份盗窃的示例**

一位 82 岁、在得克萨斯州沃思堡市居住的老妇人，因名字牵扯到一起四车相撞事故才发现她的身份被盗用了。18 个月以来，她不断接到诉讼通知和迟付的医疗账单。这些诉讼通知和账单本应该是别人的。盗用她身份的盗贼因骗用 12 张信用卡被处以 10 万美元的罚款，而她则花费了几年时间才恢复她在金融方面的信誉
一位 42 岁、在美国康涅狄格州 Rocky Hill 居住的退休陆军上尉发现一个身份窃贼花了他 26 万美元购买各种商品和服务，其中包括两辆卡车、一辆哈雷摩托车以及一次在南加州的分时度假服务。当他的退休金已难以支付巨额账单时，他才发现了该问题
在纽约，扒手圈成员可在数小时内伪造一份驾照，其速度堪比偷窃妇女钱包。偷窃钱包让他们得到平均不少于 200 美元的不利钱财，但伪造盗用身份却可以让他们获得平均 4 000 美元到 10 000美元的利益
一个犯罪团伙将受害者的房屋做二次抵押，获得了 800 美元的违法所得。所有的身份盗用所需资料都来自一个汽车经销商
美国历史上最大的身份盗用案于 2002 年被警察破获。警察发现三个男性犯罪分子用偷来的密码下载信用报告，并且在大街上将这些报告以每份 60 美元的价钱卖给其他犯罪分子。罪犯在 50 个州通过盗用身份窃取了好几百万美元

诱骗是常见的在线偷窃身份的方式。**诱骗**以盗窃身份为目的去获取个人信息，通常表现为欺诈性的电子邮件。具体说，实现诱骗的方法之一是发送电子邮件，并让这些邮件看起来像是合法商业机构发出的一样，如 AOL 美国在线、MSN，或者 Amazon 亚马逊网上购物网站。这些邮件使用合法商业机构的官方版式和标识使其看起来很真实。这些电子邮件都代表性地要求确认一些重要信息，例如密码和账户号码，且通常会说出于会计和审计目的需要这些个人信息。由于电子邮件看起来很可信，将近 1/5 的邮件接受者会对这样的邮件做出反应，随后成为身份盗窃和其他欺诈行为的受害者。图表 4—22 展示了一些因密码失窃导致身份盗用引致金钱损失

的案例。

图表 4—22　　**截至 2005 年，因身份盗用造成的损失（十亿美元）**

人们预计世界各地的身份盗用损失在未来两年中，
会从 900% 增加到 2 250%。

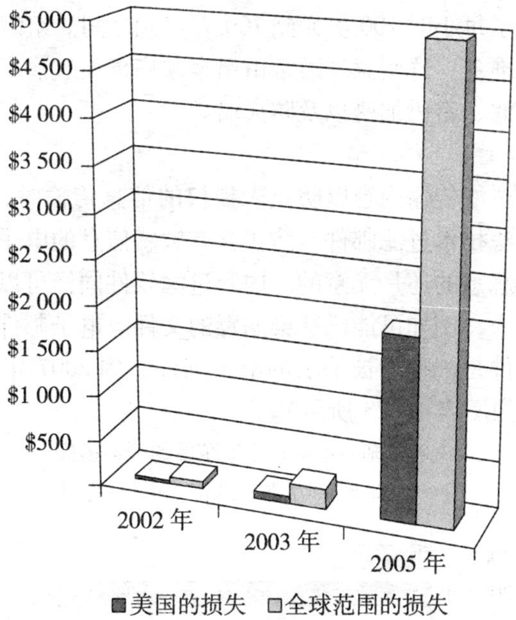

用户拥有的事物，例如智能卡或者令牌

身份验证的第二个技术类别是使用用户所拥有的东西，它可以提供比用户 ID 和密码更有效的方式来识别身份。令牌和智能卡是这类验证技术的两种主要形式。**令牌**是一种小的电子设备，可以自动地更改用户密码。登录时，用户输入他的 ID 和令牌显示密码就可登入系统或网络。**智能卡**是和信用卡同样大小的卡片。其中的嵌入芯片可以存储信息，放置少量的软件进行有限的数据处理。智能卡可以用于身份识别，也是数字现金的一种形式，或充当存储完整医疗记录的存储介质。

用户的一部分，例如指纹或者声音信号

第三种类别的验证，使用用户生物特性的一部分，是迄今为止最好和最有效率的身份验证方式。**生物测定学**（狭义的）基于用户的生物物理特征验证一名用户，例如指纹、虹膜、面庞、声音或者笔迹。不幸的是，生物验证通常比较昂贵并侵扰人。例如，虹膜检查是昂贵的，对大多数人来说这项检查还是侵扰人的。指纹验证的侵扰因素小些，也不太昂贵，但不是百分之百准确。

预防和阻止

预防和阻止技术阻止入侵者窃取组织的知识资产。Sony 公司的一个业务单元——索尼电影娱乐公司（SPE），通过使用入侵检测系统使得在袭击发生时就能检测到它，保护公司不受攻击。索尼电影娱乐公司制作和发行各种影视产品，包括电影、电视剧、视频和 DVD。折中的安全方案可能使索尼电影娱乐公司面临安全威胁，危及到公司宝贵的知识资产，同时也需花费公司几百万美元、几个月时间。公司需要一个先进的威胁管理解决方案，该解决方案的持续运转只需耗用较少的资源，且可以仅用有限的资源追踪并对可疑的网络活动做出反应。公司安装了一个先进的入侵检测系统，系统负责检测全部的网络活动，包括任何潜在的安全漏洞。

停机（downtime）损失或网络操作失败对任何企业都是毁灭性的打击。例如，2000 年 6 月，eBay 经历了 22 小时的停电，这件事造成公司市值不可思议地下跌了 57 亿美元。停机损失介于每小时 100 美元到 100 万美元之间。组织必须预料到此类意外的发生，并做好应对准备。这些意外通常由黑客和病毒引起。可用的预防和阻止攻击的技术，包括内容过滤、密码加密以及防火墙。

内容过滤

当组织使用软件过滤传输内容以防止未授权的信息传输时，**内容过滤**便产生了。组织可以使用内容过滤技术过滤邮件，防止含有敏感信息的电子邮件发出，无论电子邮件发送敏感信息是恶意的还是无意的。内容过滤软件同样可以通过过滤电子邮件防止任何可疑的文件输入，例如可能已感染病毒的文件。电子邮件内容过滤还可以过滤掉广告邮件，广告邮件是一种未被请求的电子邮件。到 2007 年，组织会因广告邮件损失 1 980 亿美元（如图表 4—23 所示）。

图表 4—23　**由电子邮件造成的全球范围的公司损失**

（2003 年和 2007 年，单位：十亿美元）

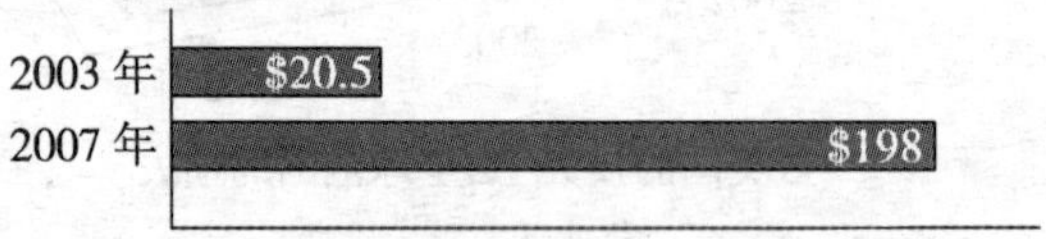

密码加密

密码加密将信息转换成另一种形式，需要钥匙或者密码才能够解密信息。即便存在信息安全漏洞，信息被加密了，偷取信息的人仍然不能读到信息的内容。密码加密可能是转变字符的顺序，或用其他字符替代原字符，或插入或者移出某些字符，或使用一个数学公式将信息转变成另外一种形式。在互联网上传输敏感消费者信息的公司，通常都会将这些敏感信息（如信用卡号码）用密码加密。

一些加密技术使用多重密钥加密，如公钥加密技术。**公钥加密技术（PKE）**是一种使用两个钥匙的加密系统：一个是每个人都知道的公钥，一个是接受者私有的私钥（如图表 4—24）。当使用多重密钥技术执行信息安全传输时，组织提供公钥给所有客户（包括终端客户和其他合作伙伴）。客户使用组织的公钥对信息进行加密，随后在互联网上发送这些加密信息。当信息到达目的地后，组织会使用其私钥对加密信息解密。

图表 4—24　**公钥加密系统**

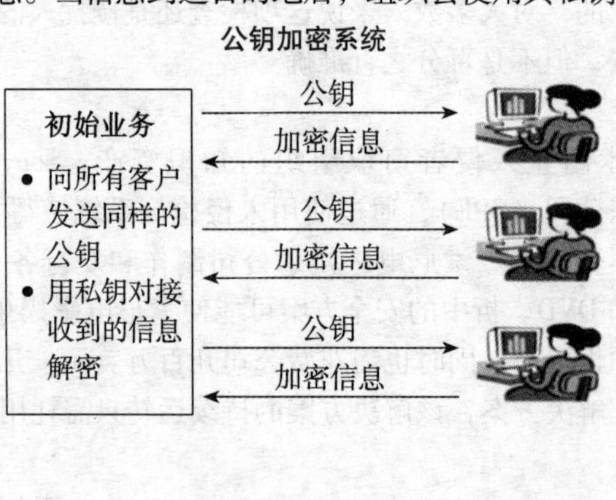

防火墙

防火墙是防止安全漏洞最常见的防御方法之一。**防火墙**可以是硬件和/或者软件，它通过分析留下的或者进入网络的信息保卫私有网络。防火墙会检查试图进入网络的每个讯息。除非讯息上有正确的来源标记，否则防火墙会阻止该讯息进入网络。防火墙甚至可以检测计算机和互联网之间未经批准的通信。如图表4—25所示，组织会在服务器和互联网之间放置一道防火墙。

图表4—25 **连接分散在芝加哥、纽约和波士顿的网络系统的防火墙体系结构示例**

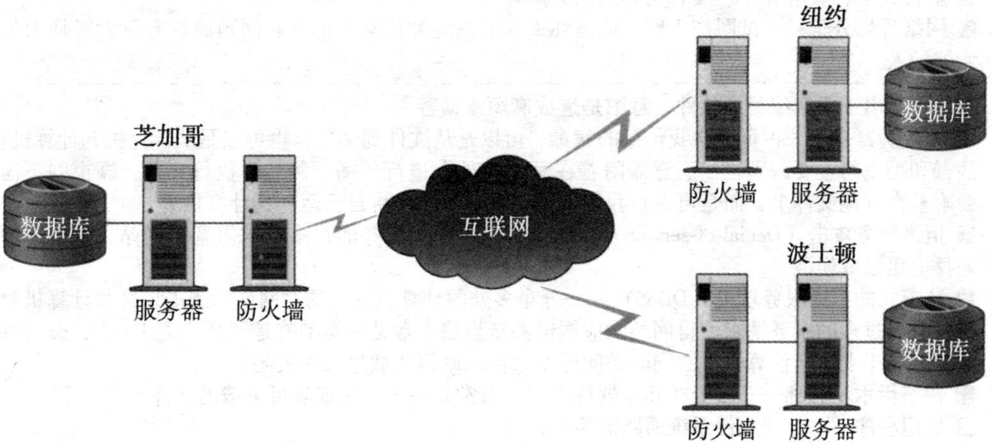

检测和响应

最后一个组织需要分配资源的安全领域是检测和响应技术。如果预防和阻止策略失效，或者存在一处安全漏洞，组织可使用检测和响应技术减少损失。在检测和响应技术中，最常见的是病毒防护软件。

蠕虫病毒可以造成巨大的损害。2003年8月，“冲击波蠕虫”（Blaster worm）使全球超过五万台计算机中了病毒，是该年影响最恶劣的病毒爆发事件之一。18岁的Jeffrey Lee Parson因在互联网上释放有破坏性的蠕虫病毒而被美国计算机调查员逮捕。该蠕虫病毒可以不断地自行复制，占用计算机存储容量，但并不损害信息或者程序。蠕虫病毒带来庞大的网络流量以致使整个网络崩溃。

美国联邦调查局（FBI）使用最新的技术和编码分析方法发现了蠕虫的来源。检察官说，微软遭受的经济损失显著地超过了5 000美元，这是很多黑客案件法定的法律诉讼门槛。Parson，因故意造成或试图造成计算机损害而被提起诉讼，最终被判处18个月监禁、3年流放观察和提供100个小时的社区服务。“你所做的事情是可怕的。你不仅伤害了人们和他们的计算机，还动摇了技术的基础”，美国地方法院法官Marsha Pechman告诉Parson。

“通过这个逮捕，我们也想传达一条消息给这里和世界上的网络黑客”，西雅图的美国律师John Mckay说，“不要让任何误解存在，网络黑客是在犯罪。我们会调查、逮捕网络黑客，并对他们提起法律诉讼。”

大多数情况下，人们将病毒（恶意的软件）和黑客（人）等同起来。虽然不是所有类型的黑客都制造病毒，但大多数黑客制造病毒。图表4—26对最常见的黑客和病毒种类给出了一个概括。

图表 4—26　　黑客和病毒

黑客——是那些拥有丰富的计算机知识，并利用其拥有的知识侵入他人计算机系统的人 ■ **白帽黑客**——按系统所有者的要求，找出系统薄弱之处并添补漏洞的人 ■ **黑帽黑客**——攻破他人计算机系统，窥视、窃取、破坏系统内信息的人 ■ **黑客激进分子**——出于哲学和政治原因攻击他人计算机系统，并且通过让网站所有者颜面尽失表达抗议的人 ■ **脚本小子**，或者**脚本兔子**——在互联网上寻找黑客代码，复制黑客代码进入系统造成系统损害或者传播病毒的人 ■ **解密高手、破解者**——具有犯罪意图的黑客 ■ **网络恐怖分子**——试图伤害别人或破坏重要的系统和信息，把互联网当成具有巨大毁坏力的武器的人
病毒——出于恶意编写的软件，意图是造成麻烦或损害 ■ **蠕虫病毒**——一种可以自我传播的病毒，可以是从文件到文件，也可以是从计算机到计算机。病毒和蠕虫的主要区别在于病毒需附着在其他文件上进行传播，例如可执行文件。蠕虫则不需要附着在其他文件上，而是可以自我传播，蠕虫病毒自己将自己运送到计算机里 ■ **拒绝服务攻击（Denial-of-service attack，DoS）**——对服务的过多请求阻塞了网站，以至于网站反应缓慢或崩溃 ■ **分布式的拒绝服务攻击（DDoS）**——分布多处的计算机发起的对网站的袭击，这些计算机对网站发出过多的服务请求使得网站响应缓慢甚至崩溃。常见的类型就是“死亡之 Ping”，袭击发起时，成千上万台计算机试图同时访问网站，使网站因负载过大而关闭 ■ **特洛伊木马病毒**——藏匿在其他软件之中，通常是一份附件或者可下载的文件 ■ **后门程序**——打开入侵系统通路的病毒程序 ■ **多态病毒和蠕虫**——繁殖时可以改变形态的病毒和蠕虫

对电子商务网站安全最具破坏性的威胁包括恶意代码、愚弄、哄骗和嗅探器（见图表 4—27）。

图表 4—27　　对电子商务安全的威胁

特权提升是用户误导系统指派未授权的权力的过程，特权提升通常以损害或破坏系统为目的。例如，袭击者以客户账号登录网络，找到软件系统中的漏洞，进而改变自己的账户权力，从客户提升为（administrative）管理者
骗局通过传输黏附着病毒的病毒恶作剧（a virus hoax，指对病毒的错误报告）袭击计算机系统。这类袭击将病毒掩藏在看似合法的讯息里，用户便毫不怀疑地将这个讯息散布开来，将它发送给同事和朋友，从而使很多用户的计算机中病毒
恶意代码包含各种威胁，如病毒、蠕虫和特洛伊木马
欺骗是伪造电子邮件回复地址，使其看起来像来自其他人，掩藏真实的发送者。这并非病毒，而是病毒的作者隐藏身份发送病毒
间谍软件隐藏在免费的下载软件中，可以追踪用户所有的在线活动，挖掘存储在用户计算机里的信息，或因不为用户所知的任务使用用户计算机的 CPU 和存储资源。根据国家网络安全联盟的研究报告，参与该项研究的 91% 的计算机上装有间谍软件，间谍软件会造成计算机运行缓慢，弹出过多广告以及浏览器主页地址改变
嗅探器是一种可以监管网络上传输数据的程序或设备。嗅探器可以显示网络上正在传输的所有数据，包括密码和敏感信息。嗅探器是黑客兵器库中最受喜爱的武器
包篡改包括改变正在互联网上传输的包的内容，或者在进入网络系统后改变计算机磁盘上的数据。例如，袭击者可能会在网络连线上放置侦听器，当数据包被发送出计算机时中途截取包。或者袭击者在包发送出计算机时窃听或者修改信息

建立确保信息安全的防线首先是人，其次是技术，两项结合是组织保护其重要知识财富的最好方式。防卫的首要任务是创建一份信息安全计划，详细描述各种不同的信息安全政策，从而确保知识财产的安全。第二项防卫任务是开发投资技术，通过验证和授权、预防和阻止、检测和反应帮助组织保护信息安全。

引例问题

《萨班斯—奥克斯利法案》：信息技术、金融和伦理规范的交融

6. 通过执行《萨班斯—奥克斯利法案》可以解决什么信息安全难题？
7. 《萨班斯—奥克斯利法案》是如何保护公司的信息安全的？
8. 执行《萨班斯—奥克斯利法案》对小企业的信息安全有何影响？
9. 当组织试图符合《萨班斯—奥克斯利法案》时，什么是最大的信息安全障碍？

章后案例：银行需要安全

美国银行、Commerce Bancorp、PNC 金融服务集团和 Wachovia 是安全犯罪活动的受害者，有人试图获得上述公司的消费者数据并将它们卖给法律公司和债券回收代理公司。新泽西警察找到涉嫌主谋的 13 台计算机，从中找到 670 000 个账户号码和账户收支单信息。没有迹象表明这些数据被用于身份盗用，随着个人信息市场价值的不断上升，保护信息以防被盗的难度在不断加大。过去，银行对采用网络安全技术产生的成本或消费者抗议持谨慎态度。而今，随着更多的消费者开始将安全视为选择银行时的一个关键因素，银行正在加强其网络安全。

美国银行

美国银行正在为其 1 300 万在线用户建立更严格的认证过程。美国银行设计了一款新的防欺诈行为的 SiteKey 服务，当用户进入盗贼建立的、以偷取数据为目的的网站时，该项服务可有效防止用户因进入银行网站而录入数据。用户进入盗贼网站并将其误认成银行网站往往是蠕虫驱使计算机将银行在浏览器中的 url 导航到另外一个和银行网站极其相似的站点上所导致的。

SiteKey 提供双因素认证。用户注册使用 SiteKey 时，用户需要从系统图片库中挑选一张图片，并写上简单的短语。以后每次该用户登录，图片和短语就会同时显示，表示银行方面认识用户正在使用的计算机，同时让用户知晓他们是在银行的官方网站上。之后，用户便可输入密码，进行后续操作。当使用另一台计算机（不是用户通常使用的计算机）登录时，用户必须回答 3 个预先设定的问题之一才能进行操作。

富国银行（Wells Fargo & Company）

“钱包之外”（out-of-wallet）的问题指驾照或者银行 ATM 卡片上没有的信息。富国银行正在执行一个基于“钱包之外”问题的安全策略，该策略将“钱包之外”的问题作为网络密码注册使用和修改时需要回答的附加问题。此外，富国银行还提供确保网络安全的硬件设备，如密钥卡，密钥卡每 60 秒改变一次密码，并实施了双因素认证试点，那些做电子资金转，账的小企业需要密钥卡才能完成交易。

电子交易金融公司

电子交易金融公司为该公司每一位账户余额超过 5 万美元的用户提供一个免费

的、用于网络认证的数字化身份识别设备。每隔 60 秒，这个设备便展示一串新的 6 位数字码，用户必须使用该 6 位码登录。账户余额在 5 万美元以下的用户可以以 25 美元的价格购买该数字安全身份识别设备。

巴克莱银行（Barclay's Bank）

巴克莱银行在线转账的延迟时间介于几小时到一天之间。为两个账户之间第一次转账设置延迟的目的在于，给银行足够时间以检测可疑活动，例如从很多账户到某个账户的大量转账被认为是可疑的。在线转账延迟也被用于应对网络钓鱼事件，在网络钓鱼事件中偷窃者从受害者的银行账号转移大量资金，并打进"骡子"所拥有的账户中。"骡子"是通过电子邮件请求建立银行账户的人，且申请时通常以一个商业项目做伪装。从骡子的账户中，窃贼取出现金、开启信用卡或者洗劫账户。

巴克莱还提供基于用户行动的账户监管，通过对比历史缩略数据检测出用户的非常举动。例如，如果用户正常地从英格兰登录，但又突然在纽约登录，并进行了 20 笔交易，则该服务便会通知银行联系该用户。

问题

1. 什么原因会使银行不愿意对在线转账设置延迟？
2. 安全防范的两个基本点是什么？为什么这两点对金融机构尤为重要？
3. 说明此案例中提及的不同类型的安全措施之间的区别？
4. 有什么本案例中没有提及的安全措施是你愿意推荐给银行采用的？
5. 给出银行应实施的改善其信息安全的三项政策。
6. 描述一项银行应实施的监控技术以及配合这项技术而制定的监控政策的最佳实践。

第5章　IT架构

5.1　软硬件基础

- 硬件基础
- 计算机分类
- 软件基础

5.2　企业架构管理

- 企业架构
- 信息架构
- 基础设施架构
- 应用架构

引例：电子产品的环境耐受临界点

如果有人不小心将一杯热咖啡泼到了您的手提电脑上，或者您不小心将U盘丢进了洗衣机，再或者您的iPod掉进了沙子里，此刻将会出现什么情况？电子产品到底能承受多大的“折磨”且仍能保持正常工作呢？《计算机世界》（*PC World*）测试了几款电子产品的环境耐受临界点。

便携式手提电脑

测试人员将捷威（Gateway）牌手提电脑放进肩包，狠狠地摔到门上和墙上；之后，测试人员模拟手提电脑从飞机客舱的行李箱中滑落，让手提电脑从6英尺高的书架上掉下来；最后，测试人员让电脑在没有肩包保护的情况下从桌面摔到地毯上。经过这一系列折磨之后，捷威依旧能够启动，并识别到无线网络，只是电池略有脱落，光盘驱动器被打开了。

当测试人员把手提电脑摔到硬木地板上时，造成电脑发生了物理上的损坏。电脑屏幕裂了，键盘上的黑色塑料板也碎了。塑料碎片散落一地，光盘驱动再也无法打开。

接着，测试人员将装在旅行用马克杯中的一满杯咖啡泼溅到键盘上，键盘发出一阵轻微的嘶嘶声，随后捷威的蓝色电源指示灯开始闪烁。此时迅速将机器关闭，移除电池，将液体吸干，键盘擦干，并且把整套机器组件放在一旁晾干。不幸的是，该手提电脑没有恢复正常。

智能手机

无论PalmOne Treo 600智能手机是被脚踩、被沙子埋、在车里被四处撞，抑或从桌上摔到地毯和硬地板上，即便是在没有防震外套或塑料屏幕保护套的情况下，Treo 600也能安然无恙。就算反复地把它从桌上丢到地毯上也无法让它破损，只是偶尔会出现电源自动关闭的情况。

在“桌面到硬地板”测试中，Treo 600 也只是有些小擦破而已。如果它在通话状态中被摔到地面上，Treo 会自动关机。在应用程序打开时，如正在执行计算器程序时，Tero 被摔到地面上，设备将依旧保持开机而且数据仍然能够显示，只是每次进行被摔测试时屏幕上都会特别显现奇怪的多余的数字。

MP3 播放器

一个 6GB 的银色迷你 iPod 播放器经历了一路的颠簸，被摔到湿草地和干燥的人行道上，之后从桌面掉到地毯和硬木地板上，最后被丢进干沙中。此次测试结果是，车中的来回颠簸导致播放器声音发生抖动；掉到湿软的草地上和地毯上没引起不良反应；把它从车座上丢到马路上以及从桌子上丢到硬地板上会使其产生一些划痕而且还会使音乐发生抖动，甚至还会引起不断的关机。这一系列“折磨”并没有导致机器功能异常，音乐还可以继续播放。

然而，迷你 iPod 无法抗拒沙滩的威力。当机器没有防护外套或者塑料屏幕保护套的保护时，沙子会挤进遥控杆，影响对机器的所有控制。即便可以看到功能设置选项并将之调亮，嵌在机器里头咯吱咯吱作响的细沙也会阻碍 iPod 对功能进行设置。播放器能够打开却无法关闭，直到 iPod 的自动关机程序启动。

U 盘

雷克沙（Lexar）扬言，其 256MB USB2.0 JumpDrive 运动型 U 盘是专门为“恶劣”环境设计的。U 盘外配置了橡胶防护套，能够抵御任何摔碰引发的震动。然而在后续的测试中，设备是在没有橡胶防护套的情况下进行测试的。他们把 U 盘摔到地面上，用脚踩，埋在沙子里，还把它从桌面掉到硬地板上。此外，U 盘还经受了在洗衣机和烘干机中旋转，甚至被汽车碾过。

广告所述属实。无论是水、高温和沙子，还是汽车，都不能破坏该 U 盘已分配存储空间的正常使用。即使汽车碾过 U 盘的金属 USB 接口，但 U 盘仍然能够连接到 USB 端口并被识别，进行正常有效的运转。

存储卡

晟碟（SanDisk）的 64MB SD 存储卡很容易弄丢，却不容易弄坏。测试人员用力地把它从桌面丢到硬地板上，使劲摔它、踩它、把它埋进沙子里，甚至放在牛仔裤袋里经受两轮洗衣机的洗涤，之后又把它丢进烘干机在高温下烘烤了 1 小时。这款存储卡通过了每项艰巨的考验。

保护电子产品的建议，可回顾图表 5—1。

图表 5—1 **如何保护电子产品**

套上防护套

请把你的电子产品放入橡胶外套或者防震旅行包中。此举的目的是保证产品有足够的填充保护。

获取保修

几乎所有的技术产品制造商都会提供一些诸如设备质量保证及设备更换等服务项目。例如，Sprint 手机厂商提供了名曰个人通讯服务（PCS）的完善的产品保证服务。用户只需花每月 5 美元的费用，就可以应对手机的丢失、被盗和意外损坏带来的损失。

清理泼洒液体

当手提电脑被不小心泼洒了液体物质后，请尝试使用以下方法拯救电脑和存储器内的数据。

1. **断开电源**。尽快断开电源，防止电脑组件被烧坏，越快越好。

2. **倒出液体**。将电脑倒置，尽可能多地倒出里面的剩余液体。

3. **打开电脑**。卸下光驱和键盘。如果觉得有困难，参看用户指导手册。打开后，用毛巾尽可能多地吸干液体。按照惠普（Hewlett-Packard）公司的技术行销经理 Herman De Hoop 的说法，可以用吹风机的冷风档吹干液体。

4. **静观其变**。将设备放置一旁 12 ~ 24 小时。IBM ThinkPad 系列产品的全球产品经理 Robert Enochs 会警告用户，设备内的液体没有被彻底清除。设备没有完全干燥之前，你无论如何都不能启动设备。

5. **接通电源并祈祷**。重新组装电脑。如果它能够顺利启动，拷贝出重要数据再送去维修部。即便机器能够运转，仍然建议为设备做一次专业的清理。

6. **输入恢复程序**。平均花费 900 美元，你能够获得像 DriveSavers 公司这样的数据恢复服务公司的帮助，将数据从“溺水”的硬盘中解救出来。

引言

经理人需要判断何种软硬件设备能够最好地满足企业目前和未来的需求、购买这些设备的恰当时机，以及如何维护企业的 IT 投入。这并不意味着经理人需要成为技术领域的专家。然而，对软硬件设备的基本了解，能帮助经理人做出恰当的 IT 投资决策。

信息技术（Information technology，IT）是方便人们在工作中使用信息，满足组织内信息使用需求及信息处理需求的任何基于计算机的工具。信息技术可以由互联网、一台个人电脑、一部可以上网的手机、一台个人数字助理（PDA）或者一个演示软件等组成。所有这些技术被用于辅助人们完成特定的信息处理事务。最基础的信息技术分类是硬件和软件。**硬件**包括相关的任何物理设备。**软件**是指导硬件执行特定任务的一系列指令。例如微软的 Excel 软件配合相应的硬件设备，如键盘和显示器等，相互作用创建一张电子数据表格或图表。本章涵盖了计算机软硬件的基础知识，包括术语、特征，以及为建立稳定的企业架构所需的相应管理责任。

5.1 软硬件基础

学习目标

5.1 描述 6 类主要硬件，针对每类给出一个例子。

5.2 识别不同类型的计算机，并说明每种计算机的潜在商业用途。

5.3 解释主存储器和辅助存储器的区别。

5.4 列出常用的输入、输出、存储和通讯设备。

5.5 按照规模排序依次描述 8 类计算机。

5.6　界定操作系统和应用软件之间的关系。

5.1.1　硬件基础

在许多产业中，使用相关计算机硬件设备是企业获取竞争优势的关键。例如，Frito-Lay 公司通过使用手持设备跟踪便利店中商品的摆放布局和销售情况获取了自己的竞争优势。销售代表使用手持设备跟踪商品的销售价格、竞争者信息、各种商品的出售数量以及在商店中的摆放位置。

计算机是一种受存储在内存中的指令控制的电子设备。计算机内存接受、操作并且存储数据。典型的计算机系统包含 6 类硬件组件（参见图表 5—2）。图表 5—3 展现了这些组件如何协同工作共同构成计算机系统。

图表 5—2　**计算机系统的硬件组件**

中央处理器（CPU）	解释并执行程序（软件）指令，协调其他硬件设备有序工作
主存储器	计算机的基本存储区，包括随机存取存储器（RAM）、高速缓冲存储器以及中央处理器（CPU）可直接访问的只读存储器（ROM）
辅助存储器	专门存储大量长期数据的存储器（例如，磁盘、硬盘、U 盘和 CD）
输入设备	获取信息和命令的设备（例如，键盘和扫描仪）
输出设备	用户看、听或以其他方式接收信息处理结果的设备（例如，显示器和打印机）
通讯设备	发送信息并且从别处接收信息的设备（例如，调制解调器）

图表 5—3　**硬件组件如何协同工作**

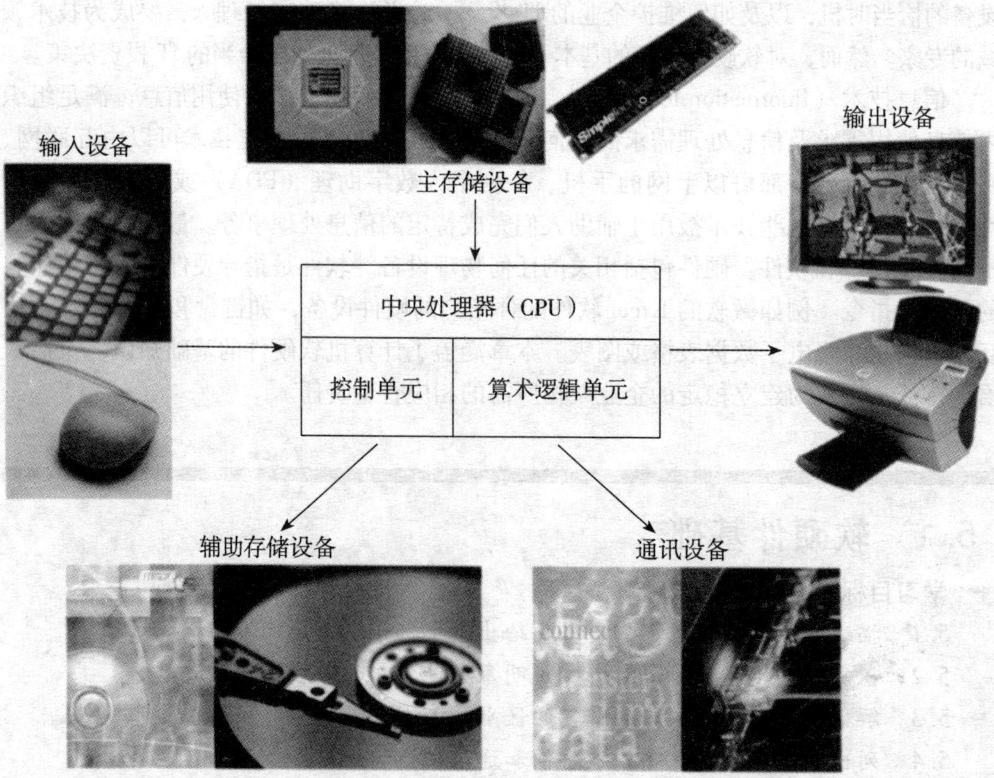

中央处理器

今天，CPU 主要的生产厂商包括英特尔（其为个人电脑设计制造了 Celeron 和 Pentium 系列产品）和 AMD 公司（Advanced Micro Devices）（推出 Athlon 系列产品）。一开始，人们误以为 AMD 公司只是简单地克隆当前市场上的芯片，模仿行业老大英特尔的芯片的特点和功能生产自己的处理器。然而，几年后，AMD 公司开始推出创新性的 CPU，迫使英特尔处于回应挑战的不利地位。AMD 在处理器市场的转型中处于领导地位，其将芯片的单次处理数据量从 32 位提升到了 64 位。此外，AMD 成为首家为服务器市场提供双核处理器的公司，并由此开拓了新的领域。AMD 公司的董事局主席兼 CEO Hector Ruiz 说道："在我们看来，只有一件可做的事，那就是密切关注我们的消费者和终端用户，了解他们的需求，然后随需而动地更新产品。创新是我们成功的关键。一味抄袭竞争对手不可能带来成功。"

中央处理器（微处理器）是一种解释并执行程序（软件）指令，协调其他硬件设备有序工作的硬件设备。CPU 被嵌在一张小硅片上，内含数百万个晶体管。毫无疑问，CPU 是 20 世纪最伟大的技术进步之一。

CPU 由两大部分组成：控制单元和算术逻辑单元。**控制单元**基于软件指令。它解释软件指令并逐条地通知其他硬件设备如何操作。**算术逻辑单元（ALU）**执行所有的算术操作（例如，加法和减法）和逻辑处理（例如，对数字进行排序和比较）。控制单元和算术逻辑单元各司其职。控制单元从软件获取指令，解释指令，识别何种设备该执行何种操作并最终将任务分配给该设备执行。算术逻辑单元回应控制单元的命令，并执行被委派的算术或者逻辑操作任务。

CPU 时钟频率决定了它处理软件指令的速度。频率越快，则 CPU 处理软件指令的速度就越快，能力也越强。与此同时，CPU 频率越高，其成本也比同类低速产品高得越多。CPU 频率常用兆赫和千兆赫度量。兆赫（MHz）是指 CPU 的频率为每秒数百万次。千兆赫是指 CPU 的频率为每秒数十亿次。图表 5—4 列举了决定 CPU 速度的影响因素。

图表 5—4　　**决定 CPU 速度的影响因素**

时钟速度—— CPU 内部时钟速度，它设定了计算机内部处理电路执行指令的速度。时钟速度用兆赫和千兆赫度量。在微处理器任务密集时，例如计算一张电子数据表时，时钟速度越快，电子表处理速度越快，功效越显著
字长——CPU 一次可以处理的位（比特）数（0 和 1）。计算机以位（比特）和字节的方式工作。电脉冲有两种状态：开和关。一个二进制位是计算机能够处理的最小信息单元，1 比特可以是 1（开）或者是 0（关）。8 比特被记作 1 字节，存储一个自然语言符号
总线宽度——内部信号通路大小。较宽的总线一次可以发送更多的数据，由此带来更快的处理速度
芯片线宽——芯片上晶体管之间的距离。芯片线宽越短，芯片的处理速度越快，因为更多的晶体管能够被安置到芯片内，数据和指令的传输距离更短

CPU 设计的进步

芯片制造商希望 CPU 可以实现更多功能。大多数 CPU 是**复杂指令集计算机（CISC）芯片**。这种 CPU 能够识别 100 种以上的指令，足以直接执行大多数计算指令。**精简指令集计算机（RISC）芯片**限制了 CPU 可以处理的指令数量，但提高了指令处理的速度。RISC 芯片的想法来源于将指令集降至最小，着重强调那些最常用的指令，提高它们的执行速度。RISC 处理器的速度远远快于 CISC 处理器。

几年后，更高性能、系统管理功能、虚拟化（virtualization）功能、更高安全性以及电脑资源侦测跟踪功能等将被直接植入 CPU（参见图表 5—5）。**虚拟化**是 CPU 创建的受保护的内存空间，允许计算机建立虚拟机。每个虚拟机能够避免其他虚拟机的干扰，独立运行自己的程序。

图表 5—5　　**芯片制造商带来的芯片技术进步**

AMD：安全性、虚拟化和高级电源管理（APM）技术
IBM：运用加密技术可提供额外的安全性保障，还具有快速图形处理的浮点运算能力
Intel：运用加密技术可提供额外的安全性保障，还具有硬件辅助的虚拟化（hardware-assisted virtualization）以及资源追踪、补丁管理和软件更新等主动管理技术
Sun Microsystems：运用加密技术可提供额外的安全性保障，还具有提高数据传输和接收速度以及同时运行 32 个运算的能力

主存储器

主存储器是计算机的主要存储区，包括随机存取存储器（RAM）、高速缓冲存储器以及 CPU 可直接访问的只读存储器（ROM）。

随机存取存储器

随机存取存储器是计算机的工作存储区。程序指令和数据被存储在此，通过处理器高速外部数据总线直接被 CPU 调用。

RAM 常被称为读/写存储器。运行中，CPU 读写 RAM 中的数据。大多数程序会在 RAM 中预留一块空间作为数据的临时工作区，这样用户便能够在必要时对数据进行修改（重写），直到数据符合打印要求或者被存储到辅助存储介质（如硬盘或 U 盘）上。当计算机电源关闭时，RAM 不会保留其上的数据内容，因此人们应该不时地保存他们的工作内容。当计算机关闭时，任何 RAM 上的内容都会消失不见。**易失性**是指当电源供电中断时，RAM 内存储的信息会完全丢失。RAM 具有易失性，其上的数据内容将在计算机供电停止时全部丢失。

高速缓冲存储器

高速缓冲存储器是一种小容量的超快存储器。它存储了 CPU 最近访问过的数据或者经常访问的数据，这样 CPU 无须从相对低速的存储电路（如 RAM）中获取这些数据。直接被嵌入 CPU 内部电路的高速缓存被称为一级高速缓存，在 CPU 外部电路（主板）上的被称为二级高速缓存。

只读存储器

只读存储器中的内容不会因电源关闭而丢失。ROM 中存储了基础的系统程序。用户和计算机本身都无法擦除。当计算机启动时，其主存储器处于空白状态，因此除非给予启动指令，计算机将无法正常运转。而这些启动指令就存储在 ROM 中。

闪存（Flash）是一种特殊的可写只读存储器，且小巧便携。**存储卡**（Memory Cards）拥有高存储量，它可以存放各类数据，如拍摄的图片、音乐或者文本文档。存储卡是可以移除的，即一张存储卡满了，用户可以插入另一张。随后，数据能够从卡中下载到电脑里，且存储卡中的数据能够被擦除，存储卡可以重复使用。存储卡在数字设备中得到了广泛的应用，如用于数码相机、手机和个人数字助理。**记忆棒**（Memory Sticks）为便携设备提供存储容量，如电脑、数码相机、MP3 播放器和个人数字助理。

辅助存储器

当商业舞台上的各种组织都竭尽全力想挖掘出大量数据背后的价值时，存储成了一个热门领域。据市场研究机构 IDC 的报道，2004 年存储器的销售量增长 16% 以上，达到 8 亿美元。**辅助存储器**包括那些专门存储大量长期数据的存储设备。它们具有非易失性——不会在计算机关闭时丢失数据。一些辅助存储设备（如硬盘）具有简捷强大的数据更新能力和大存储容量。其他存储设备（如 CD-ROM）只提供有限的数据更改，但却拥有庞大的存储容量。

存储容量用字节表示，最常用的单位是兆字节。1 兆字节（MB 或 M 或者兆）大约是 100 万字节。因此，一台有着 256MB 内存的计算机折换后其 RAM 可以容纳大约 2.56 亿字符的数据和软件指令。1 吉字节（GB）大约是 10 亿字节。1 太字节（TB）大约是 1 万亿字节（参见图表 5—6）。

图表 5—6　**二进制术语**

术语	大小
千字节（KB）	1 024 Bytes
兆字节（MB）	1 024 KB 1 048 576 Bytes
吉字节（GB）	1 024 MB（10^9 Bytes）
太字节（TB）	1 024 GB（10^{12} Bytes） 1 TB = 打印 1TB 内容需要 50 000 棵树做成的纸张作为打印纸
铅字节（PB）	1 024 TB（10^{15} Bytes） 200 PB = 1995 年生产的所有的数字磁带的容量
艾字节（EB）	1 024 PB（10^{18} Bytes） 2 EB = 每年全球产生的信息总量 5 EB = 至今全世界人类所讲过的话语

大多数标准台式机的硬盘容量在80GB以上。大型组织机构的IT系统能够容纳100TB以上的信息量。一页典型的双倍行距纯文本大约有2 000个字符。因此，一个40GB（40吉比特或400亿字符）的硬盘大致能容纳2 000万页这样的文本。

常见的存储设备包括：

■ 磁介质。

■ 光介质。

磁介质

磁介质是一种利用磁技术在涂有磁敏感材料涂层的磁盘或磁带上存储和读取数据的辅助存储介质。如同放在蜡纸上的铁屑一样，当磁场从它们上方经过时，这些磁敏感材料会改变方向。在写操作中，读/写磁头会发射出一种磁场将磁盘或磁带上的磁性物质重组以此记录编码后的数据。在读操作中，读/写磁头能够从介质中识别出编码后的数据。

第一种被开发出来的磁介质是磁带。**磁带**是一种“古老”的辅助存储介质，它将一根细长的、涂有磁敏感材料涂层的塑料带作为记录介质。最流行的磁介质是硬盘。**硬盘**是把一些带有磁敏感涂层的圆盘和磁头组合在一起并密封保存的辅助存储设备。硬盘性能可以用数据读取时间、寻道时间、转速和数据传输率来衡量。

光介质

光介质是将信息以高度密集的小凹坑存储的计算机辅助存储介质。信息由一道高度聚集的激光束读取。光介质的种类包括：

■ **光盘（CD-ROM）驱动器**——用于读取CD-ROM上的编码数据，并将数据传送给电脑。

■ **可重复擦写光盘（CD-RW）**——允许用户反复擦除现存数据并在CD-RW上写入新数据的光盘介质。

■ **数字视频光盘（DVD）**——以CD-ROM的格式存储的、最大容量为17GB的存储介质，足以存放一部完整的长片电影。

■ **DVD-ROM驱动器**——只读驱动，用于读取DVD中的编码数据并将数据传送给电脑。

■ **可重写数字视频光盘（DVD-RW）**——是一种光盘介质，同时是为DVD光盘的播放/刻录设计的标准，允许用户以DVD格式记录数据。

CD-ROM和DVD为数据和程序的存储提供了越来越经济的媒介。辅助存储器正朝着存储更直接、容量更大、成本更低以及更加便携的方向发展。

输入设备

输入设备是输入信息和命令的设备。键盘用于输入信息，鼠标用于指示和点击按钮和图标。不同的环境会用到不同的输入设备，有些输入设备更适合私人使用，而有些更适合商业应用。键盘、鼠标和扫描仪是最常用的输入设备（参见图表5—7和图表5—8）。

图表 5—7 **手动输入设备**

操纵杆——广泛被用于电脑游戏，作为键盘的辅助工具，还用于如计算机辅助设计的专业应用中
键盘——提供一整套的字母、数字、标点、符号和控制键
麦克风——为音频识别软件获取声音等音频信息
鼠标——将一个或多个控制按钮组合并设计在一个手掌大小的装置中，人们能够在键盘附近的桌面上移动它
指点杆——通过施加有方向性的按压使光标在屏幕上移动（在笔记本电脑和个人数字助理中应用广泛）
触摸屏——允许用户使用手指在屏幕定位光标并点击执行特定程序
触控板——可看成是固定鼠标，通过手指在板上的移动带动屏幕中光标的移动

图表 5—8 **自动输入设备**

条形码扫描器——从条形码中获取编码信息，条形码的宽度和间隔表示数字信息
数码相机——捕捉静态图片或视频信息
磁墨水字母读出器——读取印在支票上的磁墨水数字，包括开户银行、支票账号和支票号码等信息
光学字符识别仪——将纸质文本转变成数字化文本输入电脑
光标记识别仪（OMR）——检测预设位置的标志存在与否（广泛应用于多项选择考试）
销售点终端机（POS）——获取商品、数量、价格等交易信息，在零售企业广泛应用
无线射频识别（RFID）——存有识别信息的芯片或者智能标签，有主动标签和被动标签两种，芯片内的信息可通过电子阅读器读出

新型输入设备能够让用户一边锻炼身体，一边玩视频游戏。Powergrid Fitness 公司发明了一种被称为 Kilowatt Sport 的运动器材，它将力量训练与用户最喜爱的视频游戏结合起来。玩家可以选择任意一款 PlayStation 或者 Xbox 游戏机，使用操纵杆运行椭圆机。当载入游戏后，参与者站立在一个平台上，并向各个方向推拉阻力杆从而控制整个游戏。机器的显示器显示各类信息，如玩家举起的重量和目前的阻力水平。此外，玩家还能通过点触式调节装置改变游戏的难易程度。

另一种新型输入设备是固定式脚踏车。一个由麻省理工学院（MIT）本科生和研究生组成的计算机设计团队发明了 Cyclescore，将脚踏车和视频游戏结合在一起。MIT 的学生测试了市场中类似的游戏，结果却发现使用现有的游戏产品时，用户太专注于游戏，反而忘记了踩脚踏车。为了让用户更多地踩脚踏车，这个团队按照更多地让用户和运动进行互动的思路设计了游戏。例如，监控用户心率以及根据用户的骑车耐力来调节游戏难易程度。在其中一个游戏中，玩家必须通过踩踏板使热气球飘过山头，同时不断收集硬币以射击那些随机的靶子。

输出设备

输出设备是用于看、听或者接收信息处理结果的设备。输出设备中最常见的是显示器和打印机，而扬声器和绘图仪（尤其是在纸上打印的）也是应用最广泛的输出设备（参见图表5—9）。

图表5—9 **输出设备**

阴极射线管（CRT）——一种真空管，用电子枪（阴极）发射电子束照亮屏幕上的荧光粉，并做反复扫描。显示器常常被称作CRT
液晶显示器（LCDs）——一种低功率显示技术，常被用于笔记本电脑。当电流经过时，杆状晶体分子改变其方向，将光线折射出来产生画面
激光打印机——利用静电处理成像的打印机，工作原理类似复印机
喷墨打印机——通过喷嘴喷出墨滴成像的打印机
绘图仪——用计算机指挥笔，创造高品质的影像、蓝图、示意图等

有一种以传感器技术为基础的新型输入输出设备，可将美式手语（ASL）翻译成语音，这一技术使数百万使用ASL的人能够更好地与那些不懂手语的人沟通。AcceleGlove就是这样一款手套。它将传感器以环状嵌在手套内部。被称作加速度计的传感器能够测量加速度，对手指和手的动作进行分类和翻译。此外，专门为肘部和肩膀设计的互联附件能够获取需要整个手臂移动的ASL信息。当用户戴上手套作出ASL时，手套内的软件算法会将手的动作翻译成语言。翻译结果可以通过语音传达，抑或显示在有着PDA大小的计算机屏幕上以供阅读。发明家Jose L. Hernandez-Rebollar从一个只能翻译ASL字母表的手套开始，现在，该装置使用的手套拥有1 000个词的词汇量。

每天都有很多新的输出设备被开发出来。英国的Needapresent. com公司开发了一款震动USB按摩球。只需将球插入电脑的USB接口，它就会发出柔和的震动，为那些深夜编代码和写论文的人按摩酸痛的身体。Needapresent. com公司还开发了一款可以利用USB接口加热咖啡的杯子。

通讯设备

通讯设备是用来从一处向另一处发送信息并同时接收信息的设备。调制解调器将一台电脑通过电话线连接到另一台电脑以访问这台电脑。计算机用数字信号工作，但标准的电话机却用模拟信号工作。每个数字信号代表1位信息（0或1）。调制解调器必须将计算机的数字信号转换成模拟信号，这样它们才能在电话线上传输。在电话线的另一端，另一个调制解调器负责将模拟信号转变成数字信号，从而被这端的电脑读取。图表5—10列举了几款不同的调制解调器。

图表 5—10　　**调制解调器之间的比较**

载波通信技术	描述	速度	评价
拨号连接	用调制解调器和常规的电话线满足访问需求（POT）	2 400 bps ~ 56 Kbps	■ 价格低但速度慢
电缆	需特制的电缆调制解调器和电缆线	512 Kbps ~ 20 Mbps	■ 在区域内必须有接入电缆线 ■ 带宽是共享的
DSL 数字用户线路	该技术利用常规铜电话线中未使用的数字部分来传送和接收信息。需要特制的调制解调器和适配器卡	128 Kbps ~ 8 Mbps	■ 不会干扰正常的电话使用 ■ 带宽是专用的 ■ 必须在电话公司交换机的 5 公里（3.1 英里）内
无线（LMCS）	通过连接到一个高速的蜂窝获取访问。例如通过无线发送器/接收器连接到本地多点通讯系统网络	30 Mbps 以上	■ 用于高速数据、广播电视和无线电话服务
人造卫星	双通道卫星访问，不再需要电话线	6 Mbps 以上	■ 带宽不共享 ■ 某些连接需要用户有英特网服务账号 ■ 建立费用大致介于 500 ~ 1 000美元之间

5.1.2 计算机分类

今天的超级计算机的处理能力远远超过了 200 万亿次浮点每秒，相当于地球上每个人每秒钟做 35 000 次计算（参见图表 5—11）。在过去 20 年中，由联邦政府资助的超级计算机的研究已经实现了计算机产业的最杰出的技术突破，包括：

图表 5—11　　**超级计算机**

■ 集群，公司通过这样的方式将其成千上万台 PC 机链接起来，构建面向大众市场的应用系统。

■ 并行处理，能够同时运行两个或两个以上的任务，该技术被视为芯片产业的未来。

■ mosaic 浏览器，之后演变成了 Netscape、IE，并使 Web 家喻户晓。

由联邦政府资助的超级计算机还促进了一些国家的最有活力的行业，包括先进制造、生命科学中的基因研究以及实时金融市场建模。

计算机的形状、大小和颜色各有千秋。有些很小巧，能够被到处携带；而有些却有一个电话亭那么大。计算机的尺寸并不一定和它的功率、速度和价格有关（参见图表 5—12）。

图表 5—12　**计算机分类**

计算机分类	描述	尺寸
个人数字助理	小型掌上电脑，能够处理简单的事务，例如，记事、安排日程、维护通讯录和日历管理。PDA 使用触摸屏，允许用户直接在屏幕上写字，输入所写内容	手掌大小
笔记本电脑	全功能计算机，便于携带并使用电池供电。笔记本电脑具备台式电脑的所有功能，但只有 2 磅的重量	类似于教科书大小
平板电脑 Tablet	一款基于写字笔的计算机，有 PDA 的屏显、笔记本电脑或者台式电脑的功能。类似于 PDA，平板电脑也是利用写字笔或铁笔在屏幕上书写输入，以及通过触摸屏幕执行程序	类似于教科书大小
台式电脑	可以是水平的机箱，显示器在机箱上头（CPU、RAM 和存储设备被安装在机箱内）；或者垂直机箱（被称作塔形），常常被放在工作区域内的地板上	适合放置在桌面上
工作站	类似台式机，却有更强大的数学计算和图形处理能力，能够在更短的时间内完成更复杂的任务。它的典型应用是软件开发、网络开发、工程设计以及电子商务工具	适合放置在桌面上
小型机（中档计算机）	旨在满足几个用户在小型到中型商业环境中并发的计算需要。最普通的小型机是服务器，用于管理公司内部网络和网站。小型机比普通台式机功能更强大，但同时成本也更高。它的价格从 5 000 美元到几十万美元不等	在适合放置在桌面上的大小到档案柜大小之间变动
大型计算机	旨在满足几百个用户在大型商业环境中并发的计算需要。大型机不论在尺寸大小、功率、能力还是成本上，都比小型机高了一个层次。大型机的成本超过 100 万美元。因为它的处理速度可达每秒处理 1 万亿条指令（一台标准的台式机每秒能够处理 25 亿条指令），所以大型机能够轻松应对几百个用户同时发出的处理请求	类似冰箱的大小
超级计算机	速度最快、最强大、最昂贵的计算机。因为超级计算机强大的信息处理能力，美国航天局（NASA）及类似组织将此类计算机应用于研究和科学计算。其他大型的、以客户为导向的商业公司，如通用汽车和 AT&T，利用超级计算机处理客户信息和业务	类似汽车的大小

MIT 的媒体实验室正在研制一种笔记本电脑，计划以每台 100 美元的价格卖给世界各地的政府机构，让其将电脑分配给数以百万计的弱势学童。MIT 通过简单的销售模式和产品重组，可以让价格低到 100 美元，这几乎是目前笔记本电脑价格的一半。这个价格包括了市场、销售、分销部分的成本和利润。剩余成本中，显示面板及背光灯大约占去一半左右，然后其余的成本则归属于操作系统。这款低成本笔记本电脑使用了低于 25 美元的显示系统、500 MHz 的 AMD 处理器、无线网络接入、1GB 内存以及 Linux 操作系统。每个机器能够自动连接到其他机器。中国和巴西已经分别订购了 300 万台和 100 万台这种笔记本电脑。MIT 的目标是每年生产 1.5 亿台这样的笔记本电脑。

5.1.3 软件基础

硬件的作用由在其上运行的软件决定。在过去几年中，硬件成本不断下降，而软件的复杂度和成本却在逐步上升。一些大型软件应用，如客户关系管理系统，包含数百万行代码，需要几年的时间开发，耗资数百万美元。两类主要的软件是系统软件和应用软件。

系统软件

系统软件控制各种技术工具与应用软件的协同工作。系统软件包括操作系统和工具软件。

操作系统

谦虚的芬兰程序员 Linus Torvalds 做梦都不会想到，自己能够成为世界顶尖的经理人之一。他大学期间创造的 Linux 软件已成为当今计算机世界中最具影响力的系统之一。Linux 是由志愿者开发的操作系统，免费派发。它已经成为 Microsoft 公司的主要竞争产品。Torvalds 与几十名志愿者和来自全球的 1 000 多名程序员合作开发了 Linux 系统。他们为 Linux 的内核（或核心件）编写代码。Torvalds 还为数十家支持 Linux 的科技公司制定规则，这些科技公司包括 IBM、Dell、惠普和 Intel。

Linux 的基础版本是免费的，它拥有巨大的影响力。市场研究机构 IDC 的调查显示，Linux 设备和软件的市场总值从 2004 年的 110 亿美元涨到 2008 年的 357 亿美元。

操作系统控制应用软件，管理硬件设备的协同工作。例如，在使用 Excel 创建和打印图表时，操作系统控制整个过程，确保打印机正常连接并有足够的打印纸，然后发送图表到打印机，同时告诉打印机该如何打印。

操作系统同时具有多种实用的功能，其中之一就是能够进行多任务处理。**多任务处理**是指可以同时运行一个以上的软件。例如，当你在 Excel 中创建图表的同时打印一份 word 文档时，你就用到了多任务处理。有了多任务处理，你才能同时运行这两项应用程序。个人环境和组织环境分别对应多种不同的操作系统（参见图表 5—13）。

图表 5—13 **操作系统软件**

Linux	用于高端工作站和网络服务器，提供各种应用环境下的开放源代码的操作系统。“开源”指的是只要用户或其他开发者认为需要，源代码是可获得或可修改的
Mac OS X	Macintosh 计算机的操作系统
Microsoft Windows	Microsoft Windows 家族中各类操作系统的通用名称，包括 Microsoft Windows CE、Microsoft Windows 98、Microsoft Windows ME、Microsoft Windows 2000、Microsoft Windows XP、Microsoft Windows NT 和 Microsoft Windows Server 2003
MS-DOS	1981 年引入市场，用于 IBM 和 IBM 兼容机的标准单用户操作系统。MS-DOS 是命令行操作系统，需要用户输入命令、参数和符号
UNIX	一款 32 位的多任务多用户操作系统。起源于 AT&T 的贝尔实验室。目前被广泛应用于从大型机到 PDA 等多类计算机

工具软件

工具软件为操作系统提供辅助。工具软件包括杀毒软件、屏幕保护程序和反垃圾邮件软件等。图表 5—14 列举了几款工具软件。

图表 5—14 **工具软件类型**

Crash-Proof	计算机系统崩溃时，协助保存信息
用于数据恢复的磁盘镜像	当硬盘驱动器崩溃或者受到不可修复的损害时，该程序减轻了重装系统和调整应用程序的负担
磁盘优化	组织硬盘上的数据，使磁盘利用率最高
数据加密	防止加密信息被未授权用户访问。类似于 BestCrypt 的程序简单有效地将几个强大的加密方案之一应用于硬盘信息。用户通过在 BestCrypt 的控制面板中输入密码来解密信息。该程序还能够保证可擦写光盘或任何其他指派了驱动号的存储媒介上的信息安全
文件和数据恢复	通过利用 Free Undelete 软件，恢复 Windows XP 系统中被意外删除的照片或文档。该软件能够在指定硬盘的删除区域搜索可识别的数据
文本保护	应用于 Microsoft Word 中，能防止用户因意外按下了 Insert 键而导致已有文本被覆盖。启动 Insert Toggle Key 程序后，一旦用户按下 Insert 键，电脑会发出“哔哔”的报警声
预防性安全	通过 Window Washer 之类的程序，清除文件打开历史、浏览器 cookies、缓存内容及其他应用程序和 Windows 留在硬盘上的痕迹
间谍软件	排除任何未经用户了解或明确许可，暗中利用网络进行连接的软件
卸载软件	卸载不需要的软件

应用软件

应用软件被用于特定的信息处理，包括：薪资管理、客户关系管理、项目管理、培训和许多其他的应用。应用软件被用于解决特定的问题或完成特定任务。从组织的角度来看，薪资软件、协同软件——如视频会议（组织内部）和库存管理软件，都是应用软件的例子（参见图表5—15）。

图表5—15　　**应用软件类型**

浏览器	使用户可以浏览万维网。主流浏览器是微软的IE浏览器
通信	将电脑转变成通过电话可以从远程电脑上接收数据和向远程电脑发送数据的终端设备
数据管理	为数据的提取、修改、删除和添加提供工具。例如，Access、MySQL和Oracle
桌面排版	将计算机转变成一个桌面出版系统工作站。主流的套装软件有 Adobe FrameMaker、Adobe PageMaker和QuarkXpress
E-mail	为计算机用户提供电子邮件服务，包括收取和发送邮件以及存储信息。主流的E-mail软件包括Microsoft Outlook、Microsoft Outlook Express和Eudora
群件	提高小群体内员工的合作和联合生产力
演示文稿程序	建立并加强图表和图形，使其更具视觉上的吸引力以及更加通俗易懂。全功能的演示文稿软件（如Lotus Freelance Graphics或Microsoft PowerPoint）包括制作各类图形、图表的工具，以及为图形、图表添加标题、图例和说明文档的工具
程序设计	由固定词汇和一系列规则（语法）组成的人工语言。程序员用该语言编写计算机程序。主流的程序设计语言包括Java、C++、C#和NET
电子数据表	在屏幕上模拟会计师的工作表，让用户在可视数据中嵌入隐藏的公式进行计算。许多电子数据表程序同时包括强大的图表制作和演示功能，从而创造出有吸引力的工作表。主流的电子数据表应用是Microsoft Excel
文字处理	将计算机转变成创建、编辑、校对、设定格式和打印文档的工具。主流的文字处理应用包括Microsoft Word和WordPerfect

引例问题

电子产品的环境耐受临界点

1. 将本案例中提到的每种产品分别归入6类硬件适当的分类里。
2. 描述CPU，并指出案例中的何种产品会用到CPU。
3. 说明记忆棒和笔记本电脑之间的关系。用户该如何利用一根记忆棒防止信息在另一根记忆棒中丢失？
4. 案例中提到的各类产品分别用了何种类型的软件？

5.2　企业架构管理

学习目标

5.7　解释企业架构的三大组件。

5.8 描述组织该如何实施可靠的信息架构。

5.9 列出并描述基础设施架构的5个质量特性。

5.10 比较Web service和开放系统。

5.2.1 企业架构

FBI的购枪者背景审查数据库停工了66小时，66小时足以让犯罪分子购买到枪支。该数据库星期四下午1：00停工，直到星期日上午7：30才恢复工作。FBI必须在3天内完成枪支交易审查工作，否则商人会自行交易。因为停机，期间所有的枪支交易审查都没有完成，这意味着商人会根据自己的判断完成枪支交易。

为支持当今用户和应用程序所需的大容量和复杂性，信息技术需要全新的企业架构方法以构建更智能、更灵活的应用环境，防止系统故障和崩溃。**企业架构**包括组织如何构建、部署、使用和共享它的数据、流程和IT资产的一系列计划。统一的企业架构使企业范围内的硬件和软件系统规范化，使它们与经营战略更紧密地联系起来。稳定的企业架构能够降低成本，提高标准化水平，促进IT资产的重用以及加速新系统的开发。最终，合适的企业架构能够使IT更廉价、更富战略性以及更快作出响应。企业架构的主要商业目标如图表5—16所示。

图表5—16 企业架构的主要商业目标

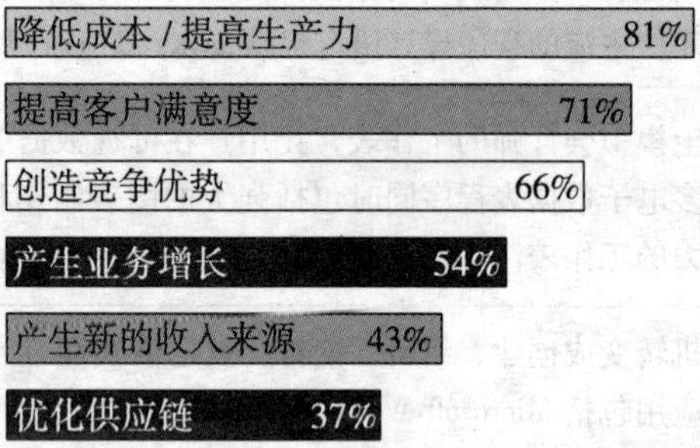

企业架构不是静态的，它不断变化。组织利用企业架构协助管理变革。企业架构师（EA）是这样一种人，他懂得技术，精通业务，是耐心的交际家，在IT和业务之间发挥很好的桥梁作用。雇用EA是非常昂贵的，其每年的薪金大多在15万美元以上。T-Mobile的国际企业架构师会评估每个IT与应用项目，以确保这些项目设计合理，满足业务目标，并适合整体企业架构。比如，T-Mobile其中的一个项目是开发一款软件让用户自定义手机铃声。项目组认为这个项目需要从头开发大多数的软件。然而，T-Mobile的企业架构师发现所需软件已经在T-Mobile的其他项目中完成，新的应用只需重用这些软件。这次重用缩短了8个月的开发周期，并使新应用在6星期内启用。

建立了坚实的企业架构的公司，会像T-Mobile那样在成本节约、灵活性和企业内部一致性中获取巨大的收益。基本的企业架构包含三大组件（参见图表5—17）。

图表 5—17 企业架构三大组件

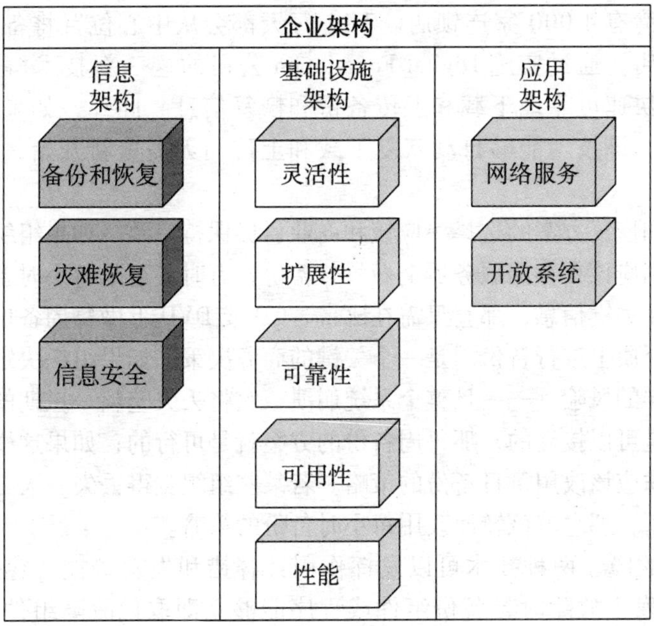

1. **信息架构**确定在何处以及如何确保重要信息（如客户记录）的安全。

2. **基础设施架构**包括硬件、软件和通信设备。结合使用，为组织目标提供根本的基础设施支持。

3. **应用架构**确定应用程序如何被整合以及相互关联。

5.2.2 信息架构

信息架构确定在何处以及如何确保如客户记录这样的重要信息的安全。一旦备份和恢复失败，给组织带来的损失远不止时间和金钱那么简单。一些数据再也无法重建，而由这些数据带来的商务知识的遗失所带的损失是巨大的。首席信息官（CIO）应该有足够的信心并确保当他随意走动，随机拔出一根电缆时，系统仍然是安全的。CIO 同时也应该保证即便在业务高峰时段进行这个拔出电缆的测试，系统同样会正常运作。如果这种测试思路让 CIO 感到心存畏惧，那么组织的客户也应该同样感到害怕。企业信息架构应该关注 3 大主要领域：

1. 备份和恢复。
2. 灾难恢复。
3. 信息安全。

备份和恢复

每年，企业都会因为系统故障和崩溃损耗时间和金钱。减少系统崩溃带来的损失的方法有很多，选择之一是在本地建立备份和恢复机制。**备份**是指对系统内的数据保留一个额外的副本。**恢复**是指当系统崩溃或发生故障后，让系统再次启动和运行，让备份信息得以恢复。存储备份和恢复信息的媒介多种多样，主要有存储服务器、磁带、磁盘，以及 CD 和 DVD。这些备份和恢复的媒介都是可靠的，它们的不同在于速度和成本。

7-11 在台湾有 4 000 家连锁店。7-11 每天都会从中心位置将备份和恢复信息上传到各连锁店。通过实施 Digital Foundation 公司的这一新技术解决方案，所有连锁店都能够快速可靠地下载和上传备份和恢复信息。此外，如果下载或上传时连接发生故障，该技术能够自动恢复下载和上传而无需重新开始，节约了宝贵的时间。

不同备份和恢复方案的选择，应该和商业目标保持一致。如果组织需要处理大量的关键信息，则应该在存储服务器上做每日备份，有时甚至是每小时备份。如果组织只需处理少量非关键信息，那它只需在磁带、CD 或 DVD 上做每周备份。多久备份一次以及在何种介质上进行备份，是一个关键的商务决策。如果组织决定每周备份，那它必须承担这样的风险——一旦整个系统崩溃，它将丢失整整一星期的工作数据。如果这样的风险是可以接受的，那每周备份的方案就是可行的；如果这样的风险是不可接受的，则组织应该改用每日备份的策略。若某些组织觉得丢失一天工作数据的风险和代价都太高了，那它就该转而改用每小时备份的策略。

面对系统故障，两种技术可以发挥作用：容错和失效备援。**容错**是指当计算机或程序组件发生故障时，备份组件或程序能够立即取代故障组件，从而使计算机系统的服务不发生中断，避免中断损失。容错可以靠软件提供，也可以嵌入到硬件中，抑或通过一些组合来实现。**失效备援**是一种提供备份的运作模式，当主系统组件（如处理器、服务器、网络或数据库）由于故障或例行的关机维护等原因无法工作时，主系统组件的功能将被“转移”到备份系统组件上。这一模式下，故障的主系统组件将自动卸下任务交给备用系统组件，这样，对于终端用户来说系统无故障。对一个需要恒久有效的关键任务系统来说，失效备缓是典型的做法。

灾难恢复

位于俄亥俄州北部的 FirstEnergy 电力公司，忽视了其北美电网可能出现问题的预警。随之而来的事故让美国东北部和加拿大大约 5 000 万人陷入黑暗之中。事故被广泛报道，一支美国/加拿大联合调查组调查了停电原因，并给出了避免未来发生大规模停电事故的建议。调查报告详细讲述了故障过程和企业的最佳实践，包括：

■ 关注企业架构。

■ 监控提供电力供应和需求数据的计算机网络的运行质量。

■ 确保因故障停机时，网络能够很快恢复。

■ 制订灾难恢复计划。

■ 提供完备的员工培训，包括建立口头沟通协议“由此操作人员才能知道能影响电网运行预警的 IT 相关问题。”

像停电、洪水甚至黑客入侵这样的灾难，每天都在影响企业的商务运营。组织须开发一套灾难恢复计划以应对这样的意外。**灾难恢复计划**是指当灾难性的灾害（如火灾或洪水）发生时，如何恢复信息和 IT 系统的详细过程。全球范围内，金融机构用于灾难恢复的开销正不断增加（参见图表 5—18）。

图表 5—18　　　　全球金融机构灾难恢复开销（单位：十亿美元）

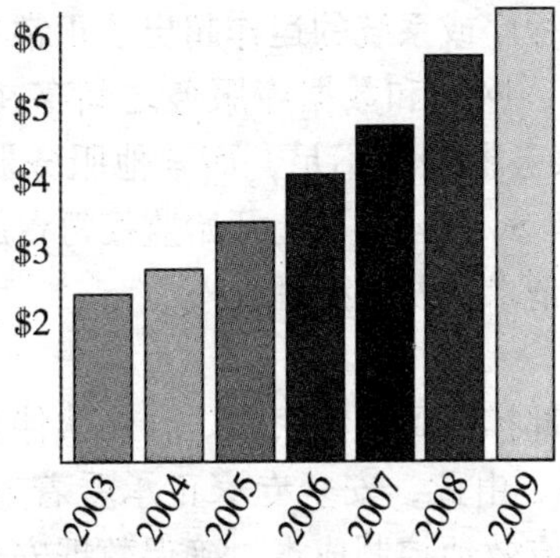

全面的灾难恢复计划会考虑信息备份的地理位置。许多组织将备份信息存储在公司 IT 设施所在地以外的另一地理位置的设施内。Sun 旗下的 StorageTek 是一家专业提供外地信息存储和灾难恢复解决方案的公司。全面的灾难恢复计划不仅对计算机设备损坏情况制订预案，还对可能的、员工在其工作的整栋大楼被摧毁的情况制订预案。**热站**是一个独立的、装备完善的设施，当灾难发生时，公司员工能够迅速转移到此并恢复业务。**冷站**是一个独立设施，但没有计算机设备，当灾难发生时，员工能够转移至此。

灾难恢复成本曲线图描述了：（1）因组织的信息和技术不可用导致的损失随时间推移发生的变化；（2）组织灾难恢复的成本随时间推移发生的变化。图表 5—19 表示的灾难恢复成本曲线，指出从时间与成本关系的角度考虑，两条曲线相交的点是最佳灾难恢复计划执行点。描绘出组织的灾难恢复成本曲线并非易事，必须考虑各个部门或职能领域丢失信息和技术的损失，从整个企业的角度来衡量损失的大小。灾难发生的最初几个小时，这些损失都还很低，但损失会随时间推移迅速上升。当遭遇如此损失时，组织必须进行灾难恢复。灾难发生的最初几小时，恢复成本相当高，但随着时间的推移，恢复成本逐渐下降。

图表 5—19　　　　灾难恢复成本曲线

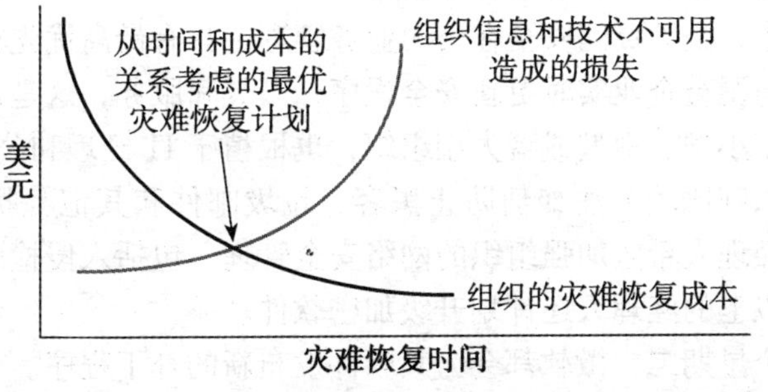

Marshall & Swift 公司，是一家提供资产评估服务的公司，这家公司坐落于阳光明媚的洛杉矶。但在 2004 年，飓风“查理”袭击佛罗里达西南部时，公司勉强躲过了这次大灾难。多家美国较大的保险公司依靠 Marshall & Swift 提供的 200 多个服务器处理索赔，计算重建商业区和居民区所需的成本。佛罗里达州飓风发生后的一个月内，索赔人数从 20 000 上升到 180 000。对服务器利用的突如其来的激增也可以称之为灾难。

幸运的是，Marshall & Swift 公司使用了称为 ProactiveNet 的应用性能管理解决方案，该方案能够识别出应用程序或系统的运作超出了正常参数范围，并指出问题最可能的根源所在。当应用程序、网站和数据库服务之间存在不平衡时，ProactiveNet 会警告公司的 IT 部门。一些服务器利用不足，而其他服务器却不堪重负，由此导致整个系统性能退化。Marshall & Swift 公司马上开始监控每台服务器的使用状态，移动某些服务器，从而确保所有的请求被及时处理。

信息安全

当今的网络已从组织内部扩展到远程用户、合作伙伴和客户，也从计算机扩展到手机、PDA 和其他移动设备。由此，安全专家正承受着越来越大的压力，他们需要在确保系统安全的同时还要有效地控制成本。确保数据安全的需求在不断增多。身份盗用一直受到高度的关注。根据美国联邦贸易委员会的数据，每年因黑客和其他非法访问导致的身份盗用案件大致有 1 000 万起。优秀的信息架构应包括强大的信息安全计划、用户访问管理以及实时更新的防病毒软件和实时补丁。

用户访问管理

管理用户对信息的访问是信息架构的关键内容。密码仍然是安全链中最薄弱的环节。Vitas 医疗保健公司拥有 6 000 名员工，在 15 个州开展业务，授权员工每天大致输入 6 遍密码来访问多路系统。虽然严守密码纪律以确保客户医疗数据安全是至关重要的，但维护和管理密码以确保数据安全对 IT 部门提出了挑战。高级 IT 主管 John Sandbrook 称："IT 帮助台 30% 的时间都花在了密码管理和供应上。"

公司开始使用 Fischer 国际公司的身份管理套装软件管理密码，并严格遵守数据存取法规，如确保符合《萨班斯—奥克斯利法案》（Sarbanes-Oxley Act）的要求。此款 ID 管理软件的功能包括自动审核、报告和履约，以及一个集密码管理、密码提供及自助服务的平台。在这款软件的帮助下，Vitas 公司使用更复杂的密码，如不断变换的 7 位、8 位甚至 9 位的字符、数字和英文大写字母的组合。公司预计，此款软件缩减了 50% 的帮助台处理密码时间。

实时更新的防病毒软件和系统补丁程序

不论公司大小，毫无疑问安全在公司业务管理中具有最高优先权。财富 500 强公司中，80% 的参与调查企业实时更新安全程序、工具和服务，这是运营中的关键。这种想法广泛存在于小型、中型或者大型组织，也根植于 IT 经理和公司经理的脑海中。

大多数经理人都比较关注如何防止黑客、垃圾邮件和其他骚扰者侵入组织的网络。将近 2/3 的经理人希望加强组织的网络安全管理，包括入侵检测、内容过滤、反垃圾邮件。一半以上的经理人还计划升级加密软件。

每月的第二个星期二，微软都会为其软件发布新的补丁程序。企业为保证系统安全，必须在整个公司的所有系统中下载和安装这些补丁程序。OMD 是 Omnicom 集团公司的媒体购买和规划子公司。以前，OMD 的网络管理员必须手动为公司的 100 个服务器安装关键的补丁程序，部署这些补丁需花费一周以上的时间。现在，OMD 公司使用补丁和升级程序自动安装软件。公司为其 Dell 众多服务器购买了 Altiris 补丁管理套装软件，该软件能够实现整个系统不停机完成补丁下载与安装，因为软件在服务器之间平衡了补丁下载与安装的时间。所有安全专家考虑的事情，自动安装软件做到了，其为专家们减轻了负担，受到普遍的欢迎。

5.2.3 基础设施架构

Gartner 公司估计，今后每年典型的网络应用将减少 170 个小时。基于伊利诺依州的在线证券公司 OptionsXpress 的网络应用的性能已严重影响企业的运营。任意时点，都有近 7 000 个期权交易申请被提交到 OptionsXpress 网站，每天可达成约 20 000 个交易。由于在线流量巨大，证券公司的 IT 管理人员在离线处理网络应用出现的问题时，需要争分夺秒。公司一直在努力解决这个问题，避免交易者因服务不可用而不得不下两次订单。有时候，应用程序会无明确原因地死机，需要重启。

基础设施架构包括硬件、软件和通讯设备。把这些设备联合起来使用，可以为组织目标提供基础设施支持。当组织进行变革时，IT 系统也必须跟着革新以支持组织的运营。如果组织一年中业务增长了 50%，它的 IT 系统也必须能够承受 50% 的业务增长。不能适应组织变化的 IT 系统，会严重阻碍组织的运营。一个组织能否有一个好的未来，主要看它能否跟上合作伙伴和客户的要求与步伐，随时随地满足其合作伙伴和客户的需求。以下是一个稳定的基础设施架构所应具备的五项主要特征：

1. 灵活性。
2. 扩展性。
3. 可靠性。
4. 可用性。
5. 性能。

灵活性

在设计和建立系统时，组织必须关注现在和未来的业务情况。系统必须足够灵活以应对业务上的各种变化。例如，系统设计必须考虑到能够处理多种币种和多种语言，即便公司现在还没有在国外开展业务。一旦公司开始变大并且在新的国家开展业务，那么该系统早已具备处理多种币种和语言的灵活性。如果公司没有意识到自己的业务有一天会扩展到全球，那就需要重新设计所有的系统，从而实现多种币种和语言的处理功能。这对一个已经投入运营的系统来说，实非易事！

扩展性

估算组织的增长极富挑战性。增长会以多种形式体现，包括更多的用户和产品线，以及扩展到新的市场。**扩展性**指的是系统能否很好地适应快速增长的需求。大量因素能够促进组织的增长，包括市场、行业和经济因素。如果组织增长得比预期快，系统就会经历各种类型的性能表现退化，小到磁盘空间不足，大到交易速度变慢。无论预期实现与否，可扩展性都是建立随组织成长的可扩展系统的关键。

MSNBC 网站通常会有稳定的流量。但 2001 年 9 月 11 日，由于用户纷纷访问该网站查询“9 · 11”恐怖袭击的信息，网站的流量激增到 9 100 万。幸运的是，MSNBC 预料到会有这种紧急需求，而且建立了适应性强的系统，足以满足增长后的页面访问需求。

容量规划是为未来的 IT 基础设施新增设备和增加网络容量。制定容量规划是确保 IT 基础设施可扩展的一种方法。对需要部署 IT 基础设施的组织来说，在系统投入之前就考虑到未来容量的增长比系统已经实施后再试着升级设备和网络要实惠得多。容量不足会导致性能问题，也会阻碍知识工作者工作效能的发挥。如果 100 个员工利用网络工作，而公司购买的带宽又太窄，网络容量不足，则员工不得不花费大量的时间等待网站的反馈。这种等待会导致生产力的下降。

一次电脑故障让 Delta 航空公司的子公司 Comair 不得不在 2004 年的圣诞节取消 1 100个航班。事故源于一场雪灾。雪灾导致飞机只能着陆不能起飞，由此使其产生超过旧版航班调度系统的工作负荷，造成更大范围的航班取消。Delta 的旧版航班调度系统最终被一个可以处理更多任务的系统所替代。

可靠性

可靠性确保所有系统正常运转并向组织提供准确信息。从 IT 效率测度的角度讨论系统正确与否，可靠性即意味着准确性。很多原因都会导致得出不准确的信息，小到数据输入失误，大到信息作假。组织依靠信息做决策，不可靠的信息会让组织陷入危机。

可用性

可用性(IT 效率测度项之一) 指系统对用户访问的响应。高可用性是指系统或组件能够持续运转，确保对用户的足够响应。可用性通常是相对于“100% 可操作性”或者“从不停机”来讲的。“five 9s”（99. 999%）可用性是一个被广泛标榜却很难达到的系统或产品的可用性水平。

某些公司使用“7×24”小时高可用系统来保证商业运营、满足全球客户和员工的需求。随着网络的出现，公司希望系统能够全天候运转。如果客户发现一家公司的网站晚上 9：00 以后关闭了，那么客户不会长期与这家公司合作。

然而，系统需要定期关闭从而完成维护、升级和修理。在系统应该持续运作的预期下，决定何时关闭系统进行维护是组织面临的一个挑战。计划的定期停机带来的负面影响是全球企业都要面临的问题。晚上停机维护看似是个好主意，但由于存在时差，一个城市的晚上可能是世界上另一个地方的早晨。如果系统停机，全球其他地方的员工可能无法进行他们的工作。很多组织通过建立冗余系统来克服这个问题，当一个系统需要停机时，马上将服务切换到另一个备份或冗余的系统。

性能

性能测量的是系统执行特定流程或交易的速度（用 IT 效率测度项中的速度和处理量来衡量）。没有足够的处理能力会给业务带来破坏性的负面影响。客户只能忍受几秒钟等待网站反馈，超过了这个时间，他将直接放弃该网站，访问其他网站。组织要建立适应性强的系统，确保系统性能，容量规划能帮助组织衡量未来的 IT 基础设施对新设备和额外的网络带宽容量的需求。在组织设计和实施 IT 基础架构之前就预料到未来性能容量的增长，比系统已经实施后再试着升级所有设备要实惠得多。

阿伯克龙比和菲奇（A & F）公司利用因特网将公司时尚新潮的独特形象推销给其最大的客户群体之一——大学生。公司在 IBM 的帮助下设计了企业架构，确保网站 www. abercrombie. com 与公司的旗舰杂志 A & F 季刊内容保持一致，但设计更简约。阿伯克龙比和菲奇公司很清楚它的网站必须易找到、可用、可靠以及可扩展以满足年轻客户的需求。年轻客户善于应用互联网，他们的购买习惯各不相同，有些客户喜欢午夜上网购买促销商品，有些客户明确自己需要什么，会直奔主题进行购买。成功的网站不仅能够让客户上网购物，而且能够让客户通过下载 MP3、日历和桌面助理体会 A & F 的生活方式。

5.2.4 应用架构

Gartner 集团的研究指出，应用系统问题是造成故障停机的单一最大原因，每年应用系统故障会带来 40% 的停机时间和 32% 的平均停机成本。**应用架构**决定了应用程序间如何整合及如何互相关联。整合技术的发展——主要指 WEB 服务和开放系统——为设计出更敏捷、反应更迅速的企业架构提供了新的思路。而敏捷的企业架构能够为企业创造价值。通过新架构，IT 能够更快、更低成本地建立新的业务，被业务所理解。

Web 服务

Web 服务已成为主要的、前沿的计算应用。**Web 服务**包括基于 Web 的数据和程序资源，它们利用共享协议和标准实现不同应用程序之间的数据和服务共享。Web 服务的主要优势是能够进行不同应用程序之间的整合。在 Web 服务出现之前，组织间的互操作存在障碍。**互操作性**指两台或两台以上的计算机系统共享数据和资源的能力，即使这些计算机系统不是由同一个制造商生产的。如果一个供应链管理（SCM）系统能够和一个客户关系管理（CRM）系统进行交流（共享信息），那么这两个系统之间即存在着互操作性。整合是组织实现系统的互操作性的传统方式，而现在，组织则利用 Web 服务来实现这个目标。

Verizon 包括三个不同的子公司：GTE、Bell Atlantic 和 Nynex。三家公司都有各自的复杂系统。在三家公司的任何一个系统中寻找某条客户记录，Verizon 均使用搜索引擎应用 Spider。Spider 是 Verizon 版的 Google，它协助 Verizon 的业务茁壮成长。

Spider 包含至关重要的客户信息 Web 服务，该服务封装了 Verizon 的业务规则。寻找客户信息时，Spider 会访问客户信息数据库。每当开发新系统，且新系统需要访问客户信息时，开发者可重复使用访问客户信息的 Web 服务。Verizon 将 Web 服务视作企业架构的一部分，如此，开发团队只需要 1 个月不到的时间即可建立新的应用，与传统的 6 个月形成鲜明对比。

Web 服务的实现涉及在网络上和网络间传输和处理信息的所有技术，特别是在因特网上。简单地说，可以将单个 Web 服务看作一个执行特定任务的软件。任何需要该服务的用户均能够使用 Web 服务。例如，银行系统的“存款”Web 服务能够让客户完成“存钱到自己的账户”的任务。除此之外，银行出纳、ATM 客户和通过 Web 浏览器进行在线交易的客户也可以使用此 Web 服务。

“存款”Web 服务体现了利用 Web 服务模型来开发应用程序的优势。开发者不需要每次重新开发，而只需整合功能。Web 服务是可重用的软件代码。软件开发者能够利用这些可重用代码中的大部分迅速重构新的应用。Web 服务的两大主要部分是事件和服务。

事件

事件是业务的技术体现，事件如眼和耳，侦测信息呈现出来的业务中的威胁和机遇。事件最初由电信和金融服务公司开创，包括利用 IT 系统监控业务，例如仓库的缺货，或者监控客户的大额信用卡支付，并自动提示相关人员处理这些问题。例如，当信用卡被透支 7 000 美元，而它的最高限额是 6 000 美元时，信用卡监视系统会自动提醒信用卡管理员，使该账户停用。

服务

服务更像软件产品，而不是编程项目。服务必须对广泛的用户具有吸引力，服务要能够被重用，这样才会促进生产效率。早期的服务形式（简单的“打印”、“保存”服务）在架构中过于低级，没能引起商业的注意。新的服务定义在一个相对高的层级，如“信用检查”、“客户信息处理”和“处理支付请求”。这些服务都是有价值的业务流程。例如，“信用检查”的价值不仅体现在程序员可以在其他应用程序中利用这段代码，更能让商业人士在多类产品（例如汽车贷款和抵押贷款）或者多个行业中重用这个服务。

构建服务的关键是确定适当的粒度水平。T-Mobile 从最高层级开始构建服务，然后顺次下降到较低的层次，以确保不构建那些没人使用的服务。公司首先建立“发信息”网络服务，然后又扩展为能够发送特定格式信息到不同设备（例如手机和页面）的“发送 SMS 信息”Web 服务。

Lydian 信托公司的企业架构师设计了一款 Web 服务叫“获取信用记录”。该 Web 服务已被几个不同的业务单位采用并用于处理贷款申请。“获取信用记录”通过英特网访问主要几家信用服务机构的服务器以获取客户的信贷分类信息。有一次，其中一家信用机构的网络服务器崩溃了，Lydian 信托公司的“获取信贷”网络服务无法与之建立链接。因为与信用服务机构服务器的链接是松耦合的，系统不知道如何处理这种情况。“获取信贷”Web 服务没有重复提交请求，当它等待对方服务器的回复时，上百个贷款申请被搁置了。

Lydian 信托公司的贷款管理人不得不连夜工作以实现公司的承诺——确保 24 小时内处理完所有申请。幸运的是，Lydian 信托公司的客户没有像其员工那样觉得痛苦。系统设计时必须考虑到某些意外事件的存在或者监控和提醒的缺乏带来的后果，总之不能影响到整个业务。之后，公司对“获取信贷”Web 服务进行了一定的修改。一旦网络服务有所延迟，系统会自动发送一封 e-mail 提醒管理人员。

开放系统

Mozilla 的开源 Web 浏览器火狐（Firefox）的出现，使微软 IE 浏览器的市场份额降到 90% 以下。WebSiteStory 追踪了 Firefox 和 IE 的份额变化，调查显示 2005 年 1 月，Mozilla 制造的开源浏览器占据美国 5% 的市场份额，在一个月内增长了将近 1 个百分点。Mozilla 宣称，在其浏览器发布的前 15 周内，超过 2 500 万份浏览器拷贝已被下载。

开放系统是一个被广泛采用的通用名词术语，IT 开放系统指基于非私有技术的 IT 硬件和软件，依据一定标准和系统工作流程达到可用，且易于整合。Amazon. com 选择采用开源技术，放弃 Sun 的专有操作系统转而使用 Linux。转变到开源操作系统

（如 Linux）的举措，简化了将 Amazon. com 关联企业的应用程序纳入与 Amazon. com 网站链接与整合的过程。

开放系统便于信息共享。过去，不同系统间相互独立并如孤岛般各自运转。信息共享通过连接设备加驱动软件，在不同系统间传送数据、转化信息格式实现系统间的信息共享。虽然这种方法至今仍广为使用，但鉴于其有限的容量和附加成本，对很多组织来说，其并不是高效的解决方案。封闭独立系统的另一个缺陷是，它只能与单一制造商开发的组件之间进行通讯。此外，这些系统常常因缺乏竞争而生成昂贵的维修费、维护费和扩展费。另外，开放系统整合具有以下优势：

■ 允许系统无缝地共享信息。信息的共享减少了设备总量，带来成本的整体下降。

■ 利用企业架构。避免安装几个独立的系统，避免设备的重复使用。

■ 取消专有技术系统，促进价格竞争。往往单一供应商能够决定价格，但提供的服务总是差强人意。利用开放系统允许用户在竞争环境下购买系统。

引例问题

电子产品的环境耐受临界点

5. 组织应如何利用信息架构保护案例中提到的对电子设备的投资？

6. 组织应如何利用案例中提到的设备保护信息安全？

7. 列出 5 个性能指标。对便携电脑来说，对这些指标按重要性排序（1 为最高，5 为最低）。

8. 请描述“客户电话号码”Web 服务如何被案例中的产品之一利用。

章后案例：《芝加哥论坛报》的服务器成为其成功的坚实基础

《芝加哥论坛报》是芝加哥第七大报业。对其数据中心进行大规模整修并巩固其服务器是一项艰巨的任务，但回报丰厚。《芝加哥论坛报》成功地将其关键应用从 mishmash 大型机加古老的 Sun Microsystem 服务器转移到新的双站点企业架构，由此带来了成本降低，同时提高了整个公司系统的可靠性。

该报社的新企业架构将距离 2 英里的服务器设置成集群，并在两个数据中心之间建立了一根 1Gbps 的暗光纤链路（光纤安置在那，但未被使用）。这种架构让报社在两个服务器之间平衡处理负载，同时改善灾难恢复的冗余度和选择性。转换到新的架构并不是一帆风顺的。转换过程中软件代码编写的一个小失误都会导致报纸的编辑程序发生间歇性故障。结果，68 万读者中，近 40% 的读者未能按时收到报纸，而且，周一报纸的版面被删减了 24 版，导致报社损失将近 100 万美元的广告收入。

编辑程序稳定后，报社着手迁移其他作业（如报纸实物生产和印刷）和与报纸发行相关的应用程序到新企业架构。报社的副主席兼首席技术官（CTO）Darko Dejanovic 拥有《芝加哥论坛报》、《洛杉矶时报》、《长岛每日新闻》及其他大约十二个都市级报刊。他表示，“随着我们逐渐将应用程序从大型机上脱离出来，我们才意识到以前维护分布在两地的、且利用不足的大型机花费了如此高的成本！通过将服务器合并到一地，我们节省了几百万的成本。毫无疑问，服务器整合对我们而言是一个正确的抉择！”

该报社为其新企业架构感到兴奋，并开始整固报社内的软件。目前，每个报社都拥有自己的分类广告和账单应用程序，这意味着母公司必须支持 10 个账单包以及同样数量的分类广告程序。该报社发现其大多数业务流程能够标准化。到目前为止，报社已经标准化了 95% 的分类广告处理流程和大致 90% 的广告销售流程。未来 3 年中，该报社将用一个单一的程序包代替那些不同的账单和不同公司的广告应用程序，且这个程序包能够被所有的业务单位所使用。不同的报社不一定共享数据，但它们却有相同的业务流程，可以使用相同的系统访问不同报社的数据。随着时间的推移，报社会使用统一的呼叫中心处理多家报社的来电。美国东海岸的呼叫中心负责处理清晨的来电，西海岸的呼叫中心则负责处理白天和晚上的来电。

该报社还在推进一些其他项目。添加硬件，让单项应用程序能够在部分 CPU 上运行；释放处理器能力和更有效地利用磁盘空间。

问题

1. 复习良好的基础设施架构的五个特性，按照其对该报社业务的潜在影响排序。
2. 什么是灾难恢复成本曲线？该报社应该在曲线的何处进行灾难恢复操作？
3. 给出备份和恢复的定义。如果该报社没有实施一个适当的备份计划，它将面临怎样的风险？
4. 为什么可扩展和高可用企业架构对该报社的当前运营和未来增长都起到了关键的作用？
5. 指出该报社的信息安全需求。
6. 该报社如何在不同的业务中利用“分类广告”Web 服务？

第 6 章　数据库和数据仓库

6.1　数据库基础

- 理解信息
- 数据库基础
- 数据库的优势
- 关系数据库基础
- 数据库管理系统
- 在多个数据库间集成数据

6.2　数据仓库基础

- 访问企业信息
- 数据仓库的历史
- 数据仓库基础
- 商务智能
- 数据挖掘

引例：寻求收入——谷歌（Google）

谷歌的创始人 Sergey Brin 和 Larry Page，近日登上了《福布斯》（*Forbes*）杂志的全球亿万富豪榜。2005 年，因搜索引擎闻名的谷歌公司收入增长了 850%。

谷歌是如何工作的

图表 6—1 列示了通常的谷歌查询的生命周期。网络服务器会将查询发送到索引服务器。索引服务器的作用与书籍后面的索引类似，它表明哪些页面包含了符合特定查询条件的字词。然后，查询到达文件服务器。文件服务器检索所存储的文件，并且生成摘录来描述每个搜索结果。最后，搜索引擎将结果回馈给用户。所有这些活动都在极短时间内发生。

谷歌搜索引擎由三个不同的部分组成：

1. 被称为网络爬虫的 Googlebot 会查找和检索网页，并将它们传递给谷歌的索引器。Googlebot 的功能与网络浏览器十分相像。它向网络服务器发送一个网页请求，下载整个页面，然后将它传递给谷歌的索引器。Googlebot 能同时发送数以千计不同的网页请求。

2. 索引器为页面上的每个字词建立索引，并将产生的索引存储在一个庞大的数据库中。索引按照搜索词条的字母顺序排序。每个索引条目存储了出现该词条的文件列表，以及该词条在文本中出现的位置。为网页建立全文索引使谷歌不再只能匹配单个的搜索词条。对于搜索词条比较集中并且与查询顺序相同的页面，谷歌给予了更多的优先权。谷歌同样能够匹配多个字词组成的词组和句子。

图表 6—1　　　　　　　　　**谷歌体系结构示例**

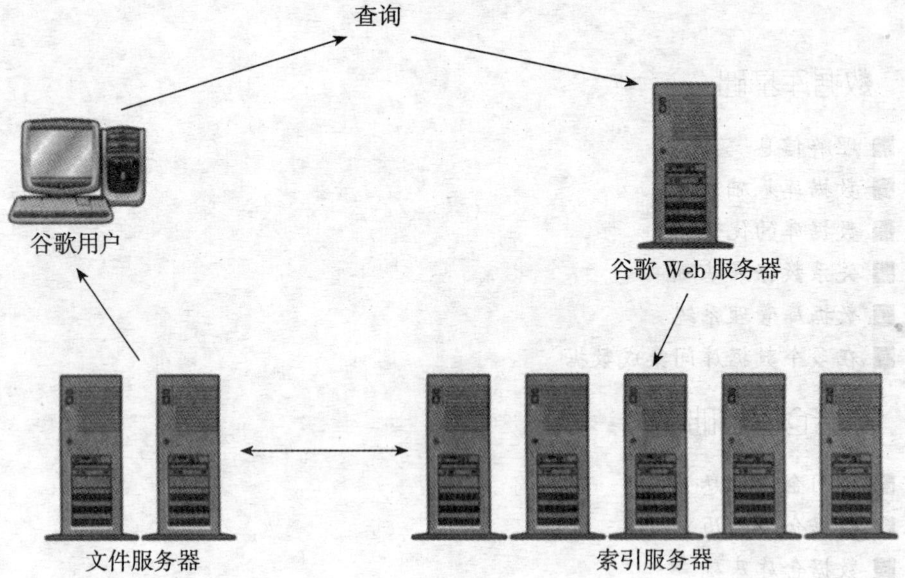

3. 查询处理器将搜索查询与索引进行比较，然后推荐它认为最相关的文件。在决定哪些页面与查询最相关时，谷歌考虑了上百种因素，包括页面的人气、搜索词条在页面中的位置和数量，以及与其他搜索词条之间的近似度。查询处理器由几个部分组成，包括用户界面（搜索框）、评价查询并将它们与相关的文件进行匹配的“引擎”，以及结果格式器。

出售关键字

谷歌的主要业务线是它的搜索引擎。然而，公司并不从使用网站搜索互联网的用户那里创收。它的收入来自于付费在网站上投放广告的营销人员和广告客户。

每天，全世界大约有 2 亿人次使用谷歌完成搜索。作为谷歌网站的一部分，AdWords 允许广告客户为搜索词条竞价。广告客户只需输入希望竞价的关键字，以及其想要为每天、每次点击支付的最大金额。然后，谷歌会根据其他广告客户愿意为同样的词条支付的价钱，决定那些关键字的价格和搜索排名。关键字的定价范围从每次点击 5 美分至 3 美元不等。一个普通的搜索词条，例如热带度假，比一个更加具体的词条，例如夏威夷度假的费用要少些。为某个词条出价最高者将会出现在搜索结果页面顶部或者一侧的赞助商广告链接当中。

付费搜索是有针对性广告的最终选择，因为客户输入的恰好是其想要的。付费搜索网络程序，例如 AdWords 的一个主要优势在于，它不会让客户觉得厌烦。而这正是某些形式网络广告的问题所在，如横幅广告和弹出广告。据互动广告局（Interactive Advertising Bureau）称，在 2003 年第三季度，整个行业来自付费搜索的收入超过了横幅广告。

“我们得到的大多数查询结果本质上讲是商业性的。”谷歌的产品管理主管 Salar Kamangar 说道：“这是一个广告客户通过告诉我们每条线索值多少钱，来让我们了解它们的市场。它们有叫出真正想要付出的价格的动机。因为如果出价过低，它们的竞争对手就会获得更多的流量。”Kamangar 提出了 AdWords 的概念，并且管理这部分业务。在谷歌的年度收入中，AdWords 占了绝大多数。公司付费搜索计划的广告客户数，也从 2002 年的 0 个上升到 150 000 个以上。

扩展谷歌功能

谷歌有个为其研发部门工作的秘密武器——黑客。实际上，黑客们以许多新颖而独特的方式来扩展谷歌。公司通过其应用程序接口（API）诱出黑客们的想法。API 是一大段谷歌代码。它使开发者能够基于谷歌的搜索引擎构建应用程序。通过免费提供 API，谷歌激励了一批正在扩展谷歌功能的程序员。“这一切起作用了”，管理 API 成果的 Nelson Minar 说道，“我们获得了高明的扩展、教育方面的应用以及一些古怪的东西。我们乐于见到人们使用我们的产品做创造性的事情。”一些成功开发的应用包括：

Banana Slug，www.bananaslug.com。对于使用谷歌搜索遇阻的客户，网站会再添加一个随机字之后去搜索文本，从而产生令人意想不到的结果。

Cookin' with Google，www.researchbuzz.org。输入冰箱里的原料，然后网站就会返回到可由那些原料做成的食谱。

Google Alert，www.googlealert.com。Google Alert 自动搜索网络上有关某一主题的信息，然后通过电子邮件的方式将结果返回。

RateMyProfessors.com，www.ratemyprofessors.com。设置该网站的目的，是为学生创造一个可以评价老师的场所。然而，有太多爱开玩笑者输入了虚假的教授名字，如“Harry Leg 教授”和“Ima Dog 教授”，使网站上信息的真实性遭到怀疑。开发者们求助于谷歌的 API，创建了一个自动认证工具。当发现某位教授或某所大学被提及足够多次时，谷歌才会认为这些信息是有效的，并将它们发布在网站上。

Froogle，www.froogle.com。谷歌推出了一款新型购物搜索工具的试用版，叫作“Froogle”。公司宣称，这是目前为止最全面的产品搜索引擎。在 Froogle 的目录中，有 15 个产品类别。与谷歌目录类似，客户可以通过使用关键字搜索，或者逐级深入某个特定类别及其子类别的方式浏览产品。

阻止谷歌

作为谷歌印刷图书馆计划（Google Print Library Project）的一部分，谷歌公司正致力于扫描密歇根大学、哈佛大学、斯坦福大学、纽约公共图书馆和牛津大学的全部或部分馆藏图书。公司想要通过谷歌搜索到这些文本，并且出售网页上的广告。

美国作家协会（Authors Guild）对谷歌搜索引擎提起诉讼，声称其对图书馆书籍的扫描和数字化构成了“大规模”的版权侵权。“这是对《版权法》全然和赤裸裸的侵犯”，总部设在纽约的美国作家协会主席 Nick Taylor 在一次关于这起诉讼的声明中说道。目前，它们正在寻求集体诉讼。“除了作者本人——这些版权的合法所有者，谷歌和其他任何人都没有权利决定这些作品是否以及如何被复制。”

作为回应，谷歌在公司发布的博客中为这一计划做了辩护。“我们非常遗憾这个组织因为这一将使数百万图书被更多人发现的计划而选择起诉我们——尤其任何版权持有者都可以将他们的图书从这一计划中剔除”，产品管理副总裁 Susan Wojcicki 写道。"谷歌尊重版权。我们对通过图书馆计划扫描的所有图书的使用，完全符合美国《版权法》的合理使用条款，以及《版权法》基础的原则——在图书评论中允许一切模仿和摘录。"

引言

信息是强有力的。信息在告知企业当前业务如何执行，以及估计和策划未来业务可能如何执行方面是很有用的。当人们拥有正确的信息，并且知道如何使用它们时，新的前景就此展开。对任何行业的任何专业人员而言，具有理解、消化、分析和过滤信息的能力都是能够获得成功的关键。本章论证了企业通过学习如何管理、存取和分析企业信息发现并创造价值。

区分数据和信息是很重要的。数据是描述某一事件特征的、未经加工的事实。一次销售活动的数据可以包括日期、商品编号、商品描述、订购数量、客户名称以及运送的详细说明。信息是转换成有意义且有用的情境的数据。来自销售活动的信息可以包括最畅销商品、最不畅销的商品、最佳客户以及最差客户。

6.1 数据库基础

学习目标

6.1 列举、描述高质量信息的5个特征，并且为每个特征举出一个例子。

6.2 阐述数据库和数据库管理系统之间的关系。

6.3 描述企业通过使用数据库可以获得的优势。

6.4 阐述关系数据库模型的基本概念。

6.5 描述数据库管理系统的作用和目的，并列举其中的4个组件。

6.6 描述在多个数据库间集成信息的2种主要方法。

6.1.1 理解信息

最近，谷歌公布其新式企业搜索应用套件工具的销量增长了200%。公司使用这一工具搜索企业信息来回答客户的问题以及完成销售订单。数以百计的谷歌客户，包括施乐（Xerox）、Nextel通信公司、宝洁（Procter & Gamble）和波音（Boeing），都在使用这一工具。具有搜索、分析和理解信息的能力对任何企业的成功而言都是至关重要的。企业搜索应用套件工具惊人的销量增长强烈地表明企业渴望通过技术来组织信息，并且提供对信息的访问。

当处理重大业务问题时，员工必须能够获得并分析所有相关信息，以便他们尽可能做出最好的决定。企业信息来自不同的层级、形式和"粒度"。**信息粒度**是指信息的详细程度（精细、详细的信息或粗略、抽象的信息）。这一范围的一端是粗粒度，或者说是高度概括的信息；另一端是细粒度，或者说是包含大量细节的信息。如果员工使用供应链管理（SCM）系统做决策，他们可能会发现，供应商发送的信息是不同形式、粒度和层级的。某个供应商可能会以电子表格的形式发送详细信息，另一个供应商可能会以 Word 文件的形式发送概要信息，还有另外的供应商可能发送来自数据库的汇总信息。员工在做决策时，必须把不同层级、形式和粒度的信息联系起来。

成功地收集、编辑、分类并最终分析来自多个层级、以多种形式呈现且表示不同粒度的信息，能够对企业运营现状有很深入的理解。认真研究企业信息能够产生令人兴奋和意想不到的结果，例如潜在的新市场、获取客户的新方法，甚至是做生意的新方式。图表 6—2 列示了在企业中发现的不同类型的信息。

图表 6—2 **企业信息的层级、形式和粒度**

信息类型	范围	例子
信息层级	个人	个人知识、目标和战略
	部门	部门目标、收入、支出、流程和战略
	企业	企业收入、支出、流程和战略
信息形式	文件	信件、备忘录、传真、电子邮件、报告、营销和培训材料
	报告书	产品、战略、流程、财务、客户和竞争对手报告书
	电子数据表	销售、营销、行业、财务、竞争对手、客户和订单数据表
	数据库	客户、员工、销售、订单、供应商和制造商数据库
信息粒度	详细（精细）	关于每个销售人员、产品和零件的报告
	概要	关于所有销售人员、产品和零件的报告
	汇总（粗略）	跨部门、企业和公司的报告

三星电子（Samsung Electronics）详细研究了 10 000 多份来自经销商的报告，以确认“交易损失”或者在竞争对手那里失去的订单。这一分析产生了具有启发性的结果：80% 的销售损失发生在一个单独的业务单元，即医疗保健行业。此外，三星能够确定，其在医疗保健行业 40% 的销售损失落入了某个特定的竞争者手中。在做此分析之前，三星正走向它的市场盲区。拥有了这一有价值的信息，三星正在通过实施一项新的战略来改变其在医疗保健行业的营销策略，通过与硬件供应商更紧密地合作赢回销售的损失。

并非所有的公司都能够成功地管理信息。1986 年，办公用品超市 Staples 以最新技术创办了第一家商店。公司经历了一个快速的成长期，然而很快发现，公司被由此产生的海量信息所湮没。最新技术很快过时，公司不能对其海量信息获得任何深入的理解。一个简单的查询，如确定购买计算机而不是购买软件或外部设备的客户，都要花费很长时间。一些查询甚至需要用几天时间来完成。当经理们收到查询结果时已经太迟了。

信息质量

作为澳大利亚四家主要银行之一，Westpac 金融服务（WFS）用它众多的核心系统为数百万个客户服务。每个系统都有各自的数据库。这些数据库对信息进行维护，并对现有信息提供方便的访问。可惜的是，公司未能形成采集信息的标准。某一个系统可以采集电子邮件地址信息，而另一个系统却不能，这就导致了企业信息的不一致。不同系统中重复的客户信息是另一主要问题，并且公司接着发现自己在银行的不同业务中向客户发送冲突、矛盾的消息。客户甚至在公司拥有多个账户，其中一个代表人寿保险，而另一个代表信用卡账户。WFS 无法辨认这两个不同的客户账户是否属于同一个客户。

如果想要保持竞争优势，WFS 必须立即解决信息质量这一问题。公司购买了 NADIS（姓名和地址信息集成软件）。这是一套能够过滤客户信息，并且突出缺失、不准确和冗余信息的软件解决方案。由于公司现在可以为每个客户提供单一和全面的视角，WFS 的客户服务评价正在不断上升。

企业决策的好坏取决于用于做决策的信息的质量。图表 6—3 回顾了高质量信息的五个共同特征：准确、完整、一致、唯一和及时。图表 6—4 在一个信息集合的示例中展示了这些问题。

图表 6—3　**高质量信息的特征**

准确	所有信息是否正确？例如，姓名拼写是否正确？金额记录得是否恰当？
完整	是否缺失任何信息？例如，地址是否包含了街道、城市、州和邮政编码等完整信息？
一致	汇总或概要信息是否与详细信息一致？例如，所有总计项是否确实等于各项总和？
唯一	每笔交易、实体和活动是否在信息中只被表示一次？例如，是否存在重复的客户？
及时	对于业务需求来讲，信息是否是当前的？例如，信息是否每周、每天或每小时更新？

图表 6—4　**低质量信息的例子**

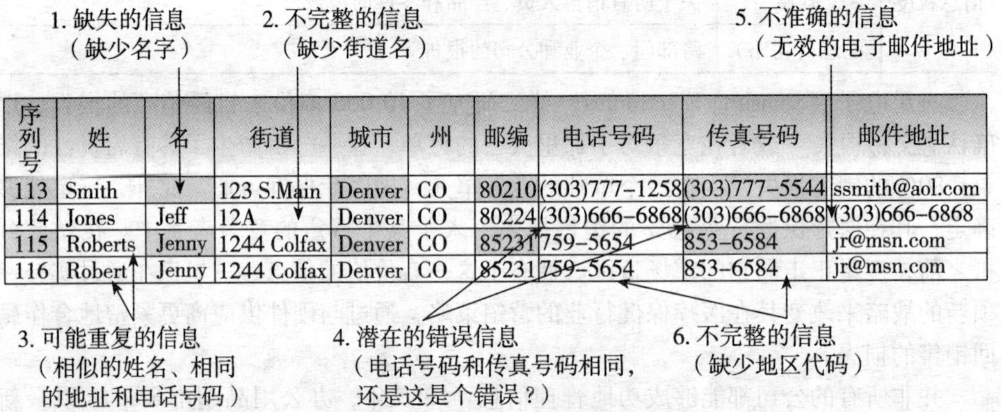

序列号	姓	名	街道	城市	州	邮编	电话号码	传真号码	邮件地址
113	Smith		123 S.Main	Denver	CO	80210	(303)777-1258	(303)777-5544	ssmith@aol.com
114	Jones	Jeff	12A	Denver	CO	80224	(303)666-6868	(303)666-6868	(303)666-6868
115	Roberts	Jenny	1244 Colfax	Denver	CO	85231	759-5654	853-6584	jr@msn.com
116	Robert	Jenny	1244 Colfax	Denver	CO	85231	759-5654	853-6584	jr@msn.com

图表 6—4 强调了低质量信息的几个问题，包括：

1. 第 1 个问题是缺失的信息。客户的名字缺失了（见图表 6—4 中的“1”）。

2. 第 2 个问题是不完整的信息，因为街道地址只有号码，而没有街道名称。

3. 第 3 个问题是可能重复的信息，因为这两个客户仅有的一点不同，就是姓氏的拼写。同样的街道地址和电话号码，使这很有可能成为一种信息的重复。

4. 第 4 个问题是潜在的错误信息，因为这个客户的电话号码和传真号码是相同的。某些客户的电话和传真可能是相同的号码，但客户的邮件地址栏中也是这个号码就很令人怀疑了。

5. 第 5 个问题绝对是一个不准确信息的例子，因为电话号码被填在了邮件地址栏中。

6. 第 6 个问题是不完整的信息，因为电话和传真号码中没有有效的地区代码。

认识到质量问题是如何产生的，能够使企业开始改正它们。低质量信息的四个主要来源分别是：

1. 在线客户故意输入不准确的信息以保护他/她们的隐私。
2. 来自不同系统的信息有着不同的信息输入标准和格式。
3. 客服中心的操作员由于不小心或者为了节省时间，输入了简写或错误的信息。
4. 第三方与外部信息含有不一致、不准确和错误的信息。

列出以上不准确信息的来源将会显著改善企业信息的质量，并提高从信息中获取的价值。

理解劣质信息的成本

使用错误的信息会导致做出错误的决定。错误的决定会导致付出时间、金钱，甚至需要以丧失信誉为代价。每个企业决策的好坏都取决于用于做决策的信息的好坏。劣质信息将会给企业带来严重的后果，例如：

■ 无法准确地追踪客户。这直接影响了战略上的主动性，例如客户关系管理和供应链管理。

■ 难以辨别企业最有价值的客户。

■ 无法辨别销售机会，并且由于向不存在的客户和无法送达的邮件地址营销而减少了收入。

■ 由于不准确的单据，难以对收入进行追踪。

■ 无法与客户建立紧密的联系。这种联系可以提升客户的购买力。

理解优质信息带来的好处

高质量信息会极大地增加做出正确决策的概率，并直接提高企业的基础绩效。目录公司 Lillian Vernon Corp. 使用网络分析后发现，男性更喜欢在 Lillian Vernon 的网站上购物，而不是去浏览它的纸质目录。基于这一信息，公司开始在网站更加显眼的位置上放置男性商品，并很快实现了男性客户销售额 15% 的增长。

另一家公司发现，尽管高尔夫球场众多，但是亚利桑那州的菲尼克斯却不是一个销售高尔夫球杆的理想地点。某分析指出菲尼克斯典型的高尔夫球玩家不是观光者，就是前来参加会议的人。这些高尔夫球玩家到菲尼克斯时，通常会随身携带他们的球杆。分析进一步指出，在美国销售高尔夫球杆的两个最佳地点分别是纽约州的罗切斯特和密歇根州的底特律。

公司运用高质量信息做出切实的企业战略决策的例子不胜枚举。优质信息并不会自动地保证所做出的每一个决策都是正确的，因为最终做决定的是人。但是，优质的信息保证了决策的基础是正确的。企业的成功取决于发现并充分利用及时、优质信息的真正价值。

6.1.2 数据库基础

与任何资源一样，企业必须合理地管理信息。也就是说，企业必须：

1. 确定企业需要哪些信息。

2. 获得这些信息。

3. 以一种有意义的方式组织信息。

4. 确保信息的质量。

5. 提供软件工具，使企业的员工能够访问他们需要的信息。

大多数——如果不是全部——管理信息系统核心的部分是数据库和数据库管理系统。**数据库**用来维护各种对象（库存）、事件（交易）、人员（员工）和地点（仓库）等信息。**数据库管理系统（DBMS）**是用户和应用程序用来与数据库进行交互的软件。可以这样来理解：数据库管理系统之于数据库，就如同文字处理软件之于文件，或电子表格软件之于电子表格。一个是信息，而另一个是人们用来操作这些信息的软件。

一个数据库系统的主要任务是将与交易（例如产品的销售）和企业活动（例如新员工的雇用）有关的每条信息存储并组织起来。因此，数据库中存储了大量的详细信息。那么，一个数据库管理系统的主要任务，就是让用户能够创建、访问和使用数据库中存储的信息。

各种各样的信息，从电子邮件、联系信息，到财务信息、销售纪录，全都被存储在数据库中。有许多不同的模型用来组织数据库中的信息，包括层次数据库模型、网状数据库模型，以及最为流行的——关系数据库模型。在**层次数据库模型**中，信息被组织成树状结构，这种结构允许使用父/子关系来重复信息，但这种形式无法表示太多的关系。层次结构在第一个大型机数据库管理系统中被广泛采用。然而，由于自身的限制，层次结构通常不能与现实世界中存在的关系结构相关联。**网状数据库模型**是一种灵活的、用于表示对象和对象之间关系的方式。层次模型以树状记录来组织信息，每个记录有一个父记录和许多子记录。而网状模型允许每个记录有多个父记录和子记录，因此形成了一种网格结构。**关系数据库模型**是一种以逻辑上相关联的二维表形式存储信息的数据库。本章主要关注关系数据库模型。

6.1.3 数据库的优势

从企业的角度来看，数据库提供了许多优势，包括：

- 更高的灵活性。
- 更强的可扩展性和性能。
- 更少的冗余。
- 更高的完整性（质量）。
- 更高的安全性。

更高的灵活性

数据库试图反映企业的结构。一个好的数据库能够快速、便捷地应对变化，就像任何好的企业都必须快速、便捷地应对变化一样。同样重要的是，数据库允许每个用户以最适合他或她需求的方式来访问信息，因此具有了灵活性。

逻辑视图和物理视图的区别，对于理解数据库用户视图的灵活性是很重要的。信息的物理视图是有关存储设备的，例如硬盘上信息的物理存储；而信息的逻辑视图则关注用户如何合乎逻辑地访问信息，以满足其特殊的业务需求。逻辑和物理视图的分离使得每个用户能够以不同的方式访问数据库的信息。也就是说，当一个数据库只有一个物理视图时，它也可以存在多个逻辑视图。某个用户可能想要一份按照字母顺序排列的客户报告，在这份报告中，姓氏要放在名字之前；而另一个用户可能想要客户的名字在前而姓氏在后。两者都是很容易实现的，它们只不过是同一物理信息的不同逻辑视图。

更强的可扩展性和性能

美国家庭移民历史中心（American Family Immigration History Center）的官方网站 www. ellisisland. org，在开通的第一年就产生了超过 2 5 亿次的访问量。网站提供对 1892 年至 1924 年间，通过纽约港和爱丽丝岛进入美国境内的移民信息的快捷访问。数据库中含有超过 2 500 万名旅客的姓名以及 350 万张相关的船只旅客清单的图片。

只有数据库系统才能够升级以处理海量信息，满足大量用户成功进入美国移民局网站访问数据的要求。**可扩展性**指的是，系统如何适应不断增长的需求。性能用来衡量系统执行一次特定的处理或交易的速度有多快。某些企业，例如 eBay，必须支持数百甚至数千名在线用户，包括员工、合作伙伴、客户和供应商，他们都想访问和共享信息。如今的数据库已经扩展到非同一般的级别，允许各种各样的用户和程序执行处理和信息搜索的任务。

更少的冗余

冗余是信息的重复，或者说是在多个地方存储了同样的信息。冗余信息之所以会出现，是因为企业经常会在多个地方取得和存储同样的信息。冗余信息的最主要问题在于，它们经常是不一致的，这使得人们很难确定哪些信息是最新或最准确的。没有正确的信息对于员工来讲是令人迷惑和沮丧的，而对企业而言则是破坏性的。设置数据库的一个主要目的，就是通过在数据库中唯一的位置记录每条信息来消除信息的冗余。消除信息的冗余能够节省空间，使执行更新更加容易，并且提高质量。

更高的完整性（质量）

信息的完整性是对信息质量的一种度量。在数据库环境中，完整性约束是指那些能够保证信息质量的规则。**完整性约束**被定义并内置在数据库中。数据库（更恰当地说，是数据库管理系统）确保用户不能违反这些约束。有两种类型的完整性约束：(1) 关系完整性约束；(2) 业务规则完整性约束。

关系完整性约束是用来强调基本信息完整性的规则。例如，参照关系完整性约束不允许为一个不存在的客户创建订单记录，提供一个负的涨幅百分比，或者向供应商订购的原材料数量为零。

业务规则完整性约束用来强调对企业成功至关重要的业务规则，它通常比关系完整性约束需要更多的洞察力和知识。试想一个为大型食品连锁店，例如 Safeway，提供新鲜农产品的供应商。供应商可能会执行这样的业务规则完整性约束，声明发货 15 天后不接受任何退货。由于产品可能腐坏，这样的约束是合理的。这类完整性约束试图反映使企业能够获得成功的那些规则。

对关系完整性约束的详细说明和严格执行，能够产生高质量的信息。这些信息将为企业决策提供更好的支持。建立了具体步骤来制定关系完整性约束的企业，通常在信息错误率方面都会下降，并且企业信息利用率都会得到提高。

更高的安全性

信息是企业的财富。和任何财富一样，企业必须保护它的信息免受非法用户的访问和不当使用。随着系统变得日益复杂，以及更容易通过互联网访问，安全成为一个越来越重大的问题。数据库具有许多安全特性，包括密码、访问权限和访问控制。

密码提供了对访问系统的用户的验证。访问权限决定了哪些用户有权访问不同类型的信息，而访问控制决定了其对信息进行何种访问。客户服务代表可能需要对客户订单信息的只读访问，以便他们能够回答有关客户订单的询问，他们可能没有或不需要有更改和删除订单信息的权限。经理可能需要访问员工的文件，但是他们只能访问自己员工的文件，而不是全公司员工的文件。数据库具有各种各样的安全特性，保证了每个人只对特定类型的信息有特定类型的访问权限。

数据库能够提高个人安全和信息安全水平。自 1995 年以来，芝加哥警署（CPD）就依赖于一个叫作民事执法分析与报告（CLEAR）的反犯罪系统。CLEAR 以电子化的手段精简了侦探们输入犯罪信息和访问犯罪信息的方式，分析犯罪类型，并最终以一种积极的方式提升了安全水平。CPD 每年向 CLEAR 中输入 65 万桩新的犯罪案件和 50 万次新抓捕记录。

6.1.4 关系数据库基础

关系数据库模型是一种以与逻辑相关的二维表的形式存储信息的数据库。埃及可口可乐罐装公司（TCCBCE）通过实施库存追踪数据库将订单的准确率提高了 27%，同时将订单响应时间缩短了 66%，并将销售额增加了 20%。有着 7 400 多名员工的 TCCBCE，拥有和经营着 11 个罐装工厂和 29 个分销中心，因此成为埃及最大的公司之一。

传统的，公司派配送货车到每个客户的住处接受订单和运送货物。这一过程伴随许多问题，其中包括：大量的信息输入错误使一份订单平均需要 3 天处理时间。为了改善这一问题，可口可乐决定建立配备手持设备的售前团队去拜访客户，并且以电子化的方式接受订单。回到办公室后，团队成员利用公司的库存追踪数据库同步订单，以保证订单处理准确无误，并快速将货物送达客户手中。

实体、实体类和属性

图表 6—5 举例说明了关系数据库模型的主要概念——实体、实体类、属性、键和关系。实体可以是人、地点、事物、交易或活动，其信息会被存储。实体类（通常叫作表）是相似实体的集合。在图表 6—5 中，我们感兴趣的实体类是客户、订单、订单明细、产品和分销商。我们注意到每一个实体类（相似实体的集合）都存储在不同的二维表中。属性，也叫字段或列，是实体类的特征或特性。在图表 6—5 中，客户的属性包括客户编号、客户名称、联系人名称和电话。产品的属性包括产品编号、产品描述和价格。实体类中每一个具体的实体（例如客户表中的 Dave's Sub Shop）占据各自表中的一行。表中的列包含了属性。

图表 6—5　　埃及可口可乐罐装公司的关系数据库

Order Number: 34562

Coca-Cola Bottling Company of Egypt
Sample Sales Order

Customer: Dave's Sub Shop	Date: 8/6/2008

Quantity	Product	Price	Amount
100	Vanilla Coke	$0.55	$55

Distributor Fee $29.50
Order Total $67.95

CUSTOMER

Customer ID	*Customer Name*	*Contact Name*	*Phone*
23	Dave's Sub Shop	David Logan	(555)333-4545
43	Pizza Palace	Debbie Fernandez	(555)345-5432
765	T's Fun Zone	Tom Repicci	(555)565-6655

ORDER

Order ID	*Order Date*	*Customer ID*	*Distributor ID*	*Distributor Fee*	*Total Due*
34561	7/4/2008	23	DEN8001	$22.00	$145.75
34562	8/6/2008	23	DEN8001	$12.95	$67.95
34563	6/5/2008	765	NY9001	$29.50	$249.50

ORDER LINE

Order ID	*Line Item*	*Product ID*	*Quantity*
34561	1	12345AA	75
34561	2	12346BB	50
34561	3	12347CC	100
34562	1	12349EE	300
34563	1	12345AA	100
34563	2	12346BB	100
34563	3	12347CC	50
34563	4	12348DD	50
34563	5	12349EE	100

DISTRIBUTOR

Distributor ID	*Distributor Name*
DEN8001	Hawkins Shipping
CHI3001	ABC Trucking
NY9001	Van Distributors

PRODUCT

Product ID	*Product Description*	*Price*
12345AA	Coca-Cola	$0.55
12346BB	Diet Coke	$0.55
12347CC	Sprite	$0.55
12348DD	Diet Sprite	$0.55
12349EE	Vanilla Coke	$0.55

键和关系

为了在关系数据库模型中管理和组织各种实体类，开发者必须确定主键和外键，并使用它们来创建逻辑关系。主键是表中可以唯一确定一个给定实体的字段（或字段的集合）。在客户表中，客户编号唯一确定了表中的每个实体（客户），是该表的主键。因为主键提供了一个区分表中每个实体的方法，因此键是很重要的。

关系数据库模型中的外键是某一张表的主键，而在另一张表中作为属性出现，它为两张表提供了一种逻辑关系。试考虑出现在分销商表格中的分销商之一 Hawkins Shipping，它的主键，即分销商编号，为 DEN8001。我们注意到分销商编号同样作为属性出现在订单表中。这就建立起这样的事实，即 Hawkins Shipping（分销商编号为 DEN8001）负责将 34561 号和 34562 号订单送到适当的客户手中。因此，订单表中的分销商编号在订单和分销商两张表之间建立了一种逻辑关系（哪些分销商负责运送哪些订单）。

6.1.5 数据库管理系统

福特在欧洲的工厂每天生产超过 5 000 辆汽车，并销往 100 多个国家。每个车型的每一个部件都必须符合复杂的欧洲标准，包括乘客的安全标准和行人安全保护与环保标准。这些标准影响了福特汽车从设计到最终产品制造过程的每个阶段。公司每年要获得数千次各种批准来遵守这些标准。忽略了任何一个都意味着公司无法售出成品车辆。这将使产品线停滞，由此每天给福特带来的潜在损失可能会高达 100 万欧元。福特建立了一个基于关系数据库的二计时系统（Homologation Timing System，HTS），以帮助企业追踪和分析这些标准。HTS 的可靠性和高性能帮助福特极大地降低了合规风险。

如图表 6—6 所示，用户可以使用不同类型的技术工具直接与数据库交互，例如视图和报表生成器。用户也可以通过使用应用程序与数据库交互，例如会计应用、市场营销应用以及生产制造应用。

图表 6—6　　用户、数据库和 DBMS 之间的交互

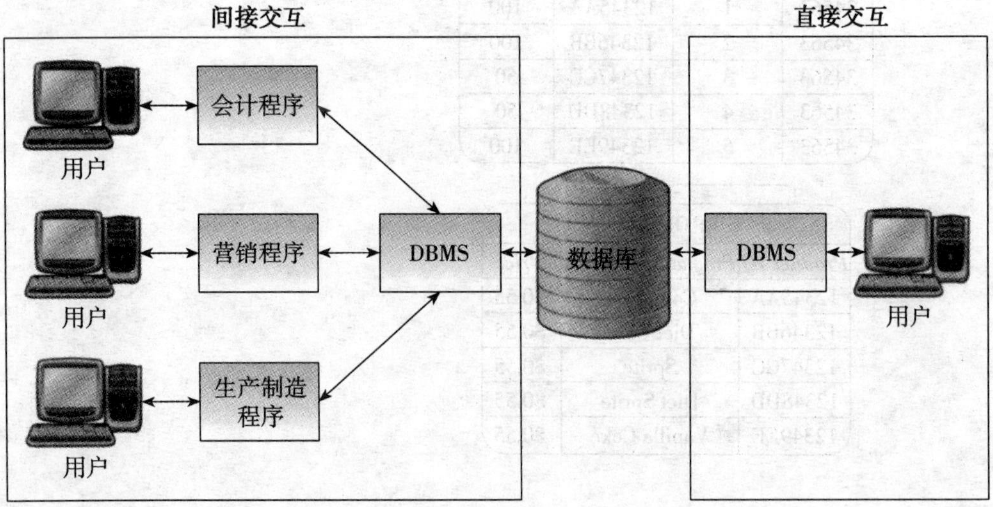

奥地利联邦铁路公司（Austrian Federal Railways）使用 Oracle 数据库维护其铁路系统。联邦铁路系统包括 5 849 多公里轨道，5 993 座水上和陆地高架桥，240 个隧道以及 6 768 个交叉口。多种应用在铁路数据库系统上运行，其中包括会计、订单处理，以及能够正确指出铁路设施位置的地理应用。数据库中包含了 80 多亿个字符，能够支持超过 1 200 名用户。许多企业与奥地利联邦铁路公司一样，使用数据库管理海量信息。

DBMS 由四个主要组件组成——数据定义、数据操作、应用程序生成和数据管理组件（见图表 6—7）。

图表 6—7　　**数据库管理系统的四个组件**

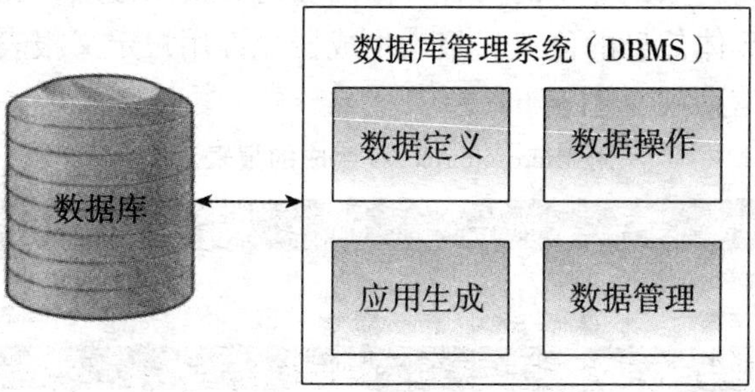

数据定义组件

DBMS 中的数据定义组件帮助创建和维护数据字典以及数据库的结构。数据字典是用来存储信息类型定义、确定主键和外键，并维护表间关系的文件。数据字典从根本上定义了数据库中所包含信息的逻辑属性。图表 6—8 列出了信息的典型逻辑属性。

图表 6—8　　**数据库中字段的逻辑属性**

逻辑属性	举例
字段名	字段的名称，例如客户编号或产品编号
类型	字母数字、数值、日期、时间、货币等
格式	每个电话号码必须有地区代码，格式如（xxx）xxx-xxxx
默认值	地区代码的默认值为（303）
有效性规则	折扣不能超过 100%
输入规则	字段的输入必须是有效的——不允许有空格
重复规则	不允许有信息的重复

图表 6—8 列出的所有逻辑属性都是重要的，它们因信息的类型不同而有所不同。一个典型的地址字段的“类型”逻辑属性可能是含有字母数字的，说明这个字段可以接受数字、字母和特殊字符。这可以算作是关系完整性约束的一个例子。要求折扣

不能超过100%的有效性规则是业务规则完整性约束的一个例子。

数据字典是DBMS的重要组成部分，因为用户可以通过查阅字典来确定不同类型的信息。数据字典还为用户提供创建报表时的重要信息，例如列名和信息格式。

数据操作组件

在4个DBMS组件中，用户大部分时间可能都在使用**数据操作组件**。数据操作组件使用户能够在数据库中创建、读取、更新和删除信息。DBMS含有多种数据操作工具，包括视图、报表生成器、依例查询工具（Query-by-example，QBE）和结构化查询语言。

视图允许用户查看数据库中的内容，做出任何必要的修改，完成简单的排序以及查询数据库以找出具体信息的位置。报表生成器允许用户定义报表的格式，以及其想要在报表中看到的信息（见图表6—9）。

图表6—9　　用Microsoft Access生成的报表示例

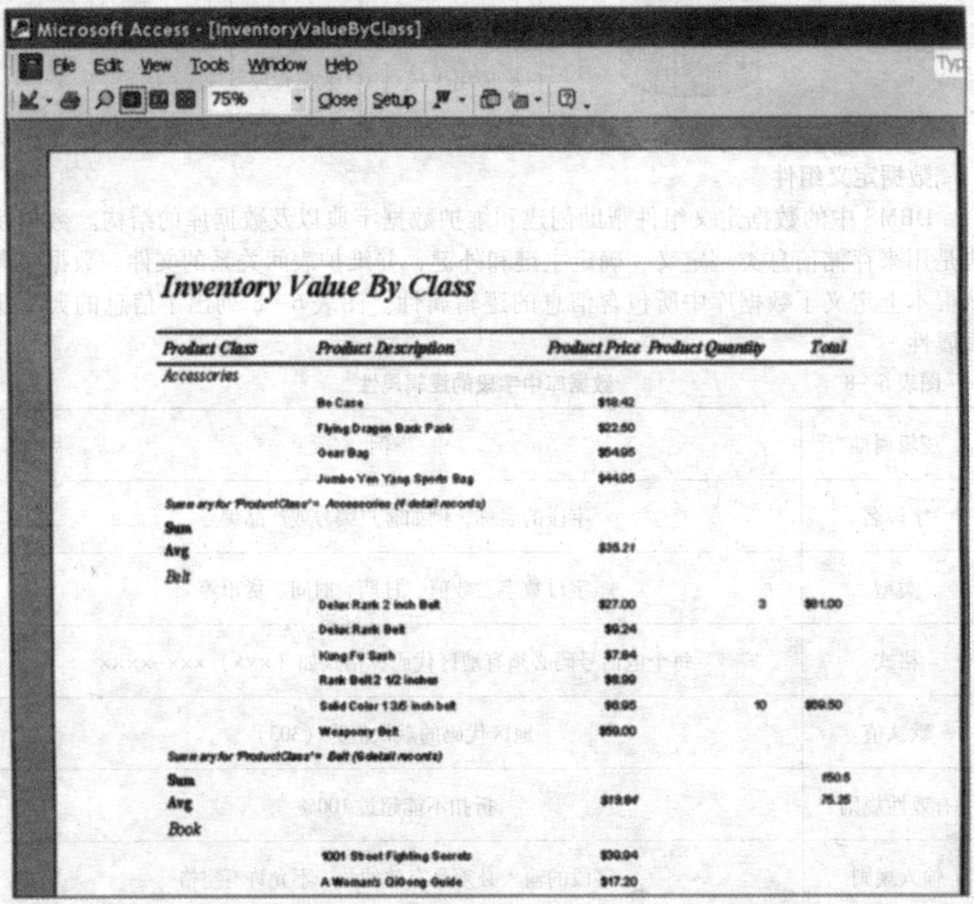

通常，用户会创建查询来访问数据库中的信息。查询其实就是一个问题，例如“有多少客户住在加利福尼亚州?”依例查询工具允许用户以图形化的方式，设计具体问题的回答。图表6—10列示了利用微软的Access QBE工具，查询哪些客户订购了哪些产品的情况。利用QBE，用户可以通过让DBMS找出每个客户、每笔订单的全部产品描述来设计这一查询。图表6—11列示了这一查询的结果。

图表 6—10　　　　　　　　　用 Microsoft Access 产生的 QBE 示例

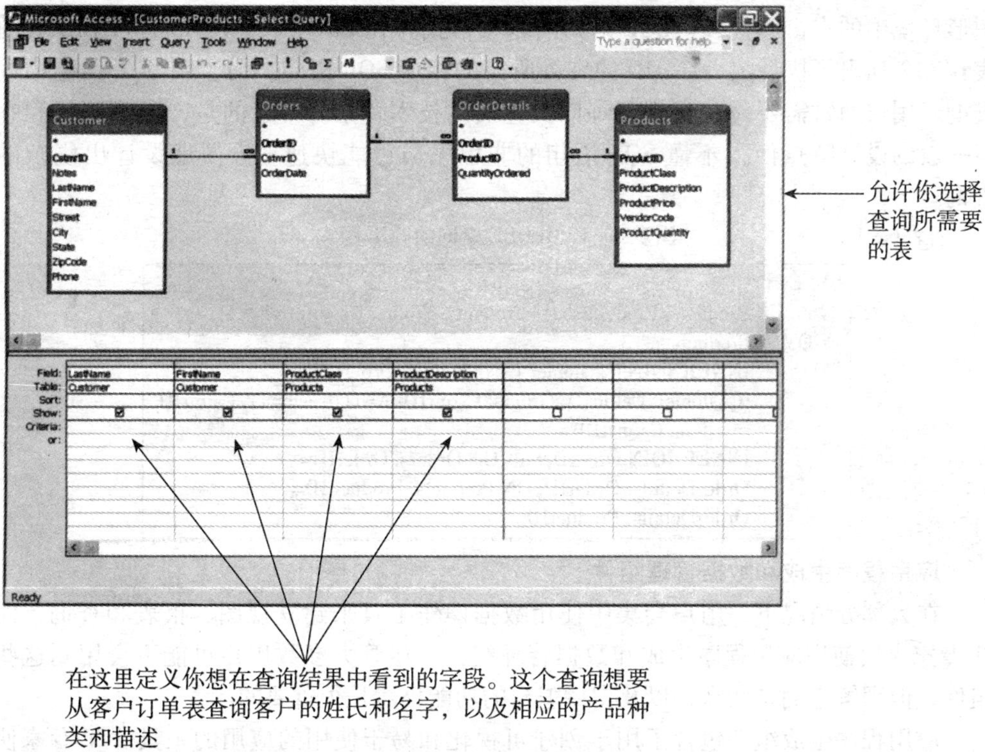

图表 6—11　　　　　　　　　　　图表 6—10 中 QBE 的结果

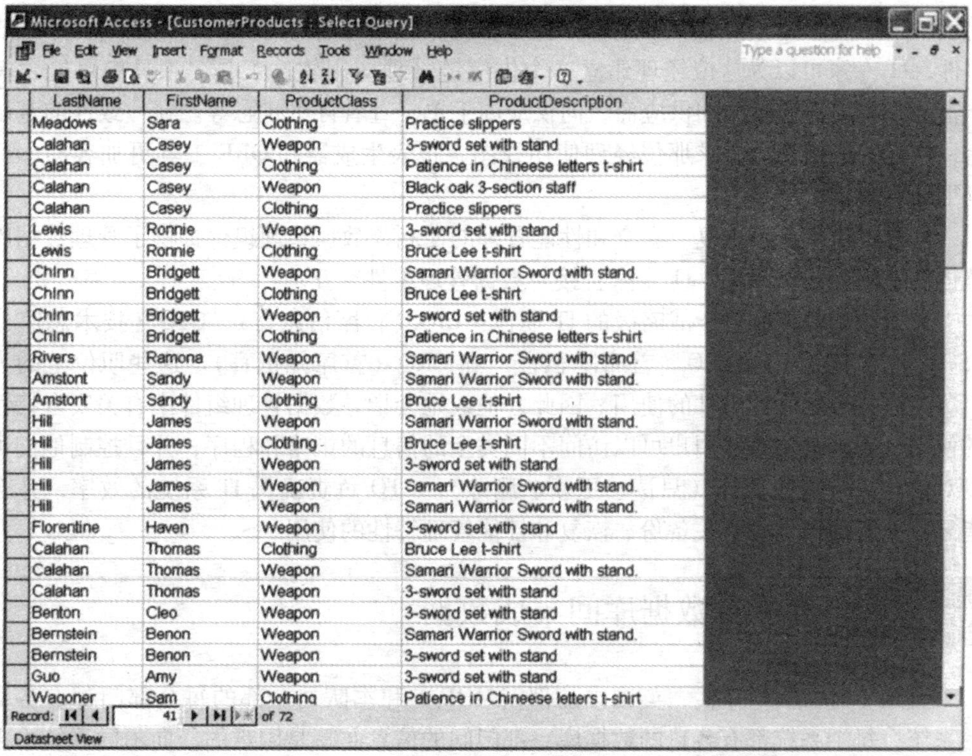

LastName	FirstName	ProductClass	ProductDescription
Meadows	Sara	Clothing	Practice slippers
Calahan	Casey	Weapon	3-sword set with stand
Calahan	Casey	Clothing	Patience in Chineese letters t-shirt
Calahan	Casey	Weapon	Black oak 3-section staff
Calahan	Casey	Clothing	Practice slippers
Lewis	Ronnie	Weapon	3-sword set with stand
Lewis	Ronnie	Clothing	Bruce Lee t-shirt
Chinn	Bridgett	Weapon	Samari Warrior Sword with stand.
Chinn	Bridgett	Clothing	Bruce Lee t-shirt
Chinn	Bridgett	Weapon	3-sword set with stand
Chinn	Bridgett	Clothing	Patience in Chineese letters t-shirt
Rivers	Ramona	Weapon	Samari Warrior Sword with stand.
Amstont	Sandy	Weapon	Samari Warrior Sword with stand.
Amstont	Sandy	Clothing	Bruce Lee t-shirt
Hill	James	Weapon	Samari Warrior Sword with stand.
Hill	James	Clothing	Bruce Lee t-shirt
Hill	James	Weapon	3-sword set with stand
Hill	James	Weapon	Samari Warrior Sword with stand.
Hill	James	Weapon	Samari Warrior Sword with stand.
Florentine	Haven	Weapon	3-sword set with stand
Calahan	Thomas	Clothing	Bruce Lee t-shirt
Calahan	Thomas	Weapon	Samari Warrior Sword with stand.
Calahan	Thomas	Weapon	3-sword set with stand
Benton	Cleo	Weapon	3-sword set with stand
Bernstein	Benon	Weapon	Samari Warrior Sword with stand.
Bernstein	Benon	Weapon	3-sword set with stand
Guo	Amy	Weapon	3-sword set with stand
Wagoner	Sam	Clothing	Patience in Chineese letters t-shirt

Record: 41 of 72

结构化查询语言（SQL）是一种在大多数 DBMS 中被普遍使用的第 4 代标准化查

询语言。SQL 完成的功能与 QBE 相同，不同的是用户必须输入语句，替代了原来在图形环境中的点击和拖拽。SQL 语句的基本格式为 SELECT... FROM... WHERE。图表 6—12 列出了执行图表 6—10 的查询所需的相应 SQL 语句。为了用 SQL 语句描述查询，用户通常需要一些正规训练以及扎实的技术背景。幸运的是，QBE 工具和它拖一放的设计特点使得不懂 SQL 语句的非程序员也能快速、方便地设计出复杂的查询。

图表 6—12　　**图表 6—10 中 QBE 查询的 SQL 版本**

```
SELECT  Customer.LastName, Customer. FirstName,
        Products. ProductClass, Products. ProductDescription
FROM    Products
        INNER JOIN (Customer INNER JOIN Orders ON
        (Customer. CstmrID=Orders. CstmrID) AND (Customer. CstmrID
        =Orders. CstmrID))
        INNER JOIN OrderDetails ON Orders. OrderID=
        OrderDetails. OrderID) ON Products. Product ID=
        OrderDetails. ProductID;
```

应用程序生成和数据管理组件

在大部分情况下，用户会集中使用数据操作工具来建立视图、报表和查询；而 IT 专家主要使用应用程序生成和数据管理组件。尽管大多数用户可能不会用到这些组件，但理解它们是什么，以及支持怎样的功能仍然是很重要的。

应用程序生成组件包含了用于创建可视化和易于使用的应用的工具。IT 专家使用应用程序生成组件为用户建立程序，使他们能够通过一个具体针对他们的应用需求的接口来输入和操作信息。试想一个参与企业供应链管理的经理。利用应用程序生成组件，IT 专家可以为这位经理建立一个供应链管理应用软件工具。工具中可能含有丰富的菜单项，包括添加供应商、向供应商下单、查看订单状态等。在一致性的基础上，这样的应用将比要求那位经理使用视图、报表生成器和 QBE 工具更加容易，而且更加直观。

通过提供备份、恢复、安全和性能管理的便利，数据管理组件提供了管理数据库整体环境的工具。同样，IT 专家直接与数据管理组件交互。

大多数企业拥有若干战略级的 IT 职位：CIO（首席信息官）、CTO（技术总监）、CSO（首席安全官）、CPO（首席隐私官）和 CKO（首席知识官）。这些职位上的人们负责监督数据管理组件的使用。因此，他或她会指导数据管理组件中有关安全特性的使用，实施有关哪些用户可以访问不同类型的信息的策略和程序，并且控制他们可以对信息执行哪些功能（只读、更新、删除）。CTO 负责确保 IT 系统的效率，并会指导数据管理组件中有关备份、恢复和性能管理特性的使用。

6.1.6 在多个数据库间集成数据

直到 20 世纪 90 年代，英国国防部（MOD）和军队司令部的每个部门都有各自的系统，每个系统都有各自的数据库，部门间的信息共享是困难的。向不同系统中多次手工输入相同信息同样是费时和低效的。在许多情况下，管理层甚至不能编辑需要的信息来回答提问以及做出决策。

军队通过集成这些系统，或者说通过在众多数据库间建立联系，解决了这一问题。通过在数据库间传递信息，集成使军队的多个系统实现了自动通信，从而不再需要向多个系统中手工输入信息，因为信息一旦输入，集成程序会立即向其他所有数据库发送这一信息。集成不仅使不同部门间能够共享信息，而且显著提高了信息的质量。现在，军队可以生成报表来详细描述军备状态和其他重要事宜，这在建立独立系统间的集成之前几乎是不可能完成的任务。

集成使得独立系统间能够相互直接通信。与英国军队的情况类似，企业将会维护多个系统，每个系统有各自的数据库。如果没有集成，企业将会：（1）花费大量时间向多个系统输入相同信息；（2）遭遇低质量和不一致问题，这些问题通常潜藏于冗余信息中。尽管没有完全消除冗余信息，大多数集成程序能够确保它们在多个系统间的一致性。

有两种集成方法可供企业选择。第一种方法是基于价值链的流程链接（和它们底层的数据库）建立前向和后向集成。**前向集成**接收输入到指定系统的信息，并自动向所有的下游系统和过程发送该信息。**后向集成**接收输入到指定系统的信息，并自动向所有的上游系统和过程发送该信息。

图表 6—13 列示了这一方法是如何在销售、订单录入、订单履行和账单系统或过流中发挥作用的。例如，在订单录入系统中，员工可以更新客户的信息。通过集成程序，这一信息将被发送到上游的销售系统以及下游的订单履行系统和账单系统。

图表 6—13　　　　客户信息的前向和后向集成示例

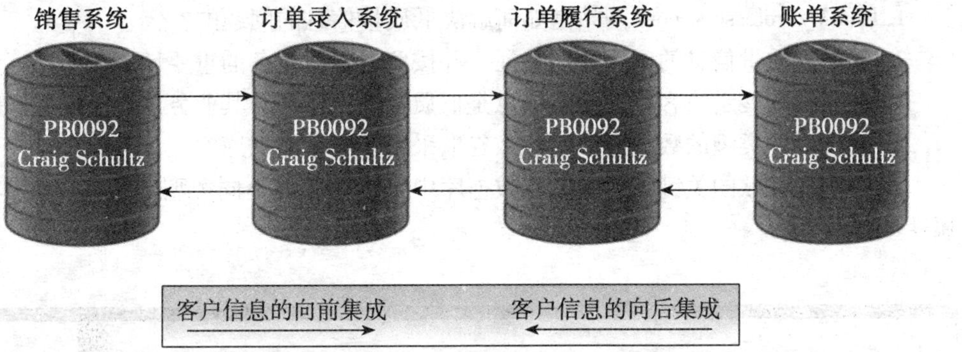

理想情况下，企业希望同时建立前向和后向集成，这为在任何系统中创建、更新和删除信息提供了灵活性。然而，集成程序成本较高，且难以建立和维护，于是大多数企业只建立了前向集成（图表 6—13 中销售到账单）。仅仅建立前向集成意味着，第一个系统（销售）中的变化将会导致其他所有系统发生变化。而对于任何发生在第一个系统之外的变化，信息的集成则是不可能的，这可能再次导致企业信息的不一致。为了解决这一问题，企业可以实施这样的业务规则，即与第一个系统不同，其余所有系统只能读取集成信息。这就要求用户只能在第一个系统中修改信息，同时这样的操作总会触发集成过程，并保证企业信息的同步。

第二种集成方法是为特定类型的信息建立一个中央数据库。图表 6—14 提供了一个使用这种方法在企业的四个不同系统间集成客户信息的例子。用户只能在中央客户数据库中创建、更新和删除客户信息。当用户在中央客户数据库执行这些任务的时候，集成程序自动将新的和/或更新后的客户信息发送到其他系统中。限制了其他系统的用户只能读取系统中存储的客户信息。同样的，这种方法没有完全消除冗余，但是它确保了多个系统间信息的一致性。

图表 6—14　　**在数据库间集成客户信息**

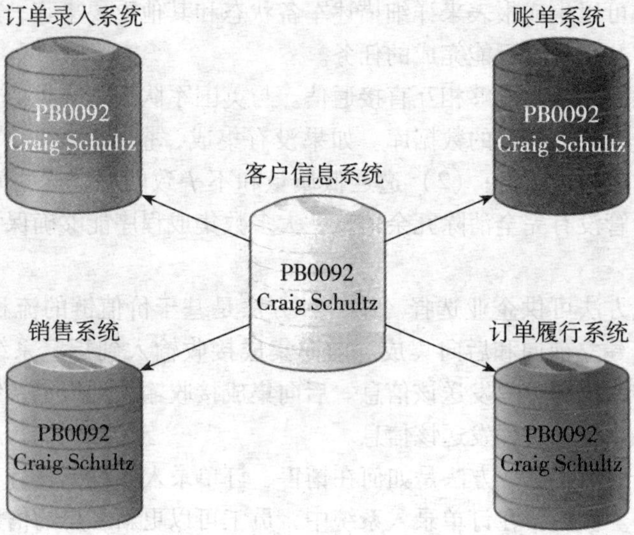

引例问题

寻求收入——谷歌

1. RateMyProfessors. com 网站是如何解决低质量信息的问题的？

2. 回顾高质量信息的五个共同特征，并按照对谷歌业务的重要性排序。

3. 如果谷歌展示给客户的搜索信息是低质量的，将会对其业务产生怎样的影响？

4. 描述不同类型的数据库。为什么谷歌采用了关系数据库？

5. 辨别在谷歌的关键字广告关系数据库中可能存储的不同类型的实体、实体类、属性、键和关系。

6.2　数据仓库基础

学习目标

6.7　描述企业中数据仓库和数据集市的作用和目的。

6.8　将数据仓库（和数据集市）的多维特性和数据库的二维特性进行比较。

6.9　明确在整个企业中保证信息纯净的重要性。

6.10　阐述商务智能和数据仓库之间的关系。

6.2.1　访问企业信息

Applebee 邻家烤肉 & 酒吧连锁店宣布其年度销售额超过了 32 亿美元，并且仍在积极地利用公司数据仓库中的信息增加销售额以及削减成本。公司每天将位于美国49个州和7个国家共1 500家分店前一天的销售信息收集到数据仓库中。

对地区偏好的了解，例如得克萨斯州的食客们比新英格兰的食客们更偏爱牛排，使公司实现了它的企业战略，即成为一个迎合当地人口味的邻里烤肉店。由于能够针对客户的地区需求制定企业决策，公司发现了其数据仓库的巨大价值。公司同时利用数据仓库中的信息完成以下功能：

- 将每小时服务的实际顾客数作为其人工预算的根据。
- 开展促销商品分析，以帮助企业减免由于过量或者不足库存而造成的损失。
- 确定理论和实际的食品成本和使用原料。

6.2.2 数据仓库的历史

20世纪90年代，随着企业开始需要更加及时的业务信息，它们发现传统的运营信息系统过于繁琐，无法快速、有效地提供相关的信息。运营系统一般包括会计、订单录入、客户服务和销售系统，它们并不适于进行业务分析，原因如下：

- 并不包括其他运营系统的信息。
- 运营系统没有集成，或是不能在某个地方使用。
- 运营信息主要是当前的——不包括做出正确决策所需的历史信息。
- 运营信息经常出现质量问题（错误）——信息需要进行清理。
- 没有历史信息，难以说明事物是如何随着时间变化的，以及为何这样变化。
- 运营系统并不是为分析和决策支持而设计的。

20世纪后半叶，数据库的数量和种类不断增加。许多大型企业发现它们的信息分散在多种平台和技术当中，这使得任何人想使用来自多方面的信息几乎是不可能的。那些过时的报表工具更多是为了执行而不是管理业务而设计的，利用它们完成跨业务系统的报表会花费几天或几周的时间。从这一想法出发，数据仓库作为一个存储相关信息的地方便应运而生，这些信息可以生成管理所需的战略报表。这里的关键是“战略”一词，因为大多数经理较少关心日常业务，他们更加关心的是对模型和企业职能的整体把握。

数据仓库的一个关键想法就是接收来自多种平台/技术（可以是电子表格、数据库和文本文件）的信息，并把它们存放在能够使用同一种查询工具的同一位置上。这样一来，日常运作数据库就可以运行在任何对于运作最为有效的系统中，而报表/战略信息则可以存放在使用同一种语言的同一位置上。数据仓库又更进一步地通过定义每个术语并使之成为标准，给予了信息同一性。性别便是这方面的一个例子，性别可以用多种方法来指代（如男性和女性、M/F、1/0）。但是在数据仓库中，必须用一种同一的标准化的方式来指代每种性别（如M/F）。

这样的设计使得对决策的支持更易获得，并且不会影响日常业务。关于数据仓库，必须强调的是，它不是一个存放所有企业信息的地点，而是用来存放人们感兴趣的，或者能够辅助决策制定者制定与企业整体目标有关的战略决策的信息的地点。

数据仓库是将数据转化为信息的技术。数据仓库提供战略级的、外部的、集成的和历史的信息，帮助企业做出预测、明确趋势并解决关键业务问题。数据仓库从多个业务系统中收集和存储集成的历史信息集合，并把它们输入到一个或多个数据集市（data marts）中。它还可以为终端用户提供访问以支持企业级的信息视图。

6.2.3 数据仓库基础

数据仓库是从许多不同的运作数据库收集用以支持业务分析活动和决策任务的信息的逻辑集合。设置数据仓库的主要目的是将整个企业中的信息聚集到一个单一的数据库中，使员工可以制定决策和从事业务分析活动。因此，尽管数据库存储了所有交易（例如产品的销售）和活动（例如雇用新员工）的详细信息，而数据仓库则以一种更适于支持决策任务的聚集的形式存储相同的信息。聚集，在这种情况下，可以包括总和、计数、平均数等诸如此类的。

图表 6—15 的数据仓库模型通过提取、转化和加载（ETL）汇集信息，这些信息来自内部数据库或者叫交易/运作数据库，以及外部数据库。ETL 是一个这样的过程，即从内部和外部数据库中抽取信息，用一组公用的企业定义转换这些信息，并把它们装载到数据仓库当中。然后，数据仓库将这些信息的子集发送到数据集市中。数据集市包含数据仓库中信息的子集。为了区分数据仓库和数据集市，可以这样想：数据仓库更加关注企业整体，而数据集市拥有集中的、针对某一特定业务单元，例如财务或生产运作需求的信息子集。

图表 6—15　　典型的数据仓库模型

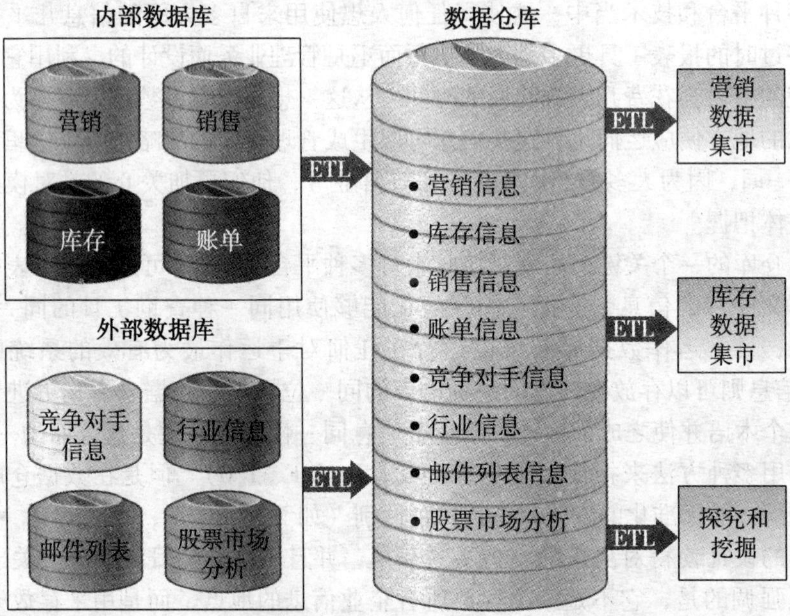

Lands' End 建立了一个企业级的数据仓库，使所有员工都能够访问企业信息。但 Lands' End 很快就发现“物极必反”。许多员工不愿使用数据仓库，因为它实在过于庞大和复杂，并且有太多不相关的信息。Lands' End 知道它的数据仓库中存在着宝贵的信息，因此它必须为员工们找到一种可以轻松访问这些信息的方法。对于公司的信息过载问题，数据集市是一个绝佳的解决方案。一旦员工们开始使用数据集市，他们就立即被信息所蕴藏的财富深深吸引了。数据集市对于 Lands' End 来说是一个巨大的成功。

多维分析

关系数据库以一系列二维表来存储信息。在数据仓库和数据集市中，信息是多维的，也就是说，它包含列和行的多层次。由于这个原因，大多数数据仓库和数据集市是多维数据库。维度是信息某一特定的属性。数据仓库或数据集市中的每一层代表了某一维度的信息。**数据立方体**是用来表示多维信息的常用术语。图表 6—16 展示了一个数据立方体（立方体 a），它表示了商店信息（层）、商品信息（行）和促销信息（列）。

图表 6—16　**用来完成三家商店、五种商品和四种促销活动的多维分析的数据立方体**

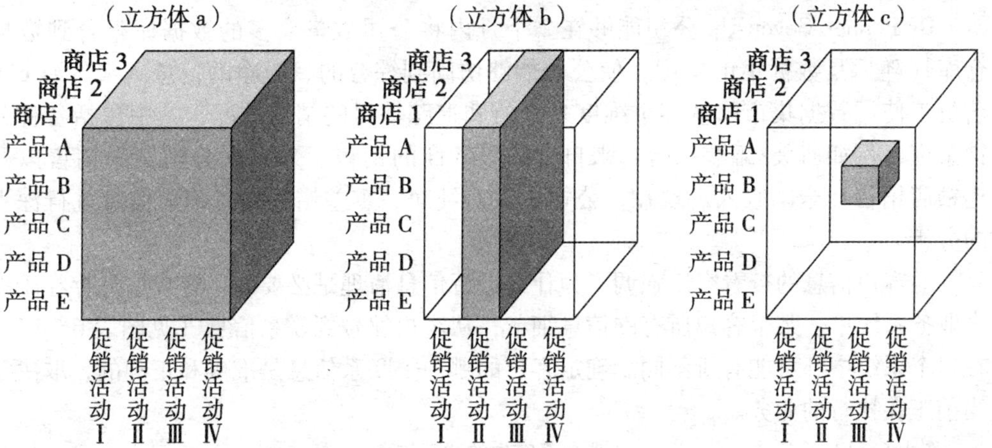

数据立方体一旦被创建，用户就可以在立方体上进行切片和切块，以获取更深层的信息。图表 6—16 中的第二个数据立方体（立方体 b）展示了一个切片，它表示所有商店和所有商品在促销活动Ⅱ中的信息。图表 6—16 中的第三个数据立方体（立方体 c）只展示了商店 2 的商品 B 在促销活动Ⅲ中的信息。利用多维分析，用户能够以多种方式、从任意维度来分析信息。用户可能想要为当前分析增加信息的维度，包括商品类别、地区，甚至预报与实际天气的对比。数据仓库的真正价值在于它能够提供多维分析，使用户能够获得对信息的深入了解。

数据仓库和数据集市是减轻一些数据库查询负荷的理想选择。例如，查询数据库以获得商品 B 在商店 2 的平均销售额，正在进行的促销活动Ⅲ可能会为数据库带来相当大的处理负荷，因此延长了另一名用户在同一个数据库中插入一条新销售记录所需的时间。如果企业在一个数据库（或多个数据库）中执行大量的查询操作，那么把这些信息聚集到数据仓库中将是有益的。

信息清理

维护数据仓库或数据集市中高质量的信息是极其重要的。据数据仓库研究所

(Data Warehousing Institute) 估计，低质量信息每年使美国企业损失 6 000 亿美元。这一数字看起来似乎很高，但这还不是最坏的。如果企业正在利用数据仓库或数据集市分配广告用的资金，低质量信息一定会对企业做出正确决策的能力产生负面影响。

为了提高企业信息的质量从而提高决策的效率，企业必须制定一项战略以保持信息的纯净。这就是信息清理的概念，即剔除和修复或丢弃不一致、不正确或不完整信息的过程。

专业化的软件工具利用复杂的算法解析、规范、修正、匹配和整合数据仓库中的信息。这是至关重要的，因为数据仓库中经常含有来自几个不同数据库的信息，其中一些可能是企业外部的数据库。在数据仓库中，信息清理首先发生在 ETL 的过程中，然后是在信息进入数据仓库的时候。公司可以从若干不同的厂商中选择信息清理软件，这些厂商包括 Oracle、SAS、Ascential Software 和 Group 1 Software 等。理想地，清理过的信息是零差错并且一致的。

Dr Pepper/Seven Up 公司能够在 2 个月内将公司数量众多的数据库整合到数据仓库（随后是数据集市）中，使公司能够访问到综合的、纯净的信息。大约有 600 名员工使用数据集市，从多个维度来分析和追踪饮料的销售情况，其中包括各种分销渠道，例如瓶装/罐装销售、来自食品服务商的销售、来自大分销商的销售以及连锁店销售和全国收入。现在，公司正在对纯净、零差错的实时销售信息进行深入的分析。

对客户信息的查看突出强调了为什么进行信息清理是必要的。客户信息存在于多个业务系统中，某个客户所有的信息细节，从客户编号到联系信息（见图表 6—17），在每个系统中都可能有所不同。确定客户的哪一个联系信息是准确和正确的，取决于当前正在执行的业务。

图表 6—17　　**业务系统中的联系信息**

图表 6—18 展示了同一个客户姓名在多个业务系统中的不同输入。信息清理技术使企业能够修正这些类型的不一致，并清理数据仓库中的信息。图表 6—19 展示了信息清理过程中的典型活动。

图表 6—18　　　　　　　　　　**规范业务系统中的客户姓名**

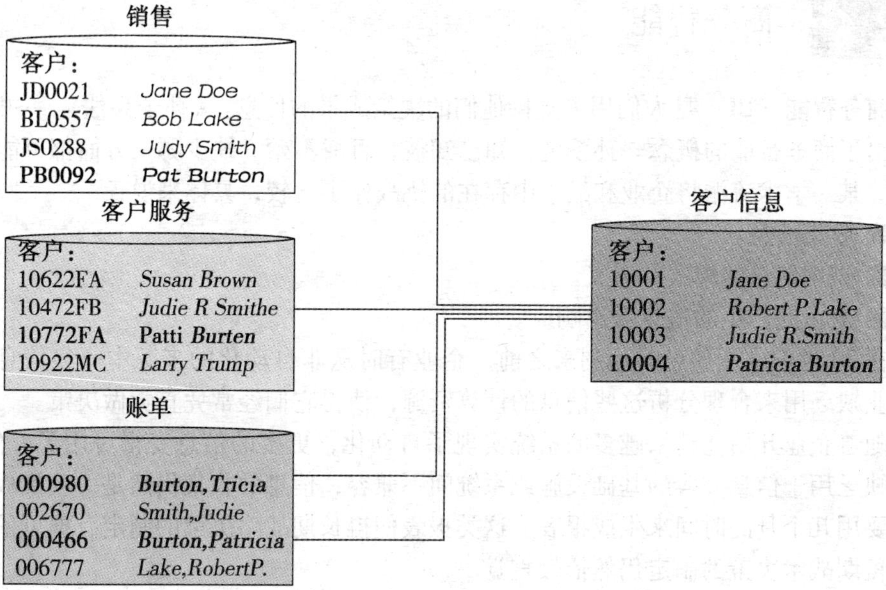

图表 6—19　　　　　　　　　　**信息清理活动**

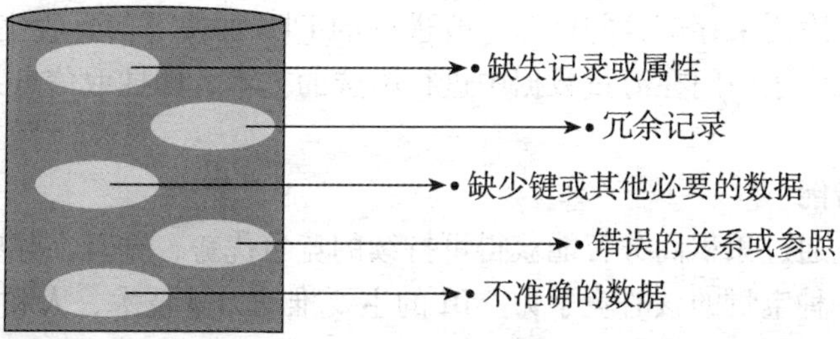

获得完美的信息几乎是不可能的。企业想要获得更完整和更准确的信息，就要付出更多的成本（见图表 6—20）。对于完美信息的权衡在于，要在准确性和完整性之间做出取舍。准确的信息意味着它是正确的，而完整的信息则意味着没有空缺。出生日期 2/31/10 是一个完整但不准确的信息的例子（2 月 31 日不存在）。一个含有丹佛市、科罗拉多州，但不含邮政编码的地址是一个不完整但准确的信息的例子。大多数企业会确定一个足够高的百分比，并以一个合理的成本来进行决策，例如 85% 的准确性和 65% 的完整性。

图表 6—20　　　　　　**准确和完整的信息**

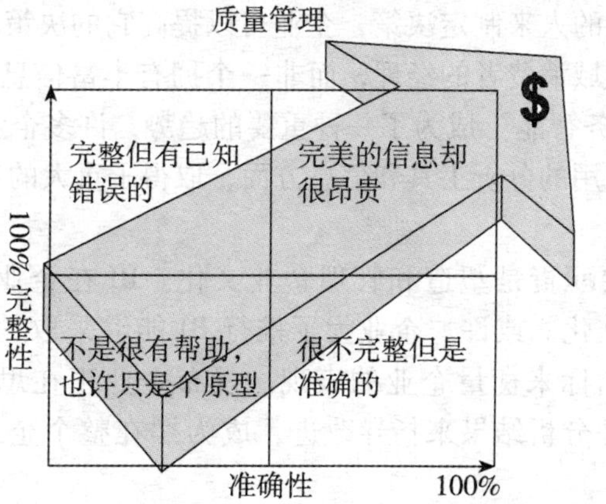

6.2.4 商务智能

商务智能（BI）是人们用来支持他们的决策成果的信息。《孙子兵法》一书较早地提出了商务智能的概念。孙膑说，知己知彼，百战不殆。缺少哪一方面都可能导致失败。某一学术流派将企业和战争中存在的挑战作了比较，具体来说：

- 收集信息。
- 识别信息的模式和意义。
- 对由此产生的信息做出响应。

在20世纪末期信息时代到来之前，企业有时从非自动化的来源中收集信息。由于企业缺乏用来合理分析这些信息的计算资源，使得它们经常凭直觉做决策。

随着企业开始让越来越多的系统实现了自动化，更多的信息变得可用了。然而，由于缺乏用于信息交换的基础设施或系统间不兼容，信息的收集仍然是一项挑战。有时需要用几个月的时间来生成报表。这类报表使得长期战略决策的制定有据可依。然而，短期战术决策的制定仍然依赖直觉。

现代企业中，越来越多的标准、自动化和技术带来了大量的可用信息。数据仓库技术建立了储存库用来存储这些信息。改进后的ETL加快了信息收集的速度。现在，商务智能已经成为了一门在海量数据中进行筛选的艺术，即抽取信息并把它们转化为可操作的知识。

启动商务智能

竞争性企业通过累积商务智能获得可持续的竞争优势，并且在某些情况下，这种智能也被看作一种宝贵的核心竞争力。BI的主要推动力是技术、人和企业文化。

技术

如今，即使是最小型的公司，利用BI软件也可以从事大约30年前最大型的企业都进行不了的复杂分析。现在，最大型的公司已经可以建立企业级的BI系统。这些系统几乎能够计算和监控对公司的管理而言很重要的每一个变量。这是如何做到的呢？答案就是技术——商务智能最重要的推动力。

人

理解人在BI中的作用，使企业能够系统地形成深入的理解，并把这些理解转化为行动。通过让合适的人来制定决策，企业可以提高它的决策水平。“合适的人”通常是指一个了解该领域消费者的经理，而非一个拥有丰富信息但缺乏经验的分析家。近几年来，“大众商务智能”成为了一种重要的趋势，许多企业在向比以往大很多的用户群提供复杂但易用的分析工具和信息方面，取得了重大的进展。

文化

经理的一个主要职责是塑造和管理企业文化。BI在企业发展的程度在很大程度上取决于企业的文化。或许，企业为了推行BI能够采取的最重要的一项措施就是，用一系列关键指标来衡量企业的表现。发布企业正在思考什么是最重要的指标，衡量这些指标并分析结果来指导改进，成为摆在整个企业BI面前的一项重要任务。

6.2.5 数据挖掘

Ruf Strategic Solutions 帮助企业利用统计方法对大型数据仓库进行分析来识别那些表现出共同特点的客户群体。于是，营销专家就可以针对这些客户群体，设计特别的产品和促销活动。数据挖掘是一个分析数据并抽取信息的过程，这些信息仅由原始数据是无法提供的。数据挖掘也可以从概要信息水平（粗粒度）开始，通过提高详细程度（向下钻取），或降低详细程度（向上钻取）来进行。

用户需要数据挖掘工具来完成数据挖掘。数据挖掘工具利用各种技术，在海量信息中找寻模式和关系，并从中推断能够预测未来行为和指导决策的规律。数据仓库和数据集市的数据挖掘工具包括查询工具、报表工具、多维分析工具、统计工具和智能代理。

最大的视频游戏发行商之一 Sega of America，利用数据仓库和统计工具，分配每年超过 5 000 万美元的广告预算。利用数据仓库，产品线的专家和营销战略家们“钻入”每一家零售连锁店的趋势当中。他们的目标是发现购买趋势，以帮助他们确定哪些广告策略的效果是最佳的，以及如何通过媒体、营业地区和时间来重新分配广告资源。图表 6—21 展示了未来几年企业在数据挖掘工具上的平均花费。

图表 6—21　**数据挖掘工具的投入预测（单位：百万美元）**

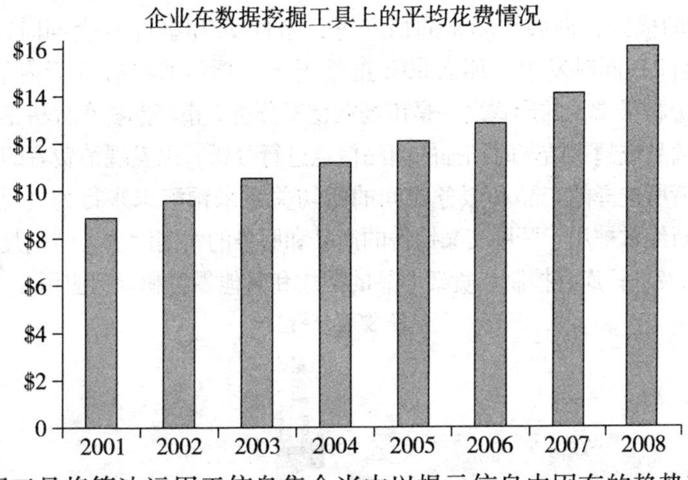

数据挖掘工具将算法运用于信息集合当中以揭示信息中固有的趋势和模式，分析家利用它们制定新的商业策略。分析家们利用数据挖掘工具的输出结果建立模型，当有新的信息集合输入时，模型可以完成各种信息分析功能。分析家们通过把分析技术和业务问题结合在一起提供商务解决方案，这样做往往能够揭示重要的新关联、模式和趋势。数据挖掘分析功能较为常见的形式有聚类分析、关联检测和统计分析。

聚类分析

聚类分析是一种用来将一个信息集合划分为互相排斥的组合的技术，即组内的成员尽可能接近，而不同的组间尽可能疏远。聚类分析经常被用来划分客户关系管理系统中的客户信息，以帮助企业辨别有着相似行为特征的客户群体，例如最佳客户集群或一次性客户集群。使用聚类分析同样可以揭示信息中自然存在的模式。

那些能够“理解”人类语言的数据挖掘工具，正在医学界有着令人意想不到的应用。IBM 和 Mayo Clinic 发现了医疗记录中隐藏的模式，即婴幼儿白血病有三类不同的集群，每一类都可以从量身定制的治疗方法中获益。IBM 生命科学部的总经理 Caroline A. Kovac，期望挖掘癌症患者记录中的聚类模式会找到一些线索来指引“在癌症治疗上取得巨大进步”。

关联检测

Maytag 公司，一家拥有 4 300 百万美元资产的家用和商用电器制造商，雇用了数百名研发工程师、数据分析师、品质保证专员和客户服务人员携手合作，以确保公司的每一代电器都要优于上一代。Maytag 是一个利用关联检测数据挖掘工具来获取商务智能的企业的例子。

关联检测揭示了信息中变量之间相互关联的程度，以及这些关联的性质和频率。例如，Maytag 的保修分析工具利用统计分析自动地检测潜在问题，提供对报告轻松、快捷的访问，并且对所有保修信息进行多维分析。这一关联检测数据挖掘工具使得 Maytag 的经理们能够在大多数客户意识到问题以前，就采取积极的应对措施来控制产品的缺陷。这一工具还使得 Maytag 的员工将更多的时间花在诸如确保所有产品高质量的增值工作中，而非花在等待或手工分析月度报表中。

许多人认为关联检测就是关联规则生成器。因为他们通过创建规则，来确定事件在某一特定的时间同时发生或按照某个逻辑序列接连发生的可能性。百分比通常可以反映这些事件的模式，例如“55% 的情况下，事件 A 和事件 B 会同时发生”或“如果项目 A 和项目 B 同时发生，那么 80% 的情况下，项目 C 会在 3 天内紧接着发生。”

关联检测分析最常见的形式之一是市场购物车分析。**市场购物车分**析是对电子商务网站的客户购买商品或超市结账时扫描的商品信息进行分析，以发现消费者的购买行为，并通过识别消费者所选择的产品和服务之间的密切关系来预测未来行为（见图表 6—22）。市场购物车分析经常被用于开展交叉销售的产品和服务的营销活动（特别是在银行、保险和金融业），以及进行库存控制、货架商品的摆放和其他零售和营销应用。

图表 6—22　　**购物篮分析**

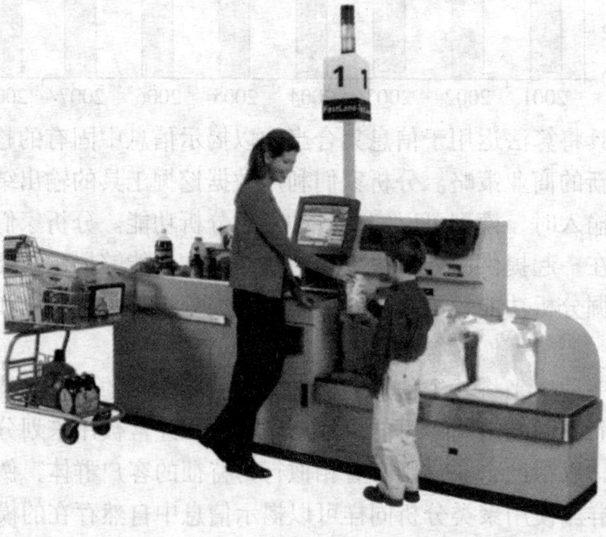

统计分析

统计分析完成诸如信息的关联、分布、计算和方差分析等功能，这里只列举这些。数据挖掘工具为知识工作者提供了广泛而强大的统计功能，使他们能够快速地建立各种统计模型，研究模型的假设和有效性，并且比较各种模型，为某一特定的业务问题选择其中最好的一个模型。

Kraft 是知名的速食食品生产商，旗下品牌有 Oreo、Ritz、DiGiorno 和 Kool-Aid。公司采用了两套数据挖掘应用技术来确保所有产品线的味道、颜色、香味、口感和外观的一致。一个应用用来分析产品的一致性，另一个应用则用来分析减少过程变异（PVR）。

产品一致性工具 SENECA（感觉及实验的收集）通过对诸如耐嚼性、甜度、脆度和奶油含量等品质给出精确的定义和数值表来收集和分析信息。然后，SENECA 在消费者测试的基础上建立模型，分析历史，进行趋势预测，评估潜在的产品改进和变化。

PVR 工具确保每一种 Kraft 食品的味道、颜色、香味、口感和外观的一致，因为食品制作过程中即使细微的差异都可能导致口味上存在巨大的不同。通过评估每一步制造工艺，从配料表到饼干面团的形状和大小，PVR 工具能够为每个产品节省大量成本。使用这类质量控制和聚类分析的数据挖掘技术，保证了 Kraft 每年卖给消费者的数十亿产品总能保持好味道。

预测是统计分析的一种常见形式。预测的正式定义是根据时间序列信息做出的预报。**时间序列信息**是以某一特定频率收集的、用时间标记的信息。时间序列信息的例子包括网站每小时的访问量、每月的销售额和每天的电话量。预测数据挖掘工具使用户可以操作预测活动的时间序列。利用时间序列预测工具通过改变时间单元查看交易信息，例如将周信息转换为月信息或季信息，或将每小时信息转换为每天的信息，在交易信息中发现趋势和季节性变化。用这种方式，公司将一连串的经济和市场指标作为其生产、投资和人员决策的基础。预测模型使企业在决策时能够将所有变量都纳入考虑。

Nestlé Italiana 从属于跨国巨头雀巢集团，目前正主导着意大利的食品行业。公司的数据挖掘预测解决方案使公司的经理能够以事实为依据制定客观的决策，而不是从直觉出发做出主观决定。利用这一解决方案，公司的销售预测改善了 25%。为季节性糖果产品确定销售预测是一项重要而具有挑战性的工作。在复活节期间，Nestlé Italiana 只有四周的时间营销、配送和销售公司的季节性产品。圣诞节的时间范围稍长一些，能够持续 6 ~ 8 个星期，而其他节假日，例如情人节和母亲节的时间范围往往更短，只有一周左右。

公司的数据挖掘解决方案收集、组织和分析海量信息，以产生功能强大的、能够确定趋势和预测糖果产品销售情况的模型。商务智能基于五年来的历史信息，并且是在能够辨别哪些是重要的、哪些是次要的基础上建立的。Nestlé Italiana 先进的数据挖掘工具，对母亲节销售量的预测达到了 90% 的准确率。公司从 40% 的库存减少和 50% 的订单变更减少中获益，这全都得益于公司的预测工具。现在，确定季节性糖果产品的销售预测已经成为 Nestlé Italiana 领先的一个领域。

如今，像 Business Objects、Cognos 和 SAS 这样的厂商，提供了全面的数据挖掘决策的解决方案。下一步，这些公司计划在它们的产品中加入更多的预测分析功能。其目标是给予企业更多基于内部和外部信息的应对“what-if”情景的能力。

引例问题

寻求收入——谷歌

6. 谷歌是如何利用数据仓库提高其运作水平的？

7. 谷歌为什么需要清理其数据仓库中的信息？

8. 为谷歌的营销和销售部门确定一个用来追踪和分析关键词“广告收入”的数据集市。

章后案例：Harrah's——科技上的大赌注

Harrah's 娱乐公司取得巨大成功的原因是其对信息技术战略做了大投资。Harrah's 投资 IT 的结果包含：

■ 客户访问量每年 10% 的增长。

■ 市场毛利润 33% 的增长。

■ 每年超过 2.08 亿美元的收益。

■ 产业内最高的投资回报率——3 年收回投资。

■ 连接跨越 12 个州的 24 个赌场超过 42 000 台游戏机的网络。

■ 在《计算机世界》杂志评出的“2003 年最好的 100 个 IT 工作场所”中，排名第六。

■ 获得由数据仓库学会（数据仓库首要协会）颁发的“数据仓库领域 2 000 领导者奖”。

开赌场是一个竞争很激烈的行业（现有竞争者之间的敌对是很严重的）。Bill Harrah 是这一领域的先驱，他 1937 年开了第一个宾果游戏厅并承诺了解每一个客户。在 1984 年 Harrah's 的主席兼 CEO——Phil Satre，仍然坚守着对顾客的承诺。为了寻求竞争优势，Harrah's 投资了一项企业级的技术设施来维护 Bill Harrah 最初的信仰：“服务好你的客户，他们才会忠诚。”

Harrah's 对客户的承诺

Harrah's 启用了其获得专利的 Total Rewards 程序以帮助与客户建立牢固的关系。这个程序追踪客户 26 个维度的游戏习惯，并且现在维护着超过 1 900 万个客户的信息，公司利用这些信息进行分析、预测和最大化每个客户的价值。

Harrah's 公司获得成功的一个主要原因是采用了服务型的战略。Total Rewards 允许 Harrah's 给予每个客户适当的关注，无论是在酒店房间摆放糖果还是提供免费早餐。Total Rewards 通过为每一个客户创建一个账户和一个相应的 IC 卡来工作，当客户（他或她）要玩游戏时需要刷一下这个卡。这个程序收集客户赌博的次数，他们总的得失以及他们下赌注的策略。客户可以根据赌博的时间长短获得相应的积分，他们可以用这些积分去换免费票，如免费晚餐、酒店房间、表演门票，甚至是现金。

Total Rewards 帮助员工来决定为每个客户提供何种等级的服务。当一个客户在 Harrah's 预约时，接电话的客服代表可以浏览该客户的详细信息，包括他的忠诚度、通常玩的游戏、过去的输赢状况以及潜在净收益。如果客服代表注意到该客户有钻石级的忠诚度，那么客服代表就会知道这个客户不用排队等候，并且可以终身享受免费升级到最贵的房间。

“我们在营销和做决策时做的每一件事都是通过技术实现的”，Harrah's 的首席运营官 Gary Loveman 如是说。“这一商业成功的智慧在于用对客户具有吸引力的促销驱动客户。我们的方法是不同的，我们通过了解客户来刺激需求。例如，如果其中一个客户总是在四月的时候在 Harrah's 度假，那么他们在二月入住就会获得一个‘四月免费周末’的促销。”

利用数据仓库获得商务智能

每年有超过 9 000 万个客户来 Harrah's，因此要追踪一个超过澳大利亚人口总数的客户群是一个很大的挑战。为了应对这个挑战，Harrah's 开发了一个叫作 WINet（赢家数据网络）的系统。WINet 连接 Harrah's 的所有地方，允许在企业级的基础上进行客户信息的收集和分享。WINet 通过公司的所有交易、游戏机和酒店管理和预约系统来收集客户信息，并将这些信息存放在一个中央数据仓库中。数据仓库中的信息包括以小时为时长记录的客户和游戏信息。营销部门用数据仓库来分析客户信息，以获得对其行为模式和对客户的更深层的了解，这就允许依据消费习惯来制定针对每个客户个性化的营销战略。最重要的是，数据仓库可以允许公司根据信息而不是直觉做出决策。

赌场通常对待客户就好像他们属于一个单一的地方，也就是他们最常去的地方。Harrah's 是第一个意识到鼓励客户参观多个地方潜力的赌场。今天，Harrah's 发现参观超过一个地方的客户，在其身上所得的利润增长最快。在 Total Rewards 运行的第一个两年，Harrah's 公司从那些在超过一个赌场赌博的客户那里实现了 1 个亿的收益增长。

Harrah's 同时使用商务智能来决定游戏机的绩效。使用数据仓库，Harrah's 检查每一台游戏机的绩效和费用结构。因此，它可以很快发现那些没有交付最优运营绩效的游戏，并可以决定移动或替换这些游戏。对每一个游戏机绩效的评估使得 Harrah's 节约了数千万美元。CIO Tim Stanely 说：“我们从数据仓库抽取更多的数据，增加我们科学决策分析工具的使用和复杂性。我们期望通过更多新的方法来提高客户的忠诚度和满意度，获取更多的利润，同时减少我们的费用，成为我们关注的、实现可持续盈利和成功的重要部分。”

安全和隐私

一些客户对 Harrah's 的信息收集战略存在担忧，因为他们想要保持赌博信息的隐私性。对这些客户来说，好消息是赌场比大多数的公司对客户的信息更加留心。例如，赌场不能像未成年人一样发送营销的材料。为了严格遵守政府的规定，赌场必须在适当的地方确保信息安全和施加一定的限制。许多其他的公司事实上通过售卖客户信息挣了很多钱。Harrah's 绝不会加入这个潮流，因为掌握客户信息是企业主要的竞争优势。

Harrah's 的未来

Harrah's现在的系统支持企业获得每小时约14万美元的收益（也就是每周大约2 500万美元）。将来，Harrah's 希望转变为设备独立的公司，可以允许员工通过PDA、手持电脑收集、访问公司数据仓库的信息。“管理好与客户之间的关系对于我们生意来说是至关重要的”，Stanely 说，“我们为了达到这个目的可以应用任何的技术。”

问题

1. 识别劣质信息可能对 Harrah's 服务性企业战略产生的影响？

2. Harrah's 是如何使用数据库技术实现服务性战略的？

3. Harrah's 是最早向参观多个 Harrah's 地点的客户提供奖励的一批赌场之一。试述如果它没有在每个赌场的数据库间建立集成，Harrah's 如何在分散的数据库之间或利用数据仓库同步客户信息？

4. 估计一下如果 Harrah's 的客户信息系统有一个安全缺口，则会存在哪些潜在影响？

5. 思考三种不同类型的数据集市，Harrah's 用以建立来帮助分析企业的运作绩效？

6. 如果 Harrah's 在装载信息进入数据仓库前对信息的清理失败，则会发生什么？

7. 描述聚类分析、关联检测和统计分析，并解释Harrah's 是如何利用每一项技术洞悉它的业务的？

第7章 网络、通信与无线计算

7.1 网络与通信

- 网络基础
- 体系结构
- 拓扑结构
- 协议
- 传输介质
- 电子商务网络

7.2 无线计算

- wi-fi
- 无线技术发展的商业驱动力
- 企业“移动”的优势
- 无线技术的未来

引例：数字医院

许多年来，信息技术给各行业带来的巨大好处，医疗保健行业均一一错过。据Economy. com公司估计，20世纪90年代，医疗保健行业的生产率有所下降。在这样一个整体经济蓬勃发展的年代，医疗保健业却是一个巨大的未充分开发的领域。随着医院、保险公司和政府不断增加各自的信息技术投入，这种情况正有所改变。医院最终抛弃了笨拙、缓慢的第一代网络，并逐步配备便携式电脑、软件和互联网技术。

位于新泽西州哈肯萨克市的哈肯萨克大学医学中心（Hackensack University Medical Center），是美国国内最积极的IT技术采用者之一。自1998年以来，该医学中心共在IT项目中投入了7 200万美元。这些IT投入给医院带来了回报：患者的死亡率逐年下降——4年来下降了16%，而医护质量和生产效率也在稳步提高。该医学中心IT创新最重要的部分，是起到医院中枢神经系统作用的网络软件。利用无线上网便携式电脑，护士们登录系统、记录患者信息和治疗进展情况。医生们通过无线设备登录网络，开列药方和安排实验室检查。从自动化的药房到X光实验室，一切都是联网的，消除了对传真、电话和其他繁琐事项进行管理的需要。图表7—1列出了该医院的IT系统开发项目。

医疗保健支出占美国经济的15%，即1.7万亿美元。这一比例非常大，以至于任何效率上的提高都会影响整体经济。乔治·W. 布什总统在医疗保健IT创新项目上的指定负责人David Brailer博士预言，到2014年，IT投入一年节省的成本将达到

1 400亿美元。比节省金钱更重要的是挽救生命。据美国国家科学院医学研究所（National Academy of Sciences Institute of Medicine）估计，每年仅因未考虑药物相互作用的问题，就致使约7 000名美国人死亡。医院的失误每年造成10万人死亡。早先的证据表明，采用适当的技术可以减少这一问题的发生。使用了电子处方系统的医院可以将处方错误减少80%。

图表7—1　　**哈肯萨克大学医学中心的IT系统项目**

患者可以利用房间内的37寸等离子电视，上网了解各自的治疗状况。患者也可以参加有关自身状况的互动课程，以找出出院之后，照顾自己的方法
在一个真人大小的机器人Mr. Rounder的帮助下，医师们可以在世界上几乎任何地方巡视医院病房。利用配有操纵杆和有着网络链接的便携式电脑，医生操纵机器人到医院各处，通过远程视频同患者和其他医生讨论病情。当一场暴风雪使Garth Ballantynes博士无法前往医院时，他利用Mr. Rounder，在其82英里外的家中巡视病情
以无线方式连入医院网络的口袋大小的PC机，使医生能够自由地在医院的任何地方开列药方和调取医疗记录
护士利用无线便携式电脑，记录患者的重要症状和使用药物的情况。医生可以利用便携式电脑，登录同样的中央系统，开列药方，安排实验室检查，并读取患者的治疗进展情况
医院的内部网站存储了所有的医疗影像。医生可以在医院内外的任何一台电脑上，察看患者的X光、MRIs和CT扫描图的清晰数码图像
一个大型的、装有手臂的机器人Robbie，读取输入到医院计算机系统中的药方，然后抓取存放在墙上格子中的药物。这些药物随后被放入做了患者标记的容器当中

引言

通讯系统使数据能够在公共或专用网络上传输。网络是通过连接两台或多台计算机，以及制定能使它们协调工作的标准，即协议，而建立的通信、数据交换和资源共享系统。传统的通讯系统和网络是复杂而效率低下的。然而，当今的现代网络基础设施可以给企业带来诸多益处。现代网络能够可靠地连接全球的员工和客户。全世界越来越多的企业正在采用网络基础设施解决方案。网络在企业如何通向市场方面给予了更多的选择——某种意义上，网络提供了覆盖全球市场的解决方案。这些选择包括无线技术、IP语音（VoIP）和射频识别技术。本章详细回顾了关键的通信、网络和无线技术。这些技术正在被全世界的企业所采纳。

7.1　网络与通信

学习目标

7.1　比较LANs、WANs和MANs。

7.2　列举并描述网络的四个组成部分。
7.3　比较两类网络体系结构。
7.4　说明拓扑结构的含义以及各种拓扑类型的网络。
7.5　描述 TCP/IP 协议及它的主要作用。
7.6　明确网络中常见的各种介质类型。

7.1.1 网络基础

音乐是咖啡零售商星巴克（Starbucks）最受欢迎的服务。在星巴克咖啡店里，借助于公司自有的在线音乐库和日益先进的店内网络，顾客们可以一边品尝咖啡，一边欣赏 CD 唱片里的音乐。

网络的类型范围很广，从两台计算机组成的小型网络，到最大的网络，即互联网。网络主要提供了两点好处：通信和共享。电子邮件是最流行的网络通信形式。图表 7—2 给出了三种不同类型的网络。图表 7—3 用图示的方式描绘了每一种网络类型。

图表 7—2　**网络类型**

局域网（LAN）	一种利用电缆或者无线电信号，在一个有限地理区域内，通常是一座建筑内或一组建筑之间，连接两台或多台计算机的网络。一座联网的办公大楼、学校或小区通常有一个单独的局域网。每个连入网络的计算机被称为工作站
广域网（WAN）	一种在地理上分散的区域内（例如跨国家或全世界），为企业提供数据通信服务的计算机网络。互联网是一种跨越全世界的广域网
城域网（MAN）	在比局域网覆盖范围大、比广域网覆盖范围小的地理区域内，提供链接的计算机网络。一所大学或企业可能会拥有一个城域网。它连接校园内或企业园区内不同的局域网

网络类型可以做如下的区分：

■ 体系结构——对等网络、客户机/服务器网络。
■ 拓扑结构——总线型、星型、环型、混合型、无线网络
■ 协议——以太网、传输控制协议/网际协议（TCP/IP）网络。
■ 传输介质——同轴电缆、双绞线、光纤。

7.1.2 体系结构

两类主要的网络体系结构分别是：对等网络和客户机/服务器网络。

对等网络

如图表 7—4 所示，对等（P2P）网络是任何没有中央文件服务器的网络。在对等网络中，所有计算机都可以访问存放在其他工作站/计算机上的公共文件，并使用相连的打印机，而无需服务器的帮助。

图表 7—3　　　　　　　　　　　**局域网、广域网与城域网**

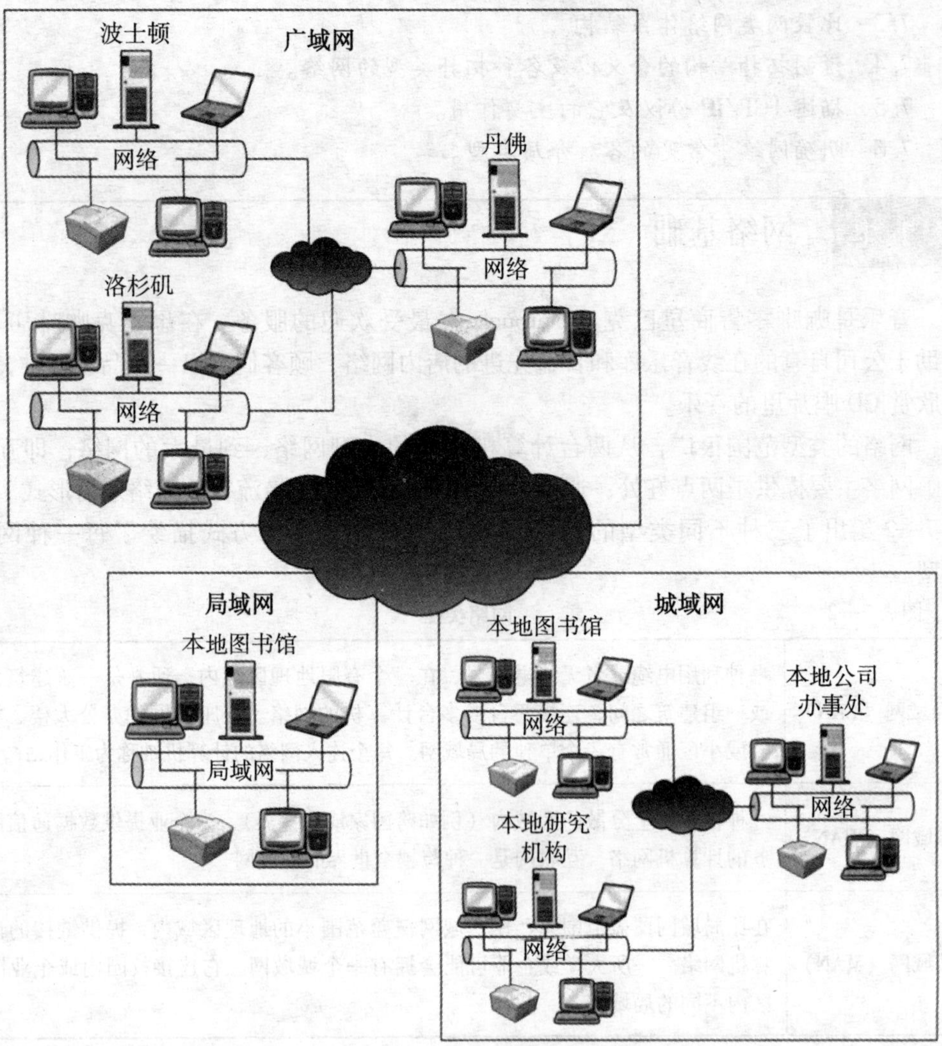

图表 7—4　　　　　　　　　　　**对等（P2P）网络**

虽然 Napster 也许是最广为人知的 P2P 实现的例子，但它可能也是应用最窄的例子之一，因为 Napster 模型只利用了 P2P 众多计算能力中的一种：文件共享。这一技术有着更广泛的功能，包括对处理能力、内存和存储器的共享，以及对大量分布式计算机之间协作的支持。对等计算使人和计算机系统之间能够进行即时交互。

客户机/服务器网络

客户机向服务器请求信息，服务器提供信息，响应客户机的请求。**客户机/服务器网络**是一种网络应用程序运行的模式。在这一模式下，大量的后端处理，例如执行一次数据库的物理查找，发生在服务器上；而前端处理，如与用户进行交互，则由客户机处理（见图表 7—5）。**网络操作系统（NOS）**是用来管理网络的操作系统。它引导信息在计算机之间正确传递，并管理网络安全和用户。客户机/服务器模式已成为网络计算的常用模式之一。如今很多企业应用程序都采用了客户机/服务器模式。

图表 7—5　**客户机/服务器网络**

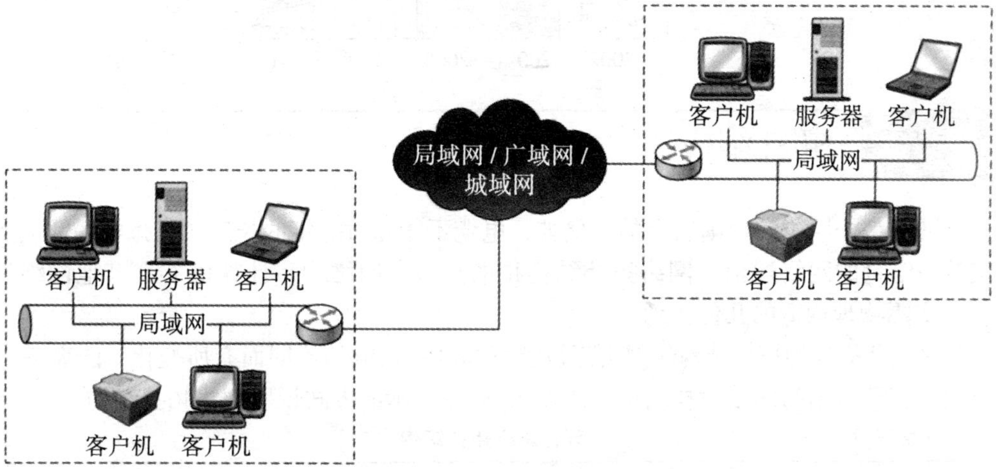

客户机/服务器体系结构的基本部分是分组交换。分组交换即计算机将发送信息划分成若干大小最有效的单元，该单元称为分组数据包。每一个分组数据包中都包含目的计算机的地址（头部信息）。每一个数据包被发送到网络上，并被路由器截获。路由器是一种智能连接设备。它检查接收到的每个数据包，然后决定接下来从哪条线路，将它们发送到目的地。数据包会到达预期的目的地，尽管其中一些实际上可能经过了不同的物理线路。接收计算机将这些包组合到一起，并将信息传递到适当的应用程序当中。全世界企业安装的网络路由器的数量正在迅速增长（见图表 7—6）。

趋势科技（Trend Micro）公司的 CIO Eva Chen 研发了一种路由器，能帮助阻止蠕虫等病毒进入网络。大多数现存杀毒软件存在的问题在于，在一连串破坏性的代码被确认之后，杀毒软件才开始起作用。这也就意味着，只有在蠕虫等病毒已经被释放到网络中之后，它才开始杀毒。而 Chen 建立的网络防毒墙（Network VirusWall）路由器被安装在公司网络的分界处。它能够扫描数据包，并扣留那些可能携带蠕虫等病毒的数据包。任何可疑数据包都会与趋势公司病毒追踪控制中心不断更新的病毒特征信息进行比较。蠕虫等病毒随后会被删除，被拒绝进入网络，使公司能够对病毒实施先行控制。

图表 7—6　　　　全世界路由器数量的增长情况

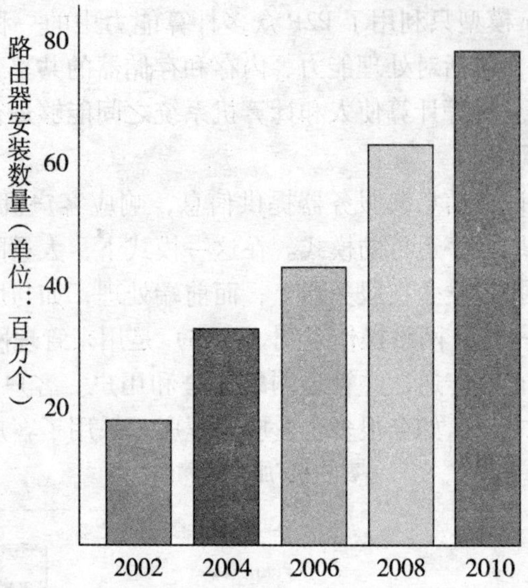

7.1.3 拓扑结构

网络是按照一定规则组合的。例如，电缆不能超过一定的长度；每条电缆线只能支持一定量的网络通信。**网络拓扑结构**指的是，在网络中，计算机（和其他网络设备）实际物理构造的几何排列。

采用什么样的拓扑结构随网络建设预算和网络功能的不同而有所变化。图表 7—7 给出了五种常用的网络拓扑结构。图表 7—8 以图示的方式说明网络拓扑结构。

图表 7—7　　　　五种网络拓扑结构

总线型	所有设备被连接到被称为总线或主干的中心电缆上。总线型网络相对来说较便宜，且易于搭建小型网络
星型	所有设备被连接到称作集线器的中央设备上。星型网络相对来说易于搭建和管理，但可能会有瓶颈产生，因为所有数据都必须经过集线器
环型	所有设备相互连接成闭环，每台设备都与其两侧的其他设备直接相连。环型拓扑结构相对来说较昂贵，不易安装，但是它能够提供高带宽，并可以跨越较长的距离
混合型	几组星型排列的工作站被连接到线型的总线主干电缆上。它结合了总线型和星型拓扑结构的特点
无线	通过接收器/发送器设备被连接到特殊的网络接口卡上，在许可的传输范围内，在计算机和服务器之间传输信号

7.1.4 协议

协议是一套标准。它详细说明了数据在传输过程中的格式，以及传输需要遵守的规则。简单地说，为了使一台计算机（或计算机程序）与另一台计算机（或计算机程序）"对话"，它们必须使用同一种语言，而这种语言就被称为协议。

图表 7—8　　网络拓扑结构

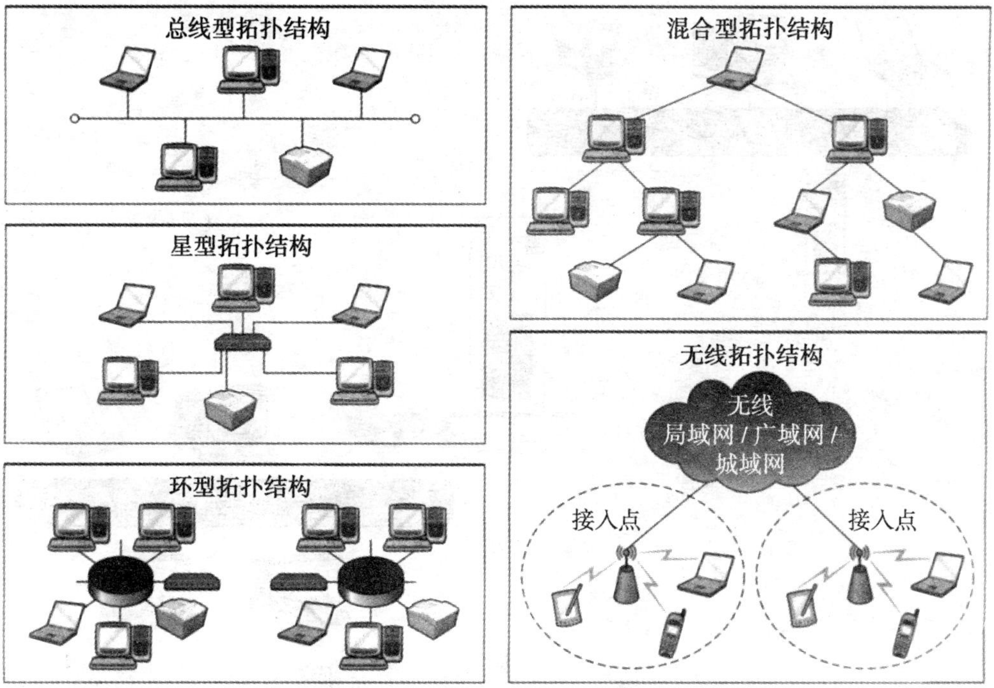

协议基于一套约定的标准。所有使用这一协议的硬件和软件制造商，以类似的方式，按照协议标准生产产品，以获得互操作性。互操作性是两个或多个计算机系统共享数据和资源的能力，即使它们是由不同制造商生产的。使用最广泛的网络协议是以太网和传输控制协议/网际协议（TCP/IP）。

以太网

以太网技术是局域网的物理层和数据层技术（见图表 7—9）。以太网是使用最广泛的局域网接入方法。它最初由施乐（Xerox）公司开发，后来施乐公司、数字设备公司（Digital Equipment Corporation）和英特尔（Intel）公司又进一步将其开发成技术标准。当以太网最初在 20 世纪 80 年代被广泛部署时，它理论上能够支持的最大数据传输率为每秒 10 兆比特（Mbps）。前不久，快速以太网将传统以太网技术的峰值数据传输率提高到 100Mbps，而千兆以太网技术将性能指标提升到 1 000Mbps。

以太网作为主要局域网技术留存下来——目前，它被全世界大约 85% 的连接 PC 机和工作站的局域网使用——因为它的协议具有如下特点：

■ 易于理解、实现、管理和维护。

■ 允许低成本的网络手段。

■ 为网络的搭建提供了广泛的灵活性。

■ 保证了符合标准的产品之间的成功互连和操作，而不管它们是由哪个制造商生产的。

传输控制协议/网际协议

最常见的通信协议是传输控制协议/网际协议。它最初由美国国防部开发，被用来连接一个冗余的计算机网络系统。这一系统后来发展成著名的互联网。TCP/IP 协议

图表 7—9　　　　　　　　　　　　**以太网协议**

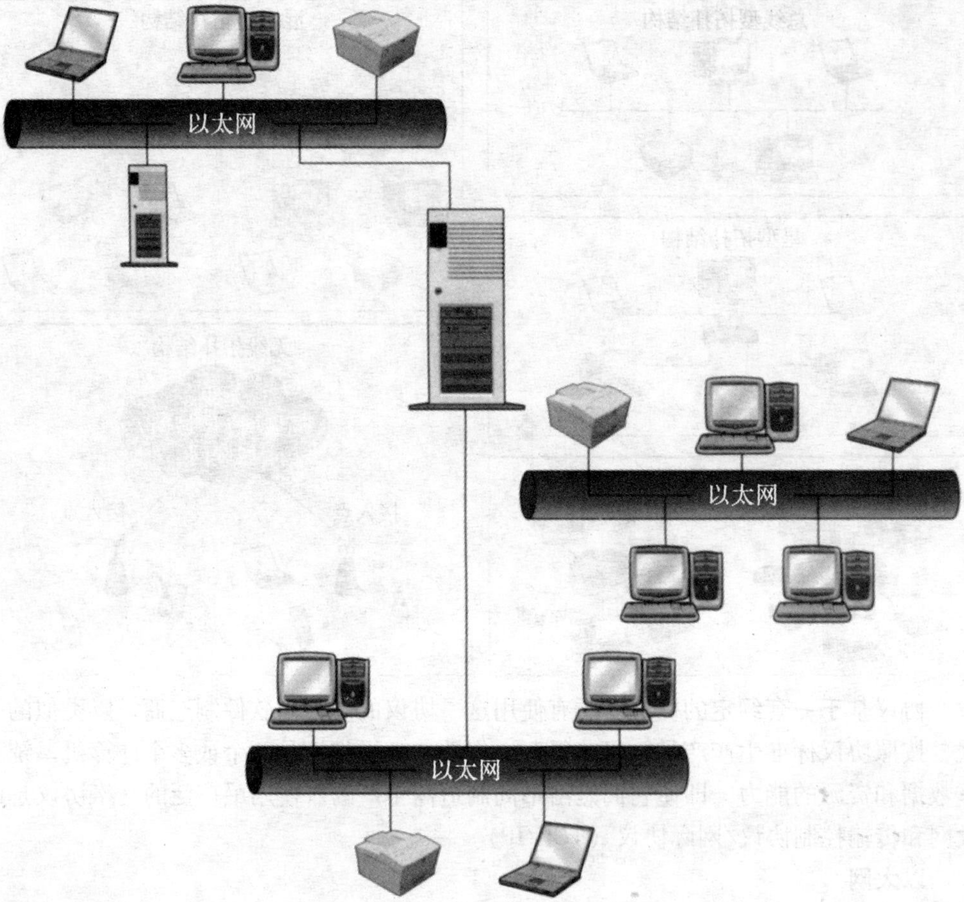

为公共互联网和大量专用网络提供技术基础。TCP/IP 的主要好处是低层协议的灵活性。TCP/IP 使用了一种特殊的传输方法，它能够最大限度地提高数据传输的速度，并且自动适应低速设备和网络上遇到的其他延迟。尽管 100 多个协议组成了整个 TCP/IP 协议簇，但其中最重要的两个协议是 TCP 和 IP 协议。**TCP** 提供了传输功能，并且重要的是，TCP 协议技术保证数据传输过程不会丢包。**IP 协议**，类似邮局管理员，提供了寻址和路由选择机制。图表 7—10 展示了 TCP/IP 的四层参考模型：

图表 7—10　　　　　　　　　　**TCP/IP 四层参考模型**

应用层	FTP、SMTP、Telnet、HTTP、SNTP
传输层	TCP
网际层	IP
网络接口层	以太网、令牌环、FDDI

■ 应用层——用户和应用程序接入网络服务的窗口。

■ 传输层——处理端到端的数据包传输。

■ 网际层——把数据格式成数据包，增加一个包含包序号和接收设备地址的页面，并指明所需的网络服务。

■ 网络接口层——把数据包放在网络上传输。

应用层的 TCP/IP 协议簇包括五种协议——文件传输协议（FTP）、简单邮件传输协议（SMTP）、Telnet 协议、超文本传输协议（HTTP），以及简单网络管理协议（SNMP）（见图表 7—11）。

图表 7—11　　TCP/IP 应用

文件传输协议（FTP）	使包括文本、程序、图表、数值型数据等在内的文件能够在网络上下载或上传
简单邮件传输协议（SMTP）	TCP/IP 自带的电子邮件通信协议
Telnet 协议	为服务器提供终端仿真，使个人计算机或工作站能够作为服务器的终端或接入设备
超文本传输协议（HTTP）	允许浏览器和服务器发送和接收网页
简单网络管理协议（SNMP）	允许网络管理员从单一点管理联网的结点

另一种通信参考模型是七层的开放系统互连（OSI）参考模型。图表 7—12 展示了 OSI 模型的七层。

图表 7—12　　开放系统互连模型

7. 应用层
6. 表示层
5. 会话层
4. 传输层
3. 网络层
2. 数据链路层
1. 物理层

低层（第 1 层到第 3 层）代表了本地通信，而高层（第 4 层到第 7 层）则代表了端到端通信。每一层都承担了建立和维护网络用户间无差错的信息交换所必需的协议的功能。

许多年以来，用户们都认为 OSI 模型将取代 TCP/IP，成为连接多供应商网络的首选技术。但是，OSI 标准进展缓慢、实施复杂的 OSI 软件的高成本，以及为确保互操作需进行产品认证，都在阻止 OSI 的广泛应用。

IP 语音

最初，通过互联网拨打的电话被认为通话质量差、用户接口蹩脚，且通话完成率低。在新的和改进后的技术和 IT 基础设施的帮助下，互联网电话现在可以提供与传统电话类似的通话质量。如今，许多顾客使用 IP 语音通过互联网拨打电话。IP 语音利用 TCP/IP 技术，在长距离的电话线上，传输语音。事实上，VoIP 传输了美国超过 10% 的电话，且这一数字正在呈指数形式增长。

VoIP 和电子邮件的工作方式类似。用户发送通话，这些通话以标有相同目的地的音频数据包的形式在互联网上传送。一旦这些数据包到达最终目的地，VoIP 就会重新组合它们。

许多服务商提供 VoIP 服务，然而，服务方式随供应商 IT 基础设施的不同而有所不同。新兴的 Skype 技术以 PC 机的声卡配合 P2P 技术，建立语音服务。用户可以使用 Skype，与其他 Skype 用户通话。可惜的是，Skype 用户只能与其他 Skype 用户对话。Vonage 技术使用户能给任何拥有移动号码或地线（常规电话）号码的人拨打电话。Vonage 技术借助数模转换器，在电缆上发送通话。一些供应商甚至为传统的电话提供连接宽带的调制解调适配器。所有这些服务商都在提供 VoIP 服务，但是服务方式和特征有显著不同。

电信行业将极大受益于将 VOIP 技术与一些正在出现的技术标准的结合使用，这些标准往往意味着更简单的服务开发、系统间的互操作性和应用的集成。对于一个依靠专有系统，让客户不断为服务升级和新功能付费的行业来说，这是一个巨大的改变。VoIP 技术和开放标准的结合，会提供更多的选择、更低廉的价格和创新的应用。

编写语音应用也许永远不会像编写常见的计算机应用那样平常。但是，VoIP 的普及将使管理语音应用和增加新语音功能变得更加容易。十年以后，通信“会像从水龙头中接水一样方便，”朗讯全球服务（Lucent Worldwide Services）公司营销与战略部副总裁 Stef van Aarle 预言。“只有当它停止工作时，你才会想起它。而软件就是使这一切易于使用的粘合剂。”

像 Vonage 和 Skype 这样的技术新贵正在将 VoIP 推向大众。但是，一个更大的机会潜藏在 20 亿美元的公司电话市场中。总部设在纽约的新兴公司 Popular Telephony 提供了一种 VoIP 新技术。这项技术能显著地降低公司的电话成本，同时还能让员工在任何地方使用办公室的电话。秘密在于一种叫作 Peerio 的对等软件，它直接被安装在电话的听筒里面。

三年前，总裁 Dmitry Goroshevsky 创立了这家公司，将 PC 经济引入到办公电话系统中。传统的工作场所电话需要专用的语音网络和专用交换机，即 PBX，与外界相连。这大概需花费 100 美元（见图表 7—13）。思科（Cisco）公司出售一种 IP PBX，它利用数据网络，拨打语音电话。但是，Popular Telephony 公司的产品省去了昂贵的硬件花费，仅利用一台普通的 PC 机，网络管理员即为每台电话分配了一个分机号。装有 Peerio 软件的电话机由折扣店和办公用品商店出售。它们直接与公司的数据网络相连。在这个网络中，通话被发送到网关，然后发送到网外。由于 Peerio 是基于网际协议的，办公室工作人员可以在任何有宽带连接的地方使用电话。并且，尽管公司花费同往常一样的费用拨打传统的地线和移动电话，但是，给其他 Peerio 和 VoIP 用户拨打电话却不花一分钱。几个生产商正在生产这种电话。

图表 7—13　　　　一个千人办事处的电话系统的初建费用

电话系统	典型的通讯系统	基于 IP 的系统	Peerio
需求	■ 电话机 ■ 专用交换网（PBX） ■ 语音交换机 ■ 专用语音网络	■ 电话机 ■ IP 专用交换网 ■ 现存数据网络 ■ 网关	■ 电话机 ■ PC 机 ■ 现存数据网络 ■ 网关
总成本	100 万美元	50 万美元	10 万美元

7.1.5 传输介质

传输介质是指，用来在计算机之间传送信号的各类介质。当信息通过网络发送时，它会被转换成电信号。信号或者是电磁波（模拟信号），或者是一连串电脉冲（数字信号）。信号从一个位置传送到另一个位置，信号沿着物理线路传送。信号发送器和接收器之间传输信号的物理线路，就称为传输介质。两大类传输介质分别是有线（引导的）介质和无线（非引导的）介质。

有线介质

有线介质是制造出来的传输材料，它使信号被限制在“狭窄的”线路上。三类最常用的介质是（见图表 7—14）：

■ 双绞线。
■ 同轴电缆。
■ 光缆。

图表 7—14　　　　双绞线、同轴电缆和光缆

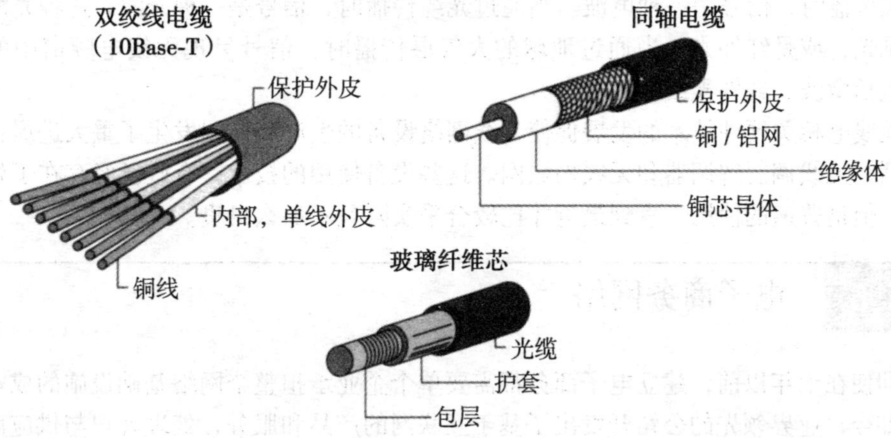

双绞线

双绞线是一种由四条（或多条）被塑料外皮包裹的相互缠绕的铜线组成的电缆。这些铜线缠绕在一起，以减少外界的电磁干扰。双绞线电缆有屏蔽和非屏蔽两种。屏蔽电缆有金属屏蔽网将电线包住，防止电磁干扰。非屏蔽双绞线（UTP）是局域网使用最多的，也是总体来说最好的选择。非屏蔽双绞线的品质在电话级电线到高速电缆的范围内变化。电缆的外皮里有四对电线。每对电线每英寸被缠绕不同的圈数，以消

除来自邻近线以及其他电子设备的干扰。双绞线上的 RJ-45 接头类似于电话的接头。

同轴电缆

同轴电缆是一种能够以较低的信号损失，传输大频率范围信号的电缆。它由一个金属屏蔽套和一条单独的内导体组成。内导体沿屏蔽套中心放置，并通过绝缘体与屏蔽套隔开。这类电缆之所以被称为同轴，是因为它用来传输信号的内导体（即物理的数据通道），被金属丝网组成的外导体所环绕，且同轴，外导体接地，以消除电干扰。由于这一基本特征，几条内导体可以被同时放置在一个外管或外壳屏蔽套中，而不会有大的数据完整性损失。

光缆

在光缆中信息以光脉冲的形式，沿着玻璃纤维或涂有金属涂层的玻璃纤维传输。10Base-FL 和 100Base-FX 光缆是大多数电话公司用于长距离数据传输的同类电缆。光缆能够长距离传输数据，几乎不会有损数据的完整性。此外，由于数据被转换为光脉冲，所以光缆不会受到电磁信号干扰。这些光脉冲沿着被绝缘外壳包住的玻璃线或光纤维传播。

增加光缆的最大有效传输距离成本很高。光纤比金属线更易损坏、难以分割，并且需要大量人力安装。由于这些原因，光缆主要被用于长距离上传输数据。在这样的距离上，在廉价介质上传输数据信号所需的硬件开销，可能会超过光缆的安装成本。它也用于常规距离，且有大量数据需要被传输的情况。

无线介质

无线介质是地球环境的天然组成部分。大气层和外太空是传输信号的无线介质的例子。这些介质可以传输像微波、红外光波和无线电波那样的电磁信号。

网络信号在所有介质中，都是作为一种波传播的。当通过有线介质如双绞线和同轴电缆传播时，信号是一种电波。当通过光缆传播时，信号是一种光波。这种光波或是可见光，或是红外光。当通过地球的大气层传播时，信号呈现无线电频谱中的波形，包括微波、红外光或可见光。

无线电相关硬件技术的发展促使无线网络设备的生产和使用发生了重大进展：移动电话、无线调制解调器和无线局域网。这些设备使用的技术，有些已经存在了好几十年，但是普遍的使用，直到最近才比较合乎实际且不那么昂贵。

7.1.6 电子商务网络

即使在十年以前，建立电子商务都需要单个企业承担整个网络基础设施的成本重担。如今，业界领先的公司开发出了基于互联网的产品和服务，处理客户与供应商交互的诸多方面的需求。“在如今的零售市场上，你必须拥有一个可靠稳固的网站，才有可能成为令人信赖的全国零售商”，Circuit City 公司的高级副总裁和首席信息官 Dennis Bowman 说。他又补充说，顾客现在期望“无缝”销售，就像他们期望商店环境整洁、库存充足一样。由于这一原因，零售商们正不遗余力，将公司的库存和销售点（POS）系统与电子商务网站进行集成，以接受在网上购买的商品的店内退货，并且允许顾客在网上购买商品，在店内领取。

一些公司，例如Best Buy、Circuit City、Office Depot和Sears，已经将它们的物理实体店和网上商店进行了集成。这些公司之所以成为快速的行动者，是因为在它们的商店里，已经有了用于提取商品（通常是体积较大的商品，如电视机和电器）的区域。还因为，早在网络出现很久之前，它们就投入使用了各种系统和程序。这些系统和程序方便了商品销售在商店之间的转移。而其他零售商则是部分集成的。Ann Taylor、Bed Bath & Beyond、Eddie Bauer、Linens ' n' Things、Macy's、REI、Target、The Gap和其他公司允许客户在店内退掉网上订购的商品，但是不能领取。为了迎接电子商务集成的挑战，企业需要为关键业务系统建立安全、可靠的IT基础设施（见图表7—15）。

图表7—15　**电子商务网络的特征**

■ 实现供应商、贸易伙伴和客户之间透明的信息交换
■ 通过互联网或其他网络，在企业内部和外部，安全、可靠地交换信息
■ 允许端到端集成，在多个系统间，尤其是在不同数据库、客户机和服务器之间，提供信息传递
■ 以可扩展的处理能力和网络能力响应高需求
■ 作为集成者和交易框架，为那些想要充分利用互联网从事任何业务的数字企业和传统实体企业服务

虚拟专用网络（VPN）利用公共通信基础设施（例如互联网），提供对企业网络的安全访问（见图表7—16）。**增值网络（VAN）**是由第三方提供的专用网络，用于通过高性能的链接来交换信息。迄今为止，参与电子商务的企业大多依赖虚拟专用网络、增值网络和其他专用链接，处理电子数据交换业务。传统的解决方案仍然被部署在企业中，并且有可能在未来好几年，在许多公司里起到战略性的作用。然而，传统技术面临巨大的挑战：

■ 由于只能处理有限类别的业务信息，而企业需要商业运作综合视图的报告结构，传统技术对实现综合报告贡献甚微。

■ 对实时的业务流程集成较少提供支持，而这一点在数字化的电子市场里，是极其重要的。

■ 实现起来相对昂贵和复杂。传统技术使得为了应对市场变化，扩展或改变网络比较困难。

图表7—16　**虚拟专用网络示例**

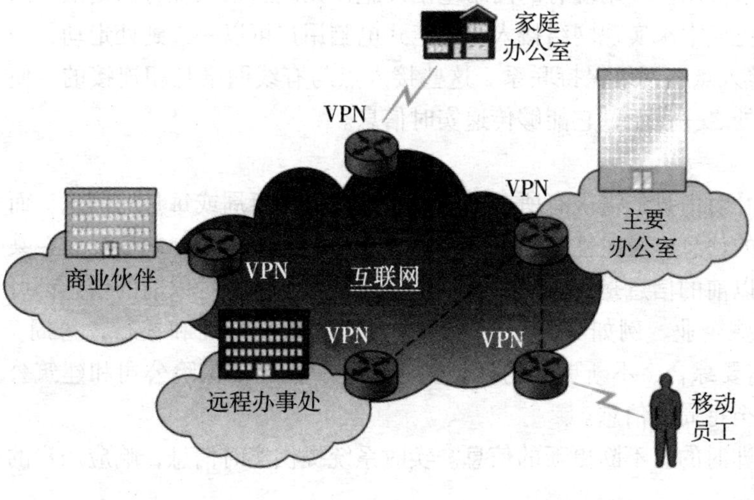

引例问题

数字医院

1. 说明医院是如何利用通信和网络技术，提高业务水平的。

2. 描述两种不同类型的网络体系结构，并且确定哈肯萨克大学医学中心正在使用哪一种。

3. 说明 TCP/IP 协议，以及它在哈肯萨克大学医学中心的 IT 项目中所起的作用。

4. 确定一个哈肯萨克大学医学中心可能用来提高业务水平的新型通信或网络产品。

7.2 无线计算

学习目标

7.7 说明无线设备是如何帮助企业，随时、随地处理业务的。

7.8 描述 RFID，及如何利用 RFID 把供应链变得更加有效。

7.9 列举并讨论促进无线技术发展的关键因素。

7.10 描述与企业移动性相关的商业利益。

7.2.1 wi-fi

多伦多向西，驱车一小时，坐落着一栋 120 000 平方英尺的建筑物。在这里，Mike Lazaridis 20 年的梦想正成为现实。七条 125 英尺长的装配生产线，正在以每小时大约 230 台的速度，生产钱夹大小的黑莓（BlackBerry）手机——目前，全世界有超过 130 万用户在使用的无线手持设备。Research in Motion（RIM）公司的联合总裁 Lazaridis 在今年早些时候批准，将工厂的生产时间从每周五天延长到七天。订单在激增，所以 RIM 公司 BlackBerry 手机的生产一分一秒也不能停下来。

wi-fi 是利用红外或无线电信号，连接计算机的一种方式。wi-fi 是一类以太网，它使无线网络成为对有线网络的简单扩展。无线用户可以运行与在以太局域网上使用的网络应用相同的网络应用。利用现有的网络基础设施，无线通讯系统可以用最少的再培训费用或系统变更成本来实现网络接入。便携式电脑用户可以一边到处走动，一边通过安置的 wi-fi 接入点与网络保持联系。这些接入点与有线网络是相连接的。使用无线通讯系统的好处之一在于，它能够传递实时信息。

及时信息的价值

不同商业决策对及时信息的需求有所不同。有些决策需要每周或每月的信息，而有些决策则需要每日的信息。及时性是信息的一个方面，它取决于所处的情况。在某些行业，几天或几周以前的信息是有意义的；而在其他行业，几分钟以前的信息都可能是毫无价值的。一些企业，例如 911 紧急呼叫中心、股票交易商和银行，每周 7 天，每天 24 小时，需要综合、不断更新的信息。其他企业，例如保险公司和建筑公司，只需要每日，甚至每周的信息。

实时信息是指，即时的、不断更新的信息。实时系统提供实时信息，响应用户的信息查询请求。许多组织使用实时系统，挖掘组织的关键交易信息。Evans Data 公司对 700 名 IT 经理的一项调查显示，45% 的受访者说，他们已经在分析实时或接近实时的信息，而另外 25% 的受访者称，他们计划增加实时系统。

实时系统为支持公司战略，例如有效的客户关系管理，提供有价值的信息。加拿大最大的无线运营商贝尔移动公司（Bell Mobility Inc.）有 550 多名客户服务代表，其利用 E. piphany 公司的实时（Real-Time）工具，在正确的时间提供正确的客户服务，而无需依赖主观臆测。实时工具实施后第一个月的成果展示在图表 7—17 中。

图表 7—17　**贝尔移动公司使用实时工具的成果**

■ 每小时销售额增加了 18%
■ 嵌入式营销使收入总额增长了 16%
■ 建立和实施一项新营销活动的总时间减少了 75%

对实时信息日益增长的需求，源于企业需要更快、更有效地制定决策，保持较少的库存，更有效率地运作，以及更加精细地追踪企业业绩。然而，及时性是相对的。企业需要实时更新的信息制定正确的决策。信息也需要在满足企业需求的意义上是及时的，但是不应过分。如果员工只能以每小时或每日的间隔查看与吸收信息，就没有必要以更小的时间间隔来收集实时信息。

MBIA 保险公司隔夜更新公司的实时系统。员工利用这些信息，制定日常的关于抵押贷款、保险政策和其他服务的风险决策。公司发现，只要员工能够在白天访问制定商业决策所需要的信息，隔间更新就已经足够了。

大多数人要求实时的信息，而不理解与实时信息相关的最大陷阱之一——不断的变化。想象下面的场景：三位经理在一天快要结束的时候，开会讨论业务问题。每位经理在一天的不同时点收集信息，创作了一幅有关当前形势的图景。由于时间上的差异，每位经理的图景可能是不同的。他们对于商业问题的观点可能会不一致，因为作为他们分析基础的信息一直在不断地变化。这种情形可能不仅不会加速决策，实际上反而使决策变慢。

企业必须评估每项商业决策所需的信息的及时性。任何企业都不想发现自己是在利用实时信息更快地制定出错误的决策。

7.2.2 无线技术发展的商业驱动力

联合包裹运送服务（United Parcel Service）公司和联邦快递（FedEx）公司已使用无线技术很多年。这一技术使有关调度和运送的信息，在邮递人员和中央服务站之间的传递成为可能。联邦快递公司著名的邮件追踪系统使用了基于无线技术的速递管理，可以根据包裹的追踪号码，找到包裹所在的位置。

术语“移动”和“无线”经常被当作同义词来使用，但实际上，它们表示的是两种不同的技术。移动技术是指，技术设备可以随着用户移动，但是它未必是实时的。用户可以将软件、电子邮件和网页，下载到他们的个人数字助理、便携式电脑或其他移动设备上，供随身阅读或查阅。旅途中收集的信息可以与 PC 机或公司的服务器进行同步。

另外，无线技术通过卫星或无线信号发射设备，为用户提供了实时的互联网连接。国际数据公司（International Data Corporation）预测，在不远的将来，将近2/3的手持设备会包含集成的无线网络接入模块。例如，新近发布的PDA集成了手机、短信、网页浏览器和日程安排程序。图表7—18列举了促进无线技术发展的因素。

图表7—18　　**无线技术发展的商业驱动力**

对信息和应用程序的随时访问	人是移动的，现在可以比以往任何时候，更容易地访问到信息。但是，人们希望可以随时随地访问所有信息
业务流程的自动化	无线技术有助于组织关注重要信息，消除多余流程
用户的方便性、及时性，以及全天候处理业务的能力	被耽搁在机场的人们不必再觉得与世界或办公室隔绝。通过无线工具和无线解决方案，例如RIM公司的黑莓设备，他们可以随时随地获取信息

州政府机构，例如交通部门，利用无线设备收集现场信息、追踪库存、报告所需时间、监控物流以及完成报表——所有信息都来自移动环境。交通运输业利用无线设备，确定车辆的当前位置，根据需要改变行车路线。

在世界各地，无线技术正在迅速发展，在人们的生活中发挥着越来越大的作用。推动无线设备被越来越广泛使用的最终关键性因素，是庞大的美国无线设备用户群体(见图表7—19)。有这样一个庞大的市场，企业必须得抓住无线技术，否则就会被落在后面。

图表7—19　　**美国无线设备用户**

美国用户数量	无线设备技术
少于1.5万	智能手机
400万	支持上网功能的（WAP）手机
6 500万	数字技术手机

无线技术正在改变我们生活、工作和娱乐的方式。手持设备不断地增加附加功能，而蜂窝网络在不断提高传输速度和计算能力。这些使能技术促进了业务的不断创新和新模式的广泛采用。那些使得工作场所、行业和企业发生重大改变的大变革均源自无线技术。图表7—20列举了一些常见的、正在改变世界的无线技术的例子。

图表7—20　　**改变商务的无线技术**

- ■ 无线局域网（wLAN）：利用无线信号，而非有线电缆，在局域网上传输信息
- ■ 手机和传呼机：为个人和企业的便携和移动应用提供连接
- ■ 无线计算机外围设备：以无线方式与计算机连接，例如无线鼠标、无线键盘和无线打印机
- ■ 卫星电视：使几乎任何地方的电视观众，都能够从数百个频道中选择节目
- ■ WiMax无线宽带：可将无线网络延伸至30英里远的范围，并且以比电缆快的速度，传输信息、语音和视频。对于想要将业务扩展到人口稀少地区的互联网服务提供商（ISP）来说，WiMax是绝佳的选择。在那些地区，电缆或DSL的成本过高
- ■ 安全传感器：警告用户有非法闯入和错误的弹出飞行物。双重传感器记录振动和声波——如窗户粉碎——以帮助避免错误的警告

7.2.3 企业“移动”的优势

企业已经认识到，虽然企业信息的价值几乎是无限的，但如果员工无法访问这些信息，则它们是毫无价值的。工作并不总能在办公桌前完成。将远程员工和他们完成工作所需要的信息连接起来的能力，可以为企业带来好处。

无线便携电脑方便了急诊挂号，使医生可以在患者一被推进医院之时，就开始为其治疗。配备无线传感器的高端拖拉机可以帮助农民监测从天气到种子投放数量的一切情况。发生故障的拖拉机会自动将故障信息以电子邮件的形式发送到服务部门，以便进行修理。配备支持 wi-fi 的售票机和带式打印机的流动售票员缩短了顾客在环球影城（Universal Studios）门口的等待时间。图表 7—21 列举了影响企业移动性的无线技术。在下面的小节中有详细的对这些技术的描述。

图表 7—21 **影响企业移动性的无线技术**

■ 蓝牙：为传统有线设备创造了利基市场

■ 射频识别标签：拥有重塑供应链的潜力。沃尔玛的供应商们现在必须在商品的货盘和包装箱上使用这种标签

■ 卫星：改变了电视台和广播电台的运作方式。此外，全球定位系统（GPS）使汽车和卡车司机、小舟和大轮船的船长、背包客、徒步旅行者、滑雪者，以及飞机上的飞行员，在地球的任何地方，都能够确定自己的位置

图表 7—22 **蓝牙虚拟键盘**

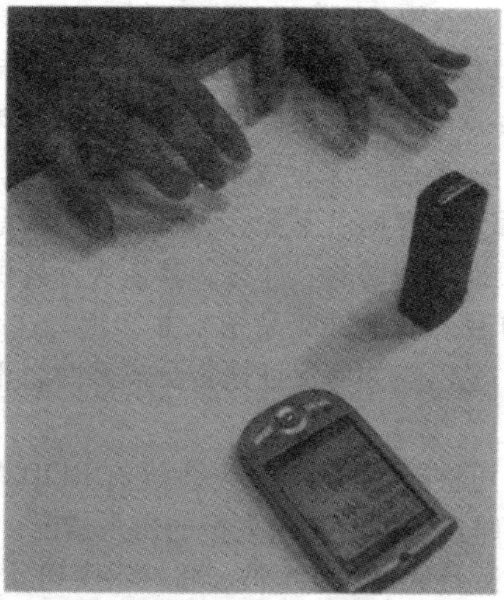

一道道能够检测到用户动作的光线，组成了这一虚拟键盘。它可以被集成到移动电话、便携式电脑、台式 PC 机，甚至是无菌的医疗环境中。

蓝牙

无线设备面临的一个挑战，是它们的体积。每个人都希望自己的移动设备小巧，但是许多人也十分讨厌智能手机和 PDA 上极小、隐蔽的键盘。物理学定律成为解决这一问题的重大障碍。但 VKB 公司的蓝牙虚拟键盘提供了一种可能的解决方案（见

图表7—22)。VKB公司的技术利用红色激光，可以在任何物质的表面，照出一个虚拟键盘的投影。尽管键盘的外观看起来很有未来主义风格，但是这些激光其实只是一个可见的向导，告诉用户应该把手指放在何处。另一个独立的、不可见的照明和传感器模块，跟踪每根手指触摸虚拟键盘表面的时间和位置，并将之转化成对键盘的敲击，或其他命令。

蓝牙是一种全向无线技术。它能够在无需许可证的2.4GHz频段上，提供有限距离范围内的语音和数据传输，能够与各种各样的固定和移动设备连接。通常，这些设备需要被连在一起。蓝牙耳机不再有耳机线，即使在移动电话被塞进公文包里时，也能够拨打电话。无线蓝牙打印技术使拥有支持蓝牙功能的PDA或便携式电脑用户，可以通过连接在打印机并行端口的蓝牙适配器，与打印机相连。

自1994年瑞典电信公司爱立信（Ericsson）开发蓝牙技术以来，全世界超过1 800家公司已经同意按照蓝牙无线技术规范生产产品，并且在市场上推广这项新技术。爱立信公司的工程师们将这项新的无线技术命名为蓝牙，以纪念10世纪一位斯堪的纳维亚王国的国王Harald Bluetooth。人们认为，是他统一了丹麦（Denmark），并使国家恢复了秩序。

通过嵌入蓝牙芯片和支持软件，可以使设备具有蓝牙功能。尽管蓝牙技术比与之竞争的无线局域网技术传输速率稍慢，但是蓝牙芯片使蓝牙网络能够被建立在广泛的设备当中——即使是像手机和PDA之类的小型设备。蓝牙技术的最长通信距离是30英尺，这使得蓝牙技术被限制在小设备之间的通信上。目前市场上有1 000多种蓝牙产品，每周都会有10种新产品进入市场。

射频识别技术

射频识别技术使用芯片或智能标签，这些标签可以存储唯一的标识符，并将标识信息传递到电子读写器中，RFID标签可以是有源（主动）或无源（被动）标签。在星巴克，良好的服务对于顾客忠诚度的建立，几乎和优质的咖啡同等重要。但当送货员敲响餐厅后门，要将运来的松饼卸下时，这意味着员工需要离开工作台，而这会使其无法及时为顾客提供服务。为解决这一问题，星巴克正在考虑使用射频识别技术。作为一项提议计划的一部分，其让4万名供应商在晚上门店关门以后，将糕点、牛奶、咖啡豆和其他供应品送来并卸货。这个方案解决了一个问题，但又引起了另一个问题：星巴克如何保证送货员离开时，不会带走与他们卸下的同样多的货物呢？

为解决这一问题，公司将向它的供应商分发含有RFID芯片的卡片。这些卡片使送货员在晚间能够进出咖啡店，同时记录人员的出入情况。**RFID标签**中含有微芯片和天线。它通常的工作方式是通过无线电波，将一串序列号传送到电子读写器中。这串序列号就能够确认带此标签的人员的身份或物品的种类。

RFID技术终于盛行起来。美国最大的零售商沃尔玛要求供应商在2005年年末以前，在产品的装运货盘上全部贴上RFID标签，以便使商品追踪工作自动化。然而，在RFID技术得到广泛应用之前，它的缺点，包括高成本和消费者对隐私的担忧，必须首先被克服。图表7—23罗列了RFID技术的三个组成部分。图表7—24展示了在供应链中，人们预想的利用RFID标签开展追踪工作是如何进行的。

图表 7—23　　　　　　　　　**RFID 系统的三个组成部分**

标签———一种存储数据的微芯片。在这里，数据就是 EPC（电子商品代码），即对于每个商品来说唯一的一组号码。标签的另一部分是天线。它将数据传送到读写器中。EPC 的例子：01-0000A77-000136BR5。

读写器———一种利用无线电波读取标签，并将 EPC 发送到供应链中的计算机上的读写器。

计算机网络——供应链中的每台计算机都能够识别 EPC，并可从由制造商维护的服务器中提取与商品有关的信息，例如制造和装运日期、价格和使用说明。计算机在整个供应链中追踪产品的位置。

图表 7—24　　　　　　　　　**零售供应链中的 RFID**

每个商品和包装箱上都贴有 RFID 标签。在商品运输过程的每一个阶段，读写器都会扫描其中的标签，并更新服务器上的信息。

制造商

读写器在商品离开工厂时，扫描商品的标签。

配送中心

卸货区的读写器扫描运抵的货箱上的标签，并更新库存，不再需要打开包裹。

商店

标签在货物到达时被扫描，并更新库存。在货架上，读写器在衬衫摆放好后扫描标签。在收银台前，收银员可以利用手持读写器扫描单个商品。随着商品离开商店，库存也会被更新。制造商和零售商可以实时地观察销售情况，对产量、订单和价格迅速做出决策。

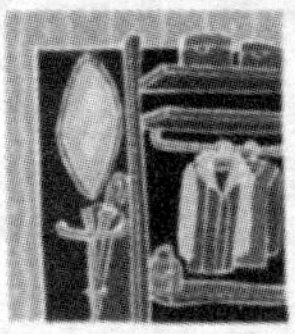

家中

顾客为保护隐私，可以在商店里让标签失效，或者将读写器放在衣橱里，继续对衬衫进行追踪。在征求顾客同意的情况下，商店可以追踪顾客的购买模式，并将相关销售信息告知顾客。

10 000 个射频识别标签将被安装在一架预计在 2006 年投入使用的、有着 550 座的、大型喷气式飞机——空客（Airbus）A380 上。这些标签被贴在从飞机座椅到制动器的一切零件上。在零件标签中包含序列号、部件代码和维修历史，将使追踪、修理和更换零件变得更加容易。波音公司也不甘示弱，在即将制造完成的 7E7 Dreamliner 飞机的许多零件上使用标签。7E7 Dreamliner 是一款小型的民用飞机。这款飞机被安排在 2007 年试飞，并于 2008 年投入使用。

这些创新措施不是 RFID 在航空业的第一次应用，但是显示了进一步充分利用 RFID 的实时跟踪和精细管理功能的远大前景。2000 年，波音公司开始为其所有的工具和工具箱配备 RFID 标签。同样地，空客公司在这之后，很快也开始为它的地面设备和工具贴上标签。

集成 RFID 与软件

人们期望 RFID 与企业管理软件的集成可以改变公司管理维修情况、打击偷窃行为的方式，甚至充实《萨班斯—奥克斯利法案》中有关 IT 方面的各项措施。甲骨文（Oracle）和 SAP 公司已经开始在它们的企业应用软件中增加 RFID 的相关功能。Oracle 的 RFID 和传感器服务（Sensor-Based Services）组件可以分析并响应来自 RFID 的数据，使来自 RFID 的信息能够与应用程序进行集成。

RFID 标签也在发展，并且这种进步将为企业软件提供更精细的信息。如今的标签能够存储电子商品代码。迟早有一天，标签可以存储更多的信息，从而成为可移动的小型数据库。

RFID 技术的潜能是无限的。美国达美航空公司（Delta Air Lines）最近完成了一个试点项目。该项目利用加入 RFID 芯片的行李标签，代替了标准的条形码。利用柜台和关键的分检地点安装的 RFID 读写器，没有一件行李被放错位置。这一系统运行得非常好，以至于达美航空公司打算在 2007 年将它推向全国。

卫星

微波发信机，特别是卫星系统，常被用来在较长的距离上传输信号。微波利用大气层（或外太空）作为传输介质，向微波接收机发送信号。接下来，微波收信机或是将信号传递到另一个微波发信机，或是将信号转化为其他形式，例如数字脉冲，如图表 7—25 所示。

图表 7—25　**卫星微波线路**

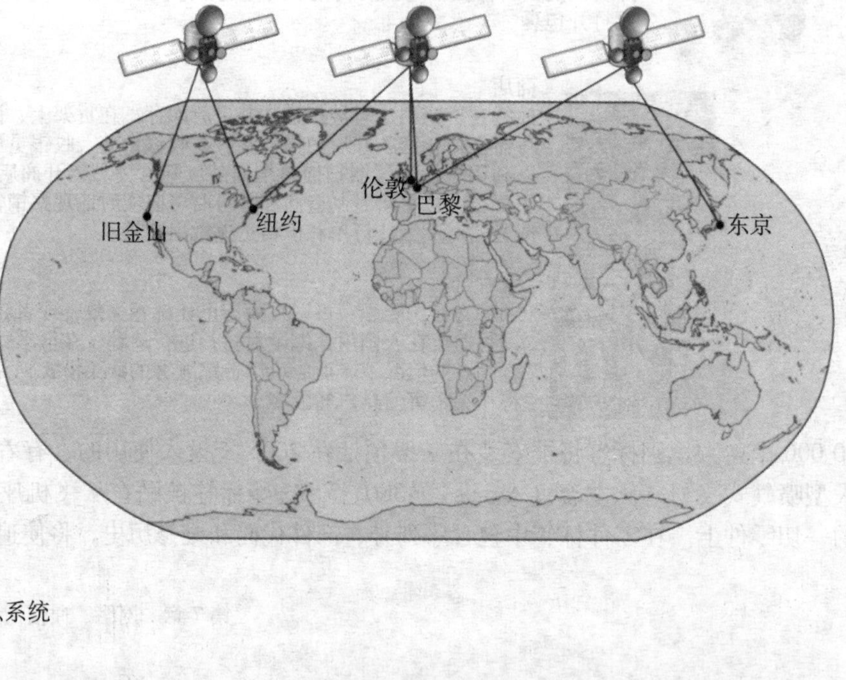

最初，这一技术几乎仅被用于卫星和长距离通信。然而最近，蜂窝技术的发展使得通过微波通信，对企业内部网、企业内联网以及互联网完全的无线接入成为可能。

Xm Satellite Radio 公司决定自己开发芯片组，而非将这项工作外包出去，这是一个英明的决定。这一决定使 XM 得以更快更好地推出新产品和新服务，使公司领先于主要竞争对手 Sirius Satellite Radio 公司。两家公司都在迅速地成长。卫星广播是一项大生意。最近，Sirius 公司与美国脱口秀明星 Howard Stern 签订了一份超过 5 年、价值 5 000 万美元的合同。

全球定位系统（GPS）

美国国防部在赤道上空安装了 30 多颗卫星，以帮助军队确定目标在地球上的位置。1993 年，美国国防部允许将这项全球定位技术用于商业用途，任何拥有 GPS 的人都可以使用这项技术。**全球定位系统**是一款能够确定当前观察对象活动的纬度、经度、速度以及方向的设备。GPS 设备拥有特殊的微处理器，能够分析卫星信号。Sirf Technology 公司专门从事 GPS 微处理器的制造，并以单价 13 美元左右的价格，将其 GPS 芯片组安装到电话、电子产品和汽车导航系统中。从 2004 年向大众公开销售以来，Sirf Technology 公司的收入上升了 60%，达到 1.17 亿美元，其中净利润为 3 070 万美元。随着新的联邦法规强制无线运营商在电话和网络设备中加入 GPS，对芯片的需求一定会呈现爆炸式的增长。

GPS 服务市场的利润已经增长到超过 50 亿美元。人们期望未来几年中，需求可以翻番。在不远的将来，追踪技术、导航和相关硬件有望形成数十亿美元的市场。联合包裹运送服务（UPS）公司计划为 75 000 名司机配备支持 GPS 功能的掌上电脑，以帮助他们更有效率地到达目的地。如果公司的车辆超速或者无意闯入了未经授权的地区，这些手持设备将触发电子邮件警报。Apple 公司的联合创始人 Steve Wozniak 在 2002 年创建了一家名为 Wheels of Zeus 的公司，将 GPS 数据与本地无线网络结合起来。这项技术帮助家长密切关注孩子们的举动，或是能够在公司所有的电脑被挪离所在场所时，向 IT 经理们发出警报。英国的 Zingo 公司，利用支持 GPS 功能的汽车和短信系统，方便乘客叫出租车。

地理信息系统（GIS）是为了处理可以在地图上显示的信息而设计的。从事运输业务的公司运用结合了数据库和 GPS 技术的 GIS。航空和货运公司可以利用所在位置不断更新的信息，为公司的运输工具绘制路线。医院可以利用 GIS 和天花板上的传感器，对人员的位置和分布情况进行追踪。这种传感器可以接收到医院员工佩戴的标记卡发出的传输信号。

汽车上的 GPS 与仪表台屏幕上的地图相连，显示车辆的行驶方向和确切位置。通用（GM）公司开发了 OnStar 系统。该系统能够不断地向 OnStar 中心发送有关车辆确切位置的信息。全新的 OnStar 车辆诊断系统（OnStar Vehicle Diagnostics）能够自动地对车辆上的四大关键操作系统——发动机/传动系统、防抱死系统、安全气囊系统和 OnStar 系统——完成数百种诊断性检查。人们为车辆编写了程序，使它能够每月以电子邮件的形式向车主发送检查结果。这份独特的电子邮件报告也可以根据车辆当前的里程表读数，提供维护提醒、所剩的发动机油数以及其他相关的所有者信息。

一些移动电话供应商在它们的电话上装备了 GPS 芯片，它能够在一个网球场大小的地理位置内定位用户。这使那些紧急事故救助服务，如 911 紧急救助，能够找到移动电话用户的位置。营销专家们正密切关注移动电话 GPS 的发展。他们希望能够在潜在客户路过商店时提醒用户，让他们了解店内进行的特别促销活动。

7.2.4 无线技术的未来

近期，最新奇的互联网创新之一，要属微软公司的厕所项目了。2003 年春天，这个项目是一条被广泛报道的怪异项目、新闻项目，后来说是一场骗局，再后来被微软公司证实是一个真实的项目，尽管当时这个项目已经停止了。故事的要点是这样的：微软（英国）公司想要创造一款名为 iLoo 的流动厕所。这款产品配备了一个内置的高速互联网连接、无线键盘和高度可调的等离子显示器——一个将会受到英国市场欢迎的新潮玩意儿，微软公司这样说道。

现在看来，洗手间和互联网又再度汇聚在一起。一个热点由一个或多个接入点组成。这些接入点被安置在公共场所的天花板、墙壁或其他高点上，为一个特定的区域提供最大的无线网络覆盖范围。然后，在热点范围内的用户就可以用他们的无线设备，访问互联网。无线热点运动的最新阵线，是在州际公路的休息场所。“我知道最初这听起来很奇怪，但是当你去想一想，就会发觉休息场所真的非常适合 wi-fi”，无线互联网服务提供商 I Spot Networks 公司的总裁 Mark Wheeler 说道。Wheeler 还特别提到，公路上的旅客经常积极地搜寻互联网连接，因为互联网对于 21 世纪的生活而言已经变得不可或缺。

I Spot Networks 公司正在与各州交通部门合作，沿着爱荷华、密苏里和内布拉斯加州的州际公路铺设热点。公司也瞄准了比较常规的热点位置，例如饭店和咖啡馆。但公司相信，有大量人员和车辆通过的州际交通干线，是容易被忽视的热点。

分析家们预言，到 2008 年，超过 1.2 亿美国用户将利用无线设备访问互联网。到 2010 年末，总共将有超过 14 亿无线用户，其中有 5 亿人使用无线技术访问互联网。无线市场的发展将会推动新的无线技术的发展。这反过来又会为蓝牙连接创造更大的市场。蓝牙连接可以使无线手持设备、个人计算机和便携式电脑协调工作。分析家们期望，蓝牙产品的出货量能够从 2001 年的不足 100 万，在 2010 年上升到 30 亿。

Gartner 公司预言，未来将属于“实时企业”，即那些在不确定的时代能够蓬勃发展的企业。因为它们能够更迅速地察觉问题，并做出反应。无线技术无疑在增加企业的敏捷性方面起了主要的作用。

使用无线技术接入公司的电子邮件系统，常常是企业在无线技术采纳上进行首次重大冒险的主要催化剂。对电子邮件系统的无线访问已成为关注的焦点。电子邮件在大多数企业中是首要的通讯系统，在重要性和利益方面都超过了语音邮件（见图表 7—26）。

企业正在快速地接近这样的程度，即它们将会拥有专门的无线基础设施，能够支持永远在线的连接，使用户可以从星巴克的咖啡店，无缝地漫游到客户所在地、会议室，甚至是家里电视机前一把舒适的椅子上。

图表 7—26 **对当前移动电话用户所使用的应用的价值评估**

应用	西欧	东欧	美国
采用 6 分制价值量表，6 = 高价值，1 = 低价值			
电子邮件	4.5	4.7	4.3
支付授权/支付支持	3.4	3.8	3.0
网上银行/网上交易	3.5	3.4	3.2
购物/预订	3.0	3.1	2.9
互动游戏	2.0	2.2	2.4

引例问题

数字医院

5. 为什么实时信息对医院是重要的？

6. 哈肯萨克大学医学中心是如何利用无线技术提高业务水平的？

7. 明确三种正在改变企业运作方式的无线技术，并说明医院如何利用这些技术提高业务水平。

章后案例：追踪学生

一所要求学生佩戴射频识别标签的小学，由于开发这项技术的公司的退出，终止了这一项目。射频识别标签可以追踪学生们的一举一动。“我很失望，这就是此刻我所能说的全部”，Brittan 小学的负责人兼校长 Earnie Graham 说。“我想我让我的员工们失望了。”

总部设在 Sutter 的 InCom 技术公司开发了这种标签，2005 年 1 月学校开始引进这种标签。每位学生都被要求在脖子上佩戴识别卡。卡中含有该名学生的照片、姓名、年级以及一个无线发射器。当学生从放在教室门口上方的天线下经过时，这个无线发射器就会将该名学生的 ID 号码发送到教师的掌上电脑上。没有家长们的参与和同意，这套系统是由学校强制实行的，作为简化考勤记录的一种方式，而且可以减少对公共财产的有意破坏，并增加学生的安全保障。“我不确信这一切都结束了”，一位向美国公民自由联盟（American Civil Liberties Union）提出控诉的家长 Dawn Cantrall 对《呼吁民主报》说。“我很高兴现在孩子们不再被贴上这种标签，但我仍然在为把这项技术赶出我们的教学系统而努力。它必须在这里停止了。”

虽然许多家长批评这种标签侵犯了隐私权，并且有可能危害孩子们的健康，但也有一些家长支持这项计划。“技术吓跑了一些人，这是对未知产生的害怕”，学生家长 Mary Brower 对一家报纸说。“任何一种新技术都有可能被误用，但是我相信，学校不会误用这项技术。”

问题

1. 说明 RFID 的基本原理，以及它如何被用来追踪学生。

2. 描述利用 RFID 技术追踪学生所涉及的道德困境。

3. 提出两种学校可以使用，可以帮助学校提高运作水平的无线技术所带来的商机。

4. RFID 技术如何帮助学校处理潜在的安全问题?

5. 开发一种学校可以用来提高运作水平的蓝牙、GPS 或卫星服务。

6. 为学校确定一种不会侵犯隐私权的 RFID 标签的使用方式。

第8章　供应链管理

8.1　供应链基础

- 供应链基础
- 信息技术在供应链中的角色
- 供应链管理的成功要素
- SCM 成功案例

8.2　运用供应链设计

- 运用信息技术驱动供应链
- 设施
- 库存
- 运输
- 信息
- 运用供应链设计
- 未来的供应链趋势

引例：著名的戴尔供应链

速度是戴尔做一切事情的核心。戴尔每24个小时就组装近8万台电脑。在调整供应链上，这家电脑生产商做得比任何企业都多。大约十年前，戴尔在地域广阔的仓库网络中持有20天到25天的库存，现在，戴尔没有一间仓库，只在工厂中储存了两个小时的库存，它整个的运营最多维持72个小时。戴尔庞大的全球供应链在持续的超速运转中，使这家公司成为地球上最快、最高效的组织。

灾难发生了

2002年，一场持续10天的工人罢工使美国29个西海岸码头关闭，从洛杉矶延伸到西雅图。1万名码头工人罢工，数百只货船无法把原料和成品运上岸。码头关闭使全球供应链瘫痪。最终，美国消费者和商人损失了数十亿美元。

分析师预测：由于戴尔的准时制（JIT）生产模式，当零部件不能按时运达美国总部的两家工厂时，戴尔会遭受沉重打击。没有放满了主板和硬盘驱动器的仓库，这个世界上最大的个人电脑制造商会发现在短短几天内就没有货可出售了。这种极端精简、高速的商业模式使企业很容易陷入上述困境，对此，戴尔十分清楚。“当劳动力问题、地震或非典型性肺炎疫情爆发的时候，我们必须比任何人行动都快”，公司的供应链专家Dick Hunter说。“没有其他选择。我们知道这些事情时有发生，我们必须尽快行动解决问题。我们不能容忍任何形式的延误。”

幸运的是，这种讲求速度和柔性的文化看似会让戴尔随时崩溃，但它同样帮助戴尔解决了这些问题。戴尔与它在中国台湾、中国大陆、马来西亚的零部件制造商、它在美国总部的航运伙伴保持着全日 24 小时不间断的沟通。Hunter 派遣了一个由 10 名物流专家组成的“老虎小组”到长滩、加利福尼亚和其他港口，与戴尔的运送网络和货物转运网络一起执行应变计划。

当老虎小组确定港口确实关闭后，戴尔进入高度备战状态。它从 UPS、西北航空、中国航空包下 18 架波音 747 飞机。一架 747 运输的零部件数量相当于 10 辆卡车拖车运载的货物量—足够生产 10 000 台个人电脑。承包飞机时，竞价飙升，一趟从亚洲到西海岸的单程飞行的花费竟高达百万美元。戴尔很早就中标，并且把价格保持在每架飞机约 50 万美元的水平上。戴尔同它在亚洲基地的供应商合作以确保零件及时到达上海和台北的机场，使得回程的包机可以按时降落、加油、起飞。公司始终确保飞机在 33 个小时之内飞到美国并返回，这保证了费用较低且供应链一直运转。

同时，戴尔派人驻守在每个重要的港口。在亚洲，货运专家发现，戴尔的零件是最后装上货船的，所以货船到达西海岸的时候，它们能最先卸载。最大的考验在于当港口重开的时候，各个公司争抢着去重排装卸货的次序，这也是后勤部门的噩梦。尽管戴尔在 50 艘轮船的数百个集装箱中放有个人电脑组件，但戴尔仍知道每个组件到达港口的准确时刻，并且它是第一批卸载货物的公司。戴尔卸完货物后，就把货物运到它在得克萨斯州首府奥斯汀以及田纳西州的纳什维尔的工厂。最后，戴尔完成了一件不可能的事：在供应链停止运作 10 天，仅有 72 小时库存的情况下，它撑下来了，没有延误一个客户订单。

港口关闭的“余震”持续了几个星期。很多公司开始质疑在一个不稳定的环境下精简经营是否明智。对仓库的需求开始飙升，于是各个公司都保存了缓冲库存，以防罢工、自然灾害、恐怖袭击的突发。

建立一个“戴尔式”的供应链

戴尔最有竞争力的武器是速度，这使得戴尔这个技术巨头的可接受底线有了很大提升。图表 8—1 列出了建立快速供应链的五个要点，资料来源于戴尔公司。

图表 8—1　　**如何建立一个“戴尔式”的供应链**

1. **供应链从客户开始。**通过去掉零售商，向客户直销，戴尔在预测真正的客户需求方面处于更好的位置
2. **用信息代替库存。**因几乎零库存运作，戴尔不间断地与供应商交流。它从装配厂向供应商发送库存情况，每天更新三次，每周更新季度需求预测。戴尔把信息互通的优先级设为最高，从而确保了尽可能低的库存
3. **如果你不能衡量，你就不能管理。**戴尔知道什么是关键，戴尔测量从库存天数到生产一台 PC 机所需的时间等运作信息。戴尔大幅削减这些数字，变得更有效率
4. **复杂会让你变慢。**戴尔减少了核心供应商的数目，从几百个减至 25 个。它使关键的 PC 组件标准化，简化了生产。通过使事情简单化，戴尔更快了
5. **建立不断变革的理念。**戴尔不满足于增量改进，它需要大量的变革。每年，它要求奥斯汀基地的 PC 组装工厂——已经十分快速了——再提高 30% 的生产率。“如果你不用宏大目标激励员工，你就不可能获得巨大的成功”，戴尔的 CEO Kevin Rollins 说

引言

据总部设在波士顿的 AMR 研究公司报道，在几乎所有衡量成功的财务指标中，擅长供应链运营的企业都表现得更好。当供应链出色地改善了企业运营时，企业可以实现利润率高出竞争者 5%，库存低于竞争者 15%，“完美订单”的等级比竞争者强 17%，并且，生产周期比竞争者短 35%。“在现今的经济中，竞争获胜的企业的基础就是具有供应链优势”，AMR 研究所的副总裁 O’Marah 这样说。“这些企业明白价值链的高绩效将转化为组织的生产力和市场份额的领先。它们也明白供应链的领导地位不仅仅意味着效率和更低的费用，它需要企业具备出色的能力来规划和应对市场对创新产品和服务的需求上的变化。”

供应链管理系统收集、分析和分发各相关方的交易信息，帮助供应链中各个不同实体更高效地协作。SCM 系统提供了动态的、全面的、有关组织运作的总览性信息。用户可以向下“挖取”（Drill down）得到详细的供应链活动分析，发现有关组织运营的、有价值的信息。本节将详细讲述供应链管理。

8.1 供应链基础

学习目标

8.1 列出并描述一个典型的供应链系统的五个组成部分。

8.2 解释信息技术和供应链的关系。

8.3 确定推动供应链管理的因素。

8.4 总结成功实施供应链管理系统的最佳实践。

8.1.1 供应链基础

大多数企业会把将近一半的收入花在原材料上——来自供应商用以维持企业生产的商品和服务。一条供应链由在产品或原材料采购过程中直接或间接涉及的所有组织组成。**供应链管理（SCM）**涉及供应链内两个或多个企业之间的信息流管理，从而使总的供应链效率和利润最大化。过去，企业主要关注自身企业内部的生产过程的改进和质量的提高。现在，它们的努力延伸到外部，试图影响整个供应链，包括客户、客户的客户、供应商、供应商的供应商。现在的供应链是一个由供应商、装配商、物流公司、销售/市场渠道和其他主要通过信息网络和契约关系联系在一起的商业伙伴组成的复杂网络。SCM 系统加强和管理这些关系。供应链有三方面的主要联系（见图表 8—2）：

1. 从供应商和供应商的上游到供应链各层级的原料流。
2. 原材料转化成半成品和成品——组织自己的生产过程。
3. 产品分销给客户及其下游各层级的客户的客户。

图表 8—2　　　　　　　　　**一个典型的供应链**

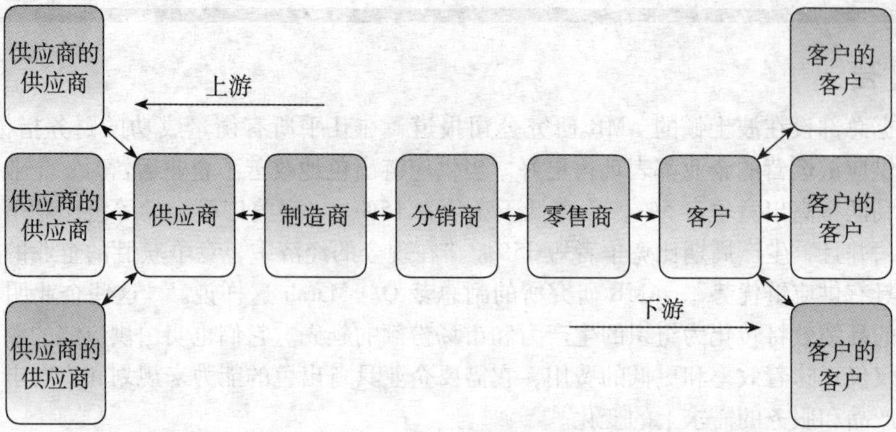

组织必须掌握能有效管理和监控整个供应链的技术。SCM 在创造组织效率和竞争优势中变得越来越重要，Best Buy 用它的 SCM 系统，每半小时检查一次它在北美的 750 个商店中的每个商店的库存水平，降低了库存补充过程中的大部分的不确定性。供应链管理改善了企业寻找用来制造产品或服务、提供产品或服务、把产品或服务送到客户手中所需的输入资源的方式。图表 8—3 强调了供应链管理的 5 个基本元素。

在 5 个 SCM 组成部分中，科技进步已明显提高了公司的预测能力和业务运作水平。现在组织可以使用建模和仿真工具、算法和应用程序，结合来自供应链各方的信息，建立几天、几周或者几个月的预测。如能更好地预测明天的结果，便能更好地在今天做准备。

Mattel 公司过去几年里投资重金在软件和流程再造上以简化供应链、降低成本、缩短周转周期。使用供应链管理策略，该企业把设计、生产以及从 Barbies 到 Hot Wheels 运输货物的总时间缩短了几周。Mattel 安装了最优化软件，用来衡量、调整和验证它的由 7 个配送中心、7 个生产工厂及其他构成部分组成的、其庞大世界范围的供应链的运作。Mattel 把预测从每月缩短到了每周。企业不再生产超出商店需要的产品，而且根据商店需求发运存货。Mattel 的供应链能够快速精确预测客户需求，这有助于企业更有效地满足客户需求。

8.1.2　信息技术在供应链中的角色

随着企业不断发展成更为扩展的组织，供应链的参与者正在改变。现在，供应商参与产品开发，批发商作为品牌营销顾问都是很正常的。组织内部和组织之间的几乎无缝的信息连接是集成供应链的基础要素。

信息技术在供应链管理中的主要角色是在企业各个职能部门之间和企业之间建立集成的或紧凑的流程和信息关联。具体说来，就是将企业内的营销、销售、财务、制造和分销等部门集成；在企业间，使信息和产品流在供应链上的客户、供应商、运输服务提供商之间顺利、同步地流动。信息技术为企业运营管理集成了计划决策过程、

图表 8—3　　五个基本的供应链管理元素

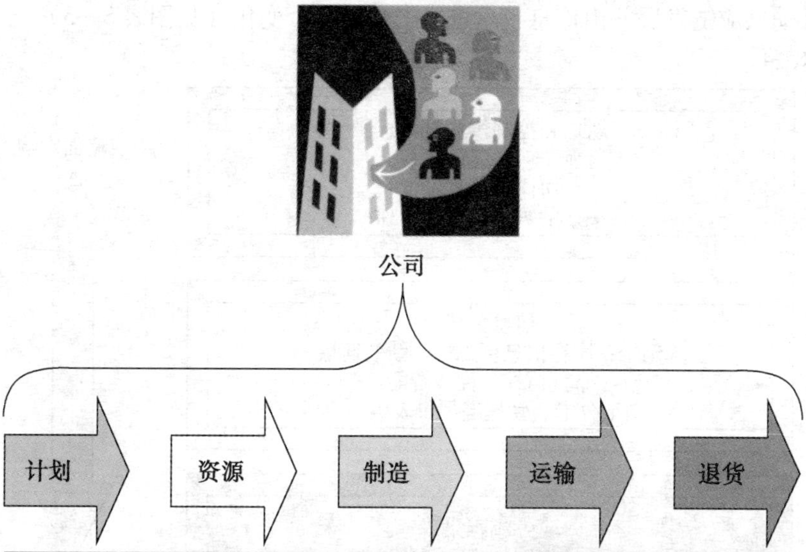

1. 计划
这是供应链管理的策略部分。组织必须制定计划以管理满足客户需求的商品或服务及其所需的资源。计划工作的很大一部分是开发一套评价指标以监控供应链，让它有效率、成本低并能把高质量和高价值的产品或服务交付到客户手中

2. 资源
企业必须谨慎选择可靠的供应商，以供应制造产品所需的原材料和服务。企业也必须与客户一起制定一套定价、运输、付款的程序，并制定评价指标监控和改善客户关系

3. 制造
这是企业制造产品或提供服务的步骤。该步骤包括生产活动、测试、包装和运输准备。这是目前为止供应链管理中评价指标使用最为密集的部分，这些指标用于衡量产品质量、产量和工人生产率

4. 运输
这个步骤通常指物流。物流是一套流程，计划和控制物料从供应商到客户的高效率、有效的运输和储存。在这一步骤中，公司必须能够接收来自客户的订单，经由库存网络履行订单，选择运输公司运送产品并实施账单和发票系统，以方便付款

5. 退货
这显然是供应链中最困难的一步。企业必须建立一个网络，接受残品和过剩产品并且为收到有问题产品的客户提供支持

业务运营过程和信息共享（见图表 8—4）。大量证据表明供应链整合带来了更为优越的供应链能力和利润。

加州的 Adaptec 公司生产半导体，经由超过 115 个分销商和世界范围内的数千个增值经销商把产品销售到世界主要的个人电脑、服务器及终端用户市场。Adaptec 在世界各地多个第三方地点设计和生产产品。企业使用基于互联网的供应链集成软件以实现各地的同步规划。地理上分散的 Adaptec 公司各个办公地点的人员实时地交流信息、交换设计结果、测试结果和生产与发运信息。基于互联网的供应链协作软件帮助该公司降低了库存水平和缩短了交付周期。

尽管人们讨论供应链整合已经很长时间了，可是直到现在，信息技术的发展才给

这个想法带来了希望，使得真正集成供应链成为可能。可见性、消费者行为、竞争和速度是推动供应链发展并由信息技术进步带来的几个变化（见图表 8—5）。

图表 8—4　**集成供应链**

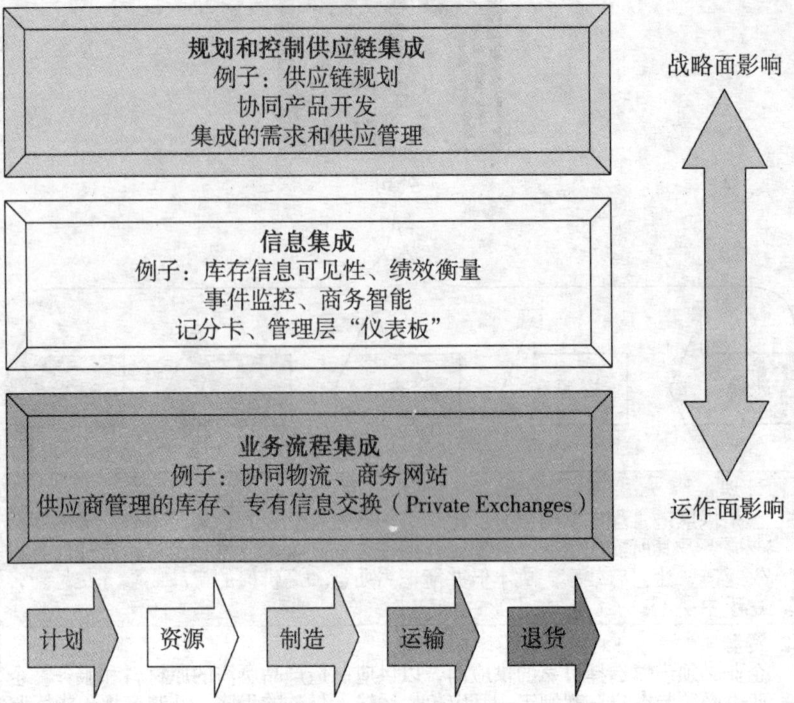

图表 8—5　**渠道供应链管理的几个因素**

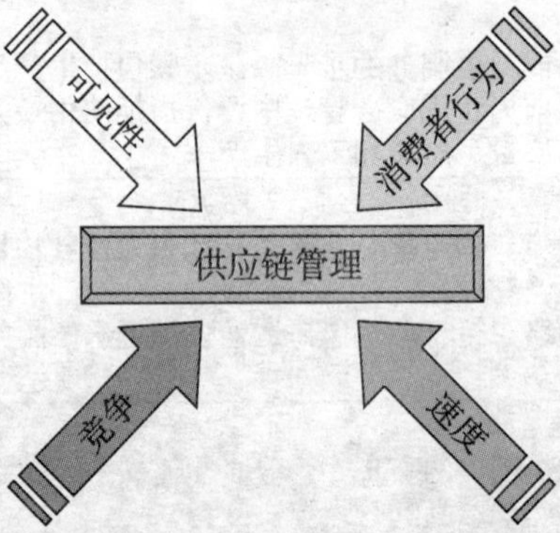

可见性

供应链可见性指查看供应链上游、下游所有部分的能力。改变供应链需要复杂的战略，需要信息技术提供支持。企业可以同供应商和客户一起，利用技术工具的帮助，整合供应链的上游和下游。

要使供应链高效地运作，企业必须建立实时的供应链可见性。企业需要了解供应链下游触发的客户事件，同样的，企业的供应商、供应商的供应商也需要了解相应的客户触发事件。没有这些信息，整个供应链上的合作伙伴会面临牛鞭效应带来的损失，且损失会沿着供应链增加。当扭曲的需求信息沿供应链由下游企业传递到上游企业时，**牛鞭效应**就发生了。一个小的需求变大的错误信息可能导致供应链上的各个成员都加大存货。这些变化在整个供应链中会发生连锁反应，放大了问题，导致整个供应链上存在多余的库存和花费更多的费用。

今天，信息技术允许供应链上建立更多的可见性。电子信息流允许管理者查看其供应商和客户的供应链信息。由高供应链可见性带来的竞争优势使有些企业改变了整个行业的动力学格局。戴尔是典型的例子，公司的供应链掌控能力和经济影响力已经明显地改变了竞争的性质，并导致其他企业效仿这个模型。

消费者行为

消费者行为改变了企业的竞争方式。如果一家企业不能持续满足客户的期望，客户就会离开。客户有更高的要求，因为客户有现成可用的信息、完全明白自己需要什么、什么时候需要以及如何获得需要。**需求规划软件**使用统计工具和预测技术生成需求预测。通过基于供应链管理的需求规划软件，企业可以更快、更有效地对客户需求做出反应。一旦企业了解了客户需求及其对供应链的影响效果，就可以评估供应链将会对客户、最终对企业绩效产生的影响。一个成功的需求规划战略的回报是惊人的。一份由 Peter J. Metz，MIT 电子商务中心的董事会执行主席完成的研究发现，企业因为管理供应链上的需求而取得的进步，会得到令人印象深刻的结果：平均 50% 的库存减少和 40% 的及时送货的增加。

竞争

供应链管理软件可以分解成供应链规划软件和供应链执行软件。两者都提高了企业的竞争力。**供应链规划（SCP）软件**使用先进的数学算法改善供应链的流通和效率，同时减少了库存。SCP 有效与否完全依赖信息是否精准。一个组织只有把准确的最新的客户订单、销售信息、生产能力信息、运输能力信息输入系统，才能得到 SCP 的精确输出。

组织的供应链包含一些设施，利用这些设施人们获取、生产、存储、销售原材料、中间产品和成品。这些设施由运输链连接起来，原材料和产品在运输链上流动。供应链包含多个企业，理想情况下，这些企业拥有完全的信息可见性，运作效率和有效性与一个单独的企业一样。**供应链执行（SCE）软件**使供应链中不同的步骤和阶段自动化了，使供应链运作可能像从制造商到供应商发送电子订单那么简单。图表 8—6 详细说明了 SCP 和 SCE 软件是怎样与供应链运作联系起来的。

图表 8—6　**供应链规划和供应链执行软件如何与供应链运作相关**

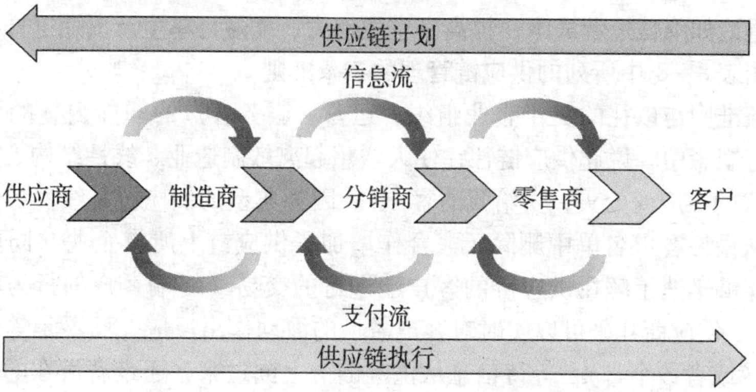

通用汽车（GM）、福特（Ford）和戴姆勒·克莱斯勒（DaimlerChrysler）这三个汽

车巨头合作建立了一个统一的、三家企业和其供应商都可以使用的供应链规划/执行系统，这创造了历史。Gary Lapidus，高盛集团的资深分析师，预计这家合资企业 Newco 一旦股票上市，将会拥有 300 亿美元到 400 亿美元的潜在市场价值，年收入约 30 亿美元。

三家汽车巨头的合并采购力是惊人的。通用每年花费 850 亿美元，福特每年花费 800 亿美元，戴姆勒·克莱斯勒每年花费 73 亿美元。Newco 的最终目标是处理汽车行业的生产过程，从订购原料、预测需求，到通过网络使汽车制造直接满足客户特定的技术参数需求。汽车业巨头明白有战略意义的供应链规划和执行系统的效果会在竞争中体现出来。

速度

过去的十年中，竞争主要关注速度。不断进步的服务器、通信技术、无线网络应用和软件使得企业能够采用过去被认为不可能做到的运作方式。技术系统提高了供应商和客户之间交流的精确度、频率和速度，同时也提高了内部交流的精确度、频率和速度。速度的另一个方面是企业有效满足客户持续变化的需求的能力。及时、精确的信息对企业来说比以前更重要。图表 8—7 列示了导致这些改变的三个因素。

图表 8—7　**提高速度的因素**

1. 取悦客户已成为企业无法摆脱的“困扰”。用最好、最高效、最有效的方式服务客户变得十分关键，像订单状态、产品可用性、运输日程安排和发票信息等项目已经成为提供完整的客户服务必不可少的部分
2. 管理者要有降低库存和人力资源需求到有竞争力水平的能力，要获得这种能力，信息很重要
3. 信息流是战略规划和资源部署的要点

8.1.3 供应链管理的成功要素

在今天的竞争性市场中，为了成功，企业必须使其供应链与市场的需求相匹配。现在，对精通 SCM 的企业来说，供应链高绩效是独特的竞争优势。Perdue Farms 善于做决策的基础是它的供应链管理系统。Perdue Farms 每年把大约 100 万只火鸡运送到全国各地的节日餐桌上，每只火鸡都在 24 小时内处理完毕。Perdue Farms 在 SCM 技术上投资 2 000 万美元之后，这项工作不再像以前那样复杂了。SCM 使得 Perdue 更加适应在正确的时间，把正确数量的火鸡运送到正确的客户手中。

为取得诸如降低运营成本、提高资本生产力、缩短订单生产周期这样的成功，企业应遵循图表 8—8 中所列的供应链管理的 7 条准则。

这七条准则与以往的关于企业组织、运营、服务客户的职能内置的思想背道而驰。在旧有观念中，说起供应链往往使人联想起离散制造业、线性结构、关注买—卖交易（从我的供应商处买，卖给我的客户）。因为典型的供应链是线性扩展的，很多供应商被从最终客户名单中删除了。合作增加了供应链上所有企业共同可视性的价值。它们能够迅速了解在供应链的客户端进行的交易（终端客户的行为对它们而言是可见的）。供应商几乎可以实时对客户需求的波动作出反应，而不是等候数天或者数个星期（或者数个月），等待信息从供应链上上溯过来，还带着潜在的错误信息或者遗漏信息的陷阱。

图表 8—8 **供应链管理的七项准则**

1. 不考虑行业，根据服务需要区分不同的客户群，为不同类别的客户提供量身定做的服务
2. 定制物流网络，集中关注服务需求和预识别不同客户群带来的利润
3. 观察市场需求的信号，并据此作计划。计划必须涉及整个供应链，以检验不断变化的需求
4. 辨别更靠近客户的产品需求，因为企业不再能负担得起保存库存以弥补糟糕的需求预测了
5. 战略地管理供应资源，通过与主要的供应商协作，降低保存原料和维持服务的费用
6. 建立一个供应链信息技术战略，来支持各层次的决策，提供清晰的产品流、服务流和信息流视图
7. 采用绩效评估措施，并将其应用于整个供应链的每个连接中，衡量每个阶段的真实盈利

戴尔公司提供了一个极成功的 SCM 系统的最佳实例。戴尔高效的按订单生产的商业模式能够为客户迅速提供定制的计算机。作为公司为不断完善供应链流程所做努力的一部分，戴尔部署了供应链工具，提供全球的产品需求预测和原料需求管理，同时还有完善的工厂排产管理和库存管理。

企业应该学习行业最佳实践来提高成功实施 SCM 系统的可能性。以下是 SCM 能够获得成功的关键。

扩展至供应商

SCM 系统最困难的部分是它的复杂性，复杂性来源于系统中的很大一部分延伸到了企业之外。不仅企业内的人员要改变他们工作的方式，网络中每个供应商的成员也需要改变，才能确保供应商能够获得 SCM 系统提供的好处。

使员工放弃传统的商业实践

业务人员通常忙于处理电话、传真、在纸上潦草地写订单，而且很可能想要继续保持这种工作方式。不幸的是，一个组织不能离开电话或传真机恰恰是因为它正在实施供应链管理系统。如果企业不能使员工确信花在供应链管理软件上的时间是值得的，员工会很容易找到绕过这个系统的方法，这就会很快降低 SCM 系统成功实施的可能性。

确保 SCM 系统支持组织目标

选择一个能在对业务成功最关键的领域为企业带来优势的 SCM 系统十分重要。如果组织支持采用十分高效率的战略，则应确保供应链设计要有同样的目标。

增量阶段式部署、衡量和交流成功

增量阶段式设计 SCM 系统的部署。例如，不要立即安装一个完整的、贯穿整个公司和所有供应商的供应链管理系统，而是先让系统在几个关键的供应商处运作起来。接着，移至其他的供应商。执行时，在供应链绩效提高的过程中，确保每个步骤都增值。虽然对 SCM 的成功来说，总体的角度是非常重要的，但是增量的方式意味着 SCM 系统应该按照可以承受的进度实施，每一步都要衡量是否成功。

面向未来

供应链设计必须预先考虑未来的业务状态。因为 SCM 系统的使用时间很可能会比预计的使用时间长很多，管理者需要探索在将来当（不是如果）业务需要改变的时候，SCM 系统有多灵活。关键是确定这个软件能够满足未来的需要，而不仅仅是现在。

8.1.4 SCM 成功案例

图表 8—9 描述了越来越多的管理层依靠 SCM 系统管理扩展企业的主要原因。图表 8—10 列出了几家使用供应链管理系统驱动运营的企业。

图表 8—9　**管理层依靠 SCM 系统管理扩展企业的主要原因**

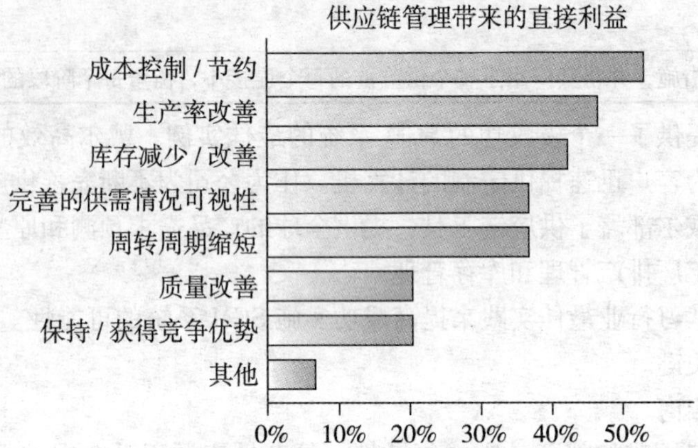

图表 8—10　**使用供应链管理系统驱动运营的企业**

戴尔	在年收入 400 亿美元的基础上，业务每年增加 17%
诺基亚	供应链的最佳做法是把想法转变成可盈利的业务
宝洁	以消费者为导向的供应链是大众消费品公司的特有结构。在产品创新和供应链效果上的最佳实践都是顶尖的
IBM	硬件产品基于供应链的产品开发过程实现了更快、更好、更便宜（70% 的水平）
沃尔玛	每日低价需要客户需求驱动的、与合作伙伴集成的供应链的支持
丰田汽车	要做成标杆性的杰出供应链，精简是三个最常见的最佳实践之一
The Home Depot	卓越的供应链管理改善了物流和创新性服务
Best Buy	SCM 彻底精简了库存，创造了令人羡慕的商业地位
Marks & Spencer	作为在商店里使用 RFID 的先锋，Marks & Spencer 实现了发展，并保持精益运作

苹果电脑最初的业务流程处理分散在多达 16 个传统应用程序上。苹果迅速意识到它需要一个新模式，新商业模式以集成供应链为中心，推动运营效率提升。苹果制定了实施战略，关注特定的 SCM 功能——财务、销售、分销和生产，这些功能对业务的帮助最为明显。公司决定把主要的、起关键作用的功能部署成新模式。新商业模式提供：

■ 按单生产和按单装配的生产能力。

■ 对于在 Apple. com 上直接购买 APPLE 产品的顾客，可用网络实现订单配置和订单录入以及订单状态查询。

■ 实时信用卡授权。

■ 可兑现的承诺和基于规则的资源分配。

■ 与高级计划系统的整合。

因为 SCM 系统发挥了作用，苹果电脑在各个方面体会到了实在的利益，包括可度量的生产流程的改进、按单生产和配置订单的处理周期减少了 60%，以及每天处理多于 6 000 订单的能力。

引例问题

戴尔著名的供应链

1. 戴尔如何使用五种基本的 SCM 要素？
2. 戴尔如何影响可见性、消费者行为、竞争以及在供应链中 IT 使用的速度？
3. 解释有关戴尔的商务模型的 SCM 的七个原则。

8.2 运用供应链设计

学习目标

8.5 列出并描述供应链管理的四个方面。

8.6 解释关注效率（Efficiency）的供应链管理战略。

8.7 解释关注效果（Effectiveness）的供应链管理战略。

8.2.1 运用信息技术驱动供应链

本节将详细讲述组织如何建立关注效率和效果的供应链战略。**IT 效率度量**指标衡量 IT 系统的绩效，包括吞吐量、速度和可用性。**IT 有效性（效果）度量**指标衡量 IT 系统对业务流程及对客户满意度、营销活动转换率和销售渠道的增加等活动的影响。一个组织的目标和战略目标将决定其供应链管理的整体战略。SCM 战略又决定供应链在效率和效果方面做怎样的平衡。供应链管理的四个主要方面是：

1. 设施。
2. 库存。
3. 运输。
4. 信息。

组织可以运用信息技术通过各种手段影响这四个方面，向关注效果的供应链战略或关注效率的供应链战略的方向发展。对于每个方面，组织必须权衡想要的是效率还是效果。各方面组合起来的综合影响力就会决定整个供应链的效率和效果。图表 8—11 是四个方面对供应链总体效率和效果影响的总览。

图表 8—11　　**从效率和效果角度分析供应链的设计**

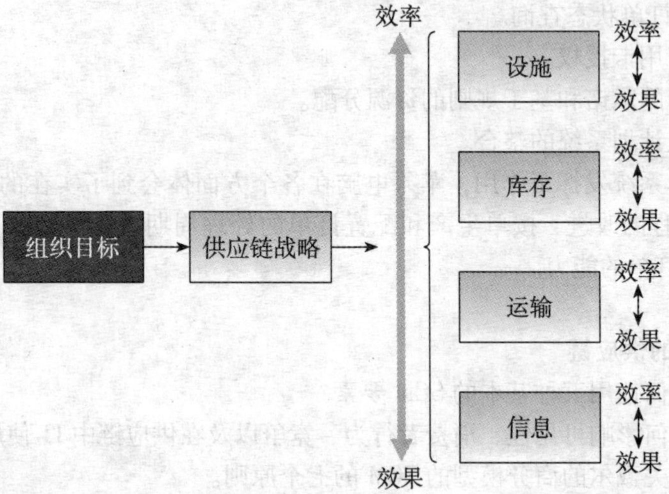

8.2.2 设施

设施把物料加工或转换成另一种产品，或者在物料被运到下一个设施之前，将它储存起来。丰田是一个在设施方面强调效率的企业。丰田的目标是在其每个主要市场都建立设施。这些当地设施保护企业不受币值波动和交易壁垒的伤害，因此对丰田的客户来说这种做法也是更有效率的。当组织决定其设施战略时，应考虑如下三个主要部分：

1. 选址。
2. 能力。
3. 运营设计。

选址

组织决定把基础设施建在什么地方，这是非常重要的决定，它构成供应链管理战略的很大一部分。在选择设施地点时，两个主要的选择是：（1）把设施集中，获取规模效应；（2）设施分散分布，以贴近顾客，从而增加有效性（效果）。

组织如果把设施集中，可以获得规模效应。然而，费用下降的同时降低了效果，因为很多客户可能离设施很远。相反，将很多不同设施选址在客户附近会降低效率，因为增加客户附近的设施会导致成本增加。很多其他因素也会影响设施地点的选定，包括设施费用、员工工资、汇率、税收的影响等。

UPS 在其每个设施地点都使用包裹流 SCM 系统。这个 UPS 定制的软件将作业研究和测绘技术相结合，以最优化包裹的装载和发送方式。目标是使运输卡车每年的行驶里程减少 1 亿英里。这个项目帮助每个 UPS 设施地点获得通过精简运作获取利润的能力。

能力

SCM 需求规划软件辅助企业决定自身的能力。企业必须决定每个设施的运营能力。如果它决定设施应该具有较大的能力冗余，以便在响应较大需求波动上更具灵活性，则意味着企业选择了效果战略。但是，能力冗余会消耗更多资金，也因此降低了效率。

运营设计

组织必须决定它想要一个产品导向还是功能导向的设施运营设计。如果选择产品导向的设施运营设计，则按照设施只生产某一确定类型的产品进行设施设计。所有的运营活动，包括制造和组装，都会以这一单一类型的产品为中心。该策略使设施在生产单一产品上变得十分高效。

如果选择功能导向的设施运营设计，设施只完成多种产品的某一项特定功能（例如只制造或只组装）。该策略让设施变得更加有效果，因为可以把一项单一的过程运用在很多不同类型的产品上（见图表8—12）。

图表8—12　**设施的效率和效果选择**

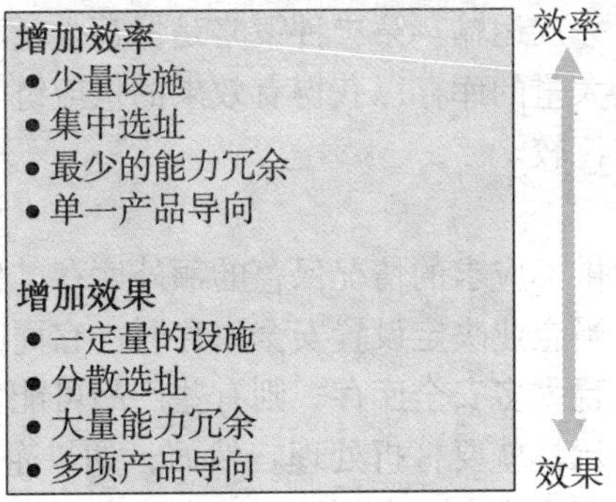

8.2.3 库存

在漫长的商业历史中，库存一直是确保运营安全的方式。一个满是部件的仓库，或堆满成品的分销中心，意味着即使客户需求预测偏离很多，企业也有足够的库存立即满足需求。自从20世纪80年代，通用汽车采用丰田汽车先进的精益生产模式以来，通过从运营中缩短提前期、减少库存和削减能力冗余，快速企业已经从组装线和供应链上通过延迟处理、再造、直接取消等手段去除了浪费。

Dillard百货公司的竞争战略是吸引更高端的客户，这些客户愿意为及时获得产品付更多的钱。Dillard保留了大量库存，保证客户总是可以拿到产品。结果，它的客户也愿意为产品多付钱。

企业需要库存以抵消供需间的差异，但库存是任何供应链中的主要成本支出。库存对企业效率和效果的影响很大，较多的库存导致高效果，而较少的库存则会带来高效率。如果一个企业的战略是客户导向的高效果，那么这家企业会在靠近客户建立的很多设施中保留大量库存，就像Dillard战略需要的那样。假如企业的战略是高效率，如低成本生产战略，那么企业会在单个的重要设施中保持低水平的库存。

库存管理和控制软件可以为库存中每一项产品的情况提供控制和可见性。软件维护了库存记录的准确性，生成所有被订购产品的原料需求，并且分析库存绩效。库存管理和控制软件为供应链提供来自不同来源的信息，这些来源包括：

■ 当前库存和订单状态。

■ 成本会计。

■ 销售预测和客户订单。

■ 生产能力。

■ 新产品引入。

库存管理和控制软件为组织提供了决策时需要的信息，这些信息主要涉及如下两类库存：

1. 周期性库存。
2. 安全库存。

周期性库存

周期性库存是满足产品运输期间客户需求的库存的平均量。关于周期性库存，企业可以采用如下两种策略中的一种。第一种策略是保存大量的周期性库存，减少订购和运输次数，如每月进行一次运输。第二种策略是保存少量库存，每星期甚至每天订购。需要平衡的是，保留大量的库存以获得有效果的供应链和频繁订购产品以获得高效率的供应链之间的成本比较。

安全库存

安全库存是为可能的供不应求的情况保存的额外库存。例如，一家玩具商店可能为圣诞季设置安全库存。当企业决定设置安全库存时，它面临的风险是安全库存带来的额外成本。如果企业设置太多安全库存，则有些产品可能卖不掉。例如，在玩具店的例子中，圣诞季过后，玩具就要打折处理。然而，如果企业保存太少的安全库存，产品可能会脱销，使企业面临客户丢失的风险。企业必须决定是承担保有过量库存带来的成本，还是承担脱销、失去客户的风险（见图表 8—13）。

图表 8—13 **库存的效率和效果选择**

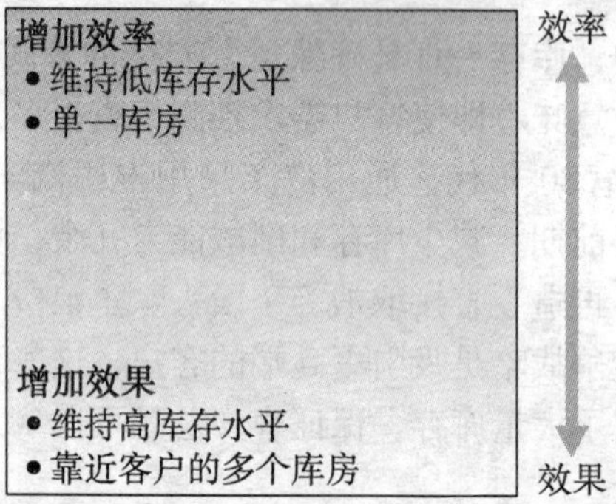

8.2.4 运输

组织使用基于 IT 的供应链管理系统，包括定量分析、决策支持系统和智能系统，来制订运输计划。联邦快递的整个业务战略着眼于客户对高效运输的需求。任何一家使用联邦快递发运包裹的企业都主要关注物品安全及时的送达，而不是成本。很多企业甚至把它们的设施建在联邦快递附近，以便隔夜就把库存产品速递到客户手中。

企业可以在供应链的不同阶段用不同的运输方式运输产品。运输成本对效率和效果都有很大影响。如果组织关注高效果，那么会使用更快、成本更高的运输方式，并借以提高产品价格。如果关注于高效率，组织会用较慢、成本较低的运输方法以降低产品价格。组织在决定战略时，应考虑的运输的两个主要方面是：

1. 运输方式。
2. 运输路径。

运输方式

企业必须确定其整个供应链上的产品运输方式。有六种主要的运输方式：卡车、火车、轮船、航空、运输管道和电子方式。这些方式的主要区别是速度和价格。如果企业关注高效果，它可能会选择较贵的运输方式以保证快速运输；相反，如果企业关注高效率，它会选择较便宜的方式。一些企业运用全球库存管理系统，该系统可以提供定位、跟踪、预测供应链上游或供应链下游任何组件或物料的运动的情况。因此，不管所选择的运输方式是什么，企业都可以知道供应链中任何点的库存情况。

运输路径

企业为产品选择运输路径。两种供应链软件模块可以辅助该决策。**运输规划软件**追踪分析物料和产品的运动，保证企业在正确的时间、正确的地点，以最低的成本运送物料和成品。**配送管理软件**协调把物料从生产车间运至配送中心再到最终用户的过程。运输路径直接影响了运输速度和成本。企业运用这些软件模块辅助进行决策，是使用高效果路径把产品直接送到客户手中，还是使用高效率的路径把产品运送到分销商处，再把产品运送到客户手中（见图表 8—14）。

图表 8—14　**运输的效率和效果选择**

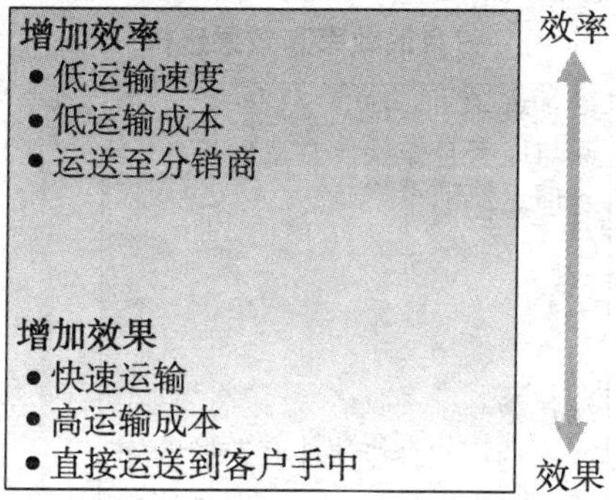

8.2.5 信息

信息是供应链中一个重要的方面，当企业运用信息使自己变得更有效果同时更高效的时候，信息的重要性越发凸显。组织必须决定在有效降低成本或改善效果方面，什么信息是最有价值的。信息决策依企业战略和供应链的组织和设计的不同而不同。在供应链中，关于信息需要考虑的两件事是：

1. 信息共享。
2. 信息推送策略还是信息拉动策略。

信息共享

组织必须决定哪些信息是它要与供应链合作伙伴共享的。信息共享是非常困难的决策，因为大多数组织不想让合作伙伴看到战略性的或有竞争意义的信息。然而，它们确实需要共享信息，比如为供应商提供库存水平信息满足其生产预测的需要，这样它们才能协调供应链活动。建立信任关系是逐渐理解供应链合作伙伴需要多少信息的第一步。

如果一个企业在信息共享方面选择注重效果，那么它会自由地分享较多信息以提高供应链运作速度，减少运作费用。如果一个企业选择关注效率，那么只会与特定的合作伙伴共享筛选过的信息，这会降低速度，增加供应链运营的费用。

信息推送策略还是信息拉动策略

在信息推送技术环境中，组织发送信息；在信息拉动技术环境中，组织接受或请求信息。组织必须决定怎样与合作伙伴共享信息。它可以选择把信息推送出去给合作伙伴，承担把信息发送给它们的责任。相反，它也可以让合伙伙伴承担获取信息的责任，让合作伙伴直接从系统中获取信息，"拉"出它们需要的信息。

而且，当一个组织决定采用信息推送还是信息拉动策略的时候，必须考虑对合作伙伴的信任程度。使用信息推送共享策略更有效果，因为组织可以精确控制什么时候共享什么信息。然而推送策略效率较低，因为推送信息所需的电脑设备、应用程序、时间、资源等需要成本。

使用信息拉动共享策略更有效率，因为组织不需要考虑与发送信息相关的费用。然而，信息拉动策略效果不好，因为企业不能控制什么时候信息会被"拉"出去。例如，如果一个企业需要补充库存，供应商能否得到该信息，是不能保证的。如果合作伙伴忘记获取信息，没有发送需要的产品，企业就会陷入困境（见图表 8—15）。

图表 8—15　**信息的效率和效果选择**

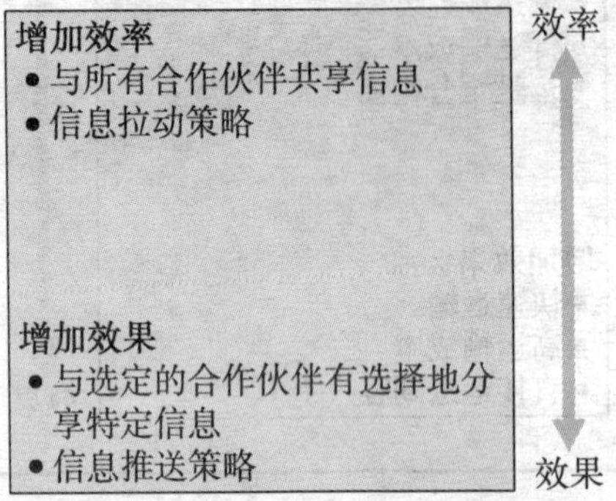

8.2.6 运用供应链设计

图表 8—16 展示了沃尔玛的供应链管理设计如何与它的竞争战略，即成为可靠的低成本的各种大众消费品零售商，相联系。沃尔玛的供应链强调效率，同时也维持了足够的有效性——效果。

■ 基础设施关注点——效率。

沃尔玛几乎没有仓库，只有当需求高到建仓库合理的时候，才会新建仓库。

■ 库存关注点——效率。

沃尔玛把产品直接从厂家配送到商店，这显著降低了库存水平。因为商店直接保有库存，而不是仓库。

■ 运输关注点——效果

沃尔玛拥有一支自己的卡车车队。整个供应链的高效率带来的收益弥补了自有卡车车队的费用，因为有效果的运输可以使沃尔玛保持低水平的库存。

■ 信息关注点——效率

沃尔玛将重金投资在技术和贯穿整个供应链的信息流上。沃尔玛一直通过将库存信息推送给供应商来支持整个供应链的运作，供应商依据库存信息生产出满足需求的产品来补充库存。用在建立供应链合作伙伴之间的信息流上的资金是惊人的。然而，这项投资的结果是得到一个十分成功和高效率的供应链。

图表 8—16　　Wal-Mart 的供应链管理

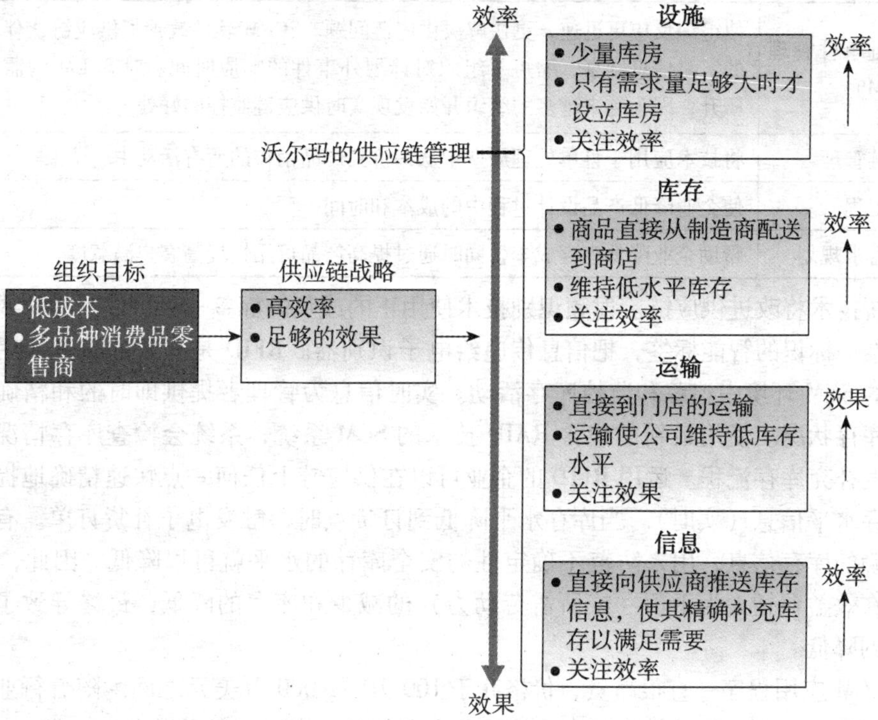

8.2.7 未来的供应链趋势

某个电视广告的内容是一位穿着制服的男子悄悄走入一个家庭，他刚好在一个饥肠辘辘的小孩子打开壁橱前，把空的麦片盒换成满的；接着，他在一只饥饿的公牛狗警惕地盯着他时，打开一袋新的狗粮；最后，他把一瓶满的香波递给一个刚从洗澡间跑出来的男人。下一波的供应链管理将会是基于家庭的供应链补充。

Walgreens 的市场定位是家庭 JIT 供应商，这是与其他全国连锁店不同的地方。现在的消费者持有这样的观念：在需要的时候、以想要的方式、以想要的价格上网购买，这样使消费者觉得很舒服。Walgreens 为每个家庭开发了自定义网站，以电子形式下订单，在方便的时候去店铺的特殊自助柜台或开车从即停即取窗口取走商品。Walgreens 承诺：超低价、定制服务、直接延伸到家。

随着供应链管理日渐成熟，供应链管理系统的功能越来越复杂。现在和将来，下一阶段的SCM系统会包含更多的功能，比如营销、客户服务、产品开发。这需要通过更先进的通信网络，采用更友好的决策支持系统及供应链的所有参与者共享信息来实现。随着技术使得在世界范围内精确频繁地获取信息成为可能、通过引入新工具辅助处理分析过程以应对供应链中日益增长的复杂性，SCM不断发展。

根据Forrester Research公司的调查，美国公司在未来五年内将花费350亿美元改进监控、管理、最优化扩展的供应链的业务流程。图表8—17列出了发展最快、对企业底线有最大潜在影响力的SCM组件。

图表8—17　　**SCM组件的快速增长**

供应链事件管理(SCEM)	使组织反应更迅速，更快解决供应链问题。SCEM软件改善了供应链伙伴之间的实时信息共享，缩短了组织对计划外事件的响应时间。对SCEM的需求会飙升，因为越来越多的组织开始发现实时供应链监控的好处
销售链管理	将技术应用于订单处理周期中从询价到产品销售的所有活动中
协同工程	使企业降低产品设计过程中的成本和时间
协作需求规划	帮助企业降低库存成本，同时通过提高产品可用性提高客户满意度

新技术将改进供应链。射频识别技术使用正的或负的标签——可以是芯片或是可存储唯一标识的智能标签，把信息传递给电子识别器。RFID是有效的工具，用来在实时的SCM环境中追踪和监控库存活动。实时信息为管理者提供即时的和精确的供应链库存状况。使用最新的包含RAID技术的SCM系统，系统会检查库存情况，接着触发补充库存流程。运用RFID的企业可以在供应链上任何一点快速精确地提供当前库存水平信息（实时）。当库存水平降低到订货点时，触发电子补货订单。有了快速精确的库存信息，用来防范不确定性的安全库存的水平就可以降低。因此，RFID的潜在效益包括人为干预（或所需劳动力）的减少和库存的降低，最终导致了运作成本的降低。

SCM应用程序一直很昂贵，价格介于100万~1 000万美元之间。随着行业的成熟和竞争的加剧，软件供应商会继续改造它们的定价模式，以吸引中小企业。

引例问题

著名的戴尔供应链

4. 确定SCM的四个主要方面，并解释戴尔怎样利用每个方面在供应链中获取效果和效率。

5. 选择一个发展最快的SCM组件，并解释戴尔怎样利用它提高业务运作水平。

6. RFID是什么，戴尔怎样运用这项技术改善供应链？

章后案例：BudNet

从货架上每卸下半打啤酒，Anheuser-Busch全国范围的加密数据网络BudNet都会知道。BudNet是Anheuser-Busch的秘密武器，也是在高达744亿美元的美国啤酒市场中，其市场份额在一年内从48.9%增长到50.1%的原因。

Sierra Beverage 是 Anheuser-Busch 的 700 个零售商之一，Dereck Gurden 是 Sierra Beverage 的销售代表，他管理着加州中央河谷的一片 800 平米的地区。他的客户包括 7-eleven、Buy N Save 以及很多酒集市和旅店。每当 Gurden 进入客户的商店，他就可以知道什么商品正在出售，什么促销活动是成功的，在帮助客户开拓业务方面还需要做点什么。

当进入一家商店时，Gurden 会查看他的掌上电脑，电脑显示出主要的库存信息。"首先，我会翻阅和检查应收账款，确认一切信息都是当前的，"他说，"接着，电脑会把 4 个月的库存情况展示给我。我可以得到过去的销售、商品存放位置——关于商店卖掉多少货物、商品曾经在哪个位置展示过等方面的事实和数据。" Gurden 也在店内走一走，把竞争者的产品展示、定价策略和促销信息输入电脑。

BudNet 怎样工作

每天晚上都有大量信息从数千个啤酒配送商和销售代表处输入 BudNet。这些信息使 Anheuser-Busch 管理者能够不断调整生产和微调营销活动。该系统是这样运作的：

1. 销售代表在 PDA 和手提电脑上收集新订单和追踪竞争者的市场活动。
2. 零售商编辑这些信息，每天传送到 Anheuser-Busch 公司总部。
3. Anheuser 品牌经理分析这些信息，为批发商作决策。
4. 批发商登录 BudNet 得到最新消息。
5. 销售代表根据建议，重新摆放架上商品和周转库存。

Anheuser-Busch 运用 BudNet 提供的信息，不断改变市场战略、改进促销活动以适应市场的结构划分，并对竞争者可能会有的优势及早预警。"如果 Anheuser-Busch 在田纳西州克拉克斯威尔市的某家店铺失去货架空间，他们马上就会知道"，Joe Thompson，Independent Beverage 集团的研究和咨询公司的总裁说。"他们比任何人，甚至是可口可乐公司都擅长这个游戏。"

众多分析家、啤酒业老手和批发商经理说，Anheuser-Busch 创造了一个极端精确的科学体系，以确定啤酒爱好者会买什么、什么时候买、为什么买。你上次从街角的 Bud Light 买半打啤酒，Anheuser-Busch 服务器很可能记录下你买了什么，你买的啤酒是什么时候酿造的，你买的是温的还是冰的，在这条街上你是否还能买到更好的。BudNet 不仅使啤酒供应链更加有效率，它也改变着该行业的动态的相互作用。

问题

1. 一个 SCM 系统怎样帮助像 Anheuser-Busch 那样的分销商，使它们的供应链更加有效果和有效率？

2. SCM 正经历着爆炸性增长。以 BudNet 为例，解释上述论断为什么正确。

3. 评估 BudNet 对驱动 SCM 成功的五个影响因素的影响。

4. 列出并描述典型的供应链组件和它们在帮助 Budweiser 做出高效果的决策时的作用。

第9章 客户关系管理

9.1 客户关系管理

- CRM的商业利益
- CRM基础
- 利用信息技术驱动运营型CRM
- 利用信息技术驱动分析型CRM

9.2 客户关系管理战略

- 客户关系管理的迅猛发展
- 客户关系管理的成功因素
- 当前趋势：SRM、PRM和ERM
- CRM未来的趋势

引例："以客户为本奖"

——最佳盈利者奖：Progressive公司

《高速企业》(Fast Company) 杂志授予Progressive公司荣耀的"以客户为本奖"之最佳盈利者奖。设想这样的情景，当你走进Circuit City公司准备购买一部昂贵的数码相机时，有人告诉你你能在Best Buy公司以更低的价格买到它，你是否会感到不可思议呢？如果一个客户在Progressive公司购买汽车保险，这种事就有可能发生。几年来，Progressive公司一直向它的潜在用户分享它竞争者的价格。2002年，它开始将竞争者的价格直接公布在其网站上，即使它自己的价位高于其竞争者。

这是Progressive公司计划中大胆的一步，目地在于培养长期客户的忠诚度。Progressive公司确实会失去一部分追求低价格的客户，但公司的CEO Glenn Renwich却认为透明能使公司保留一部分客户。他表示："我们希望客户建立对公司的信任感！"

看起来Renwich实现了他的愿望。Progressive公司是美国第三大汽车保险商。自2001年以来，Progressive公司的年利润平均增长率达到了惊人的75%。Progressive公司继续推出更多的以客户为中心的服务，包括一个测试项目，能够让司机有机会整车更换，更换后汽车有同样或更好的成色、年份和里程数（Progressive代为购买）。

一直以来，Progressive公司强调用创新增强客户体验和提高运营效率。早在10年前，公司就因其2 900多台即时响应汽车（IRVs）赢得声誉。理赔代表把IRVs开到事故地点或客户的家中评估损失，某些时候甚至直接支付赔偿。Renwick指出，IRVs是Progressive公司理赔代表的流动办公室，他的设计中还考虑到了客户的"情绪心电图”。理赔代表开着 IRVs 抵达事故现场，迅速搜集所有事故细节信息，使事故受害者能够尽快离开。使用 IRVs 的目的不仅是为了保障正在气头上的司机的利益，更是为 Progressive 公司节省开销，如降低了车辆存储的费用、租车的费用以及另外找出一天来处理赔偿的费用。

Progressive 公司的服务打动了像 Dave Meisburger 这样的客户，他的妻子几年前发生一起车祸。在她打电话到 Progressive 的 4 小时内，公司的调节理赔代表已经到达事故所在地阿拉巴马州和他们的家中，评估了损失并在行车道上开出一张理赔支票。现在，Meisburger 表示他再也不会脱离 Progressive。他说：“即便其将费用提高一倍，我也不在乎。其提供的客户服务比其他任何东西都重要！”

最近，Progressive 公司启动并扩展了它的礼宾索赔服务设施，已经发展到 18 个城市。客户带来他们破损的车辆，换取一个 BP 机和一辆租赁汽车。当客户的汽车被修好后，会收到公司的通知。为了缩短客户的等待时间和省去客户的麻烦，服务中心会同 Progressive 公司、客户和汽车修理中心沟通，提高检查和维修的效率。

“我们是一家不断关注索赔过程的公司，” Renwick 说道，“与其相信会有奇迹出现，在突然之间提供一个乌托邦似的客户服务，我们宁可去不断地提高和改进！”

高科技成就奖：迷你美国

《高速企业》杂志授予了迷你美国（Mini USA）荣耀的“以客户为本奖”之高科技成就奖。Angela DiFabio 终于买到了她渴望了 1 年之久的 Mini Cooper 车。这个来自费城的埃森哲顾问在 Mini 的网站上花费了无数个小时，尝试了几十种可能的组合，终于提出了一个自认为完美的组合：红辣椒色的车身、白色赛车条纹的引擎盖，以及前脸上自定义的赛车会徽章条。

当 DiFabio 向经销商下订单时，与网站一样的“构建自己的车”工具（提供了所有的价格和生产细节）让她觉得她在进行一场公平的交易。“经销商甚至利用网站在订购我的汽车，”她说，“这让我觉得我和它有相同的信息，我没有缺少任何的信息。”

在 DiFabio 等待自己的 Mini 车到来期间，她每天登陆 Mini 网站，利用“我的孩子在哪里？”跟踪工具来了解她的汽车的现状。就像跟踪一件昂贵的联邦快递包裹，她可以了解到从汽车在英国的生产厂生产直到它被运出的全过程。“我想大多数情况下，你订购了一辆车，那辆车的生产过程对你来说是一个黑洞，” DiFabio 说，“如果能够监督这个生产过程，将会使等待变得令人觉得兴奋。这种监督给予我一种控制了过程的感觉。”

控制，掌握一切！让不可避免的等待变得令人觉得兴奋。这是每个客户所希望得到的服务体验。这也是 Mini 美国通过技术所达到的服务效果，因为它的客户通常需要等待 2 到 3 个月才能获得他们的汽车。Mini 网站的功能远不止为客户提供信息、销售产品和提供服务，它更多的是让客户参与。客户的参与度越高，客户往往也越兴奋。“我们的最终目标是使等待变得有趣”，Mini 美国的销售经理 Kerri Martin 如是说。

Mini 的技术手段并不是什么创新，但它却在客户体验中起到了很好的作用，主要原因在于它很好地融入了品牌：它让客户感到有趣，而且是集体中的一员。许多汽车网站都提供了“构建自己的车”工具，但很少有网站能够像 Mini 那样的高度定制，那里的选择几乎是无穷无尽的，而且车的形象会根据你的选择而变化。特别的跟踪服务舒缓了客户的焦虑感和不耐烦。这些客户仿佛是等待孩子出生的紧张的父母。例如在“生产计划”阶段，跟踪工具向客户保证他们的 Mini “将通过我们牛津工厂的‘产道’。请放心休息，你的‘孩子’会得到最好的照顾”。

Mini 所面临的挑战来自于那些有很高期望的心急客户。有批评指出，一些经销商的做法与网站所显示的不一致。同时当急切的 Mini 主人（一群心急的人）通过独立的托运公司跟踪他们的爱车时，他们因 Mini 工具箱的信息更新不能像他们自己去了解信息那么快而感到沮丧不安。为了调整这些客户的预期，Mini 在网站上添加了在线视频，解释了在港口发生的一切事情以及为何它的在线工具比独立数据要慢。这样做并不能平息所有人的怨气，但至少缓解了部分焦虑。

Mini 的某些技术纯属娱乐：在 Mini 网站停留太久，就会弹出一个窗口提示“请为马路保护视力!”。主人会在购买 Mini 一周年时收到一张 E-mail 的生日贺卡。当 Mini 网站公布新特性时，客户会收到通知。DiFabio 很期待这些消息。她说：“其他公司寄来的 E-mail 让我觉得像个广告，而 Mini 的却让我觉得像加入了一个俱乐部。”

引言

客户关系管理（CRM）包括管理客户与组织之间关系以提高客户忠诚度和持久性以及组织的利益的所有方面。当组织从传统的以产品为中心型企业转变到客户驱动型企业，它们将客户视为专家，而不是利润源头。组织意识到没有客户，它们将无法生存，因此竭尽全力保证客户满意是企业任务中的重中之重。在这个难于建立产品差异的年代，忠诚的客户关系才是公司可以获取的最珍贵的资产。公司能越快地拥有 CRM 越好，也越不容易被竞争对手夺去忠诚和热心的客户。

9.1 客户关系管理

学习目标

9.1 比较操作型和分析型客户关系管理。

9.2 解释组织用于寻找最有价值客户的公式。

9.3 描述并区分销售部门和客户服务部门所使用的 CRM 技术。

9.4 描述并区分市场部门和销售部门所使用的 CRM 技术。

9.1.1 CRM 的商业利益

通过建立与客户的亲密关系，1-800-Flowers. com 公司完成了其卓越运作，利润和销售量不断增长。公司利用自己收集到的大量的客户信息了解客户需求和期望，将品牌忠诚度转变成品牌关系。这家鲜花快递公司采用了 SAS 公司的企业级数据挖掘技术分析其 CRM 系统中的信息。企业级数据挖掘技术通过信息挖掘揭示发展趋势、解释成果、预测可能的结果，从而使企业提高回应率，并迅速识别出利润贡献大的客户。在企业级数据挖掘技术的协助下，1-800-Flowers. com 以年收益增长率为 17% 的速度不断成长。

CRM 是一种商业哲学，它的基本思想是了解客户需求的那些组织最有可能在未来实现可持续的竞争优势。CRM 对组织而言并非新鲜概念，它使企业目前的业务运转变得更好。企业每次思考和做重大的运作和技术变革的决策时都要将客户摆在第一位。

制定客户战略首先要了解谁是公司的客户以及公司该如何实现战略目标。《纽约时报》很清楚这点。在过去的十年时间里，《纽约时报》一直在研究其核心客户，找出纽约市以外的城市中读者群的共同点。客户研究的目标在于了解如何吸引这部分人群，使《纽约时报》成为全国性报纸，扩大其发行量和接触面，以吸引广告商。《纽约时报》身处利润微薄的出版业市场中，当其他报社的客户保持率平均为 60% 时，《纽约时报》却达到 94%。

当企业不断地从以产品为中心转变到以客户为中心时，大多数组织都意识到善待已有的客户是保持利润和收益增长的最好来源。然而在电子商务时代，组织要满足客户的需求面临着越来越多的挑战。图表 9—1 列举了一个组织从 CRM 战略中获取的利益。

图表 9—1　CRM 的利益

提供更好的客户服务
提高呼叫中心的效率
产品交叉销售更高效
协助销售人员更快捷地完成交易
简化市场和销售流程
挖掘新客户
提高客户收益

国家篮球协会的纽约尼克斯队（Knicks，来自纽约的 NBA 篮球队）现在能更好地与其球迷交流。基于 CRM 解决方案，现在纽约尼克斯队的管理层能够了解到不同赛季球票的球迷会喜欢哪个球员、会买哪种商品，以及会去哪里买。管理层最终开发出完全整合一致的电子邮件赛事通知，而不与其他的营销活动重合。

9.1.2 CRM 基础

组织可以利用一个行业内部人士称之为 RFM 的公式找出其最有价值的客户。RFM 指的是近度（recency）、频度（frequency）、值度（monetary）。换言之，组织需要追踪：

■ 客户最近是否购买产品（近度）。

■ 客户购买产品的频率（频度）。

■ 客户购买每件产品的价格（值度）。

一旦公司收集到这些原始信息，便能将这些信息聚合成完整一致的消费者行为模式，并依此决定营销活动、促销活动和服务，从而促进销售增长。例如，如果 Smith 女士只在旺季购买产品，那公司应该在淡季寄给她特价优惠的宣传单。如果 Jones 先生总是购买软件，从不购买电脑，那公司就应该在他买电脑的时候为其提供免费的软件。

本章中提到的 CRM 技术帮助组织找到 RFM 和其他棘手问题的答案，例如谁是企业最好的客户，以及哪种产品利润最高。

CRM 的发展

了解客户，尤其是了解每位客户的收益性，可以提高金融服务行业的收益。该行业的高交易性提供了比其他行业更多的客户交易信息，但 CRM 技术只在最近才被金融服务行业掌握。

巴克莱银行是一家领先的金融服务公司，在 70 多个国家开展业务。在英国，巴克莱银行拥有 1 000 万以上个个人客户和 930 万张信用卡发行量，同时还为 500 000 个小企业客户服务。巴克莱决定投资 CRM 技术以获取有价值的对业务和客户的洞察。

有了新的 CRM 系统，巴克莱的经理人能够更好地预测每个客户的金融行为，评估客户是否会在合同约定的期限内全额归还贷款。这使巴克莱银行能够更精确地管理其收益率，因为银行可以根据客户的风险评估结果来收取一个合理的利率。巴克莱银行还利用一个复杂的客户分类系统从公司和个人层面来确定一个可盈利的客户群体，并将其应用于新的金融产品。巴克莱银行发现的最有价值的信息是：近 50% 的客户没有给公司带来利润，公司 90% 的利润来自于少部分客户，这部分客户占全部客户的比重低于 30%。

CRM 的演变经历三个阶段：（1）报告；（2）分析；（3）预测。CRM 报告技术帮助组织识别它们的客户。CRM 分析技术帮助组织细分它们的客户，如最佳客户和最糟客户。CRM 预测技术帮助组织根据客户行为（如哪个客户有离开的风险）做出预测（见图表 9—2）。

图表 9—2　　**CRM 的演变**

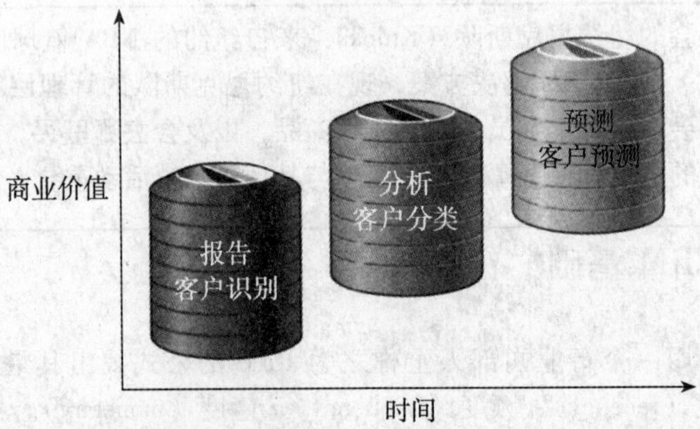

运营型 CRM 和分析型 CRM 都能够协助企业进行客户报告（识别）、客户分析（分类）和客户预测。图表 9—3 列出了一些组织可以利用 CRM 技术回答的重要问题。

图表 9—3 **报告、分析和预测举例**

报告： “问发生了什么事情”	分析： “问事情是如何发生的”	预测： “问将会发生什么事情”
客户带来的总收入是多少？	为什么销售不能满足预期？	哪些客户有离开的风险？
生产了多少产品？	为什么产量如此低？	客户会购买何种产品？
大多数产品被卖向何处？	为什么我们的销量不如去年？	应该把邮件寄给谁？
产品的总销量是多少？	谁是我们的客户？	联系客户的最好方法是什么？
客户有多少？	为什么客户收入如此之高？	客户的终身收益性好不好？
库存水平是多少？	为什么库存水平如此低？	哪笔交易可能是不正当的？

运营型 CRM 和分析型 CRM

Joe Guyaux 明白赢得客户最有效的方法是改善服务。在他的带领和 Siebel 公司的 CRM 系统的帮助下，PNC 零售银行团队一年内使得新增的消费支票客户人数增长了 19%。在过去几年中，PNC 不但保留了其 21% 以上的消费支票家庭客户，同时客户满意度提高了 9%。

CRM 的两大主要组件是运营型 CRM 和分析型 CRM。运营型 CRM 支持传统的每日前台交易处理，或者直接与客户打交道的系统；分析型 CRM 支持后台操作和战略分析，并包括所有与客户无直接联系的系统。运营型 CRM 和分析型 CRM 主要的区别是系统和客户之间是否有直接的交互。图表 9—4 提供了运营型 CRM 和分析型 CRM 的概览。

图表 9—4 **运营型 CRM 和分析型 CRM**

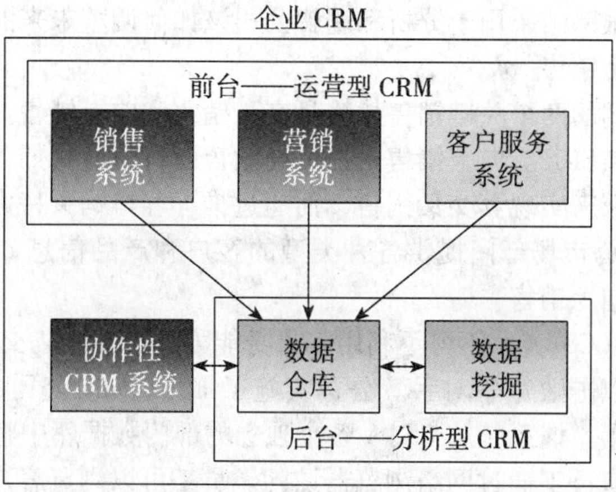

9.1.3 利用信息技术驱动运营型 CRM

图表 9—5 列出了市场、销售和客户服务部门在运营型 CRM 中采用的不同技术。

图表 9—5　　市场、销售和客户服务部门采用的运营型 CRM 技术

市场	销售	客户服务
1. 列出客户群体	1. 销售管理	1. 呼叫中心
2. 营销活动管理	2. 联系人管理	2. 基于网络的自助服务
3. 交叉销售和向上销售	3. 机会管理	3. 呼叫回应

市场和运营型 CRM

公司不再试图将同一产品卖给尽可能多的客户，而是向同一客户销售尽可能多的产品。市场部门通过利用 CRM 技术向这种新业务模式转型，收集和分析客户信息从而部署有效的营销活动。事实上，市场营销活动能否成功与组织是否能够收集到正确且足够的信息并以此做出分析呈直接正相关关系。市场部门为提高客户满意度实施的三个主要 CRM 技术是：

1. 客户列表生成器。
2. 营销活动管理。
3. 交叉销售和向上销售。

客户列表生成器

客户列表生成器将来自各渠道的客户信息进行整合处理，并为不同的营销活动细分客户。信息来源包括网站访问、网站问卷、在线和离线调查、传单、免费电话服务、现存客户列表等。在整理完客户列表后，组织利用一定的标准筛选和对潜在客户列表分类。筛选和分类标准包括：家庭收入、教育水平和年龄等。客户列表生成器为市场部门提供一个明确的客户类型，这种客户类型便是公司开展其营销活动所面向的目标客户群。

营销活动管理

营销活动管理系统指导用户通过营销活动完成以下任务：活动定义、计划、安排、分类和成功分析。某些高级的系统甚至可以计算出每次活动投资收益率（ROI）等量化的结果，并跟踪结果用于分析和理解公司该如何调整未来的活动。

交叉销售和向上销售

营销活动中用到的两个关键销售战略是交叉销售和向上销售。交叉销售是指向客户销售额外的产品或服务。向上销售是指提高销售的价值。例如，麦当劳通过在客户的餐点中推销苹果派来实现其交叉销售，而通过推荐客户购买特大号的餐点来实现向上销售。CRM 系统为市场部门提供各种类型的客户和产品信息，这有利于部门决定采用交叉销售还是向上销售。

加州汽车协会（CSAA）不得不利用其自身能力进行促销，交叉销售 CSAA 汽车、保险和旅行服务，以击败竞争对手。公司实施了 E. piphany 公司的 CRM 系统后，这个任务变得轻松多了。该系统从 CSAA 各个独立的部门数据库中整合信息，并使整合后的信息可以被所有员工通过网络浏览器访问。员工可以浏览客户概要并做出判断哪些服务是客户目前拥有的，以及基于客户需求，哪些服务是客户即将购买的，对此软件会给出建议。

销售和运营型 CRM

CRM 软件最大的提供商之一是 Siebel 公司，2005 年 1 月拥有 33 000 个用户。

Salesforce. com 公司是基于网络的、定制的客户关系管理软件提供商。该公司在 2005 年的前 3 个月就增加了 40 000 个服务订购用户，超过了 Siebel 的全部用户数。Salesforce. com 公司的总用户数超过了 300 000。美林证券（Merrill Lynch）是公司最大的客户，它为其全球私人部门的客户签了 5 000 份服务订单，成为 Salesforce. com 公司的经纪公司以及最大客户。Salesforce. com 公司的新产品 Customforce，包括增强数据分析能力的工具、表式的数学公式计算、业务流程和预测模型。

销售部门是首先开始开发 CRM 系统的部门，有两个主要原因让销售部门跟踪电子的客户销售信息。首先，销售代表需要维护和跟踪客户账户信息，却被海量的这类信息弄得焦头烂额。其次，公司需要解决很多类似公司的重要客户和销售信息掌握在销售代表个人的手中这样的问题。可以帮助解决这些问题而建立的 CRM 组件是销售自动化组件。销售自动化（SFA）是自动跟踪所有销售过程步骤的软件。SFA 产品关注不断提高的客户满意度，建立客户关系并通过跟踪所有的销售信息提高产品销量。

Vail Resorts 公司每年为几百万个顾客服务，需要维护它的 7 个地方的几十个系统。这些系统完成大量任务，包括记录如缆车票、住宿、餐馆、会议、零售和滑雪用具租赁、销售等一系列信息。由于公司大量的收入来自老客户，与忠诚的老客户建立紧密的、更好的关系是 Vail Resorts 公司的具有最高优先级的任务。

为了提高公司的客户服务水平，保证营销活动成功，Vail 公司使用了 Ascential 公司的 CRM 系统。该系统从 Vail 公司的许多独立的系统中整合客户的信息，为 Vail Resorts 公司提供详细的整合的客户信息，帮助公司定制客户服务和促销活动。通过利用 CRM 系统整合的来自所有旅游地和商业区的信息，公司可以了解到所有场所客户的行为特点等。例如，公司现在能够为留在旅游地的客户提供缆车票和滑雪用具租赁折扣。销售部门为提高客户满意度而实施的三大主流的运营型 CRM 技术是：

1. 销售管理 CRM 系统。
2. 联络管理 CRM 系统。
3. 机会管理 CRM 系统。

销售管理 CRM 系统

图表 9—6 描绘了典型的销售流程，从出现机会开始到让客户为销售买单结束。无论推销的产品是计算机、衣物或者汽车，信息和潜在客户都是所有销售部门的命脉。信息如何被处理决定了公司收益的上升或下降。销售管理 CRM 系统使销售过程的每个阶段都自动化，帮助每个销售代表协调和组织所有的客户。该系统的特点包括协助计划与客户见面的日程安排、提示重要任务的闹铃提醒、可定制的多媒体演示和公文生成。这些系统甚至能够提供销售周期的分析，以及计算每个销售代表在销售过程中的绩效表现。

联络管理 CRM 系统

联络管理 CRM 系统维护客户联络信息并识别出未来销售中的潜在客户。联络管理系统包括的特点如维护组织图表、细化客户笔记和补充销售信息。例如，呼叫管理系统能够记录一个正在打来的电话号码，同时显示来电者的姓名以及上次对话记录的详细信息。这便于让销售代表在接到电话时直接回应道：“你好，Sue，你的新笔记本电脑现状如何？在佛罗里达州的度假玩得怎样？”而不需要客户先对上次谈话的这些细节信息进行提醒。客户会感到被重视了，因为销售部门知道她的名字甚至上次谈话的细节内容。

图表 9—6 **销售流程概要**

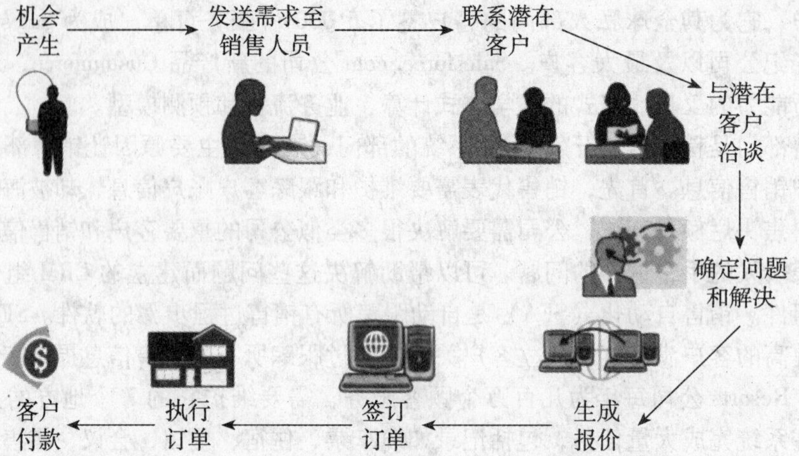

价值 160 亿美元的技术公司 3M 在医疗保险、安全、电子、电信、办公和消费品市场方面都处于领先地位。公司开始注意协调并统一其销售流程，主要目标在于更好地进行客户分类以及更可靠地进行生产管理和质量检验。为了实现这些目标，公司实施了 CRM 系统，并很快发现公司因此获得以下收益：

- 减少了 33% 的用于熟悉新领域销售专业知识的时间。
- 提高了销售过程管理的可视化程度。
- 降低了 40% 用于需求确认和分派销售机会的时间。

由 CRM 系统驱动的最成功的活动之一是公司直接将销售邮件寄送到目标政府部门，并通过紧急服务很好地回应了 2002 年的炭疽热侵袭所带来的销售机会。所有对销售邮件的询问将自动被分配到一个销售代表那里去处理，销售代表会跟踪对邮件的询问。在一个多星期的时间里，公司收到了 35 000 份的防毒面具订单。

机会管理 CRM 系统

机会管理 CRM 系统通过寻找新客户为未来的销售获取机会。机会管理系统分析潜在客户和竞争对手，并定义销售所需要的工作，包括预算和日程安排。高级的机会管理系统甚至能够计算销售成功的可能性，这将在销售代表试图找出新客户时节省大量的时间和金钱。联络管理和机会管理主要的区别在于，联络管理与现有客户打交道，而机会管理与新客户打交道。图表 9—7 列举了销售代表可以用来增加未来客户的 6 个 CRM 指导。

客户服务和运营型 CRM

1980 年，Andy Taylor 成为他父亲价值 7 600 万美元的汽车租赁公司的董事。而今，这家公司已成为北美最大的汽车租赁公司，年收入达 70 亿美元。Taylor 如何保证客户服务的优先性呢？通过定量工具。该企业每年会调查 170 万个顾客。如果某家分公司的满意度很低，这家公司的员工，甚至副总裁都将得不到晋升的机会。结果是自动传播的。因为满意度分数越高，经理们就会得到更好的晋升机会。企业仅从内部晋升员工，几乎每个经理及主管人员都有一线工作的经验，包括 Taylor 自己也是洗车

图表9—7 **获取新客户的CRM指引**

1. 吸引客户的注意力	如果你碰到一个很好的潜在客户，但你的潜在客户可能会同时收到几十家同类公司发出的邀请，则确保你第一次与客户联系时，你的表现是专业的，能够吸引客户的注意力
2. 重视客户的时间	当你邀请客户面对面洽谈时，你是在占用一个忙碌的客户最重要的资源——时间。很多公司通过向客户赠送高价值的礼物来换取客户与销售代表之间的面谈，取得了很大的成功。但请注意，组织会为这些昂贵的礼物的回报感到担忧。取而代之，为潜在客户提供一份相关报告也许可以提高销售的效率
3. 额外寄送	你可以在发给潜在客户的信件中附带一张免费DVD，以此换取面谈时间，就像随同电影再附赠一盒微波爆米花一样。类似这样的小举动能够提示客户，你不但会恪守诺言而且能够给客户带去额外的惊喜
4. 频繁联系	采用新的创造性的方式，经常联系潜在客户。以一封新闻信件开头，随后寄送连续的行业、市场、产品的更新信息，是与客户保持联系和为客户提供价值的最好方式
5. 创建值得信赖的邮件列表	如果你从第三方购买了一份客户邮件列表，请确保这些联系人是真正的潜在客户，尤其当你会提供一份昂贵的礼物时。确保与你联系的人有能力进行交易
6. 跟踪	最有效的赢得新客户的做法是写一封简单的感谢信。让客户知道他们所花费的时间得到了尊重和感谢。这可能带来推荐的客户

工出身，因此员工们了解该如何使客户开心。公司战略高级副总裁Sandy Rogers说："如果不是Andy巧妙地将系统和流程进行恰当的处理，从而使公司能够提供一致的服务，公司绝不会实现100倍的利润增长。"

销售和市场部门是在销售前与客户打交道的主要部门。很多公司都意识到在营销和销售阶段建立紧密客户关系的重要性。然而，很多公司都没有意识到在销售完成后保持这些紧密的客户关系同样重要。事实上，如果公司希望保持客户的忠诚度和满意度，建立售后客户关系对企业来说是一件更重要的事情。实施售后CRM最好的方式是通过客户服务部门。

公司失去客户的一个主要原因是其得到了糟糕的客户服务体验。但提供超满意的客户服务是个艰巨的任务，许多CRM技术被用于协助组织举办重要活动。例如，Avnet计算机市场通过向其客户发送Lotus的即时消息，建立了一个高效、直接的方式将重要信息发送给客户，并随时更新。公司还使用Lotus的即时消息工具为客户问题提供实时的解答。公司会在其网站上通过不同颜色显示技术支持专家们的状态：绿色表示专家在线，红色表示不在，蓝色表示暂时不在办公室。客户只需简单地点击专家的姓名开始即时通讯或一段会话，就可获得所提问题的迅速解答。

在引进Lotus即时消息系统之前，客户不得不在"1-800"的呼叫队伍中等待，或者通过E-mail的方式得到答案。新系统提高了客户满意度，同时也因长途通话的不断减少，为企业节省了大量的通信费用。同时，Avnet评估到Lotus即时通信工具为公司的650位员工每天节约了5到10分钟时间。客户服务部门为提高其客户满意度实施的三个主要的运营型CRM技术是：

1. 联络中心。
2. 基于网络的自助服务。
3. 呼叫脚本。

联络中心

知识管理软件帮助联络中心将一致的答案提交给客户服务代表，这类软件的诞生往往需经过一个长期的知识积累过程，而其诞生后会大大提高解决客户问题的效率。问题出现了，代表们必须将回答电话的时间挤出一部分以用于将他们学到的知识放入知识管理软件，以备后面遇到类似问题时重用之前解决问题所用的知识。

来电管理研究所的主席 Brad Cleveland 说："软件只是一个工具。除非组织的所有人员利用它，发挥它的潜力，否则软件毫无用处。"夏普电子公司正是利用了软件的潜力。夏普的客户代表从零开始建造了知识管理系统。夏普用4年时间逐步建立了客户服务知识管理网络系统，并使客户代表的薪金和晋升与系统的使用紧密相连。结果夏普的客户呼叫体验被极大地改善了：2000年，问题通过一个简单电话即可解决的比例从76%上升到了94%。

联络中心是客户服务代表（CSR）通过不同的客户接触点回答客户咨询和响应客户问题的地方。联络中心是客户驱动型组织最重要的资产之一，因为高水平的客户支持是获取和维持客户的关键。大量的系统可用于协助组织建立自动化的联络中心。图表9—8显示了联络中心系统的一些特点。

图表9—8　**联络中心的共同特点**

自动化电话转接	转移某个电话到相应机构
交互式话音回应（IVR）	指导客户使用触控式语音电话或关键字来浏览或提供信息
预测性拨号	自动拨打外线电话，如果有人接听，自动将电话转接到人工处理

联络中心记录客户的呼叫历史和问题解决方案——为客户服务代表提供全面的客户概要信息。那些能够迅速获取和理解客户和问题的服务代表能够为客户和组织带来价值。没有什么比不需要再向其他的客户服务代表重新解释一遍自己的问题更让沮丧的客户感到欣慰的了。

Nice系统公司开发的新版的情感—检测软件 Perform，帮助公司提高了客户满意度。软件能识别出愤怒无奈的客户。一名老翁因高昂的医疗保费挂掉了他给威斯康星州医疗服务保险服务公司联络中心的电话，IT系统能够侦测到客户的无奈，并自动发送电子邮件到主管处。主管听取谈话的数码录音，打电话给客户，并建议他如何降低保费。系统采用某种方式，在通话最初的5到10秒即可确定客户的情绪状态，客户情绪状态偏移基础时即会触发警报。

基于网络的自助服务

基于网络的自助服务系统让用户通过网络寻找问题的答案和解决方案。FedEx公司利用基于网络的自助服务系统让客户自主跟踪他们的邮包，免去了打电话给客户服务代表的麻烦。FedEx的客户通过轻松地登陆FedEx网站，输入其跟踪单号，来获取包裹的确切地点信息和预计的送达时间。

基于网络的自助服务的另一个特性是网站上有点击式通话按钮。用户用鼠标单击点击式通话按钮，通过网络与客户服务代表谈话。像这类强大的客户驱动的服务为组织带来巨大价值。基于网络的自助服务为客户提供实时的信息，使客户无需联络服务代表。

呼叫脚本

呼叫脚本（Call Scripting）并不是一件容易的事，尤其是当客户服务代表处理包含诸多细节的技术产品和服务时。**呼叫脚本系统**访问组织的知识数据库，查询类似的问题并自动为客户服务代表提供详细的有关产品和服务的细节内容。依靠这些内容客户服务代表答复客户。系统甚至为客户服务代表提供一张客户可能提问的问题清单供回答客户回题。这些特点帮助客户服务代表迅速回答疑难问题，同时呈现的是一致的回答，不同的客户不会得到不同的答案。

Documedics 是一家保健咨询公司，它为病人或保健专家提供药剂制品的赔偿信息。公司目前支持 12 个制药公司的咨询，每月会接到 30 000 多个客户电话。最初，公司为每个病人、每个制药公司备有一个数据文件。这种低效的处理方式导致了一个潜在的问题，如果某个病人同时是 12 家制药公司的客户，那该病人就会有多达 12 个不同的存档文件。在回答客户问题时，客户服务代表不得不下载客户的每个文件，这将导致低效和混淆。公司采用带有呼叫脚本功能的 CRM 系统来缓解这个问题，为客户服务代表提供每位客户的整合信息，而不再考虑该客户是哪几家制药公司的。公司成功地部署了这一新的系统，预期会有 20% 的年业务增长率。

9.1.4 利用信息技术驱动分析型 CRM

成熟的分析型 CRM 和行为建模技术帮助组织发现超越传统的利润来源，如优化客户服务和建立可以提高企业盈利性的 IT 系统。不像运营型 CRM 将呼叫中心和销售自动化，其目标在于强化与客户的交互和交易处理过程，分析型 CRM 解决方案被专用于挖掘公司的历史信息并揭示公司可利用的客户行为模式。分析型 CRM 通过从各类运营型 CRM 系统中收集客户信息来识别模式，主要用于加强和支持决策制定以及工作。

对许多组织来说，分析型 CRM 解决方案的作用在于为企业指出巨大的管理性市场机遇。通过具体的解决方案，分析型 CRM 工具能够交叉分析客户信息，判断客户的价值、消费习惯、产品对客户的吸引力、百分位数剖面并细分客户，为企业提供按企业要求确定的客户概括信息。模型工具能够为交叉销售、向上销售和扩展客户关系发现机遇。

个性化定制

当一个网站足够了解客户的厌恶和喜好时，定制就产生了。网站提供定制的产品或服务，使之对客户更具吸引力。目前，许多组织利用 CRM 分析创建客户规则和模板，市场人员能够利用这些规则模板定制对客户发送的广告信息。

分析型 CRM 解决方案产生的信息能够帮助企业基于每个客户的价值做出如何处

理客户关系的决策。分析型 CRM 还能够帮助公司发现一些重要信息，如哪些客户是值得投资的，哪些客户应该用一般水平服务，以及哪些根本不值得投资。

从客户那里获取的数据同时也能揭示员工的信息。Wachovia 银行每月调查 25 000 名客户以获取他们对所获得服务体验的反馈。银行会询问客户员工的情况，并通过这些回答对员工实行一对一的培训。最近，曼哈顿分行 20 分钟的培训环节清楚地表明了这些回馈信息对服务的改进作用。银行让每位被调查的客户对 33 名员工的行为打分。一位分行的经理要求其一名员工在做到友好的同时还要注意是否真诚，要“消除偏见”，这样就能更直观地听取客户意见，同时慢下来不要急躁。银行关注仔细、真诚、重视直觉的服务得到了回报：从 2001 年以来，Wachovia 一直是银行业中美国消费者满意度指数得分最高的。

分析型 CRM 很大程度上依靠数据仓库技术和商务智能来收集和透视客户行为。这些系统在整个组织中收集、分析和传播客户信息。图表 9—9 列出了分析型 CRM 能够帮助组织获取的各种信息的举例。

图表 9—9　　**分析型 CRM 的信息案例**

1. 给予客户比预期更多的服务	分析型 CRM 使组织不局限于简单的“亲爱的斯密斯先生”之类的招呼，还能够利用系统分析结果使这种交流更加个性化。例如，如果知道客户鞋的尺码以及他喜欢的品牌，就可以在用户下次到这个商店时，告诉他这里有一双 12 码的鞋在等他试穿
2. 寻找新的最佳客户	分析型 CRM 发现企业的主要客户是一批 35～45 岁的女性客户，她们大多数开 SUV，并住在 30 英里以内的某个地方。然后，公司就可以找出邮件列表，并为潜在的新销售标示出此类客户
3. 找出组织中最出色的服务	分析型 CRM 能够发现组织超越其竞争对手的优势是什么。例如，如果一家餐厅为中型企业提供比其竞争对手更优质的早餐，那么这家餐厅就可以购买特定区域内的中型公司邮件列表，向这些公司发送特色早餐的宣传邮件
4. 击败对手	分析型 CRM 能够预测销售趋势，让企业比竞争对手更早与最佳客户进行交易。例如，服装店为其户外运动系列服装找出最佳客户，在其竞争对手推出户外运动服装之前，邀请客户参加专属的内部认购活动
5. 重新“激活”不联系的客户	分析型 CRM 能够找出一段时间不与组织进行商业活动的客户。这时，组织可以发给这些客户一封定制的邮件，以及一份优惠券。此举能提醒客户公司的存在，有助于激发新的合作关系
6. 让客户知道他们很重要	分析型 CRM 能够了解客户需要什么，组织能够利用该信息联系客户。提醒客户车辆需要调整、保养等私人销售代表所提供的服务，即是很好的客户服务

UPS 使用世界上最大的 IBM DB2 数据库以满足公司大量密集的数据处理要求，包括 236TB 与分析型 CRM 工具相关的数据。这家托运公司的目标是建立一对一的客户关系，它利用 Quantum View 工具允许客户定制查看托运历史信息，并在包裹到达或者延误时向客户发送通知。UPS 已经建立了 500 个客户关系管理应用程序，并将其

运行于数据仓库。

数据仓库能够为商务提供一些先前不可能定位的客户和产品信息，回报是巨大的。组织依靠商业智能提供精确的事实，决定何种市场和营销活动该被采用，哪些客户是目标客户，以及营销活动何时开始。利用 CRM 和商务智能，组织能够创造更有效的和更明智的决策，获得惊人的效益。

西尔斯百货公司（Sears，Roebuck & Company）是美国第三大零售商。在过去二十年中，众所周知，西尔斯通过给予大规模折扣占领了市场。即便西尔斯不知道确切客户（不知道客户姓名和地址）是谁，因为很多客户用现金付款或者用非西尔斯信用卡付款，企业仍然可以从分析型 CRM 技术中获利。西尔斯利用 CRM 技术分析其主流客户想买什么东西，什么时候买，同时预测客户将会买什么。利用分析型 CRM，西尔斯百货公司能够按地区、区域、商店、产品线，甚至单个产品查看每天的销售情况。西尔斯还能够精确评估广告、天气和其他因素对某种产品销售的影响。第一次，西尔斯将品类大相径庭的多种产品放在一起或者“集群”起来。例如，“25 美元以下礼品”，包括运动衫、螺丝刀和其他品类无关却都是 25 美元以下的产品。商店跟踪这些商品的销售情况，广告部门可以根据销售情况决定将哪款产品放入报纸的广告栏中。

引例问题

以客户为本奖

1. 总结 CRM 的演变，举例说明 Progressive 公司可能询问客户的问题，以获得系统关于报告、分析和预测的答案。
2. Progressive 的市场部门如何利用 CRM 技术提高部门运作效率？
3. Mini 的销售部门如何利用 CRM 技术提高运作效率？
4. Progressive 和 Mini 的客户服务部门如何利用 CRM 技术提高运作效率？
5. 定义分析型 CRM，以及其对公司，如 Progressive 和 Mini 的重要性。

9.2 客户关系管理战略

学习目标

9.5 定义驱动客户关系管理获得爆炸性增长的主要动力。

9.6 总结实施一个成功的客户关系管理系统的最佳步骤。

9.7 比较客户关系管理、供应链管理、合作伙伴关系管理和员工关系管理。

9.2.1 客户关系管理的迅猛发展

1990 年，兄弟国际公司（Brother International Corporation）经历了其多功能一体机、传真机、打印机和标签系统的销售的暴涨。由于销售的迅猛增长，随之而来的是客户服务电话的迅速增多。由于 Brother 公司不能及时应答这些电话，导致产品的退货率变高。当公司通过提高呼叫中心的容量作为进一步的响应时，退货率开始下降。然而，Brother 公司的 CIO Dennis Upton 观察到公司所有人都在接电话。他很快意识到，公司正在失去重要的关于现存的全球客户的市场情况信息（商业智能）。公司决定部署 SAP 的 CRM 解决方案。部署后，Brother 公司的电话量从 180 万下降到 157 万，呼叫中心的员工数量从 180 个降低到 160 个。现有客户的历史统计信息会存储下来，并且根据来电号码将这些统计信息显示在屏幕上，公司的通话时间平均减少了一分钟，每年为公司节省了 600 000 美元的费用。

在这个商业竞争日趋激烈、市场不断成熟的环境下，见多识广并苛求的客户想要“背叛”会更加容易，因为他们只需要点击一下按钮就可以换一个商家。当客户在英特网上购物时，他们能够看到并掌握整条价值链。英特网是一块“透明玻璃”，一面可透视的镜子，它的视野就是整个价值链。虽然英特网不能完全代替电话和与客户面对面的交流，但它能够加强与客户各方面的交互。客户网络交互可以是谈话、共享知识的互动对话，而不仅仅是商业交易。基于网络的客户关怀能够实实在在地成为客户关系管理的焦点，并为企业和客户提供突破性的利益，在提高服务的同时大大降低成本。

AMR 研究中心对 14 个关键的垂直市场中 500 多家商业企业的调查显示，目前所有 CRM 的用户中一半来自制造业。目前用户大约将其 20% 的 IT 预算配置在 CRM 解决方案上。那些还没有投资 CRM 的商家很快也会实施 CRM：研究中未使用 CRM 的被调查者中约有 1/3 的被调查者计划在一年内实施 CRM 技术解决方案。图表 9—10 列示了企业采纳 CRM 的业务驱动力量中的前几名分别是什么，图表 9—11 预测了未来几年中企业 CRM 的开销。

图表 9—10　　采纳 CRM 的业务驱动力

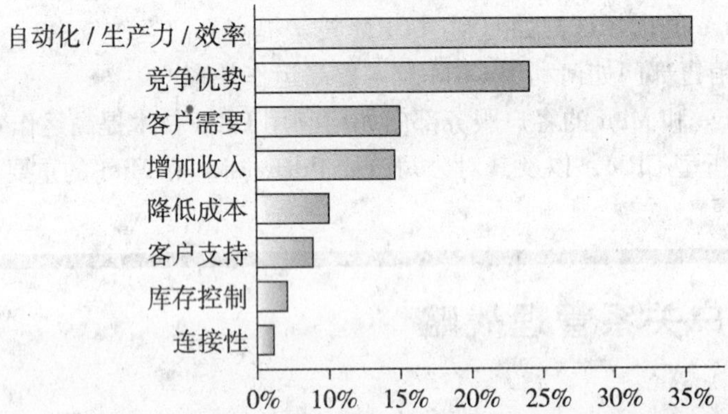

图表 9—11　　CRM 开销预测（单位：十亿美元）

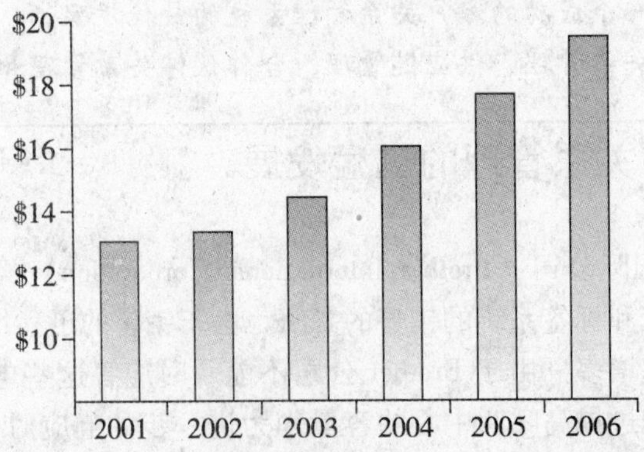

如果企业的客户是病人，则方便是关键。这也是为什么 Walgreens 公司在过去 30

年中对方便性进行大量投资的原因。公司首创驾驶直通取药服务，并建立了方便在任何地点取药的网络。正如意料之中的那样，Walgreens 将其大部分的业务增长归功于对服务的投资的增加。公司开发了新的软件能够用 14 种语言打印处方标签，以及为老年客户准备的大标签。除了对客户体验技术的投资，这家 103 岁的连锁药店并没有忘记人情味。Walgreens 对那些业绩低于平均水平的药店预算更多的薪金支出，提高其雇员—客户比例。最近，药店为其所有员工推出了一个网上培训项目。公司连续 19 个季度收入的两位数增长，证明这个“处方”似乎起到了作用。

9.2.2 客户关系管理的成功因素

当“幸运大使”在视频扑克机上祝贺 Harrah 公司的客户生日快乐，显示客户的名字，并赠送一张免费的演出票时，其实这并非偶然。当用户在老虎机中插入他们的忠诚卡时，这家“赌博巨人”公司价值 3 000 万以上的 CRM 系统能够显示出客户在公司 28 个场所中的任何一个场所的一举一动。“如果你真的十分不幸，你可能会想，‘这真是一个倒霉的地方’”，Harrah 公司董事长兼 CEO Gary Loveman 说道，“如果我们发现这种情况，我们会进行干预”。用福利安抚赌博输钱所带来的痛苦。大多数的公司努力地使 CRM 成功部署，收集大量的数据却忘了用它造福客户，而 Harrah 的 CRM 却为客户谋福利。在不久的将来，它的老虎机能够利用新的客户识别软硬件实时地吐出筹码和晚餐券，让输钱用户也感到自己有些幸运。

CRM 解决方案使组织的业务处理更加智能化。组织首先了解客户行为和偏好，然后调整产品和服务的提供以及相关的通信联络方式，确保与客户需求和偏好一致。如果组织开始实施 CRM 系统，则应该研究行业中的最佳实践，以确保 CRM 的成功实施（见图表 9—12）。

CRM 是商业成功的关键。CRM 是关注客户需求的关键竞争战略，并在组织内整合为以客户为中心的方案。CRM 能够获取整个企业中关于客户的知识，改进商业流程，将价值传递给组织的客户、供应商和员工。CRM 的分析能力能够帮助公司预测客户需求并前瞻性地通过建立关系、建立忠诚度和加强底线来服务客户。

9.2.3 当前趋势：SRM、PRM 和 ERM

组织发现在一些其他的关键商业领域，通过建立紧密的关系，组织能够获利。这些兴起的领域包括供应商关系管理（SRM）、合作伙伴关系管理（PRM）以及员工关系管理（ERM）。

供应商关系管理

供应商关系管理关注评价和分类供应商，保证供应商的满意度，优化供应商选择。SRM 应用程序帮助公司基于一系列的变量分析供应商，这些变量包括供应商战略、商业目标、价格和市场。然后，公司可以选择与最佳的供应商合作，与供应商建立密切的关系。作为合作伙伴，便可与供应商携手合作，简化流程，外包服务，提供单个企业无法提供的产品。

图表 9—12　　　　　　产业中 CRM 的最佳实践

1. **明确沟通的 CRM 战略**——Boise Office Solutions（BOS）近期花费 2 500 万美元成功实施了 CRM 系统。系统能够成功的主要原因之一是 Boise 从一开始就为 CRM 系统明确了商业目标：为客户提供更大的经济价值。在确立了 Boise Office Solutions 的商业目标后，组织才开始投资 CRM 技术以实现其目标。确保所有部门和员工实实在在地理解 CRM 的意义，以及 CRM 如何为组织增加价值是十分关键的。Gartner Dataquest 的研究表明，CRM 取得成功的企业，其高级管理层都对 CRM 表现出兴趣，并承诺支持 CRM。高级管理层为 CRM 制定目标，使 CRM 战略与公司目标保持一致，将实施过程与组织目标和 CRM 战略联系起来
2. **定义信息需求和流向**——成功实施 CRM 者都能清楚地理解信息是如何在组织内流入和流出的。信息可能以多种形式，通过不同的客户接触点进入组织
3. **建立一个整合的客户概览**——选择正确的、可以支持组织需求的 CRM 系统对 CRM 战略是非常重要的。系统必须有相应广度和深度的功能以支持 CRM 战略目标。同时，不要忘记将系统要求的基础设施考虑在内，如与其他系统整合的难易度，这将在本章后续内容中详细介绍
4. **迭代实施**——在可控的范围内逐步实施 CRM 系统——换句话说，应避免“大爆炸”式的实施方案。当组织逐步实施 CRM 时，对设计、创建和部署 CRM 系统的管理、衡量和控制会更容易。最重要的是，这能够让组织尽早发现实施是否会失败，这样的话，组织可以取消该项目以避免浪费资源或者改变方向选择更可能成功的方式
5. **随组织增长可扩展**——确保 CRM 系统不仅能满足组织现在的需求，还能够为组织未来的需要服务。到目前为止，评估未来需求是任何项目中最难的一部分。了解组织是如何成长的，预测技术是如何改变的，预期客户将如何演变是项非常艰巨的挑战。预先抽出时间来回答一些棘手的问题，能确保组织更融入而非偏离其 CRM 系统

Halifax 银行和 Scotland 银行合并后，新成立的公司 HBOS 实施了 SRM 系统，为供应商提供持续不断的信息。系统从独立的 Halifax 银行和 Scotland 银行的运营系统中，整合采购信息，生成统一的管理信息，进一步得到一致的业务报告和分析信息。HBOS 从 SRM 解决方案中获取的其他利益包括：

■ 获得所有供应商的一致的概况信息。

■ 一致、详细的管理信息，让每个管理者从多个角度查看。

■ 消除重复的供应商。

合作伙伴关系管理

组织开始意识到与其业务合作伙伴、代理商和经销商建立关系的重要性。合作伙伴关系管理关注于通过管理与联盟伙伴和经销商的关系来保持下游厂商的满意度，以便为客户提供最优的销售渠道。PRM 的商业战略是选择和管理伙伴，从而最优化其对组织的长期价值。事实上，这意味着选择正确的合作伙伴，和伙伴携手成功地处理双方的关系，最终确保合作伙伴与最终用户都满意和成功。PRM 应用程序的特点包括：可以获得实时的可发运产品信息、营销资料、合同、订单细节和价格、库存以及装运信息。

PRM 是 CRM 中一个较小的领域，却拥有极大的潜力。4 年时间里，PRM 从一个 5 亿美元的业务变成了一个 10 亿美元的业务。这直接体现了在新经济中组织间不断增长的相互依赖关系。PRM 带来的好处主要包括：

- 扩大市场覆盖面。
- 提供特定的产品和服务。
- 扩大产品的范围，提供一个更完整的解决方案。

员工关系管理

Jim Sinegal 经营 Costco 公司，全国最大的批采购会员制连锁店。但是，有两样东西其绝不打折：员工福利和客户服务。小时工资制是对竞争对手 Sam 会员制商店很好的打击，Costco 公司中 86% 的员工有医疗保险（Sam 报告的是 47%）。Costco 公司的好远不止这些。Sinegal 相信，员工的快乐就是客户的快乐。低价以及慷慨的回报政策定能起到作用。他将每项商品的利润调整到 14%。虽然华尔街长期对低利益、低回报政策不满意，Sinegal 还是站在员工和客户的立场考虑。他说："我们 Costco 的经营模式不仅为了在今年或这个月满足股东的利益，而是在下一年甚至未来使股东获益。"

员工关系管理通过网络浏览器为员工提供 CRM 应用程序的子集。许多 ERM 应用程序通过提供详细的公司产品、服务和客户订单信息协助员工处理客户关系。

Rackspace，一家位于圣安东尼奥的网站托管公司，以客户为关注核心的程度接近于患上了强迫症。24 岁的 Joey Parsons 赢得了 Rackspace 最令人羡慕嫉妒恨的员工奖——Straightjacket 奖。设置这个奖项是为了嘉奖最符合 Rackspace 座右铭——"狂热支持"的员工。那是一种对客户强烈的无私奉献，程度接近疯狂。Rackspace 将每个团队看作独立的业务部门来激励员工，每个团队负责自己的盈亏和各自的 ERM 网站。每个月，员工能够赚取其每月基本工资 20% 以上的奖金，这取决于团队在业绩和以客户为中心评测的表现情况，例如营业额、顾客的扩张和客户转介情况。同样，团队负责的 ERM 网站能够提供该团队的经营日报表。

9.2.4 CRM 未来的趋势

2008 年，CRM 的预计收入将达到 115 亿美元。在不久的将来，CRM 应用程序仍将不断变化，从员工专用的工具转变到供应商、合作伙伴，甚至客户也能使用。CRM 初期的主要目标将仍然是为组织内所有的部门提供一致的客户信息，共享这些实时的、精确的信息。

随着技术的不断进步（企业内联网、互联网、企业外联网、无线互联网等），CRM 仍将作为公司主要的战略关注焦点，尤其是在那些产品区分度不大的行业。一些公司通过实行低成本战略来解决产品区分问题。CRM 是对难以区分的产品实行差异化战略的可能办法。

CRM 应用程序将采用无线网络支持移动销售和移动客户。销售专家可以通过车内或飞机上的 PDA 收发 E-mail，获知订单信息、公司信息、库存状态以及市场机遇等全部信息。通过网络与客户服务代表的实时交流将不断增多。

CRM 套装中还将嵌入合作伙伴关系管理和供应商关系管理模块，因为企业想利用这些功能。和分销商、代理商以及供应商之间的自动化的互动，能够加强公司为客户提供高质量体验的能力。

引例问题

以客户为本奖

6. 如果 Progressive 减少其在 CRM 技术中的投资，它的商业模式将如何改变?
7. 如果 Mini 减少其在 CRM 技术中的投资，它的商业模式将如何改变?
8. 描述 CRM 的最佳实践，解释 Progressive 公司是如何利用这些建议的。
9. 解释 SRM，并说明 Mini 是如何利用 SRM 提高其商务效率和质量的。
10. 解释 ERM，并说明 Progressive 是如何利用 ERM 提高其商务效率和质量的。

章后案例：呼叫加拿大人

由于沟通方式多种多样，而 CRM 的失败率又那么高，许多公司因此得出结论：为客户提供服务的最好方式是原始方式的真人服务。同时，很多公司担忧为省钱将其客户服务离岸外包给其他国家会带来口音和时区问题。

加拿大成为美国公司客户服务中心外包的主要地区之一。不仅因为加拿大没有口音和时区问题，更因为美国公司可受惠于汇率。加拿大银行估计在过去五年中，美国和加拿大之间的货币汇率给美国公司带来了 44% 的好处。美国公司每花在加拿大 1 美元，会带来 1.5 美元以上的产品和服务。

令加拿大更具魅力的因素，还包括加拿大的高失业率。2003 年，其失业率大致为 7.5%，而同期美国的失业率仅为 5.9%。另一个因素是加拿大的高教育率，其 63% 的 15 岁以上的加拿大人完成了高中学业。对加拿大而言，其占人口大多数的农村人口、良好的职业道德，以及不断下滑的工业基础，使呼叫中心外包对加拿大来说是颇具吸引力的增加就业的解决方案。

在过去十年中，加拿大一直是呼叫中心产业的老大。早在 20 世纪 90 年代，位于 Manitoba 的一家提供选址服务的公司，Winnipeg 公司的总裁 Steve Demmings 就宣称："加拿大的呼叫中心行业以每年 20% 的速度增长。" Demmings 估计拥有 6 个及以上雇员的呼叫中心多达 14 000 个，这些呼叫中心总计雇佣了 50 万个员工，每年支付约 360 亿美元的薪金。

1994 年，加拿大的两个省，曼尼托巴省和新不伦瑞克省集中发展本地的呼叫中心产业。因为管理者意识到这两个地区有着高失业率及缺乏本地支柱产业，Demmings 说。其他省份很快纷纷效仿。然后，呼叫中心产业发展的"大动作"带动了教育机构。Demmings 指出："许多大学设立了呼叫中心训练项目。"结果产生了一个稳定发展的产业及一群从业的拥有高职业技能的劳动力。"美国公司来这里'购物'，我们需要将餐具摆放在桌上。"

对外包服务的买方来说，有一件事很重要，那就是很多加拿大呼叫中心的客户服务代表将此作为他们的事业，因此，加拿大呼叫中心的雇员流失率比美国低很多。Demmings 表示，去年安大略省的客户服务代表的流失率是 18.3%。相比之下，美国的呼叫中心的员工流失成为一个隐患。Aberdeen Group 的 CRM 研究主任和副总裁

Christopher Fletcher 指出："呼叫中心很难找到合适的员工，每年流失率从 25% 到 50% 不等，甚至更高，与麦当劳差不多。"

问题

1. CRM 有哪两种不同的类型，该如何利用它们帮助组织获取竞争优势。

2. 解释呼叫中心如何帮助组织实现其 CRM 目标。

3. 描述组织在英特网上实现 CRM 功能的三种方式。

4. 当未来的 CRM 技术代替了现行的 CRM 技术，加拿大的外包呼叫中心将如何改变?

第 10 章　企业资源计划与协同系统

10.1　企业资源计划

- 企业资源计划
- 核心和扩展的 ERP 组件
- ERP 核心组件
- 扩展 ERP 组件
- ERP 供应商总览
- ERP 的好处与风险（成本）
- 集成的公司——SCM、CRM 和 ERP 的集成
- ERP 的未来

10.2　协同系统

- 团队、合作关系和联盟
- 协同系统
- 知识管理
- 知识管理系统
- 内容管理系统
- 工作流管理系统
- 群件系统
- 协作趋势

引例：校园 ERP

当 Stefanie Fillers 假期结束回到大学时，她需要登录学校新的在线注册系统，确认所选课程，以顺利毕业。她还想退出学校的健康保险计划。然而，在开学前一天，系统崩溃了，大四学生 Fillers 非常愤怒。不过，她至少知道她的教室在哪儿——不像那些一年级学生。

全国好几个大学都遭遇过网站门户不能运行的问题，网站事故导致学生们找不到上课地点。在一所大学里，由于有缺陷的新 ERP 系统，3 000 名学生拿不到经济资助，尽管他们已经得到可以贷款的承诺。当 IT 部门和财政援助管理员忙于紧急修复复杂的系统的时候，学校向现金拮据的学生提供暂时性的短期贷款。

ERP 的实施已令数个大学遭遇危机。最近的校园混乱事件说明了对昂贵的 ERP 系统日渐增长的信任如何在一些学校里制造了噩梦般的局面。在每个例子中，人们把新系统设计成能够集中进行流程处理的系统，这些工作，过去由分散的系统处理。学

校管理当局希望ERP能够提供整合的关于学校财务、人力资源以及学生成绩、财务资助申请等各方面的信息。

即使在等级制度森严的公司环境中，ERP实施也很困难。让ERP在校园里运转，本质上是把分散的各自为政的组织系统聚集起来，这几乎是不可能的。习惯了高度自治的员工不喜欢ERP实施所带来的"一件衣服给所有人穿，试图让所有人适应"的策略。另外，这些非营利组织一般来说缺少建立和管理一个稳健的企业信息系统所需的人才和经济资源。主宰了ERP高端教育市场的Oracle称，大部分的问题是由大学IT部门缺乏经验、急于实施且对新系统的测试不充分引致的。

统一化在斯坦福

斯坦福大学20世纪90年代末购买了管理软件，期间从没有放慢管理软件的实施进程。"事后来看，我们当时在太短的时间内做了太多事"，斯坦福的商业事务部副总兼首席财务官Randy Livingston说。

从2001年开始，斯坦福实施了学生管理系统、PeopleSoft的人力资源管理系统、Oracle的财务系统和几个其他的补充性应用系统。几年后，用户仍然抱怨新系统比由高度定制化的大型机支持的旧系统效率低，用户很难及时获得数据。Livingston说，很多业务，像新建一个采购申请或是请求赔偿，都要比以前系统花费更多的时间。

斯坦福也还没体验到供应商承诺的项目实施之后可以实现的节约。"我们发现与以前的应用系统相比，我们需要花费更多来支持新的ERP系统的运行"，Livingston说。他还不知道将来要花费多少以确保管理系统所提供的服务能够维持在一个用户可以接受的水平。

斯坦福的IT部门目前仍在为软件系统在全校范围内的使用做大量的产品和服务采购。软件的使用需要新的流程运作方式，学校原有的运作导致很多新系统不能使用，或者是需要昂贵的系统定制以满足不同用户的需求。例如，斯坦福法学院实施半学年制的日程计划，但是其他六个学院实施一个学期制的日程计划。"这就意味着学生管理系统的每个部分都需要为法学院特别设计"，Livingston说。在学校里，对于有些教职工，是一次支付其12个月的工资，有些学院则每9个月支付一次教职工工资，有的10个月，有的11个月。"标准的人力资源薪酬系统没有被设计成可以处理这些非常规的薪酬支付时间安排"，Livingston说。

为解决这个问题，Livingston重新组织了IT部门，他希望这样可以更好地管理企业资源计划项目，确保项目顺利推进。他还建立了一个独立的领导小组，这个小组直接向他汇报，肩负着开发、集成和支持主ERP系统的责任。

实际上，斯坦福和其他学校所面临的ERP系统实施障碍，大部分是文化上的原因。例如，大多数大学中，精简的人员和紧张的预算导致缺乏应有的培训和充分的系统测试。在斯坦福，有很多培训，但很多用户不参加，Livingston说。他设置了新的培训项目，包括：培训人员与用户坐在一起，帮助用户学习怎么完成复杂的工作；周期性的用户会议，提供进一步帮助的网站和电子邮件列表；专家用户分散在各个部门中，以帮助同事。

斯坦福的IT部门仍然在努力完善企业系统，2004年，新开发的PeopleSoft Web门户（被称作Axess）崩溃了。Axess不能承受所有返校的学生同时登录这个没有经过测试的 Web 系统，Livingston 说。斯坦福能够快速解决这些问题，但是 Livingston 和他的同事还要继续与这个企业项目作斗争。学校的各个部门仍然“高度怀疑和抵抗”他为业务流程规范化和集中化所做的努力，Livingston 说。

引言

企业资源计划把组织中的所有部门和职能集成到一个单一的 IT 系统（或者是 IT 系统的集合）中，于是，员工可以获取企业整体范围内的全部业务流程的信息，并依此做出决策。

全球领先的 ERP 系统供应商 SAP，号称在世界范围内拥有两万个办事机构、1 000万用户。这些数据代表的仅是全部 ERP 市场的 30%。ERP 解决方案具有如此强大的力量，图表 10—1 列出了几个原因。

图表 10—1　**为什么 ERP 系统是强大的组织工具**

ERP 是一种逻辑清楚的解决方案，解决在大部分企业中出现的运作不相容的问题
ERP 解决全球信息共享和报告
ERP 用来避免修复遗留系统引致的痛苦和费用

作为一个商业概念，ERP 系统被传扬成强大的信息管理的天堂。参与采购、生产、运输产品的每个人共享相同的信息，从而减少了冗余，减少了时间浪费，消除了错误信息。

10.1　企业资源计划

学习目标

10.1　比较企业资源计划的核心组件和扩展组件。

10.2　描述企业资源计划系统中三个主要的核心组件。

10.3　描述企业资源计划系统中四个主要的扩展组件。

10.4　解释整合供应链管理、客户关系管理和企业资源计划系统的商业价值。

10.1.1　企业资源计划

由于实施了 ERP 系统，Turner Industries 在不到十年时间里从年销售额 3 亿美元成长为年销售额 8 亿美元。在“福布斯私人企业 500 强”中，排名第 369。Turner Industries 是行业领先的服务企业。Turner Industries 开发和部署了先进的软件应用，以最大化 25 000 名员工的效率和价值 1 亿多美元的建设设备的生产率。

该企业认为，在工业服务行业中最大的挑战是在满足客户期望的同时，按时在预算内完成项目。为应对这些挑战，企业投资购买了 ERP 系统，并把该 ERP 项目命名为 Interplan。Interplan 软件赢得了 Constructech 奖，Interplan 是一个面对重型建筑业的行业软件创新。Interplan 管理 Turner 公司所有的在建项目、转项项目以及项目关闭和项目维护，软件擅长项目预测和项目计划，Turner Industries 公司使用 Interplan 使项目获得更高的利润率。ERP 解决方案使企业获利更多，企业因此可以把成本节约传递给客户，这为企业带来了巨大的竞争优势。

企业需要面对的一个普遍问题是，要保持不同业务流程的一致性。如果一个单独的部门，例如销售部，决定实施一个新的系统，而没有考虑其他部门，就可能导致企业内的不一致。常常发生的问题是，一个系统保存（或没能保存）了其他系统中没有（有）的信息。例如，新的销售系统没有保存电子邮件地址的“字段”，而企业的其他系统保存了电子邮件地址。不是所有的应用程序在设计时都考虑了与其他应用交互数据，如果销售部门实施了一个新系统，而市场和生产部门不能用，或处理信息的方式不一致，则这家企业各部门的运作就孤立了。

企业资源计划系统为组织提供了一致性。一个 ERP 系统提供了一种方法，可高效地在生产、销售或服务企业中计算客户订单，根据客户订单计划和控制采购、生产、运输所需的资源。企业资源计划中的关键词是企业。

洛杉矶是一个拥有 350 万人口的城市，拥有 4.4 万市政员工和 40 亿的城市建设预算。几年前，每个部门独自采购。这意味着位于 600 个城市建筑物中的 2 000 名员工和 60 个仓库的材料订购，每年大约有 12 万采购订单和 5 万张支票，涉及 7 000 多个供应商。低效率已司空见惯。

“在旧系统中缺乏财务责任，人们可以进行未经授权的支出”，Bob Jensen 说，他是洛杉矶城市 ERP 项目的主管。每个部门使用不同的系统，独自持有库存。费用项目和存货也不匹配。采购方式不一致，一个部门用这种方式采购，其他部门却用另一种方式。基于大型机的系统是孤立的。洛杉矶市选择实施 ERP 系统，作为一个 2 200 万美元项目的一部分，集成整个城市的采购和财务报表。项目结果是裁减掉了半数的支票审核工作人员，采购订单处理比以前更快，减少了 40 处的仓库工作人员，把库存成本从 5 000 万美元减少到了 11 500 万美元，为每个供应商提供了单一的联系接口。另外，在合同统一处理上，每年节约了 500 万美元。

10.1.2 核心和扩展的 ERP 组件

图表 10—2 提供了一个带核心和扩展组件的 ERP 系统的例子。ERP 核心组件是大多数 ERP 系统中都有的传统组件，它们主要关注企业内部运作。ERP 扩展组件是额外的组件，它们满足系统中 ERP 核心组件没有覆盖到的需求，主要关注企业外运作。

10.1.3 ERP 核心组件

三个最常用的关注企业内部运作的 ERP 核心组件是：

1. 会计和财务 ERP 组件。
2. 生产和物料管理 ERP 组件。
3. 人力资源 ERP 组件。

图表 10—2　　ERP 的核心组件与扩展组件

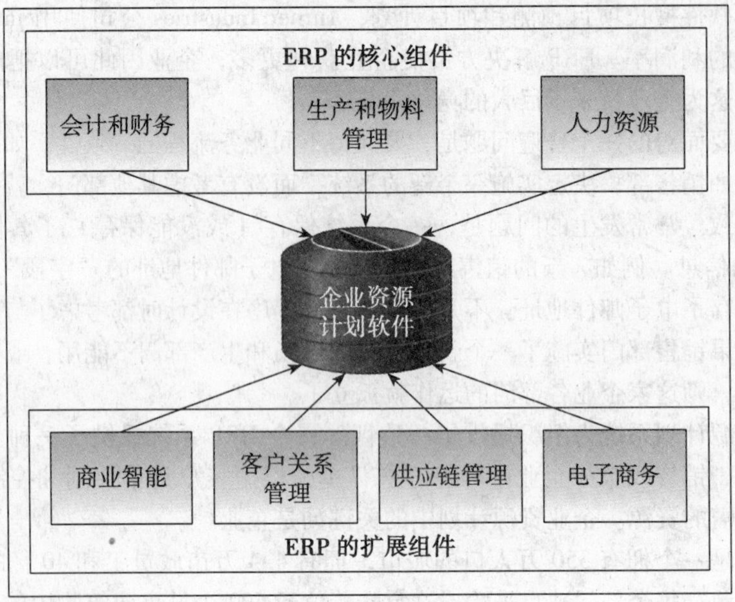

会计和财务 ERP 组件

加拿大的 Deeley 公司是哈雷摩托车在加拿大的独家经销商。由于财务 ERP 系统的实施，企业改善了库存、资金周转、利润和客户满意度。系统开启了信息的力量，帮助企业作战略性决策。该 ERP 系统为企业提供了管理库存、加快资金和物料周转和更有效的利用仓库空间的方法。

会计和财务 ERP 组件包括的功能有总分类账、应付账款、应收账款、资产管理等，即管理企业内部的会计数据和财务流程。在 ERP 会计/财务组件中，一个最有用的特色功能是信用管理。大多数组织通过设定信用额度限制或者客户可以在任一时间欠企业的应付账款额度来管理与客户的关系。每当客户下了新的订单或者付款，企业监控信用额度。ERP 财务系统帮助企业把客户订单和客户账户的信用欠款联系起来。ERP 会计和财务组件另一个很有价值的功能是，执行产品盈利分析。ERP 财务组件是进行产品盈利能力分析的基础，使企业可以运行各种先进的盈利分析建模技术。

生产和物料管理 ERP 组件

ERP 系统最主要的功能之一是简化生产计划过程。生产和物料管理 ERP 组件处理生产计划和执行的各个方面，像需求预测、生产日程安排、工作日记账和质量控制。一般来说，企业生产多种产品，每种产品有很多不同的部分。生产线通常由机器和工人构成，可以组装不同种类的产品。企业必须为每种产品确定销售预测，决定生产日程安排和原材料采购。图表 10—3 列出了典型的 ERP 生产计划过程。该过程从预测开始，以便安排运作。产品一旦投入生产，企业会开发一个详细的生产日程安排，如果需要采购，就要完成原料需求计划。

Farmanova Intermed 集团，坐落在哥斯达黎加，是一家医药营销和分销公司，在中南美洲销售近 2 500 种产品给大约 500 名客户。企业确定需要一款软件，使得企业在一个国家内有统一的产品物流管理。公司决定部署 PeopleSoft 的财务软件和分销 ERP 组件，用以改善客户数据管理，使内部和外部用户拥有信心，协调物流库存。拥有这个新系统，企业提高了处理、分销、营销药品的能力。

人力资源 ERP 组件

人力资源 ERP 组件处理雇员信息，包括薪金、福利、赔偿和绩效评估，并且保证企业遵守多个司法管辖区和税务机关的法律要求。人力资源组件甚至还有这样的功能：帮助组织对员工进行详细分析：比如确定哪位员工可能会离开企业，除非企业提供更多的补偿或福利。人力资源组件也可以确定哪个员工在使用哪些资源，例如在线培训和长途电话服务。它们也可以帮助确定最有才能的员工是否正在为最高优先级的业务单位工作，或他们处在什么岗位上可以创造最大的利润。

图表 10—3 **生产计划流程**

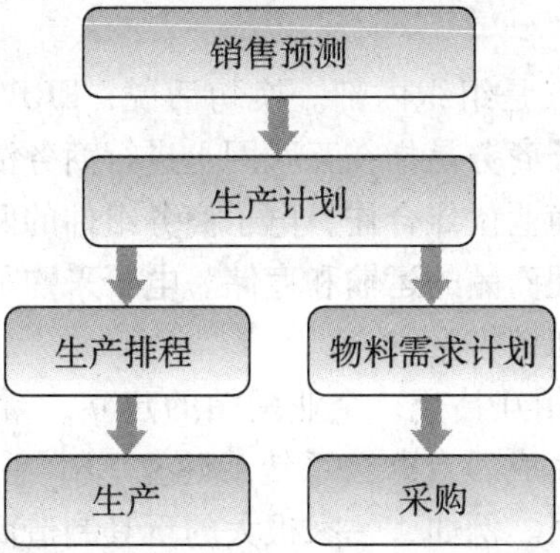

10.1.4 扩展 ERP 组件

扩展 ERP 组件是满足组织中没有被核心组件覆盖的需要的附加组件，其主要关注外部运作。众多的扩展 ERP 组件中有很多是基于互联网的，需要与组织外的客户、供应商、商业伙伴交互，四个最普遍的扩展 ERP 组件是：

1. 商业智能组件。
2. 客户关系管理组件。
3. 供应链管理组件。
4. 电子商务组件。

商业智能组件

ERP 系统提供了衡量和控制组织运作的有力工具。很多组织发现，可以扩展这些有价值的工具，通过添加强大的商业智能系统可以使 ERP 发挥更大的价值。**商业智能**常常意味着用来支持决策过程的信息。ERP 系统的商业智能组件收集整个组织中使用的信息（包括其他 ERP 组件中使用的数据），对数据进行组织，应用分析工具，辅助管理者作决策。数据仓库是最普遍的 ERP 系统扩展之一，超过 2/3 的美国制造企业采用或计划使用这种系统。

客户关系管理组件

ERP 厂商扩展了 ERP 的功能，提供了以前由客户关系管理（CRM）厂商，像

PeopleSoft 和 Siebel，提供的功能。**客户关系管理**包括管理客户关系的所有方面，软件帮助组织提高客户忠诚度，留住客户，提高组织的盈利水平。CRM 组件提供了客户数据和企业与客户互动的完整景象，使得组织更有效地与客户协作，对客户需求更加敏感。CRM 组件一般包括联系中心、销售自动化和营销功能。通过更好地配置资源为企业最有价值（最没有价值）的客户服务，提高客户的产品和服务体验。

供应链管理组件

ERP 厂商扩展其产品功能以提供之前由供应链管理软件厂商提供的服务，如由全球领先的供应链管理软件厂商 I2 的产品提供的功能。供应链管理（SCM）涉及供应链上、下游企业间或供应链上多个企业间的信息流管理，以最大化供应链运作效率和企业盈利能力。供应链管理组件帮助组织计划、排程以及优化供应链上的活动，包括从原材料采购、收货到客户签收最终成品。

电子商务组件

ERP 系统最初的关注点是组织内部。换句话说，ERP 基本上没有为属于外部运作的电子商务做准备。**电子商务**是指在互联网上进行商务活动，不仅包括买和卖，还包括为客户提供服务、与商业伙伴合作。电子商务组件的两个最主要特点是电子物流和电子采购。电子物流管理商品的运输和存储。**电子采购**是通过互联网进行的企业对企业的产品和服务的采购和销售。

电子商务和 ERP 组件相互补充，企业网站的建立，帮助企业迅速而有效率地完成订单。很多企业都会在集成后台办公系统或建立 ERP 系统之前建立面向外部的网站前台，这常常是一个错误。例如，一家很大的玩具制造商在圣诞节前不到一个星期声称它不能完成网上订单。实际上，这家企业的玩具在仓库中，但是，它没有基本的订单处理功能帮助企业把玩具按时送到客户手中。

客户和供应商现在都需要获得访问 ERP 数据的接口，这些数据包括订单状态、库存水平和发票查核。另外，客户和合作伙伴希望这些数据可以通过网站简单获得。这很难完成，大多数 ERP 系统中都充满了术语，这就是用户培训成为 ERP 实施中的成本的原因。在网络化的 ERP 系统中，删除术语、照顾未受培训的用户和合伙伙伴是最困难的工作。为了应对电子商务不断增长的需求，ERP 供应商需要建立两个新的进入 ERP 系统的通道，一个对客户（B2C），另一个对企业、供应商和合作伙伴（B2B）。

10.1.5 ERP 供应商总览

在数字经济中，成功的企业明白现有的企业设计和业务模式不足以应对电子商务时代开展业务的挑战。仔细看一看数字经济中的领袖企业，像亚马逊、戴尔、思科，它们都在探索新的业务模式，关注把业务、技术和流程精致集成。这些企业不断使用技术优化供应链操作，提高客户忠诚度，获取企业范围内信息的可视性，最终驱动利润上涨。为了在电子商务的世界中生存，组织必须改造自己的内部架构，必须把不同的系统集成成一个强大的电子商务基础设施。

像 SCM、CRM、ERP 这样的应用是电子商务的支柱。集成这些应用是很多企业能够取得成功的关键。集成允许开放的信息对任何用户、在任何地点、任何时间都可用。图表10—4列出了到2004年12月为止最好的三家ERP供应商。之后，在一场持续了18个月的“战争”之后，Oracle花100亿美元买下了PeopleSoft。图表10—5列出了收购后的新的供应商产品功能概况。

图表10—4　　ERP厂商（2004年12月31日之前）

组件	厂商		
	PeopleSoft	Oracle	SAP
客户关系管理	×		×
供应链管理	×	×	×
财务管理	×	×	×
人力资源管理	×	×	×
服务自动化	×		
供应商关系管理	×		×
企业绩效管理	×		
商业智能		×	
学习管理		×	
订单管理		×	
制造		×	
营销		×	
销售		×	

图表10—5　　ERP厂商（2004年12月31日之后）

组件	厂商	
	Oracle	SAP
客户关系管理	×	×
供应链管理	×	×
财务管理	×	×
人力资源管理	×	×
服务自动化	×	
供应商关系管理	×	×
企业绩效管理	×	
商业智能	×	
学习管理	×	
订单管理	×	
制造	×	
营销	×	
销售	×	

在图表 10—5 中，供应商提供 CRM 组件。然而，这些组件不像由如 Siebel 和 i2 之类的行业领袖提供的 SCM 和 CRM 组件那么功能强大、灵活，这些在图表 10—6 和图表 10—7 中有描述。结果，组织面临着把新的电子商务系统和先前存在的应用和其他的供应商的产品集成在一起的挑战。

图表 10—6　**供应链管理（SCM）软件厂商市场份额**

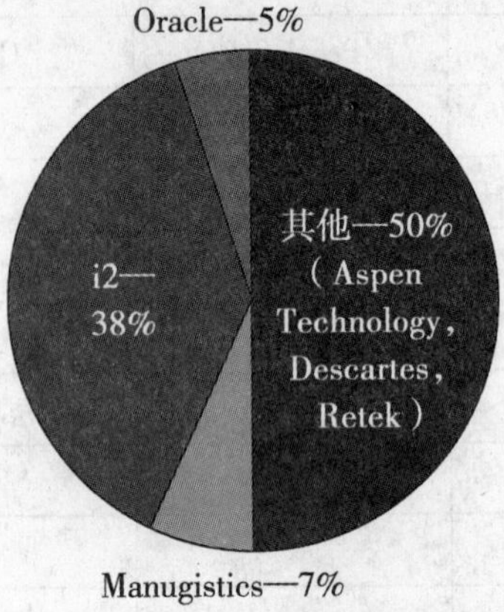

图表 10—7　**客户关系管理（CRM）软件厂商市场份额**

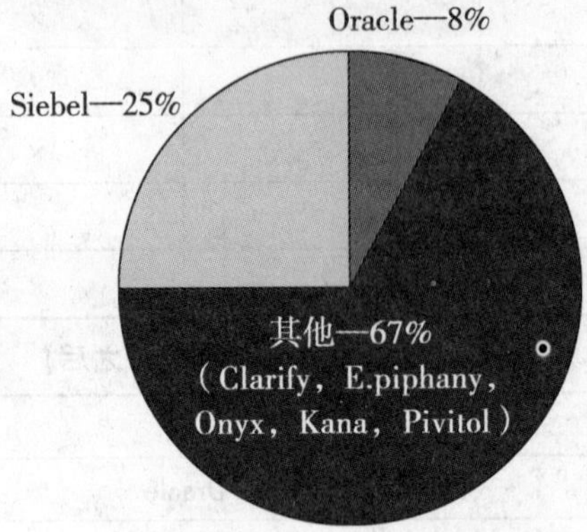

ERP 软件

今天，市场上有很多不同的 ERP 厂商，每个厂商提供不同的 ERP 解决方案。对这些厂商来说，核心的 ERP 功能是相同的，重点是财务、会计、销售、市场、人力资源、运营和物流。ERP 厂商通过提供个性化的功能，如 CRM 和 SCM 系统，将自已区别开来。

很多客户发现，它们选择的 ERP 不能满足期望，尽管软件做了很多改善。企业非常清楚的意识到失败的 ERP 实施太常见了。据 Gartner Research 的调查，ERP 项目的失败率是 66%。很多制造企业无疑把 ERP 看作必需的、具有战略价值的“恶魔”。这里的关键词是必需的。

企业通过明智的投资作正确的财务决策。确保 ERP 投资有效的最好办法就是明白 ERP 实施失败的原因和知道如何避免失败。第一个挑战是 ERP 是一个涉及企业多方面的产品，它主要的目的是提供对业务流程集成的支持以及使业务流程自动化。商业世界中有很多不同的商业模式，相对应，有同样多的 ERP 产品为这些商业模式服务。

找到合适的 ERP 解决方案

一个好的 ERP 系统会高度反映企业的业务流程。这意味着软件需完成很多不同的任务，这使得软件很复杂。多数企业没有足够多高水平的 ERP 软件专家，其对 ERP 的理解也没有达到应有的水平，这就很容易导致选择错误的软件。选择合适的 ERP 软件的关键是拥有稳定的业务流程。成功的 ERP 项目都有三个基本特征：

1. 整体契合。
2. 严谨的业务流程分析。
3. 可靠的实施计划。

整体契合

整体契合是指 ERP 系统和企业现有业务流程之间的差异程度。一个整体契合度高的 ERP 系统与企业现有流程没有太大的差距，只有少量小的不同。如果把一个新的 ERP 系统看成一套西装，客户可以用三种方式购买一套“西装”：

1. 直接从衣架上拿下来。
2. 从衣架上拿下来，修改到合适。
3. 客户定做。

解决方案对业务流程的适应一般决定了客户的满意度。把 ERP“直接从衣架上拿下来”等同于购买现成的软件包。这适合一些客户，但是，并不适合所有的客户。这就是为什么客户需要修改一套西装使它更适合自己。软件可以做一些修改使它与公司的流程更加吻合。这是不错的策略，即提供一个筛选过的软件包经修改后使之支持企业现有流程，不利的地方在于它可能非常昂贵。最后，定制的系统会非常适合企业流程，但是，企业必须清楚地知道它在干什么，确定自己能够承受由定制带来的沉重的财政负担。

严谨的业务流程分析

要确定哪种策略正确，最好的办法是进行一次彻底的业务流程分析。成功的企业通常把多达 10% 的项目预算花费在业务流程分析上。严谨的分析一定会给出书面的企业业务流程清单，这是对厂商能力的基本衡量。

可靠的实施计划

像成功的流程运作和机械设备的组装都需要计划监控质量目标和时间表一样，实施 ERP 也要制订计划、采用恰当的计划工具，像工作流分析和任务合并，以节约成本。完整的、彻底的 ERP 实施会把知识传递给系统用户。当项目完成时，用户必须能够使用系统提供的工具。当流程变动时，用户必须知道该怎样做。大部分失败的系统主要是低质量实施所导致的结果。记住 ERP 仅仅是一个工具，是很重要的。不懂得使用工具与没有工具一样。

10.1.6 ERP 的好处与风险（成本）

企业无法保证 ERP 系统能成功实施。ERP 关注企业内部的运营，优化企业运营需要大量的时间和精力。据 Meta 集团称，企业一般要在 8 到 18 个月之后才能看到 ERP 系统带来的收益。好消息是 ERP 系统平均每年为企业节约 160 万美元的成本。

图表 10—8 列出了 5 项常见的、企业可以从成功的 ERP 实施中获得的收益。

图表 10—8 **从 ERP 系统中获得的益处**

1. **集成财务信息**：为了解组织的整体绩效，管理者必须有适用于管理者的财务视角
2. **集成客户订单信息**：所有的客户订单放在一个系统中，便于协调生产、库存和运输，以及向客户发送订单状态信息
3. **规范和加速生产流程**：ERP 系统为企业的制造流程的自动分解提供了规范方法。组织间的生产流程的规范处理节省了时间，提高了生产率，减少了人员
4. **减少库存**：随着订单执行过程中可视性的提高，组织减少了库存，理顺了送货过程
5. **人力资源信息规范化**：ERP 记录员工工作时间，分析人力资源效益和服务，是集成一体的人力资源管理解决办法

随着组织逐渐理解从 ERP 系统中可获得的收益，理解伴随 ERP 实施而来的主要风险——成本，也同样重要。ERP 系统不便宜。Meta 集团调查了采纳 ERP 系统的总费用（CTO），包括硬件、软件、专业服务、内部员工培训费用等。被调查的企业有 63 个，规模有大有小，行业各不相同。平均的 CTO 是 150 万美元（最高为 3 000 万美元，最低为 40 万美元）。ERP 系统的价格通常是几百万美元起，实施平均会用掉 23 个月。图表 10—9 列出了与 ERP 系统相关的几项花费。

图表 10—9 **与 ERP 系统相关的风险（成本）**

软件费用：购买软件
咨询费：雇用外来的专家帮助正确地实施系统
过程返工：重组业务流程，以确保企业使用最有效益和效率的流程
定制：如果软件包不能满足企业的全部需要，企业需要定制软件
集成和测试：确保所有的软件产品，包括非 ERP 系统部分的独立系统，可以相互协作或集成。测试 ERP 系统，包括测试所有的集成部分
培训：培训所有的新用户
数据仓库集成和数据转换：从老系统中转移数据到新的 ERP 系统中

10.1.7 集成的公司——SCM、CRM 和 ERP 的集成

现在大多数企业别无选择，只能把它们的应用软件集成起来，因为没有供应商能够满足每个企业的全部需求。因此，客户从多个供应商处购买应用软件。结果，大公司通常有很多并未设计成可以相互协作的应用软件，它们发现必须自己集成业务解决方案。例如，一个组织必须从 Siebel 选择 CRM 组件，从 i2 选择 SCM 组件，从 Oracle 选择财务和人力资源组件。图表 10—10 列示了每个必须集成的应用软件所针对的一般客户和目的。

图表 10—10　　企业应用、使用者和应用所带来的商业利益

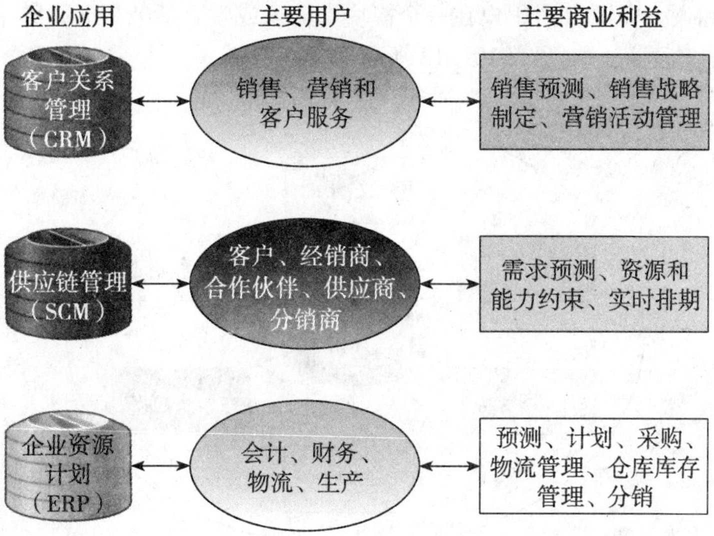

对于21世纪的企业来说，有效地管理向集成企业的转换过程十分关键。企业集成的关键是分散的IT应用的集成。集成企业灌输强大的客户导向理念给支持性领域，比如财务和人力资源。集成使用中间件来实现——为两个或多个软件应用提供连接的软件。中间件翻译各自独立的系统之间传递的信息。**企业应用集成（EAI）**中间件代表了一个新的中间件技术策略，即把常用的功能打包，例如提供预连接给常用的企业，这种方法缩短了开发集成多供应商企业应用的解决方案的时间，一些主流的EAI供应商中间件包括Active软件、Vitria技术和Extricity。

图表10—11列出了应用整合的数据点，说明了电子商务架构基础设施设计的基本前提：企业运营以相互依存的软件应用为基础。如果企业的一个应用软件不能发挥作用，则整个客户价值传递系统就会受影响。未来的世界一流企业必须建立在世界一流应用的基础上。

图表 10—11　　SCM、CRM和ERP应用的集成

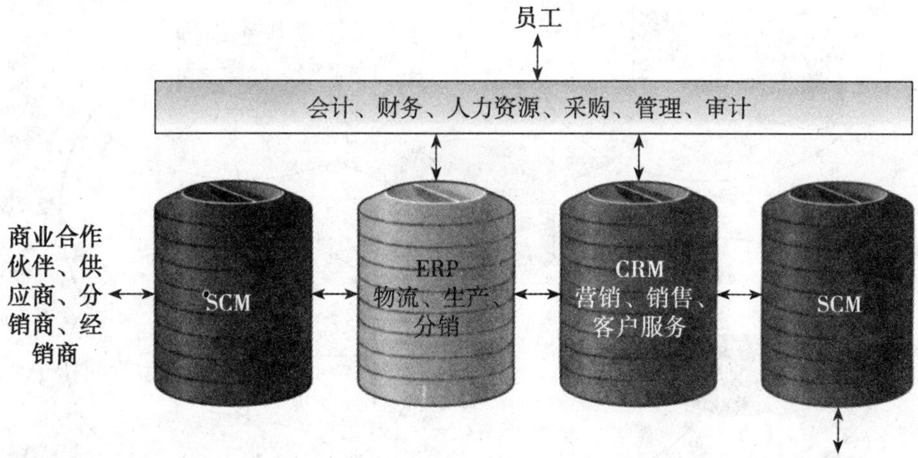

ERP系统的核心是中央数据库，它集中整个ERP系统中各自独立的应用组件

（称为模块）所需的数据，为组件运行提供数据，支持不同的业务功能，例如会计、生产、市场和人力资源。当用户在一个模块中输入或者更新数据时，整个系统中的数据都会相应自动更新，如图表 10—12 所示。

图表 10—12　　ERP 集成数据流

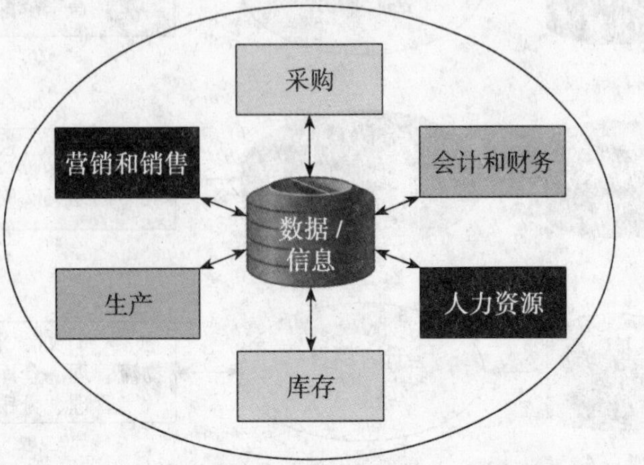

ERP 自动化业务流程处理，如订单履行——从拿到订单到发运到付款的全过程。有了 ERP 系统，当客户服务代表从客户处拿到订单时，他或她就能查看履行该订单所需的全部信息（客户的信用评级和历史订单信息、公司的库存水平和发运时间表）。公司的其他相关人员也可以看到相同的信息，可以访问存储客户新订单的数据库。当一个部门完成了对该订单的处理时，订单会自动沿着 ERP 系统所定义的规范流程到达下一个部门。不管订单处理流转到什么位置，想要找出订单处理到哪儿，用户只需要登录 ERP 系统追踪查询该订单，如图表 10—13 所示。订单处理像闪电一样穿过组织，客户可以更快拿到货物，与以往相比，失误也更少。ERP 可以把同样的魔法施展到其他主要的业务流程上，例如员工福利管理或财务报告。

图表 10—13　　ERP 流程处理

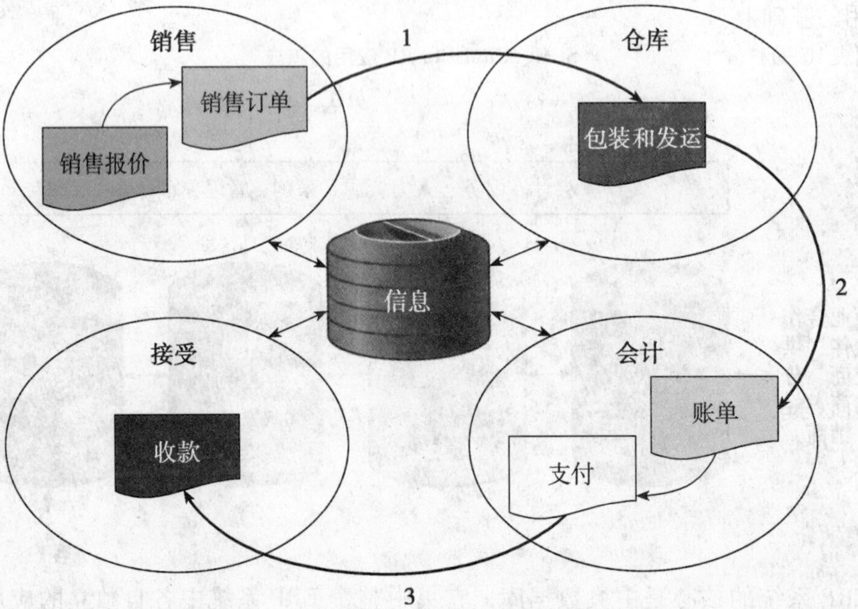

对于一个真正合格的ERP解决方案而言，系统不但要集成各种各样的组织流程，还必须：

■ **灵活**——一个ERP系统应该是灵活的，能对企业不断变化的需求做出反应。

■ **模块化和开放的**——ERP系统必须是开放的系统架构，即任何一个模块都可以在不影响其他模块的情况下根据需要连接或者拆除。系统应该支持多个硬件平台，以防组织有异构的整合系统。它也必须支持来自第三方的附加组件。

■ **综合的**——ERP系统应该支持多种组织功能，并适合不同类别的商业组织。

■ **跨越企业**——ERP系统不能局限于组织内部，而是支持与业务伙伴或客户的在线连接。

企业期待电子商务能够增加收益，建立竞争差异，支持业务创新。要达到这些目标，企业必须经历几个不同的阶段，从集成的流程到真正同步的跨企业共同体。对于21世纪的企业来说，使基于不同技术、不同商业模式和数据模式的电子商务应用整合协作，十分关键。

10.1.8 ERP的未来

ERP向支持和传递信息的技术提出了新要求，同时也向业务流程设计、实施、监控、完善的方式提出了新要求。例如，几个在不同地点、有不同的硬件和软件资源的人，可能同时进行对同一个产品的采购，但是会有不同的选择标准。可靠性、效率和可扩展性必须嵌入到ERP系统的电子商务流程中。尽管ERP安装的数量有显著增长，但管理基于ERP系统的运作依然是一项挑战。

理解ERP产品中不同类型的核心和扩展组件，可以帮助组织决定哪一个组件会为企业带来最大的价值。ERP市场上两家最大的供应商是Oracle（它在2004年并购了PeopleSoft）和SAP。图表10—14是每个ERP供应商提供的产品组件的总览。

未来，ERP、SCM和CRM的界线会更加模糊，因为ERP供应商扩大了产品的功能，重新定义了产品包。拥有丰富而又模块化的组件的ERP供应商会支配企业应用软件市场，这会是另一个企业应用软件快速增长的阶段。由于对所有的供应商来说，核心功能几乎相同，供应商的成功将主要依赖于它可以多快地加入其他功能，如互联网、接口和无线技术。

互联网

对互联网的采纳是重塑ERP系统架构和功能的单一却最重要的推动力之一，而且还引发了ERP最重要的新发展。传统的ERP集成组织职能部门的数据和流程，现在ERP扩展包括多个企业的共享数据和流程，互联网成为这个转变过程的基础。

接口

大多数ERP套装软件提供可定制的浏览器视图，让每个员工定义自己的系统视图，管理者可以定制系统对员工的视图，使管理者可以控制对高度敏感信息的访问，如对薪金和绩效评估信息的访问控制等。在将来，同样的，可以定制浏览器信息视图，允许客户和合作伙伴通过互联网看到经过选择的ERP信息。

图表 10—14 **ERP 供应商及其产品组件**

PeopleSoft（被 Oracle 收购）	
组件	描述
应用集成	把各个层次的 PeopleSoft 应用和非 PeopleSoft 应用与门户解决方案（Portal Solutions）、应用连接（AppConnect）和数据仓库与分析解决方案（Data Warehousing and Analytic Solutions）集成在一起
客户关系管理	与客户、财务、供应链管理和员工管理系统直接无缝地集成
企业绩效管理	允许客户、供应商和员工使用集成的、可扩展的系统制定工作目标、制定工作计划、衡量工作进展
财务管理	一套综合的、基于互联网的财务应用，企业因此获得在商业世界中竞争的力量
人力资产管理（包括人力资源管理解决方案）	管理和调动一体化的全球劳动力资源，使劳动力贡献与企业目标相一致
服务自动化	优化项目投资，减少项目交付成本，最大化资源利用，增强其对企业的作用和价值
供应商关系管理	管理供应商关系的所有方面，包括直接和间接商品和服务的采购
供应链管理	利用解决方案，促进整个供应链中从客户到供应商的 B2B 交互

Oracle	
组件	描述
Oracle 财务	财务应用管理现金流及资产的流入、流出及其在企业内部的运作：追踪数千宗交易，为各部门设置财务目标，记录当前的盈利状况，同时，推断将来的财务状况
Oracle 人力资源管理	Oracle 人力资源管理系统（HRMS）使企业能够使用工具查找、挖掘和分析与人力资产相关的数据。让企业做好准备，迅速部署最好的资源，以便最大化员工生产率、满意度和保留率
Oracle 商业智能	Oracle“每日商业智能”获取并共享企业内的信息，并对信息进行分析，包括对客户、供应商、员工、产品的一致信息进行分析
Oracle 学习管理	Oracle 学习管理（包括 Oracle 学习管理 ilearning、Oracle 培训管理和 Oracle 人力资源系统）提供了一个完整的构架，企业依此管理、提供和追踪培训，包括线上培训和课堂培训
Oracle 供应链管理	Oracle 供应链管理使企业获得全球视角，自动化内部流程，轻松地与供应商、客户和合作伙伴协作
Oracle 生产管理	Oracle 生产管理最优化企业生产能力，涉及从原材料采购开始直到产出最终产品
Oracle 订单管理	Oracle 支持从订单到现金的完整流程

续表

组件	描述
Oracle 营销管理	Oracle 营销通过智能营销，将产品销售给利润贡献最大的客户获取利润。通过分析独立的客户信息知识库，营销专家制定市场活动目标，使市场活动更具针对性，以及使用强大的分析工具实时调整市场活动
Oracle 项目管理	为按时、按预算完成项目，组织需要微调项目执行操作，把合适的资源、在合适的时间分配到最重要的项目上
Oracle 销售管理	Oracle 销售管理帮助企业更多地了解企业整体运作，识别和锁定最佳盈利机会
SAP	
组件	描述
MySAP 客户关系管理	完全集成化的 CRM 解决方案，在所有客户接触点提供世界一流服务
MySAP 财务	运作的、分析的和协作的财务管理，行业领先的财务解决方案
MySAP 人力资源	人力资源组件帮助世界范围内 7 800 多个企业最大化资产回报
MySAP 市场	在线市场解决方案，允许企业在任何时点在世界范围内，进行买卖、开展业务
MySAP 产品生命周期管理	帮助设计师、工程师和供应商进行更多创新
MySAP 供应商关系管理	覆盖整个供应链——从降低成本的战略性外包，到更快的供需循环
供应链管理	显著改善对供应商、客户和合作伙伴的计划、反应和执行

无线技术

无线技术为拥有手持设备的用户提供了一个通过互联网连接到 ERP 系统并进行系统交互的途径，如 PDA 和上网电话。大多数大的 ERP 供应商会兼并专攻无线通信的小公司。如果无法兼并，它们就在这个领域内自己开发专利建立无线通信服务包。

无线技术允许用户通过移动通信设施进行交易，正如以前通过固定设备所做的那样。能够通过移动设备采购商品和服务是达到任何地点—任何时间范式重要的一步。在将来，地点和时间不会再阻碍企业的运作。

引例问题

校园 ERP

1. 在你的学校，核心 ERP 组件是怎样帮助提高业务运作效率的？
2. 在你的学校，扩展 ERP 组件是怎样帮助提高业务运作效率的？
3. 在你的学校，集成 SCM、CRM 和 ERP 是怎样帮助提高业务运作效率的？
4. 回顾图表 10—14 中不同的组件，如果你的学校决定购买一个 ERP 组件，你会推荐学校实施哪个组件？

10.2 协同系统

学习目标

10.5 确定企业应用技术协作的不同方式。

10.6 比较不同类型的协作技术。

10.7 定义知识管理系统的基本概念。

10.8 提供一个内容管理系统的实例，包括它的商业目标。

10.9 重新评估使用工作流管理系统的优势。

10.10 解释群体软件是怎样使企业获益的。

10.2.1 团队、合作关系和联盟

为了成功——以及避免在竞争中被淘汰，一个组织必须不断采取措施，处理大小问题，抓住重大机遇。为了完成这些活动，组织需要建立和利用团队、商业合作伙伴和联盟，因为所需的专业知识超过了单个个人或企业的能力范围。团队、商业合作伙伴和联盟可以在企业内组建或者与外部其他企业共同建立（见图表10—15）。

图表10—15 组织间的信息合作伙伴关系

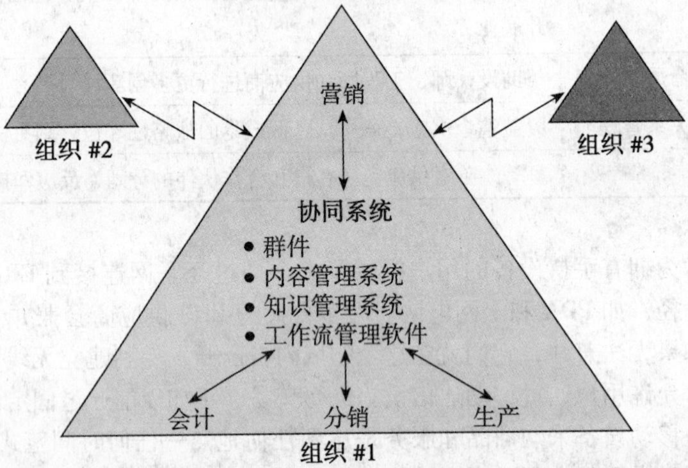

各个行业市场中不同规模的企业都见证了利用IT资产建立的竞争优势给企业带来的效益。然而，过去企业在信息技术方面所做的努力，目的都是提高运营效率。现在基于网络的计算的出现和发展（例如，互联网是最明显的，但不是唯一的），使得组织能够建立一套系统，利用这套系统，各种类型的主体得以交互。最终的结果是，系统允许组织与其客户、商业合作伙伴、供应商、政府、管理部门和其他与企业的特定运作或活动有关的团体开展业务活动。

企业以与建立内部团队同样的方式，迅速与其他组织形成了联盟和商业合作伙伴关系。组织的**核心竞争力**是它的关键优势，也就是比其竞争者做得更出色的业务能力。苹果电脑因为其在产品设计上的优势获得市场认可，而埃森哲的核心竞争力是信息系统的设计和安装。**核心竞争战略**是这样一种策略，企业专注于它做得最好的事

情，并与其他的专业组织结成合作伙伴或联盟，让其他专业组织处理企业的非战略性业务流程。战略性联盟使企业能够通过获取合作伙伴的资源获得竞争优势。这些资源包括市场、技术和人员。企业通过与另一个企业合作增加了互补的资源和能力，使参与者能够更快速、更有效地成长和扩张，尤其是那些快速成长的、严重依赖多领域业务外包扩展技术和运营资源的企业。在外包过程中，由于不必从起点改善自身的系统，企业节约了时间，提高了生产率，可以有时间专注于创新和核心业务。

信息技术使得这样的商业伙伴和联盟更容易建立和管理。当两个或更多企业通过集成 IT 系统进行合作时，**企业合作伙伴**就产生了，由此还可以为客户提供最好的服务。互联网的出现与发展，大大增加了造就商业伙伴和联盟的机会。亚马逊通过为其他使用该网站的零售商提供电子商务外包服务，开拓了一个盈利的业务。一些知名的零售商，包括 Marshall Field、Office Depot 和 Targe，都与亚马逊合作。

10.2.2 协同系统

美国 Heineken 啤酒公司把生产和配送啤酒的库存周期从 3 个月缩短到 4 周。通过使用协同系统预测需求、加快运输，企业在显著提高销量的同时，降低了库存水平和运输成本。在过去的几年中，多数业务流程都因为市场条件和组织模式的改变在很多方面（这些变化包括灵活性、平台互联软件、合作方式、自主性）发生了变化。经常地，信息分布在地理上分散的系统中，因为越来越多的企业把业务达到的地点扩展到了全球范围。这引发了对可以实施协同系统的软件基础设施的需求。

协同系统是一系列基于 IT 的工具，它通过方便信息共享和信息流转来支持团队作业。协同系统解决了特定的工作需要，如远程办公、在线会议、部署应用、远程项目和销售管理等（见图表 10—16）。

图表 10—16　　协同作业领域

协同系统允许人员、团队和组织基于员工、供应商、客户和商业伙伴的才能和创意进行合作，它引发了一系列挑战：

- 处在不同地点、跨职能和学科领域的人员之间的复杂交互。
- 需要工作流程的灵活性，以及快速轻松地让他人融入团体的能力。

■ 需要在团队中迅速、轻松地创造和共享信息。

多数企业以一定的生产和服务能力与其他组织协作。考虑供应商—客户关系，可以把这个关系看成是包括预订、交易、订单履行和售后服务活动的连续的生命周期。不管是从业务流程管理，还是从技术能力方面考量，很少有企业在生命周期的全部四个阶段都做得很出色。成功的组织确定并专注于它们的核心竞争力，把与非核心竞争力有关的业务外包或者与其他企业协作。协同系统有两种类型：

1. **非结构化协作**（有时候是指**信息协作**）包括文档交换、共享白板、讨论论坛和电子邮件。这些功能可以提高个人生产效率，减少搜索信息或寻找答案的时间。

2. **结构化协作**（或**流程协作**）包括共同参与业务流程，如工作流。在工作流中，知识被编码成规则，以提高流程自动化程度和明确信息流转路线。

不管地点或形式——是非结构化还是结构化——对于那些需要在任何时间、任何地点、在任何设备上使用信息的人，相关的准确信息必须随时且持续可获取、可用。IT 系统的集成使得组织可以为员工、商业合作伙伴、客户和供应商提供获取、查找、分析、管理和协同的功能。协同可以通过多种形式、语言和平台实现。图表 10—17 阐述了大多数组织内部使用的典型的协同功能。

图表 10—17　　**典型的协同业务功能**

职能	协作者	实现的业务功能
计划和预测	供应商、客户	实时信息共享（预测信息和销售信息）
产品设计	供应商、客户	文档交换、计算机辅助设计（CAD）
战略采购	供应商	谈判、供应商绩效管理
部件兼容性测试	供应商	部件兼容性
定价	供应商、客户	在供应链中的定价
营销	供应商、客户	联合/合作开展营销活动、品牌营销
销售	客户	销售线索共享、产品介绍、配置和报价
按单生产	客户	需求、能力、合同条款
订单处理	供应商、客户	订单处理解决方案
订单执行：物流和服务	供应商、客户	协调产品分配
国际贸易物流	客户	文档交换、输入或输出文档
支付	客户	收据、发票
客户服务/支持	供应商、客户	共用的/单独的客户支持

洛克·希德·马丁航空航天（Lockheed Martin Aeronautics）公司成功与美国国防部（DoD）签订了一个 190 亿美元的合同，建造 21 架超音速隐形战斗机。这个项目之所以能够成功，该公司在整个扩展的供应链上实时分享复杂信息的能力起到了十分关键的作用。新的政府采购规则要求国防承包商可以有效沟通，确保最后期限可被满足，成本可以控制，项目在合同生命周期中会被有效管理。

签订合同前，洛克·希德·马丁公司的 Fort Worth 和 Texas 小组，开发了一个实时的协同系统，可以把公司的合作伙伴、供应商和美国国防部（客户）通过互联网联系起来。这个平台使项目参与者在产品设计、工程任务、供应链管理和生命周期事务上协同工作。洛克·希德·马丁公司控制所有的交易，拥有项目信息。这个平台可以使美国国防部和洛克·希德·马丁公司的项目主管每天实时追踪项目进程。这是第一次，美国国防部的主要采购项目有这样的要求。这个合同（指 190 亿美元、21 架战机），即给洛克·希德·马丁公司和其合作伙伴 Northrop Grumman 公司和 BEA 公司的合同，仅仅是一个大合同的第一阶段，整个合同涉及 3 000 架喷气式战斗机，金额达 2 000 亿美元，有效时间超过 40 年。协同流程的优势在于其是很多系统的集成，即：

- 知识管理系统。
- 内容管理系统。
- 工作流管理系统。
- 群件系统。

10.2.3 知识管理

知识管理（KM）包括捕获、分类、评估、检索和共享信息，这些信息为有效的决策和行动提供知识背景。知识管理中最好包括最广泛的知识背景。简洁地说，知识管理是组织用基于智力和知识的资产创造价值的过程。最通常的，利用这些资产创造价值包括汇总员工、合作伙伴和客户持有的信息，并在员工之间、部门之间甚至公司之间共享这些信息，设计最佳实践。注意到这些定义并不涉及技术很重要，虽然知识管理经常由 IT 辅助，但是技术本身并不是知识管理。

高尔夫球童是知识管理工作者的一个简单例子。一个好的球童不只是进入俱乐部，追踪到处跑的球。当顾客询问时，一个好的球童可以向高尔夫球手提供这样的建议，比如“风会令第 9 个洞多打 15 码”。精确的建议可能会在当天让这个球童拿到更多小费。高尔夫球手从球童的建议中获得好处，更有可能再次来这个球场打球。如果一个好的球童愿意把他知道的信息与其他球童分享，那么可能最后所有球童都能拿到更多小费。知识管理怎样发挥作用使这种情况出现呢？球童的主管可以因为球童分享了他们的知识而奖励他们，为球童提供高尔夫用品店内的商品兑换积分。一旦收集到最佳建议，球场经理会在记事本上记录并发布这些建议（或者发布到 PDA 上），并发送给所有的球童。一个设计出色的知识管理项目的最终结果是获得共赢。在这个例子中，球童们得到了更多的小费和商品。高尔夫球手球打得更好了，因为他们从球童收集的经验中获益，球场主也赢了，因为更好的成绩带来了回头客。

商业中的知识管理

在过去的几年中，在美国，人们迫切需要知识管理，因为数以百万计生育高峰期出生的人濒临退休。最后离开工作岗位时，他们在漫长的职业生涯中积累的关于工作、公司、行业的知识会随着他们一同离开——除非企业采取行动保存他们的知识。另外，已经使用外包协定的 CIO 们，必须解决棘手的全职员工的知识转移问题，把这些已经因为外包协定失去工作的全职员工的知识转移给外包商的员工。

10.2.4 知识管理系统

知识可以成为组织实实在在的竞争优势。组织利用信息技术互联员工，数字化地采集员工的专长经验类知识，建立并发布组织的知识库。知识管理的主要目标是确保公司所有员工在需要的时候，能方便获取关于公司的事实知识、信息来源知识和解决方案。

知识管理对组织的要求远远超过了提供 EXCEL 表、数据库和文档中的信息。它必须包括通常存在于人脑中的专长信息。知识管理系统（KMS）协助在整个组织内部获取、组织和传播知识（例如 know-how）。组织需要决定哪些信息应被视为知识。

显性和隐性知识

不是所有的知识都是有价值的。每个公司都必须确定什么信息是有意义的智力和知识资产。一般来说，智力和知识资产有两类：显性知识或隐性知识。根据分类准则，**显性知识**包括所有可以记录下来、存档和修改的知识，通常需依靠 IT 的支持。显性知识的例子有专利权、商标、商业计划、市场调查和客户列表之类的资产。

隐性知识是在人们头脑中保存的知识。隐性知识管理一直面临的挑战是，应如何识别、产生、共享和管理在人们头脑中的知识。虽然电子邮件、即时通讯和其他相关信息技术可以帮助传播隐性知识，但是在第一地点识别隐性知识是很困难的。跟随和联合解决问题是组织内转换或重新创造隐性知识的两个好方法。

跟随

通过跟随，经验少的员工可以观察经验丰富的员工，学习有经验的同行是如何工作的。Dorothy Leonard 和 Walter Swap，两个知识管理专家，强调了学徒与专家一起讨论自己的观察，通过深入对话，确认和固化所转移知识的做法的重要性。

联合解决问题

另一个可行的方法是由专家和初学者联合解决问题。因为人们经常意识不到他们是怎么解决问题或做工作的，所以不能自动地为自身所做的事对他人进行一步步的指导，而让初学者和专家一起从事项目，专家的方法就一目了然了。跟踪和联合解决问题的不同在于，跟踪更加消极。通过联合解决问题，专家和初学者可以联手完成一项工作。

除非对信息进行分析，让它能被合适的人、在合适的地点、在正确的时间使用，否则，信息几乎毫无用途。为了从智力资产中获得最多价值，必须分享知识。一个有效的知识管理系统应该辅助下列一项或多项工作：

- 促进创新，鼓励思想的自由交流。
- 通过减少响应时间，改善客户服务。
- 通过使产品和服务更快进入市场增加收入。
- 通过认识到员工知识的价值提高员工保留率。
- 通过消除多余和不必要的流程理顺作业过程，降低成本。

创造性的知识管理会带来所有业务职能效率的提高、生产率的提高以及收入的增加。图表 10—18 说明了组织实施知识管理系统的原因。

图表 10—18　　组织采纳知识管理系统的关键原因

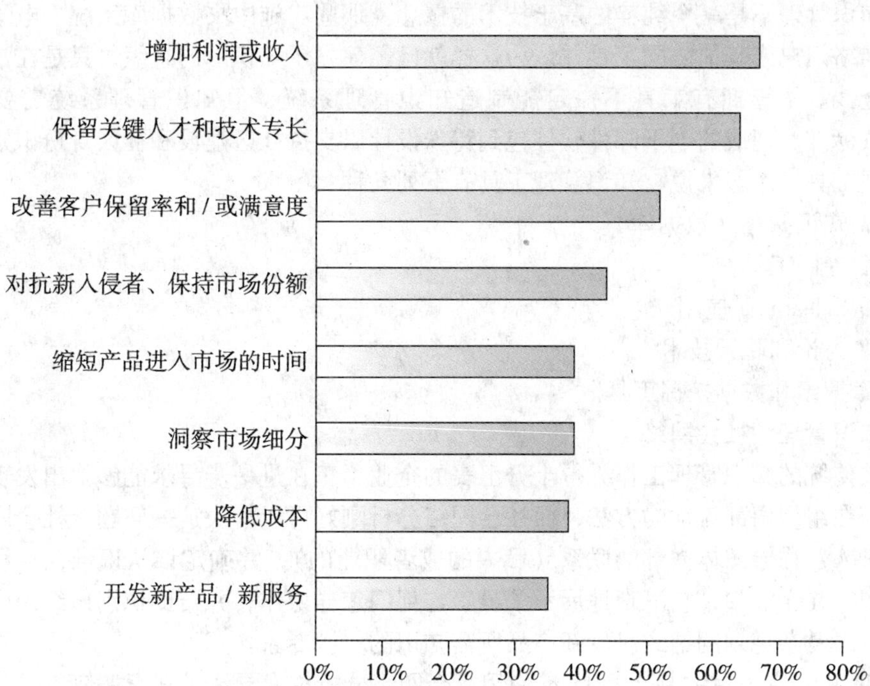

通过使来自多个学科领域的员工方便地获取和共享决策所需的信息，知识管理系统软件帮助 ChevronTexaco 公司改善了管理油田资产的方式。在 ChevronTexaco，一个 10 到 30 人的团队负责管理一块特定油田的资产，如钻探设备、输油管、基础设施。在每个团队中，地质专家和拥有生产、存储、设备专业知识的各专业工程师协作，保证油田的开采和运营。团队的每个人都要与团队中的其他成员交流，在采集和分析来自各部门的大批数据的基础上做决定。团队成员可以从自己部门的信息视图中浏览信息。

这种工作模式使得 ChevronTexaco 的生产率提高了 30%，安全绩效增长了 50%，运营成本降低了 20 亿美元之多。通过知识管理系统，ChevronTexaco 重组了汽油零售业务，并更快、更低成本地钻取石油和天然气。

ChevronTexaco 在知识管理方面的成功经验并不适合于每个组织。在过去几年中，很多知识管理项目都失败了，造成很多企业不愿意投入——甚至仅仅是说说知识管理。然而，如果把知识管理直接与离散的业务需求和商业机会连接起来，它将是一个很有效的工具。通过启动能迅速产生价值的、有针对性的项目，组织更可能取得成功。如果用一揽子改革计划，预期将获得具有轰动效应的大成功，然而是否能成功却是难以预料的。成功的知识管理项目，一般关注特定的流程，甚至仅关注特定类型的交易处理，并创造价值。企业应一次仅开展一项工作——最好是知识导向型工作——把知识管理作为一项工作职能，力求切实能够帮助雇员更好更快地工作，然后再扩展到下一个知识密集的工作，如此持续下去。即使是很小的成功，也庆祝一下，这有助于打下知识管理可信性基础，为后来的知识管理项目提供支持。

知识管理技术

知识管理不是一个纯粹的基于技术的概念。那些实施中央数据库系统、电子信息版、网络门户或其他协同工具并认为这样就已经建立了知识库的组织，只是在浪费时间和金钱。尽管拥有工具不一定能制造知识管理系统，但知识管理系统需要工具——从标准、现成的电子邮件软件包到特殊设计以支持社区建设和社区身份识别的精尖协同工具。一般来说，知识管理工具有下列几种：

■ 知识储存（数据库）。

■ 专门工具。

■ E-learning 应用。

■ 讨论和聊天技术。

■ 搜索和数据挖掘工具。

知识管理和社会网络

被传统的知识管理工作弄得十分沮丧的企业，正在进一步寻求能够找出发现知识流如何在组织内部流动的方法，而社会网络分析刚好可以解决这一问题。**社会网络分析**（SNA）描绘团体内部的联系（私人的或者职业的），并确定谁认识谁，谁和谁一起工作。在企业中，它清晰地展示了员工与部门怎样协作，并帮助识别出组织中那些拥有解决复杂规划问题或研发新产品所需知识的关键专家。

M&M 巧克力豆的制造商 Mars 使用社会网络分析技术弄清了知识如何流过整个组织、谁拥有影响力、谁给出了最好的建议、员工如何共享信息。加拿大政府的中央IT 部门使用社会网络分析技术确定组织需要保留和发展哪些技能、在 5 年内将要退休的 40% 的劳动力中谁拥有最重要的需要传递给他人的知识和经验。

社会网络分析不是传统的知识管理工具如知识数据库或门户等技术的替代品，但是它可以为企业提供关于启动知识管理项目的最佳起点的信息。作为大型知识管理系统的组件，社会网络分析可以帮助企业确定主要的知识领导人，接着建立知识分享机制，如实践社区，促进知识领导把他们的知识分享给同事。为了识别出组织中的专家，企业可以用应用软件程序追踪电子邮件和其他形式的电子交流。

10.2.5 内容管理系统

内容管理系统提供在协作环境中新建、存储、编辑和发布信息的管理工具。随着网站规模和复杂度的增加，企业必须建立内容管理制度以确保相关事宜的顺利运转。在某些情况下，需要使用内容管理系统让内容管理过程自动化，并使之更有效率。内容管理系统市场很复杂，包括文档管理、电子资产管理、网页内容管理。图表 10—19 给出了三种主要的内容管理系统。图表 10—20 列出了主要的内容管理系统供应商。

内容管理软件帮助宝马（BMW）集团瑞士区向全瑞士范围内的交易商个性化和实时地发布有关产品、服务、价格、大事件的信息。BMW 使用的系统允许交易商指定哪些信息可以被哪个雇员看到，例如把营销材料只传递给销售部门的成员，技术说明书和支持文档只传递给机械师。增强的个性化设置消除了信息传递给错误的交易商

图表 10—19　　　　**内容管理系统的常见类型**

文档管理系统（DMS）	DMS——支持电子捕捉、存储、分发、存档和访问文档。DMS 最优化组织内文档的使用，使之不依靠任何发布媒介（如网页）。DMS 为关于信息的信息提供存储空间。系统追踪每一篇文档的编辑历史和它跟其他文档的关系。多种查找和导航方式使文档检索变得很容易。DMS 管理高度结构化和条理化的内容，例如药品文档
电子资产管理系统（DAM）	DAM——尽管与文档管理相似，但 DAM 一般涉及二进制的非文本文件，如多媒体文件。DAM 强调文件处理和转化，例如把 GIF 格式文件转换成 JPEG 文件
网页内容管理系统（WCM）	WCM——添加一个附加的应用层到文档和电子资产管理中，使内容能够被发布到企业内网和公共网站上。除提供内容以外，WCM 系统通常集成了在线流程中产生的内容，如电子商务系统

图表 10—20　　　　**主要的内容管理系统供应商**

供应商	优势	劣势	成本
Documentum www. documentum. com	文档和电子资产管理	个性化特色不如竞争者强	主要的组件起价不高于 10 万美元
FatWire www. fatwire. com	Web 内容管理	可能无法支持数千名用户	SPARK，2. 5 万美元；最新版的 Engine，7 万美元或更高
InterWoven www. interwoven. com	协作\ 企业内容管理	需要大量的客户化过程	InterWoven 5 平台，5 万美元；一个新用户的平均成本是 25 万美元
Percussion www. percussion. com	Web 内容管理	可能无法支持数千名用户	Rhythmyx 内容管理，大约 15 万美元
Stellent www. stellent. com	文档转换成 Web 可用格式	为拥有数千用户的大型实施作工程准备	内容和协作服务器，每个 5 万到 25 万美元
Vignette www. vignette. com	个性化	文档管理和日志服务器，不如其他供应商的稳健	V6 Multisite 内容管理，20 万美元或更高；V6 内容套装，45 万美元或更高

或错误的个人的可能性，从而带来了高质量的客户服务。内容管理软件也使得非技术员工能够使用定义好的发布模板制作 Web 页面，简化了网页发布过程。在 BMW 集团瑞士区，每天有 500 多人使用该解决方案，所有员工不用 IT 专家的帮助就能够发布信息，维护了宝马品牌的形象。

10. 2. 6　工作流管理系统

工作流定义一个业务流程从开始到结束的所有的步骤或业务规则。**工作流管理系**

统便利业务流程的自动化和管理，以及工作在整个业务流程中的转移。工作活动可以并行或串换进行，活动涉及人和自动化的计算机系统。另外，很多工作流管理系统允许测量和分析流程的执行情况，因为很多工作流系统允许定义和追踪跨人和/或跨企业的工作流。工作流软件帮助自动处理一系列流程任务，提供把正确的信息在正确的时间传送到正确的人手中的电子通路。系统通知用户还有未处理的工作，管理者可以通过系统迅速观察流程处理状态和批准过程。

有两种主要的工作流系统形式：基于消息的和基于数据库的。**基于消息的工作流系统**通过电子邮件发送工作委派，工作流系统自动追踪工作委派单，每完成一个步骤，系统自动把工作传递给工作线上的下一个人。例如，每次团队中的一个人完成了项目中的一件事，系统会自动把文档传递给下一个团队成员。

基于数据库的工作流系统

基于数据库的工作流系统集中保存文档，当轮到某些团队成员编辑处理文档的时候，系统自动要求这些成员访问文档。项目文档被集中保存，当轮到某些团队成员登录系统，完成该项目中他们该完成的部分的时候，系统会通知他们。

无论哪一种类型的工作流系统都用固定统一的格式呈现信息，提供对自动化流程处理的支持，改善团队合作，允许团队成员在一致的环境中交流和协作。图表 10—21 列出了有关工作流管理系统的典型的特征。

纽约市最近的索赔案件数创了纪录，包括从人行道上滑倒到城市医院发生的医疗事故。该市每年处理 3 万多个索赔事件，每年的索赔金额高达 2.5 亿美元。索赔文件一般在审计长办公室存档，审计长办公室负责调查索赔，处理有效索赔。审计长办公室，在顾问公司施乐（Xerox）和通用系统公司（Universal Systems Inc.）的帮助下，使用工作流系统改善收入，降低运营成本。通过采用综合自动化图像存储信息系统处理合同和索赔，纽约市节约了 2 000 万美元。

大量城市管理组织连入这套工作流管理系统，包括司法局、合同管理办公室、管理和会计系统办公室和信息系统管理局。

为支持上述纽约市的管理组织，系统实现了很多功能，这些功能之前是劳动力密集型的、低调查质量和低效率的。信息流管理系统审查索赔，根据法定要求确定赔偿。确认信息是自动生成的，为进行索赔处理，或将索赔流转到指定工作地点几乎或完全不需要配置资源。对某些类型的索赔，系统自动生成状态告知信。从归档日开始，审计长办公室允许索赔对象在两个月、5 个月或 1 年的时间里随时了解索赔信息。所有这些都由工作流管理系统自动完成。

工作流管理系统允许管理者定期系统化地检查索赔，而不干扰调查。管理者也可以图示地看到整个索赔过程，确定瓶颈所在。如此一来，无需管理者对索赔流程问题进行管理分析，就可以为需要的领域部署额外所需的资源。

10.2.7 群件系统

群件是一种支持团队交互和组织动力学发展的软件，包括日历、日程安排和视频会议。组织可以运用这项技术交流、协作、解决问题、进行竞争或谈判。虽然传统的

图表 10—21　　**工作流管理系统的功能**

工作流功能	描述
流程定义工具	界定业务流程的图表或文字工具。流程中的每个活动都与一个人或一个电脑应用有关。创建规则，确定这些活动怎样穿过工作流，活动如何被控制
模拟、建原型、引导	一些系统允许进行工作流模拟或创建一个原型和/或试验版本的系统，从而在投入使用前在有限的基础上测试系统
任务的发起和控制	随着业务流程所定义的活动被启动，需要分配合适的资源（人或 IT）以确保流程所涉及的活动能够顺利完成
基于规则的决策	工作流的每个步骤都制定了规则，决定与工作流相关的信息如何被操作、流转、追踪和控制。例如，一条规则可能是当某个条件满足的时候，生成一个电子邮件通知。另一条规则可能为基于某个字段内的内容有条件地发送文档和分配任务
文档流转	在简单的系统中，这是通过把一个文件或者文件夹从一个收件人传递到另一个收件人来完成的（如通过 e-mail 的附件）。在复杂系统中，文档自动流转通过检查文档在中央数据存储区的出和入来完成。两种系统都允许对文档进行修订或批注，以便流程中的每个人都可以添加自己的评论而不影响原始文档
浏览和操作信息的应用	使用文字处理器（如 WORD）、电子表格和生产系统，工作人员可以创建、更新和浏览信息
工作列表	通过工作列表，可以快捷查看正在进行的任务的到期日和目标日期，以及各工作任务的优先级。有些系统还显示工作负荷。系统分析每一步工作在哪里被完成、需要多长时间，进一步可以估计任务何时会流转到某位员工处
任务自动化	用电脑处理的任务是自动生成的。这些任务可能包括书信书写、电子邮件通知或生产系统的运行等。工作自动化通常需要对基本工作流产品的定制
事件通知	当特定的里程碑事件发生或工作量增加的时候，员工会收到通知
流程监控	工作流系统可以为组织提供有价值的当前工作量、未来工作量、瓶颈（现在的或将来的）、周转时间或错过的截止日的信息
追踪和记录活动	工作的每个步骤的信息都会被记入日志，这可能包括开始和完成时间，完成该项任务的工作人员的信息和关键状态域信息。随后，这些信息可被用来分析流程或提供某些工作已完成的证据

技术，像电话可以作为群件，但是这个词指的是一种依赖计算机网络的特别的技术，像电子邮件、新闻组、视频会议和聊天室。群件系统分为两个主要的类型（见图表 10—22）。

图表 10—22　　　　群件系统

	同时 “同步”	非同时 “异步”
同地 “场地共用”	演示支持	共享计算机
异地 “距离”	视频电话、聊天	E-mail，工作流

1. 群件的用户同一时点一起工作（实时或同步群件）或者不同时工作（异步群件）。

2. 用户在同一地点一起工作（同地或面对面）或者异地（不同地或者远程）。

群件软件是把多种系统和功能集成为一个通用服务包或者一个单独的应用。另外，群件可以代表一系列广泛的系统和方法，图表 10—23 列出了群件系统相对于单用户系统为企业提供的优势。

图表 10—23　　　　群件的优势

便利通信（更快、更容易、更清楚、更具说服性）
实现远程办公
降低差旅成本
分享专长知识
把拥有共同兴趣，却又无法面对面交流的人集合成组
节省时间，减低协调成本
方便问题解决

Lotus Notes 是世界领先的群件软件解决方案之一，它结合了信息、群件和互联网。Notes 的结构允许它追踪、流转和管理文档。Notes 的系统功能包括文档追踪、流转、批准、文档管理和组织。

丰田汽车开发了一个内联网系统促进了企业内部的信息共享和提高生产率。不幸的是，这个公司传统的电子邮件系统超负荷运转，造成了问题。用户不能收到信息，也不能发送信息。有些个别部门引进了自己的电子邮件系统，但并不总是兼容。向其他邮件系统发送邮件，包括向公司外发送邮件，常常被拖延。为了克服这些困难，丰田汽车的信息系统部门重新考察了电子邮件系统并进行重构，以便现在被视为最重要的交流工具的电子邮件在业务处理中可以被更加有效地利用。

10.2.8 协作趋势

到目前为止，电子邮件是最主要的协作应用，但是实时的协作工具，像即时通讯，正在组织内部创建一个新的交流动态。**即时通讯**（有时叫作 IM 或 IMing）是一种通信服务，每个人都能够建立一个私人的聊天室，以便实时在互联网上与他人沟通。

在 1992 年，AOL 在消费者市场上部署了即时通讯产品，允许用户通过好友列表与其他的 IM 使用者交流。大多数的流行即时通讯产品有一系列的特色，比如：

- 网站链接：共享收藏的网站链接。
- 图像：浏览他人电脑上的图像。
- 声音：播放声音。
- 文件：通过直接把文件发送给其他 IM 使用者来共享文件。
- 交谈：取代电话，运用 IM 交谈。
- 流媒体内容：接受实时或近实时的股市行情和新闻。
- 即时信息：接受即时的文本信息。

AOL 和微软都提供免费的即时通讯工具。实时协作，像即时通讯、直播网络会议、屏幕或文档共享，为协同决策创造了环境。AOL 即时通讯、微软的 MSN 和雅虎的即时通讯部门开始销售各自的即时通讯服务的企业版产品，提供像 IBM 的 Lotus Sametime 那样的商用产品功能。图表 10—24 演示了 IT 系统中的 IM 应用。

图表 10—24　**即时通讯**

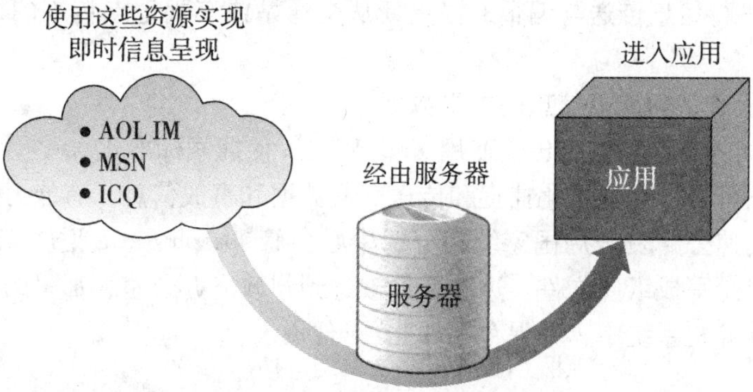

IBM Lotus 发行了实时协作平台的新版本，IBM Lotus 即时通讯加 IBM Lotus 网络会议（Web conferencing），再加上移动服务，使原有的 IBM Lotus 即时通讯在升级后成为有效的解决方案。这一商用级产品可以让雇员在任何时间、任何地点、使用任何设备，都能访问团队和公司信息。

对于组织来说，协作中更大的问题是文化上的。协作需要一个团队的人联系在一起，这些人来自不同的地区、部门甚至企业，不同的人会带来不同的技能、观点和能力。正式的协作策略有助于团队成员建立合适的文化环境和正确的系统。

引例问题

校园 ERP

5. 校园怎样通过运用协作工具取得商业成功？
6. 你所在的学校怎样运用知识管理系统改善运营？
7. 你所在的学校怎样运用内容管理系统改善运营？
8. 大学生团队怎样运用工作流系统完成一个团队项目？
9. 如果你所在的学校想实施群件系统，它主要的目的是什么？

章后案例：通过协作使公路更安全

在某些州，有关交通造成的死亡和事故信息已经两三年没有更新了，这给设计新交通法规、重修不安全道路、开发更安全的汽车和改善紧急服务带来很大困难。联邦、州和地方政府使用的系统需要做出较大的改变，美国交通部国家公路交通安全管理局称会向美国国会申请3亿美元，在未来6年内升级系统。

系统的目标是废除过时的基于纸张的报告系统，实施一个覆盖全国的项目，让信息的收集和共享实现自动化和同步。收集的信息将包括与汽车相关的伤害、相关的卫生保健支出、来自交通安全站的信息、驾驶执照、车辆登记和违法处罚信息。

更安全地驾驶

联邦公路安全官员需要3亿美元，建立：

■ 在交通安全站装备无线通信设备方便电子信息的收集和传送。

■ 实时进行信息传送与编辑，以更新从交通站或车祸地点传来的司机驾照或汽车注册信息。

■ 包含所有车辆记录信息的中央数据库。

■ 对共同的查询和信息传输使用XML格式，使搜索标准化。

很少的州可以做到电子化捕捉和传送交通数据和事故信息，有能力做到的州做得也很有限，高速公路安全局国家统计分析中心主管Joseph Carra说。“现在，我们把交通和事故信息写成纸质文件。这些文件被送到州政府办公室，那里的职员把信息输入到相应的计算机系统中，并保存在那儿”，他说。

协作

联邦高速公路安全管理局表示，更高质量的信息会挽救人民的生命，减少政府支出。2003年，大约43 220人死在高速公路上，还有290万人受重伤。近几年，有关交通意外造成的伤害的信息给我们以警示。美国政府称，2000年，交通意外花了美国约2 300亿美元。

来源范围广泛的提案需要规范的格式，以改善在各种政府部门和私人群体之间的信息共享现状，并需要在车上和高速公路沿途安装更加精密的传感器收集事故的详细信息，需要无线手持设备，以便警察检查未执行的交通案件处理令。由于使用的是联邦经费，因此鼓励各州采用联邦标准。很多遭受经济放缓和税收收入下降的州，不能独立承担升级的费用。有一些州，已经在实施相关项目了。

改造得克萨斯州

得克萨斯州的事故记录信息系统项目已完成了一半，这是一个由州公共安全部门和得克萨斯运输部联合倡议的项目。该项目完成时，警察将能通过网络记录交通意外报告，并且其他州的管理部门也能电子化地连接到系统，共享信息。

得克萨斯州做这个事故记录系统已经几年了。为此，该州与IBM签订了一个价值990万美元的合同，使用IBM的DB2 Universal数据库、WebSphere应用服务器、Tivoli存储管理和MQ-Series等产品建立数据仓库。IBM说，佛罗里达州、亚利桑那州和新墨西哥州都在考虑相似的系统。

这个系统取代了一个已经很落后的系统，以前的系统“古老、需要很多更改”，州交通部交通业务司副司长 Carol Rawson 说。旧系统需要每年手动输入 85 万个交通事件信息表，非常耗费时间。同时，还需要手动交叉检查和验证以确保信息正确。因为该流程花费时间太长，该州的事故信息滞后了大约 30 个月。Rawson 说：“这样做是为了安全。你判断一条路是否安全的方法就是看一下这条路的交通事故信息。所以，这些信息是很重要的”。

问题

1. 在得克萨斯，协作工具如何帮助挽救生命？
2. 警察局在事故报告方面怎样运用群件辅助协作？
3. 描述警察局如何运用工作流系统帮助处理事故报告和与健康相关的事务。
4. 如果一个州不能实施协作工具来帮助追踪和分析高速公路的交通意外事件，会对人民生命安全产生什么样的影响？
5. 警察局怎样运用无线设备使事件处理更有效率和效能？
6. 无线技术的使用将会引发哪些警方需要理解的伦理问题？

第11章　系统开发

11.1　开发企业应用程序

- 开发软件
- 系统开发生命周期（SDLC）
- 软件开发方法
- 开发成功的软件

11.2　系统开发生命周期

- 系统开发生命周期
- 阶段1：计划
- 阶段2：分析
- 阶段3：设计
- 阶段4：开发
- 阶段5：测试
- 阶段6：实施
- 阶段7：维护
- 软件问题即业务问题

引例：惠普的软件问题

对于IT项目，把情况往糟糕处想——或者说是考虑各种可能性，这是防止小的技术问题转化为毁灭性的商业灾难的唯一方式。当Christina Hanger于2004年5月将惠普最大的北美分部从SAP系统转移到的中心集成的ERP系统时，她完全不必悲观。两年前，当惠普公司收购康柏时，IT整合项目的主管Hanger，同时也是惠普公司美洲运营和IT部门的高级副总裁，拥有未被打破的纪录，即成功将两公司的5个产品组迁移到两个SAP系统中的一个。

Hanger完全有理由相信，第六个产品组也会做得很好。但即便如此，她也准备好了应对各种问题。新项目——行业标准服务器（ISS）产品组，每年会带来大约75亿美元的收入。其ERP迁移工作的难度，在那个时候，远远大于Hanger迁移过的SAP平台的任何其他产品系统。Hanger的小组成员曾为其他五个迁移项目开发了防突发性事件计划方案，Hanger将其加以改进应用到ISS中，以便能容纳ISS部门如此之大的销售量。她计划了3周的“IT混乱”，主要关注由于原有的订单输入系统与新系统共同工作而引发的问题。防范突发事件方案也包括运作上的安排，HP储备了三周的额外人力资源，而且接受了HP位于Omaha的工厂的剩余的生产能力来应付特殊配置需要（比如一个不常见的配件或软件组合）以及不能提前备货的过量订单。

“我们有一系列的小问题，没有一个问题是单独发生时不能掌控的，但是这些问题组合到一起就产生很大的问题”，CIO 兼全球运营执行副总裁 Gilles Bouchard 如是说。从 6 月初系统开始使用到接下来的整个月，有多达 20% 的客户的服务器订单停滞在原有系统与新系统的转换上。当 IT 问题得到解决时，这个问题并不算大：只不过原有系统和新系统间的一些数据模型差异，阻碍了新系统处理定制化产品的订单。这一程序错误 4 ~ 5 周就解决了，然而，Hanger 及项目执行委员会中的 ISS 部门的同事无法想象这一程序故障会对业务产生多大的影响。

订单很快被积压，HP 没有足够的替代人力保持服务器的生产和交货以满足客户需求。愤怒的客户们纷纷拿起电话给 HP 打电话，更糟的是，给竞争对手 Dell 和 IBM 打电话改订它们的产品。在服务器的市场中，客户忠诚度建立在公司有能力按订单配置好产品并将其准时送达的基础之上。HP 整个夏天的大部分时间都无计可施。在 8 月 12 日的第三季度的电话会议中，HP 主席兼 CEO Carly Fiorina 指出这一事件导致的财务损失为 1.6 亿美元：1.2 亿美元的订单积压，以及 4 000 万美元的收入损失。这比项目本身的成本还大，AMR Research 估计项目成本只有 3 000 美元。

所有的新闻报道的头条都将其称为异常 IT 灾难，但实际上，HP 的这个大灾难只是由一些比较小的问题造成的。这些小问题像滚雪球似的越变越大，导致无法应付以致订单积压。这其实是一场本可以避免的灾难——不是消除重要的 IT 系统迁移中所有可能的错误，这几乎是不可能的，而应该从更广阔的视角来看待这些项目对公司供应链所产生的影响来避免灾难的发生。

引言

企业必须学会如何构建和实施 IT 系统来保持竞争力，开发合适的软件可以支持反应灵敏的企业，当企业及其业务发生变化时也能进行相应的调整。能有效地满足雇员需求的软件，可以提高企业的生产力和决策力；相反，不能有效满足雇员需求的软件会对生产力产生坏的影响，甚至导致生意失败。当开发软件时，员工的参与加上使用正确的实施方法对企业的成功是至关重要的。

11.1 开发企业应用程序

学习目标

11.1 明确与软件开发工作相关的企业利益。

11.2 描述系统开发生命周期的 7 个阶段。

11.3 总结不同的软件开发方法。

11.4 阐释系统开发生命周期与软件开发方法之间的关系。

11.5 比较瀑布开发方法和敏捷开发方法。

11.1.1 开发软件

耐克（Nike）供应链管理系统失败了，而重新恢复供应链花费了4亿美元，这简直有些不可思议。耐克将系统失败归因于供应链系统提供商，i2 Technologies。耐克称i2 Technologies的供需计划模块使Nike产生了严重的存货问题。作为数亿美元电子商务升级的一部分，i2被耐克CEO Phlip Knight称为"这就是我们花4亿美元得到的东西?"该供应链系统的生产厂商于是看到，其股票和名声随着耐克所发生的这场灾难都"暴跌"了。i2的营销主管Katrina Roche坚持认为，耐克没有很好地利用厂家的实施方法和模板，才导致了问题的产生。

软件开发出现问题常常会给企业带来巨大灾难。Hershey公司因其ERP实施方面的问题上了《华尔街日报》的头版，并导致公司损失数百万美元。Hershey说电脑问题加上SAP软件系统产生的订单积压，引起订单交付速度缓慢，最终导致利润下降。2006年国家研究总署发布的数据显示，美国公司2005年花掉了2 500亿美元用于修复软件故障。

如果软件无法运行，公司就无法运作。传统的商业风险模型通常会忽略软件和软件开发，这主要是因为大部分企业认为软件和软件开发对业务的影响很小。然而，在数字时代，软件成功与否直接决定商业的成败。几乎世界上的所有大公司都依赖软件，要么用来促进业务运营，要么使其产品更好用。随着企业对软件依赖性的增加，软件成败造成的与业务相关的结果也被强化，正如图表11—1所示。

图表11—1　**软件成功与失败带来的商业结果**

增加或减少收入——企业有能力通过实施成功的IT系统增加利润，当软件失败或关键信息被盗或被忽略的时候，企业也可能损失数百万美元。 耐克设计不良的供应链管理软件延迟订单，增加了过剩的库存，造成收入低于预期24%。
修复或损害品牌声誉——如CRM等技术，能直接增强公司的品牌声誉。如果软件不能如广告中一样运作，或者带有安全缺陷而使客户不再信任，则有可能严重破坏公司的声誉。 当H&R Block公司不小心把客户的密码和社会安全号码放到网站上时，客户们十分愤怒。
避免或招致债务——技术，如CAT扫描（计算机X射线轴向分层造影扫描仪）、MRIs（核磁共振成像）和乳房X光摄影，可以用来拯救生命。在飞机、汽车、心脏起搏器或核反应堆中使用有缺陷的技术，可以造成严重的破坏、伤害或死亡。 破产的制药分销商FoxMeyer的母公司起诉SAP公司，要求为ERP软件的失败赔偿5亿元，据称由于软件失败使公司运营陷入瘫痪。
增加或是减少生产力——CRM和SCM软件可以直接增加公司的生产力。生产力上的巨额损失也可能是由软件故障或瘫痪而导致的。 Standish Group公司估计，有缺陷的软件代码造成45%的电脑系统停机，仅在2003年美国公司在生产力上的损失就达到1 000亿美元。

成功的软件实施所带来的丰厚利润成为企业管理软件开发风险的重要动机。不过，Standish Group公司，一家总部位于美国马萨诸塞州的咨询公司的报告显示，在美国进行的软件开发项目中，超过一半的项目都延期或超过预算，而大多数成功的项

目都比原来的规划保留了更少的特点和功能，企业在开发过程中取消的项目约占原有项目总数的33%。了解基本的软件开发方法，或/和系统开发生命周期，将有助于组织避开潜在的软件开发陷阱，确保软件开发工作的成功进行。

11.1.2 系统开发生命周期（SDLC）

信息系统是一个支持性设施，用来帮助企业在适应不断变化的商业环境和市场时迅速做出改变。要开发出成功的软件，必须同时具备很多因素，这一章主要关注**系统开发生命周期**，也叫作“软件生命周期”或“应用程序生命周期”，它是指开发信息系统的整体过程，从计划、分析再到实施和维护（见图表11—2）。

图表11—2　**系统开发生命周期**

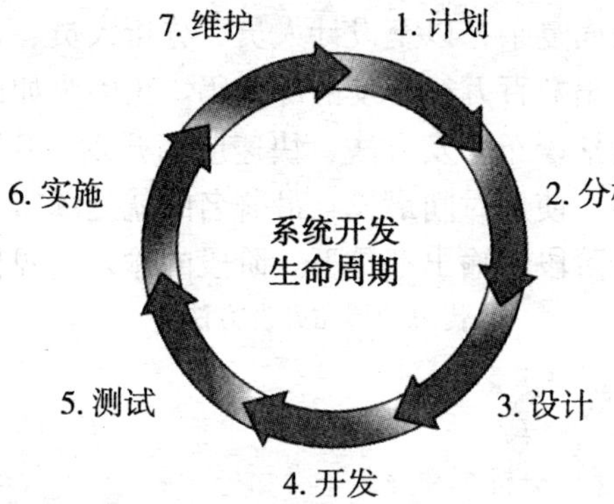

1. 计划

计划阶段涉及为预期项目建立一个高水平计划并且设定项目目标。计划是企业所从事的任何系统开发工作中最首要也是最关键的阶段。不管是开发一个顾客通过互联网订购产品的系统，还是为全球的仓库设计最好的物流结构，或是企业间组成战略信息联盟，企业必须认真地计划活动（同时确定它们为何必要）以取得成功。

2. 分析

分析阶段主要是分析最终用户的业务需求并将项目目标提炼成目标系统中明确的功能和操作。系统必须满足一系列详细的业务要求以获得成功。分析阶段显然十分关键，一个好的开始是至关重要的，公司必须花费尽可能多的时间、精力和资源作出详细、精确的分析。

3. 设计

设计阶段主要描述系统要求的功能和操作，包括页面布局、业务规则、流程图、伪代码和其他文档。

4. 开发

开发阶段主要执行设计阶段中的详细设计文档，并把它们转换成实际的系统。在这个阶段，项目从初期的计划转换成实际的实施。

5. 测试

测试阶段主要将项目的“程序片段”一起放到一个特别的测试环境中，测试出错误、故障，检验互操作性，从而确定系统满足分析阶段定义的所有业务需求。

6. 实施

实施阶段主要将系统投入使用，使用户可以利用系统开始执行实际的业务。

7. 维护

维护系统是任何系统开发工作中最后的阶段。维护阶段主要是执行更改、纠错、补充和升级操作，以确保系统能够继续实现业务目标。这个阶段依然属于系统生命周期，因为系统必须随着业务的发展及所需的变化而改变，要不断跟踪，以持续微小的改变来支持系统更新（例如新报告或信息采集），同时还要检审系统保证系统推动企业向着战略目标方向发展。

11.1.3 软件开发方法

现在，系统规模巨大而复杂，以至设计人员、分析人员、开发人员、测试人员和用户必须共同工作，创造出数百万行开发的源代码。正因为如此，开发人员发明了很多不同的生命周期法，包括瀑布开发方法、快速应用开发（RAD）、极限编程法和敏捷开发方法。这些方法中，使用时间最长、最著名的就是瀑布开发方法，这个方法包含若干连续的阶段，每个阶段的输出都是下一阶段的输入（见图表 11—3）。

图表 11—3 **传统的瀑布开发方法**

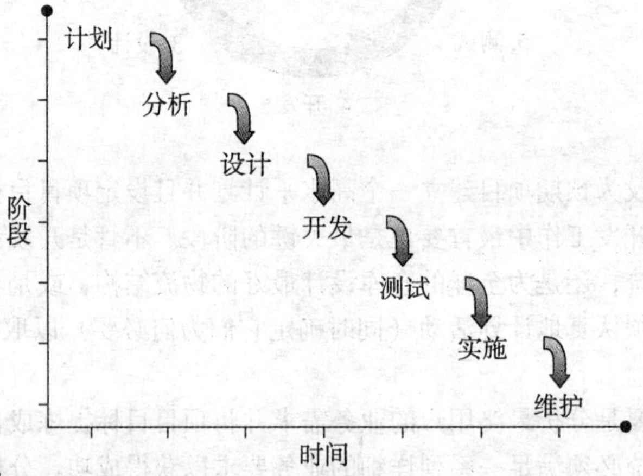

瀑布开发方法

传统的**瀑布开发方法**是一个连续的、基于活动的流程，在这个流程中，生命周期中的每个阶段从计划到实施、维护连续进行。瀑布开发方法是最古老的软件开发方法之一，大约有 30 年了。采用这一方法的软件开发项目，成功率只有 10%，造成如此低成功率的一个主要原因就是瀑布法不能充分地考虑新项目中的不确定性水平，以及为完成软件开发项目在各方面所需的创造性（见图表 11—4）。

图表 11—4 **瀑布开发方法的相关问题**

业务问题	在准确界定和阐明企业用户的实际要求中的任何不足都将流动到下一阶段
计划	在瀑布序列中，管理成本、资源和时间限制十分困难。如果一个程序员辞职，日程安排将会受到怎样的影响？一个特定阶段的日程延误，将会如何影响项目的整体成本？不可预料的意外事件可能会破坏整个计划

续表

解决方法	瀑布开发方法的问题在于，它假设用户之前就能明确所有的业务需求。定义一个既灵活、可扩展又可靠的合适的 IT 基础设施是一个挑战。最终的 IT 基础设施解决方案在时间、成本、可行性和灵活性方面不仅要考虑目前，还要考虑将来的需求。而在瀑布开发方法的前期，视野无疑是有限的

不幸的是，业务需求总是随着业务的变化而变化，搞清所有的业务需求需要大量的反馈信息和反复咨询。实质上，软件是“软”的，且必须容易改变和控制，这样可以满足企业的不断变化。随着人们对业务问题理解的日益加深，对软件的理解也必须加深。基于这个原因，前期就精确地界定所有的需求是适得其反的，因为软件投入生产时，可能是初步的分析阶段完成数月甚至数年之后了，这时业务问题以及业务可能已经改变了。

快速应用开发（RAD）

为了适应越来越快的业务发展速度，快速应用开发已成为一个加速系统开发的流行方法。**快速应用开发**（又叫**快速原型**）强调用户在快速渐进地构建一个系统基本原型过程中广泛的参与，从而加速系统开发的过程。图表 11—5 列出了原型法的基础。

图表 11—5　　**敏捷应用开发基础**

最初主要创建一个看起来和运行起来与预期系统相似的原型
积极主动地让用户参与到分析、设计和开发阶段
通过互动的和反复的构建方式，加速收集业务需求

原型是根据用户对信息系统的要求或设计建议，开发出来的一个规模较小的系统或工作模式。在使用原型法时，原型的建立是分析阶段最核心的部分。

PHH 车辆管理服务公司（PHH Vehicle Management Services），一个拥有超过 75 万辆车的管理公司，想要建立企业应用系统，以便通过互联网向顾客开放车辆信息数据库。为了快速建立起这个应用系统，公司放弃了传统的瀑布开发方法，而是使一个由 30 个开发人员组成的小组首先构造出系统原型，然后由公司的客户对每个原型进行评价并作出迅速反馈，开发小组每 6 周发布一个考虑了客户反馈信息的新原型。应用程序在开发工作开始 7 个月后就完成了，有超过 2 万个客户现在使用普通的浏览器就可以在任意时间、地点访问公司的交互网站，查看账户、分析价格信息和订购车辆。

极限编程方法

极限编程方法（Extreme Programming（XP）Methodology）将项目划分为若干个小阶段，开发人员必须完成第一阶段才能进入下一阶段。瀑布开发方法和极限编程法最大的不同在于，极限编程法根据用户的反馈意见迭代进行每一个阶段的开发。瀑布开发方法一次开发整个系统，而极限编程法则是迭代开发阶段系统（见图表 11—6）。极限编程法很像一个拼图游戏，开发过程不断引入很多小的子块，各个子块部分独立存在时没有任何意义，但是放到一起时（一次又一次）企业就可以看到整个新系统。

图表 11—6　　迭代开发方法

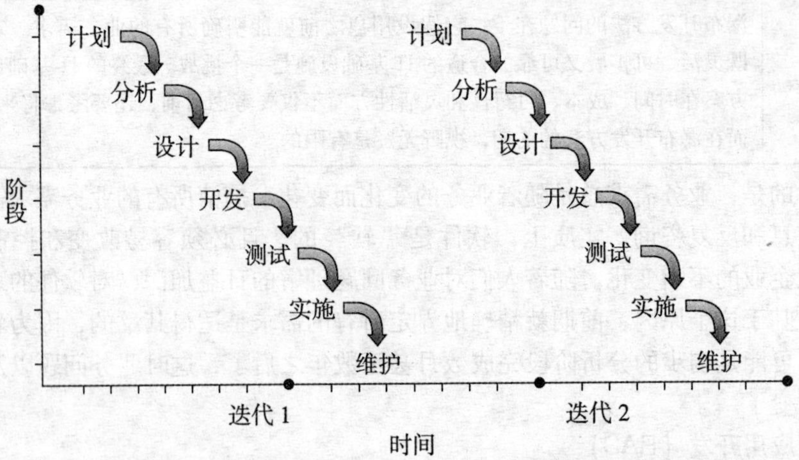

微软公司开发 IE 和网景公司开发 Communicator 使用的都是极限编程方法。两个公司每晚对整个项目进行汇总（叫作一个 build），将现有的组件组合到一起。它们确定软件发布日期，每次发布时尽最大努力让用户参与到软件使用中。极限编程法使微软和网景公司在技术要求随时改变和发展的情况下，也可以管理数百万行代码。最重要的是，两家公司经常进行用户使用评价，通过不断的策略交流征求并采纳反馈信息。

极限编程法是一个明显偏离传统的软件开发方法，许多不同行业的公司已成功使用它来开发软件，成功的原因之一就是极限编程法对客户满意度很重视。极限编程法可以让开发商应对不断变化的客户和业务需求，即使是在系统开发生命周期的较晚时期。极限编程法强调团队合作，管理者、客户和开发人员都是团队的一部分，团队致力于向市场提供高品质的软件。极限编程法采用了一个简单但有效的方法以实现群件式开发。极限编程开发方法因能够应对不断变化的需求和技术而得到迅速普及。

敏捷开发方法

敏捷开发方法，一种形式的 XP，目标是通过快速和持续提供有用的软件组件令顾客满意。敏捷开发方法在敏捷方面与 XP 类似，但不侧重于团队编码，而是更注重限制项目范围。敏捷项目会确定最小化的客户需求，并将之转化成为一个可交付的产品。顾名思义，敏捷的意义是：快速和有效率的，小型且灵活的，较低的成本，更少的功能，较短的时间。

敏捷联盟就是一组软件开发人员，其任务就是加快软件的开发进程，其价值观见图表 11—7 。

图表 11—7　　敏捷联盟宣言

尽早并持续交付有价值的软件，将会令顾客满意
不断变化的需求，即使在开发工作的后期，也是受欢迎的
企业和软件开发商必须在整个项目过程中天天一起工作
项目应由一群有动力的人做，给予他们一定的环境和需要的支持，信任他们能完成任务
最好的架构、需求和设计来自于自组织的团队
团队应定期停下来就如何让工作更有效果进行反思，然后重新定向并做相应的调整

11.1.4 开发成功的软件

据 Gartner 的研究估计，65% 的敏捷项目是成功的。相比于瀑布开发项目 10% 的成功率，这个成功率已经相当突出了。若想使用敏捷方法成功地开发软件，以下是企业应遵循的主要原则。

削减财务预算

较少的预算促使软件开发商和用户关注最重要的需要，同时也使抛弃一个失败的项目变得更加容易。例如，假设一个已耗资 2 000 万美元的项目超支了，在已经投资这么多的情况下，再投资 500 万美元拯救它比接受巨大的损失要诱人得多。这太常见了，系统失败后，该公司将面临一个更大的损失。

Standish 集团公司的主席 Jim Johnson 说，他迫使某财富 500 强企业的首席信息官为所有的软件开发项目设立了一个 10 万美元的预算上限，未经 CIO 和首席执行官的批准，任何情况下都不能破坏这一规则，Johnson 声称该公司的项目成功率从 0% 增至 50%。

如果不起作用，就取消

在项目开始时把所有关键利益相关者聚到一起，并随着项目的进展，不断使他们再次聚到一起评估软件，并谈论项目正在做的事是公司想要的吗，或者进一步说，是公司的需求吗。剔除任何不符合业务期望的软件，这就是所谓的分流——就是“在合适的时机取消不需要的软件项目”，原 Compaq 企业存储集团高级项目经理 Pat Morgan 说。他主持每月的分流会议，并表示有时很残酷。“在一次会议上，工程师谈及正在进行的、用于在图形用户界面间转移信息的一个很酷的处理过程，房间内没有人需要它，我们立即取消了这个项目。在我们的环境中，你可以在一个月内花掉一两百万美元来认识所做的是毫无意义的事”。

保持需求最小

每个项目开始时，应了解软件必须要达到的要求。不要把软件该做的每件事都列出来，每个软件项目在开始时基本上都有一份包含数百个甚至数千个业务需求的需求文档。Standish 集团估计，对于任何一个应用软件，只有 7% 的业务需求是必需的。将需求最小化，同时也意味着项目范围和功能特性的微小变化都应被密切监督。项目范围增加时就会发生**范围蔓延**，而之所以会有**需求漂移**主要是因为开发人员增加了非原始需求范围内的新的需求。范围蔓延和需求漂移都是导致项目失败的主要原因。

经常测试和交付工作成果

一周一次，最长一月一次完成项目的一部分或软件的一个片段，这部分必须有意义且无错误，然后进行顾客测试并验证通过。这是敏捷开发方法与传统开发方法最本质的不同。在传统的软件项目中，客户数年都看不到任何可工作的部分或片段。

为软件项目分配非 IT 行政人员

非 IT 行政人员应该与技术项目经理协作，进行反复测试以确保他们的成果满足客户需要，并且扮演行政与技术工作间的联络桥梁的角色。业务人员的全程参与会增强业务人员的主体意识，以及项目的相关各方共同的对项目成功的渴望。SpreeRide，一家盐湖城市场调查公司，使用敏捷开发方法建立了公司网站，该项目要求若干个业务主管全职参与，公司相信这是该项目在不到3个月内得以成功部署的主要原因之一。

引例问题

惠普的软件问题

1. 了解惠普公司与成功的软件开发相关的商业利益。
2. 系统开发生命周期的七个阶段中，哪个阶段对于惠普来说最重要？
3. 系统开发生命周期的七个阶段中，哪个阶段对于惠普来说最不重要？
4. 惠普应选择哪种软件开发方法来实施成功的系统？
5. 解释如果惠普使用瀑布开发方法开发其ERP系统，将会如何？

11.2 系统开发生命周期

学习目标

11.6 总结系统开发生命周期中计划阶段的活动。

11.7 总结系统开发生命周期中分析阶段的活动。

11.8 总结系统开发生命周期中设计阶段的活动。

11.9 总结系统开发生命周期中开发阶段的活动。

11.10 总结系统开发生命周期中测试阶段的活动。

11.11 总结系统开发生命周期中实施阶段的活动。

11.12 总结系统开发生命周期中维护阶段的活动。

11.2.1 系统开发生命周期

系统开发生命周期是所有系统开发方法的基础，周期中的每个阶段基本上都涉及数百种不同的活动，典型的活动包括决定预算、收集系统需求、撰写详细的用户文档。每个系统开发项目中所做的工作都会不同。在这部分内容中，我们将详细了解系统生命周期中一些较为常见的错误，还有软件开发项目中常见的问题（见图表11—8和图表11—9）

图表11—8 系统开发生命周期（SDLC）

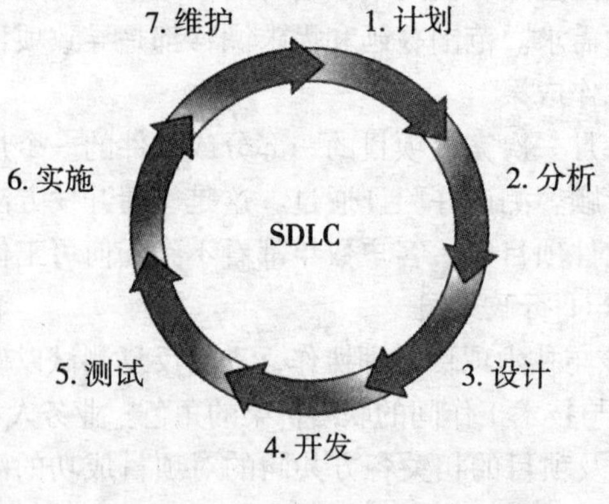

图表 11—9 **系统开发中常见的活动**

SDLC 阶段	活动
1. 计划	■ 识别和选择要开发的系统 ■ 分析项目可行性 ■ 制定项目计划
2. 分析	■ 收集业务需求 ■ 创建流程图 ■ 执行购买 VS 开发分析
3. 设计	■ 设计 IT 基础设施 ■ 设计系统模式
4. 开发	■ 开发 IT 基础设施 ■ 开发数据库和程序
5. 测试	■ 编写测试用例 ■ 执行系统测试
6. 实施	■ 确定实施方法 ■ 为系统用户提供培训 ■ 撰写详细的用户文档
7. 维护	■ 建立内部技术支持中心帮助用户 ■ 执行系统维护 ■ 提供环境以支持系统变更

11.2.2 阶段 1：计划

计划阶段涉及为预期项目建立一个高水平计划并且决定项目目标。计划阶段的三项主要活动包括：

1. 识别和选择要开发的系统。
2. 评估项目可行性。
3. 制订项目计划。

识别和选择要开发的系统

系统只有解决了正确的问题或利用了正确的时机才会成功。系统开发的重点是解决一个问题或利用一个时机。决定企业需要哪一个系统来支持其战略目标，是计划阶段的一项主要活动。通常地，当员工们的工作进展得十分困难时，他们就会提出建立一个新信息系统的建议。不幸的是，大多数企业资源有限且不足以担负所有被提议的信息系统。因此，需要寻找关键成功因素来决定建设哪一个信息系统。

关键成功因素就是对企业的成功起关键作用的因素，为了决定要开发哪个信息系统，企业会跟踪所有被推荐的系统，并且按照业务影响力和关键成功因素来排列顺序。这可以让企业排列出哪些问题需要及时关注而哪些可以暂时搁置。图表 11—10 列出了决定要开发项目的可用的评价标准。

图表 11—10　　**决定软件开发项目的评价标准**

评价标准	描述
价值链分析	价值链决定新系统将在多大程度上为企业增加价值，具有较大价值的系统比价值小的系统拥有更高的优先级
战略联盟	与企业的战略目标相一致的项目比不一致的项目拥有更高的优先级
成本/收益分析	成本/收益分析用来决定哪些项目以最低的成本为企业提供最高的收益
资源可用性	决定完成项目所需的资源数量及类型，且决定企业是否拥有这些可用的资源
项目规模、持续时间和难度	决定项目所需的人员数、持续时间和技术难度

评估项目可行性

可行性研究判定所选的解决方案在财务、技术和组织角度上是否可行和是否可完成。通常地，一个企业会明确若干种可供采用的方法来解决一个既有问题。可行性研究是了解关于技术、经济、组织方面的企业资源和限制，且考虑法律道德因素的情况下，评估所选解决方案是否可达到目标。图表 11—11 列出了企业可使用的几种不同的可行性研究方法。

图表 11—11　　**不同类型的可行性研究**

经济可行性研究（常称作成本—收益分析）	识别与系统开发项目相关的财务收益和成本
法律和合同的可行性	检查目标系统的所有潜在的法律上的和合同上的影响
操作可行性研究	检查项目达到目标的可能性
日程可行性研究	评估满足所有时间框架和完成日期的可能性
技术可行性研究	决定企业搭建和整合目标系统的可能性

制订项目计划

制订项目计划是计划阶段所进行的最后一项工作，也是最困难和最重要的工作之一。项目计划是按期交付一个完整而成功的系统的主要保证力量，它记录跟踪项目中进行的每一项工作。如果某一项工作漏掉了，或者比预期延期完成，则必须更新项目计划以反映这些变化，更新项目计划必须在项目开发工作的每个连续阶段都进行。

11.2.3 阶段2：分析

分析阶段主要是分析最终用户的业务需求并且将项目提炼成明确的功能和操作。分析阶段涉及的三项主要活动包括：

1. 收集业务需求。
2. 绘制流程图。
3. 进行购买 VS 开发分析。

收集业务需求

业务需求就是系统成功必须满足的一系列详细的业务请求。在这一阶段，无需考虑实施或技术细节。比如，构建系统所使用的技术类型，像 Oracle 数据库系统或 JAVA 编程语言，此时还未确定。唯一的重点就是收集用户的实际业务需求。一个业务需求样本可能会说明“系统必须实现通过产品、地区和销售代理来汇总追踪全部顾客销售记录”，这个需求说明了系统必须做什么，并没给出系统该如何满足这些需求的细节和信息。

收集业务需求实际上是进行调查研究，在研究中用户找出企业的所有需求并且衡量这些需求。图表 11—12 列出了企业收集业务需求的不同方法。

图表 11—12　　**收集业务需求的方法**

召开**联合应用开发**（JAD）会议，在会议上界定或复审用户的业务需求，有时会议可持续数天
采访个人来确定现行的操作流程和现存的问题
编制调查问卷，向雇员发放问卷，发现问题
通过观察确定现行的操作流程是如何执行的
参考业务文档从而发现报告、政策及信息如何在整个公司内使用

需求定义文档包含一套最终确定的业务需求，根据对业务的重要性来排序。系统用户查看需求定义文档并决定是否**签核**这些需求。签核用的是系统用户的真实签名，表示他们同意所有的业务需求，项目计划上的第一个主要里程碑通常是用户签核业务需求。

一家大的数据存储公司实施了一个叫 Python 的项目，实施项目的目的是控制公司所有的信息系统。在花费了 7 年时间、上千万美元外加 35 名程序员之后，项目被取消了。在项目的最后阶段，Python 有超过 1 800 多个业务需求，其中 900 个来自工程本身，用来实现另外 900 个用户需求。到项目被取消时，项目的主要目标、意图已经不再清晰。当项目的需求分析阶段拖延、膨胀至耗费数年时，管理层早该认识到 Python 存在的问题。需求的数量应该被视作危险信号。

绘制流程图

一旦业务流程分析人员详细地考察了企业如何执行其工作和流程，他就能推荐若干种方式改进流程，让流程更加有效和高效。**流程建模**以图形化方式展现在系统及其环境之间获取、操作、存储和发布信息的流程。流程建模中最常使用的流图就是数据流图。**数据流图**阐明了外部实体与系统内部之间的信息流动（见图表 11—13）。流程模型和数据流程图确立了系统的技术要求。CASE（Computer-aided software engineering）工具是一个用于帮助进行系统分析、设计和开发的软件工具。在使用CASE开发系统时，流程模型和数据流程图可以为系统自动生成提供基础。

图表 11—13　**数据流图**

课程注册

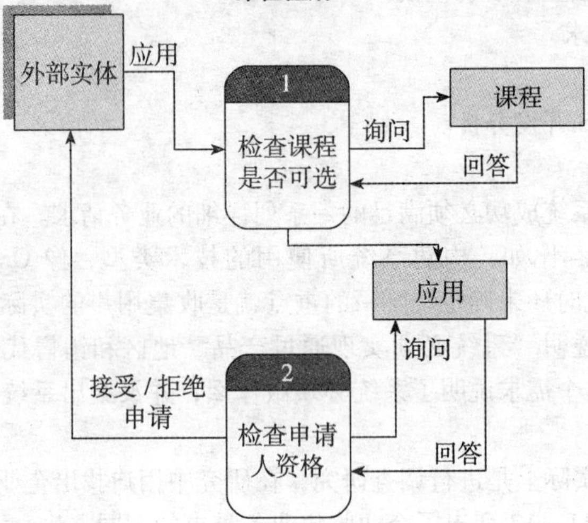

进行购买 VS 开发分析

当企业决定建立一个信息系统时，将面临如下的选择：（1）可以从供应商那里直接购买信息系统；（2）可以自己开发系统。**商用现货软件（Commercial off-the-shelf，COTS）**是一个用来支持一个或多个业务功能或信息系统的软件包或解决方案。大多数客户关系管理、供应链管理和企业资源规划的解决方案都是商用现货软件。通常地，进行成本—收益分析是制定购买 VS 开发决策的基础。图表 11—14 列出了当企业决定购买还是自行开发系统时，必须要考虑的几个问题。

图表 11—14　**购买还是开发的决策问题**

是否有可用的产品满足企业的需求？
那些不可获得的功能是否足够重要，以至于值得公司内部自己开发？
企业能否定制或修改一个现有的商用现货软件来满足需求？
二者成本的差异是否有充足理由以决定应购买还是开发？

企业考虑购买还是开发系统时还应该考虑三个关键因素：（1）时间；（2）企业资源；（3）核心竞争力（见图表 11—15）。衡量这三个变量之间的复杂关系，可以帮助企业做出正确的选择。

图表 11—15　**购买 VS 开发决策要考虑的关键因素**

1. 时间	如果使用时间早晚较重要，那么购买好的基础技术在此之上开发往往比从头做起会更快得到结果
2. 公司资源的可用性	当考虑企业资源的可用性时，购买—开发决策更为复杂。通常，对于企业来说，购买如 SCM、CRM 和 ERP 这样的系统成本相当高。成本是如此之高——大概为数百万美元——以至于获取这些技术可能会导致整个系统在经济上不可行
3. 公司的核心竞争力	企业越想建设技术核心竞争力，直接购买系统的可能性就越小

在做购买 VS 开发决策时，要考虑产品必须在何时可用，需要多少资源以及企业的技术核心竞争力会怎样影响企业发展。如果能明确地回答“是”或“否”，那么结果就很简单。然而，事实是大多数企业不能确定地回答“是”或“否”。大多企业需要在购买系统的较低成本和系统要满足所有业务需求这一要求之间做出权衡。要想买到能够满足企业所有独特的业务需求的系统，几乎是不可能的。

11.2.4 阶段 3：设计

设计阶段描述系统要求的功能和操作界面，包括页面布局、业务规则、流程图、伪代码和其他文档。设计阶段涉及的两个主要活动包括：

1. 设计 IT 基础设施。
2. 设计系统模型。

设计 IT 基础设施

系统必须由一个可靠的 IT 基础设施来支持，否则系统很有可能会瘫痪、出现故障或者不能如预期一样运行。IT 基础设施必须满足企业在时间、成本、技术可行性和灵活性方面的要求。大多数系统运行在计算机网络中，网络中的每个员工都拥有一个运行在服务器上的代理和应用程序。在这个阶段，IT 专家会建议应购买哪种类型的代理、服务器，包括存储和容量，同时还会推荐一些软件。一个企业通常会准备若干种既满足现在，又满足未来需求的 IT 设施的方案。例如，数据库必须足够大，以便能容纳目前及企业未来几年想要获取的用户的信息（见图表 11—16）。

图表 11—16　　**IT 基础设施例图**

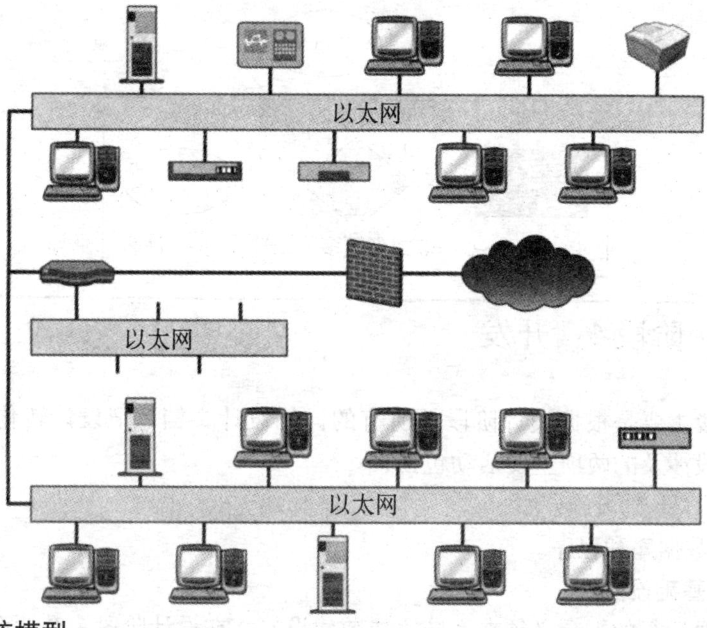

设计系统模型

建模是将设计的内容以图形化的形式表现出来。一个企业应该将其要做的每件事都建模，包括报告、程序和数据库。设计阶段所进行的不同类型的建模工作包括：

图形用户界面（GUI）是进入一个信息系统的界面。GUI 页面设计就是使用图标、按钮、菜单和上下级相关菜单为整个系统的界面建模。

数据模型描述的是数据库管理系统中一个表达数据关系的标准方法。

实体关系图是数据库环境中用于描述实体间关系的一项技术（见图表 11—17）

图表 11—17　　**实体关系图**

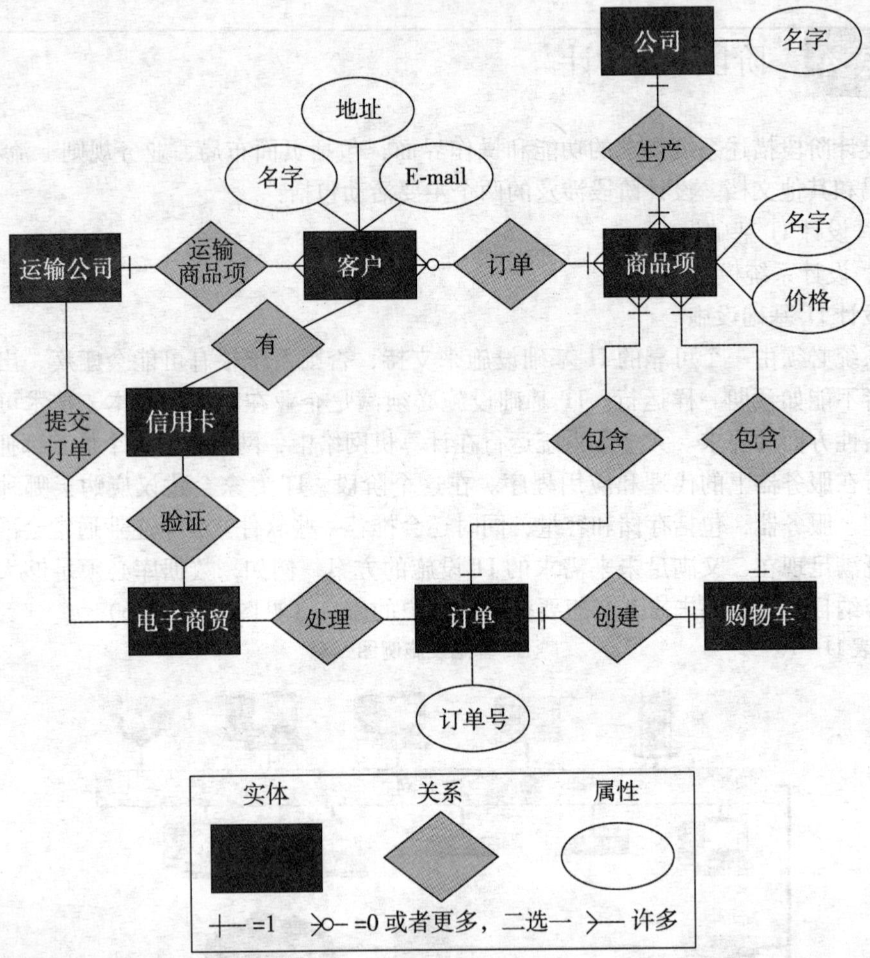

11.2.5 阶段 4：开发

开发阶段主要是根据设计阶段的所有的详细设计文档，把设计转化成实际的系统。开发阶段涉及的两项主要活动包括：

1. 开发 IT 基础设施。
2. 开发数据库和程序。

开发 IT 基础设施

系统将要运行的平台必须在系统完成前建设好。在设计阶段，企业会构造一个所需的 IT 基础设施的蓝图来展示对软件、硬件和通信设备的设计。在开发阶段，企业购买并实施所需的设备以支持 IT 基础设施。

大多数新系统都要求新的硬件和软件，这可能像给一个客户增加内存一样简单，也有可能像跨越若干个州建立一个广域网一样复杂。

开发数据库和程序

一旦IT基础设施已建立，企业就可以开始创建系统所需的数据库并编写程序，这些功能将会由IT专业人员来实现，开发过程可能要花数月或者数年的时间。

11.2.6 阶段5：测试

根据国家标准与技术研究所（NIST）2003年6月的报告，有缺陷的软件每年令美国发生约595亿美元的经济损失，在所有损失中，软件用户的损失占到64%，而开发者的损失占36%。NIST认为，测试的改进可以将损失减少1/3，也就是225亿美元。但不幸的是，测试的改进不能消除所有的软件错误。

测试阶段主要是将所有的项目组件一起放到一个特别的测试环境中以测试出错误、缺陷和互操作性，从而确定系统满足分析阶段定义的所有业务需求。测试阶段涉及的两个主要活动包括：

1. 编写测试用例。
2. 执行系统测试。

编写测试用例

测试十分重要。企业必须拥有出色的测试用例来执行全面的测试。测试用例就是系统必须要执行的测试的详细步骤及其预期结果。图表11—18列出了几个测试系统用户登录功能的测试用例，测试人员会执行每个测试用例，并将实际结果与预期结果相比较以确认系统的功能是否正常。注意图表11—18中每个测试用例包括哪些信息，并陈述执行每一用例时的预期结果。一旦实际结果与预期结果不同，就是产生了“错误”，系统将会返回开发阶段去修正错误。

图表11—18中的测试用例6出现了实际运行结果与预期不相同的情形，系统不允许用户进行登录操作。这个测试用例之所以会失败，很明显是因为系统运行不正常，必须返回开发阶段修正错误。

通常的系统开发工作一般有数百个甚至数千个测试用例。每一个测试用例都要执行以确认系统能够如预期一样运行。编写所有的测试用例并在软件上执行实际的测试，需要花费大量的时间和精力。测试对任何系统的成功开发都至关重要。

图表11—18 **测试用例的例子**

测试用例编号	测试日期	测试员	测试用例	预期结果	实际结果	通过/失败
1	1/1/05	Emily Hickman	点击系统开始按钮	主菜单出现	同预期结果	通过
2	1/1/05	Emily Hickman	在主菜单中点击登录按钮	登录页面出现，要求输入用户名和密码	同预期结果	通过

续表

测试用例编号	测试日期	测试员	测试用例	预期结果	实际结果	通过/失败
3	1/1/05	Emily Hickman	在用户名框中输入 Emily Hickman	Emily Hickman 出现在用户名框中	同预期结果	通过
4	1/1/05	Emily Hickman	在密码框中输入 Zahara123	XXXXXXXXX 出现在密码框一栏	同预期结果	通过
5	1/1/05	Emily Hickman	点击 O. K. 按钮	用户登录请求被发送到数据库，并开始确认用户名和密码	同预期结果	通过
6	1/1/05	Emily Hickman	点击开始	用户名和密码验证通过，并显示系统主菜单	屏幕显示登陆失败且用户名和密码不正确	失败

执行系统测试

系统开发员需实施不同类型的测试以确保系统可以如预期一样工作。图表11—19列出了测试阶段较为常见的测试类型。

图表 11—19　**测试阶段所执行的测试类型**

应用（或系统）测试	证实所有的代码可以共同运行，且整个系统满足所有功能上和操作上的要求
备份和恢复测试	测试应用程序在失败后重新运行的能力
文档测试	确定指导手册有用且准确
整合测试	找出软件组件或软件单元整合过程中的问题
回归测试	判断系统某一功能上的改善或修改是否影响软件其他功能
单元测试	每个代码单元一旦完成就立即测试以找出其中的错误，而不管与其他单元的交互情况
用户接受度（UAT）测试	判定一个系统是否满足其接受度标准，让用户来决定是否接受这一系统

11.2.7 阶段 6：实施

实施阶段指将系统投入企业运作，以便用户用系统进行实际的业务操作。实施阶段的三项主要工作包括：

1. 撰写详细的用户文档。
2. 确定实施方法。
3. 为用户提供培训。

撰写详细的用户文档

系统用户需要用户文档，用户文档说明了如何使用系统。这类文档通常是随新系统一起提供的，用户若发现一个没有文档的系统，会感到十分沮丧。

确定实施方法

一个企业必须选择正确的实施方法以确保系统实施工作能够成功完成。有四种实施方法企业可以使用（见图表11—20）。

图表11—20 **主要的实施方法**

1. 并行实施	同时使用新、旧两个系统直到确定新系统能够正常运行
2. 分阶段逐步实施	分阶段实施新系统（比如先实施应收款，再实施应付款）直到确定此阶段可以正常运行，然后再实施新系统的其他阶段
3. 试点实施	先让一小部分人使用新系统直到新系统可以完全正确运行，然后再让其他人也来使用新系统
4. 直接实施	完全放弃旧系统，立即使用新系统

为用户提供培训

企业必须为系统用户提供培训。两种最流行的培训方式就是在线培训和讲习班培训。**在线培训**通过互联网或CD-ROM实现。系统用户可以在任何时间在个人电脑上根据自己的进度进行学习。这种培训方式对系统用户来讲十分方便，因为他们可自己设置培训日程。**讲习班培训**在教室中进行，且由老师进行讲解，如果是用户需要老师进行全程讲解的很困难的系统，推荐讲习班培训。

11.2.8 阶段7：维护

维护阶段主要是执行更改、纠错、补充和升级操作，以确保系统能够继续满足业务目标。一旦系统开始使用，它必须随着企业的变化而改变。维护阶段涉及的三个主要活动包括：

1. 建立内部技术支持中心来帮助系统用户。
2. 执行系统维护。
3. 提供环境来支持系统更改。

建立内部技术支持中心来帮助系统用户

内部技术支持中心是一组工作人员，他们对内部系统用户所提出的问题做出回应。通常地，当遇到关于内部系统的麻烦和疑问时，用户可以随时拨打电话给支持中心。为技术支持中心配备员工来答复内部用户的问题，是为新系统提供全面支持的极好方式。

执行系统维护

维护就是维修或完善一个信息系统，必须要在系统上实施多种不同类型的维护，从而确保它能持续如预期一样运行，其中包括：

适应性维护——做出改变以增加系统功能，从而满足新的业务需求。

正确性维护——做出改变以修复系统缺陷。

完美性维护——做出改变来提升系统并改善流程性能和可用性等。

预防性维护——做出改变以降低未来系统失败的可能性。

提供环境来支持系统变更

随着商业环境的改变，企业必须评估环境对系统的影响而有所行动，很可能系统需要做相应调整以满足商业环境中不断变化的需求。如果事实如此，企业必须改动系统以适应业务环境的变化。

变更管理系统（change management system）包括一系列程序，用来记录变更请求并且根据变化的预期影响考虑相应变更的必要步骤。大多数变更管理系统会建立变更请求表格，表格由多个项目相关方提交（用户、客户、分析师、程序员）。理想情况下，变更请求由**变更控制委员会**（change control board，CCB）判断同意或拒绝。CCB 内部通常包含每个业务领域的代表，这些领域在项目中都很重要。CCB 拒绝或是接受每个变更的决策，是在分析变更的影响力的基础上做出的。例如，如果一个部门想要在软件上实施某个变更，那会增加部署时间和成本，然后其他的业务相关方就需要判断并承认这个变更是有效的，且值得扩展时间和增加预算。

11.2.9 软件问题即业务问题

Standish 集团的报告称，只有 28% 的项目开发在预算之内按期交付。项目失败的主要原因有：

- 业务需求不清晰或有遗漏。
- 跳过（省略）生命周期中的某些阶段。
- 项目范围管理失败。
- 项目计划管理失败。
- 技术改变。

业务需求不清晰或有遗漏

系统失败最常见的原因就是分析阶段业务需求有遗漏或没有正确收集。业务需求推动整个系统展开，如果它们不准确或不全面，系统也就不会成功。

讨论系统开发生命周期各阶段和企业修复错误的成本之间的关系十分重要。在分析设计阶段发现的错误的修复成本相对较低，因为基本上只需修改一个 Word 文档。然而，相同的错误如果在测试或实施阶段才发现，修复将会花费大量的资金，因为此时我们就必须改变实际的系统了。图表 11—21 描述了修复错误的成本如何随着发现错误时间的延后而增长。

图表 11—21 发现错误的成本

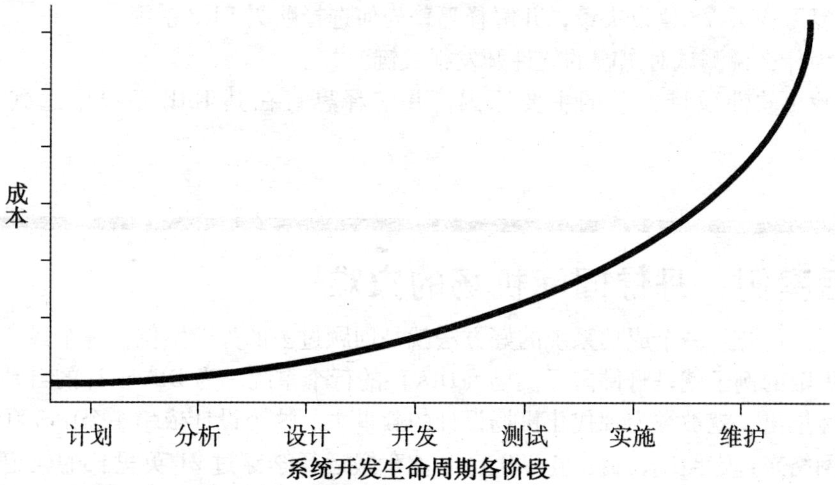

跳过（省略）生命周期中的某些阶段

当项目进度落后于计划时，人们通常首先做的就是跳过某些开发阶段。例如，假如一个项目在开发阶段中落后了 3 周，则项目经理可能会将测试的时间从 6 周减为 3 周。显然，用一半的时间来执行所有的测试是不可能的。测试的失败将会导致未被发现的错误以及较高的系统失败的可能性。在每个项目中，完整执行生命周期的每个阶段是十分重要的，跳过任意一个阶段必将导致系统失败。

项目范围管理失败

随着项目的进展，项目经理必须跟踪每项工作的状态，如果工作增加了或者比预期花了更多时间，就要调整项目计划。项目范围增加时，会导致范围蔓延，当开发人员增加了不属于原始需求范围内的额外需求时，就会导致需求漂移。范围蔓延和需求漂移都很难管理，且容易导致项目进度落后。

项目计划管理失败

管理项目计划是系统开发过程中最大的挑战之一。项目计划是系统开发过程中企业所遵循的线路地图，开发初级的项目计划是项目经理工作中最简单的部分，管理和修改计划则是十分艰难的部分。项目计划是一个动态的文档，因为在任何项目中它几乎都是每天变化的。不能很好地监督、修订和更新项目计划可能会导致项目失败。

技术改变

很多实际的项目拥有数百条业务需求，要花费数年、花费数百万美元才能完成。高登（Gordon），Intel 公司的合伙创建人，在 1965 年观察到芯片容量每 18 个月增长一倍。这个发现，也就是摩尔定律，意味着存储容量、处理能力等都遵循相同的模式，即每 18 个月增长一倍。根据摩尔定律，技术以难以置信的速度在改变。因此，由于技术改变，很可能要在项目中期修订整个项目计划。项目计划改变如此之快以至于几乎不可能交付一个信息系统而不受到技术改变的影响。

引例问题

惠普的软件问题

6. 描述几种不同的可行性研究方法，并解释惠普公司如何使用技术可行性研究来避免软件开发的失败。

7. 复习购买 VS 建设决策，并解释惠普为何选择购买 ERP 系统。

8. 为什么说测试对惠普的软件开发很关键?

9. 找出软件项目失败的主要原因，并解释惠普在其 ERP 建设中遇到了哪些问题?

章后案例：丹佛国际机场的灾难

学习如何开发一个成功系统的好方法就是回顾过去的失败案例，一个最广为人知的系统失败的例子就是丹佛国际机场（DIA）的行李系统。为 DIA 设计的自动化行李系统一经推出，就被誉为现代化机场设计的救世主。这个设计依赖一个由 300 台电脑组成的网络来选定路线，再由 4 000 台电动车搬运行李穿过 21 英里长的轨道。激光扫描仪会读取行李标签上的条形码，同时更加高端的扫描仪将会跟踪像雪橇一样的行李车的运行。

当 DIA 最终向记者开放，展示其创新的行李系统时，场景却相当令人沮丧。包裹损坏、丢失、路线错误，成了这个传奇系统的噩梦。

行李处理系统惨败的最大失误之一就是，没有足够多的时间来开发系统。在项目的开始，DIA 认为寻找一条路线把行李从飞机上运至行李区是各航线自身的责任，也就是说这个自动的行李系统并不包含在 DIA 项目的最初计划中。当 DIA 的开发人员决定要创建一个综合的行李系统时，用来设计和实施这样一个复杂而巨大的系统的时间框架已经不可能实现了。

项目中发生的另一常见错误就是，航空公司一直改变其业务需求，而这引发了大量的问题，包括供电的实施没有因为系统设计修改而适当地更新升级，这导致了发动机过载及机械上的失败。除了供电设计问题之外，光学传感器未能正确地读取条形码，引发了行李路线问题。

最后得知，BAE，这个为 DIA 设计并实施这个自动化行李系统的公司以前从未开发过这种规模的系统。BAE 曾经在德国慕尼黑的一个机场建立过一个相似的系统，但该系统的规模要小得多。归根结底，行李系统没有一个适当的 IT 基础设施，因为它是为一个小得多的系统设计的。

问题

1. DIA 行李系统的一个问题是不充分的测试，DIA 可采取哪种测试来帮助确保其行李系统的成功呢?

2. 评价不同的实施方法，哪一种能最显著地增加系统成功的可能性?

3. 解释查找错误的成本。在分析和设计阶段花更多时间如何为 Colorado 的纳税人节省了数千万美元?

4. 为什么 BAE 不能采用现有的 IT 基础设施，通过扩增规模使其运转?

第12章 项目管理和外包

12.1 项目管理

- 项目管理
- 项目管理的基本原理
- 变革管理的基本原理
- 风险管理的基本原理

12.2 外包

- 外包
- 外包现象
- 外包形式的选择
- 离岸外包
- 外包的挑战
- 未来的外包趋势

引例：丰田的改革

在美国加利福尼亚州托兰斯的丰田汽车美国销售总部，一块圆形的土地分隔了公司信息系统所在的大厦和总部的建筑。一条蜿蜒的小溪绕过盛开的花丛和茂盛的松树林，一段阶梯小径将两座楼宇连接起来。很多年来，这段小径都是两个建筑唯一的共有之地。

当丰田汽车销售的业务管理人员凝视数据中心大楼时，深黑色的玻璃窗仿佛代表了信息系统部门的不透明性。管理者感到信息部门未能尽到应有的职责，他们对该部门的金钱流向也毫无线索。丰田客户服务集团的副总裁 Bob Daly 回忆到，“抱怨之一是我们花费了大量的金钱在 IT 项目上，但结果却总不尽如人意”。Daly 说，很多项目实施得很糟糕，如 PeopleSoft ERP 系统的拖延执行和部分库存管理项目的拖延启动，所有这些问题都指向两个部门——业务部门和 IT 信息部门。

与此同时，数据中心漆黑的玻璃窗后，首席信息官 Barbra Cooper 的员工正忙于六个企业级项目。这些项目被称为“大六”（Big Six）。它包括为丰田经销商提供的外联网和 PeopleSoft ERP 的首次实施，同时还有四个新系统，分别是订单管理、零件预测、保修和金融文档管理系统。即便事务缠身，信息系统组也不该犯这样的错误，没向业务层解释他们所做的事情，以及所花费的成本。这是预期管理不当和部门沟通失败的经典案例。

2002 年后期，Cooper 意识到，如果她想赢回业务部门经理们的尊重，继续保持她的CIO职位，她必须采取一些激进的变革。当她跟丰田汽车销售公司的执行总裁谈话时，总裁对IS的开销曲线坡度急剧上升提出质疑，并否定了Cooper制定的工作路线。在她从事IT的30年间，Copper因其能妥善解决让其他CIO烦恼的烂事而获得了好名声。而今，她必须好好地检查自己，并做出适当的调整了。

Cooper走向成功的道路

当Cooper走过那片庭院，她已经不能再对普通员工的评议视而不见了。在他们眼中，信息系统部门已经成为一个不负责任的官僚机构。

Cooper开始从业务部门的员工处广泛地收集反馈信息。她发现“费劲的项目在IT部门和业务部门内”不断积累，她说，“很明显，在这个环节我们没有进行足够的沟通和教育”。

2002年后期，Cooper雇用了一家咨询公司对丰田汽车销售部门前20名执行官进行访谈。她希望他们就信息系统运营给出最中肯的建议。虽然访谈结果没有为所有信息系统困境找到解决方案，但Cooper显然看到了问题所在。“部分调查结果让人感到非常不舒服”，Cooper说，“但作为CIO，你必须面对这些问题”。

2003年，Cooper花了很多星期自省，构思了一个意向中全新的IT部门。她的策略是建立一个分散、透明的信息系统，并将注意力放在主要业务部门。2003年夏天，她对高级信息职员说明了自己的构想。一部分经理人对改革前景感到异常激动，而另一些却不以为然。

Cooper决定的第一件事是建立丰田价值行动计划。由八名员工组成的项目组负责将她的想法转变成部门内的可执行项目，并直接向Cooper报告。利用调查结果和Cooper的指示，项目组在候选计划中精选了18个启动计划，包括增加员工培训和发展、节约成本、改进流程、摆脱信息部门的低效率，以及建立一个评价指标体系。每个启动项目配备一个项目负责人和项目组。Cooper坚持每个启动项目都有评价体系以衡量项目的成功与否。最为重大的启动项目是改进和业务部门的合作关系。新努力的核心是改造后的CIO办公结构，包括新的角色、汇报路线和职责。

努力行动之一是Cooper将一流的员工带出数据大楼，任命他们为各个业务单元的部门信息官（DIOs）。DIOs负责IT战略的制定和实施，以及为业务部门服务。他们是部门管理委员会的成员，并由部门最高业务执行官直接领导。DIOs设立目标的目的在于，加强与第一层高管以及副总裁级别的执行官之间的联系。

DIOs并不孤独。业务运营经理和来自IS部门的关系经理都站在业务人员一边。“我始终相信应该集中管理IT，但是我们也有职责将IT分布到各个业务中去，”Cooper说，“他们可以提供更多的局部关注，同时保持企业愿景的活跃”。

6个月内，Cooper彻底改造了丰田的IS部门结构，使得IT的功能更加适合日常的商业操作。过程是痛苦的：她变换了IS部门员工的工作，暴露了IS部门的所有缺点，并强迫她的员工进入业务部门。在新计划实施的1年后，IS部门和业务部门并肩作战，共同计划和实施IT项目，而Cooper也仍然是丰田汽车销售公司的CIO。

小小的逆转和尖叫

任何人都恐惧变化，尤其是在400人的IS部门内发生的巨变。Cooper在6个月内改变了50%员工的工作，然而没有人离开或者被辞退。有些人有了新的职责，其他人则扩充或者担当起了全新的角色。Cooper 说，最初一些中层和高层的员工对他们的新角色感到不适应，但她花费了很长时间让他们对改变有了新的态度。“我把他们带进一个充满逆转和尖叫的谈话之中”，Cooper 说，“但我对他们说，‘除非你知道该层面的改变意味着什么，否则你不会让这些发生’”。Cooper 说，关键是所有 IS 部门员工被带进了一个全新的组织发展中。

引言

让 100 个不同的松散建筑单位建造 100 个不同的房间，而没有关于该复杂任务的任何结构蓝图或者一致赞同的愿景。或许没有人会愿意建造一个如此复杂的办公场所。然而，当很多大型组织管理其信息技术项目时，这便是其所处的情形。这些组织例行公事，过度安排资源（人力和其他的）开发多余的项目，又因一些不明智的投资损害了收益。这些投资甚至不能对组织的最低利润要求做出贡献。项目管理为协调大量项目相关活动提供了战略框架。

企业领导人面对的是一个迅速发展且无情的全球市场。面对这样的市场，领导人不得不竭尽全力维持组织的竞争力。好的项目管理经理不仅要明白项目管理的基本原则，还应知道如何有效地处理变革管理和风险管理。这一章将会带着我们详细地探索项目管理、变革管理、风险管理和外包。

12.1 项目管理

学习目标

12.1 描述项目经理的三个主要活动。

12.2 描述组织选择好项目时常用的三个技术。

12.3 列出并描述定义明确的项目计划有何特征。

12.4 解释变革管理，以及组织应为变革做哪些准备。

12.5 解释风险管理，以及组织应如何降低风险。

12.6 总结项目经理为确保项目成功而实施的战略。

12.1.1 项目管理

项目是为创建一个独特的产品或服务而采取的一次性的努力。根据项目管理研究所的定义，**项目管理**是在项目活动中对知识、技能、工具和技术进行应用，从而满足或者超出利益相关者对项目的需要和期望。**项目管理软件**支持长期项目管理和项目例行管理和步骤执行（例如建立新的仓库或设计和实施新的 IT 系统）。

项目管理对 IT 实施的很多方面都起到重要作用。没有项目管理，项目可能会延迟、超出预算，通常无法按期完成。新泽西市值 60 多亿美元的健康保险服务提供商 Horizon Blue Cross Shield，每 5 年会花费几亿美元在 IT 项目上，用以完成各类任务，例如巩固五个企业软件平台、遵守管理办公室规章制度，以及简化新产品开发过程。为完成这些IT任务，雇用了成百上千名技术精湛的员工同时进行成百上千的现行项目的开发工作。Horizon的执行官需要检查所有项目、项目子集，以及现存和正在计划中的项目。公司考虑采用严格和形式化的项目管理策略，对项目成功形成了基本保障。

Horizon决定采用Business Engine公司的IT项目管理软件来管理它的项目。软件通过标准的模板收集信息，而这些模板最初是为微软的项目所创建。信息被存储在企业数据库中，后被传回Business Engine公司，称为Ben的分析工具。每个用户可以查看和操作电子数据表和图表、分享文档、追踪修改，以及在他们的私人控制台视图上运行假设分析情景。在Business Engine公司的帮助下，Horizon正在像管理投资一样管理IT项目和资产，在商业目标的指引下跟踪其运营表现，评估其对公司的回报和价值，并整理出哪些项目需要更多的关注和资源，而哪些项目需要减少的关注和资源。Horizon发现70%的IT项目都比原计划提前完成。

图表12—1展示了任何项目的三个主要变量及它们之间的关系：(1) 时间；(2) 成本；(3) 范围。这三个主要变量是相互依赖的。例如，缩短项目的时间期限意味着需要增加项目的成本或缩小项目范围来满足新的截止日期的要求；扩大项目范围意味着增加项目时间或者增加项目成本或者二者都提高。项目管理是在时间、成本和范围之间做出明智平衡决策的科学。这三个因素联合在一起，决定了项目的质量。

图表12—1　**项目管理相互影响的三个变量**

本杰明·弗兰克林的不朽忠告——没有准备，就意味着准备失败——特别适用于今天很多的软件开发和实施项目。最近的一项调查结果显示，如果组织没有实行训练有素的项目管理，IT项目失败率就会高很多。图表12—2展示了《信息周刊》(Information Week) 对150个IT经理的研究调查，调查显示了IT项目失败的六个主要原因。

图表12—2　**IT项目延期或失败的常见原因**

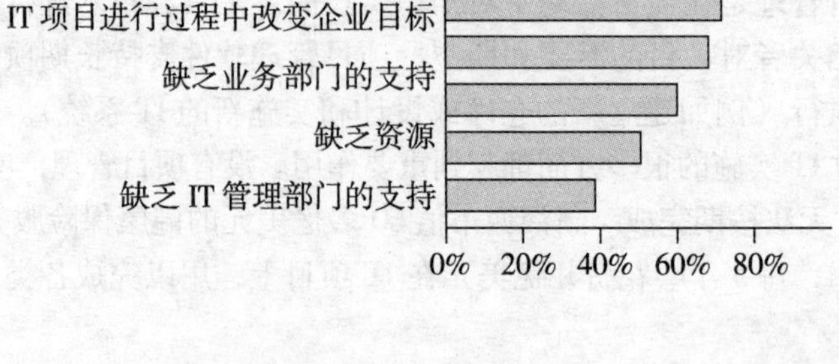

成功项目的典型特点是及时、在预算内满足业务需求，以及满足消费者的要求。总部设在亚特兰大的咨询公司 Hackett 集团，分析了它的客户数据库（包含 2 000 家公司，其中有 81 家是《财富杂志》评出的前 100 强公司），并发现：

- 3/10 的主要 IT 项目会失败。
- 21% 的公司声称它们无法根据市场变化快速做出调整。
- 1/4 的公司证实他们是在 IT 项目完成后才了解项目管理的。

Rhodia 是一家市值 60 亿美元的全球特殊化学品生产商。Rhodia 公司的项目合作经理 Nicolas Dubuc 利用微软软件为公司的 18 个部门开发了一套项目管理模板和方法论。Dubuc 说："我们正在设计一个可以快速开发应用的平台，该平台增加了创新的机会。"

今天，项目管理软件市场的领先者，包括微软、Primavera、甲骨文 Oracle 和 SAP。微软项目管理软件是很多组织的核心项目管理工具，有超过 800 万的用户，并占据了 80% 以上的市场份额。图表 12—3 展示了在未来几年中项目管理软件的预期增长情况。如果组织想及时并在预算内交付成功的、高质量的软件，则必须利用项目管理软件。

图表 12—3 **项目管理软件市场的增长情况**

项目管理工具的年销售额

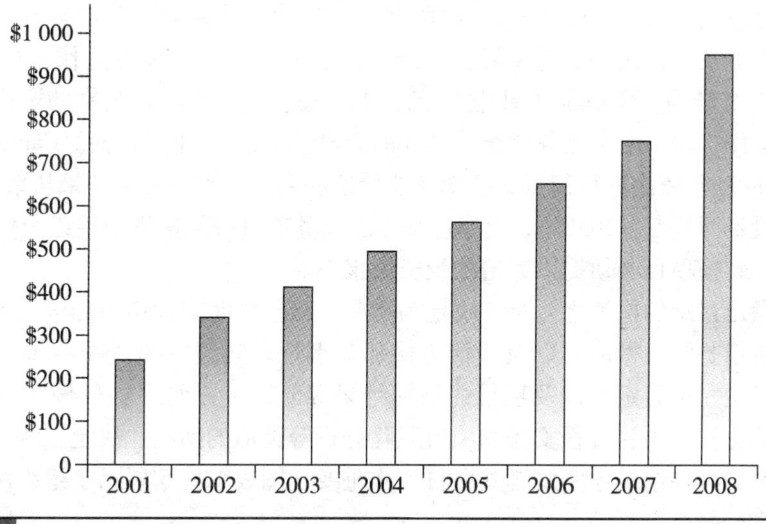

12.1.2 项目管理的基本原理

项目可交付件（Porject Deliverables）是可衡量的、有形的以及能证实的输出、结果或条目，用于完成项目或项目的部分内容。项目可交付件的例子包括设计文档、测试脚本和需求分析文档。**项目里程碑**代表了项目组的活动必须被完成的关键日期。例如，完成计划制定阶段可能是项目的一个里程碑。**项目经理**是项目计划和管理的专家，他定义和制定项目计划，追踪计划以及保证所有的关键项目里程碑被及时完成。项目管理的艺术和科学在于协调大量的事件，可参见图表 12—4。项目经理参与大量事件，主要的三个事件是：

1. 选择战略项目。

2. 设置项目范围。

3. 管理资源和项目计划维护。

图表 12—4　　项目管理规则

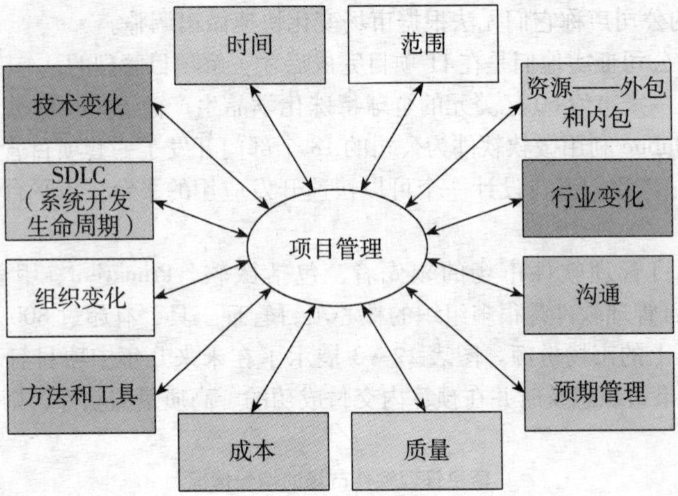

选择战略项目

大型能源生产商 Calpine 公司，使用项目管理软件从商业的角度查看其 IT 投资。公司根据以下三种方式之一对项目进行分类，依次是：（1）业务运作；（2）业务增长；（3）业务转换。Calpine 把 1 亿美元分配到相应的各个项目类别的资产上：60% 用于业务运作，20% 用于业务增长，另外的 20% 分配给了业务转换。Calpine 对其 30 到 35 个活跃项目依次进行衡量，感知商业价值和项目成本。公司如果从事某个项目，该项目的投资回报率（ROI）必须超过基准。业务项目必须提供两倍以上的投资回报率，而一个转换项目必须提供 5 倍的投资回报率。

组织做出最难的决策之一是，决定为哪些项目投资时间、精力和资源。组织必须识别哪些事情是它想做的，以及如何去做那些事情。问题中的“哪些事情”集中在例如项目理由、项目定义以及项目的预期结果等问题上；而“如何做”部分则涉及项目的实施方法、项目日程安排和项目风险分析等类似的问题。决定在哪些项目中集中公司的努力和在组织中实施哪些项目一样重要。图表 12—5 展示了组织用来选择项目的三个常用技术。

图表 12—5　　选择战略项目的技术

1. **关注组织目标**——经理发现选择符合组织目标的项目会带来极大的价值。因为符合组织目标的项目对整个组织更加重要，所以具有更高的成功率
2. **项目分类**——组织可以按照各种类别对项目进行分类，进而决定项目的优先级。其中一种分类方法包括问题、机遇和指示。问题是阻止组织实现其目标的不期待其出现的情形。机会是改善组织的机会。指示是由管理、政府或其他一些外部影响所带来的新要求。指明问题或指示的项目更容易获得赞同，因为组织必须对此做出响应以避免发生财务损失
3. **实施财务分析**——不同的财务分析技术可用来帮助确定项目的优先级。其中包括净现值（NPV）、投资回报率和投资回报分析。这些财务分析技术帮助组织决定对这些项目的财务期望

在与惠普合并之前，康柏（Compaq）决定分析和列出其系统开发项目的优先顺序。CIO 们总希望能够考察每个项目，希望项目管理领导能很快地识别和剔除不明智的项目。在考察阶段后期，公司取消了 39 个项目，为组织节约了 1 500 万美元。通过实施项目管理方案，很多财富 100 强公司都获得了同康柏公司一样的底线以上的利润。

组织还需要选择和列出项目的优先顺序，从而它们可以清楚地决定应取消哪些项目。Jim Johnson，总部位于马萨诸塞州的 Standish Group① 集团的主席，认为项目管理可以对项目的成功与否起到作用。根据 Johnson 所言，"将要投入全部资金时，公司需要经常且不断地查看它们的项目决策过程。对多数公司而言，经过多轮查看，项目便可以开始自己的生命周期了"。

组织必须建立持续的自我评估，对失败的项目早点做出终止决定，从而节约一些相应的成本。节约的资本和人力可以贡献到其他值得从事的项目上。一个项目的取消可以看作是成功的资源管理，而不是承认失败。

设置项目范围

一旦组织确定了想从事的项目，它必须设定项目的范围。项目范围界定了交付有特定特征和功能的产品时组织必须完成的工作。项目范围声明是重要的，因为它详细定义了清晰的项目边界。项目范围包括以下典型内容：

■ **项目产品**——产品或服务所具备的特征描述。

■ **项目目标**——认定项目成功，必须被满足的可衡量的标准。

■ **项目交付件**——任何可衡量的、有形的，以及能证实的输出、结果或条目，用以完成项目或项目的一部分。

■ **项目排除物**——被指明不是项目一部分的产品、服务或流程。

项目目标是需要定义的最重要的部分之一，因为它们是项目主要元素的核心。当组织达到了具体的项目目标时，它便完成了项目的总目标，并且项目的功能也得到了满足。项目目标必须含有可衡量的指标，这样项目的成功才能被衡量。指标包括成本、进度表、质量指标以及一些其他的指标。图表 12—6 展示了 SMART 标准——有效提示了如何保证建立可理解和可衡量的项目目标。

图表 12—6　　**创建成功目标的 SMART 标准**

- 明确的
- 可测量的
- 一致同意的
- 现实的
- 有时间期限的

管理资源和项目计划维护

管理资源和项目计划维护是最难的，也是项目经理所要进行的最关键的努力之一。如何解决项目小组内的冲突，以及如何平衡项目的需求和组内人/专家的需要是项目经理必须面对的挑战之一。越来越多的项目经理成为与客户在项目中的主要（有时候是唯一）"接口"。对项目经理来说，沟通、谈判、营销和销售能力与精明的财务和分析能力同等重要。很多时候，项目管理人员的管理对项目的成功非常重要。

① Standish Group 是美国专门从事跟踪 IT 项目成功或失败的权威机构。

项目计划是正式及被认可的管理和控制项目执行的文档。图表 12—7 展示了一个清晰定义的项目计划的特征。

图表 12—7 **定义良好的项目计划特征**

容易理解
容易阅读
和所有关键参与者（主要利益相关者）沟通过
适合项目大小、复杂度和重要性
由整个项目组准备，而非项目经理一人准备

计划中最重要的部分是沟通。项目经理必须将计划告知项目组的每个人、主要利益相关者以及执行官，并进行沟通。项目计划必须包括任何的项目假定，并且计划要足够详细以指导项目的执行。项目成功的关键是能获得多数人的同意，以及利益相关者的大额投资。项目经理将利益相关者纳入项目计划的制订过程中，允许其拥有计划的发言与控制权。这种方法往往转化为使利益相关者承担更多的义务，从而促进更大的动机和生产力。

项目计划常用的两种主要图表是 PERT 和甘特（Gantt）图。**计划评核技术图（Program Evaluation and Review Technique，PERT）**是图解的网络计划模型，描述项目的任务和任务之间的关系。**依赖关系**是存在于项目任务之间或者项目任务和里程碑事件之间的逻辑关系。PERT 图在项目任务被安排前定义任务之间的依赖关系（见图表 12—8）。图表 12—8 中的方框代表了项目任务，项目经理可以调整方框里的内容显示各种任务属性。例如，进度表、实际开始和结束时间。箭头代表着一个任务依赖于另一个任务的开始或者完成。关键路径是遍历从开始到结束项目中的所有关键任务后完成项目耗费时间最短的路径。PERT 图展示了一个项目的关键路径。

图表 12—8 **PERT 制图专家软件的 PERT 实例**

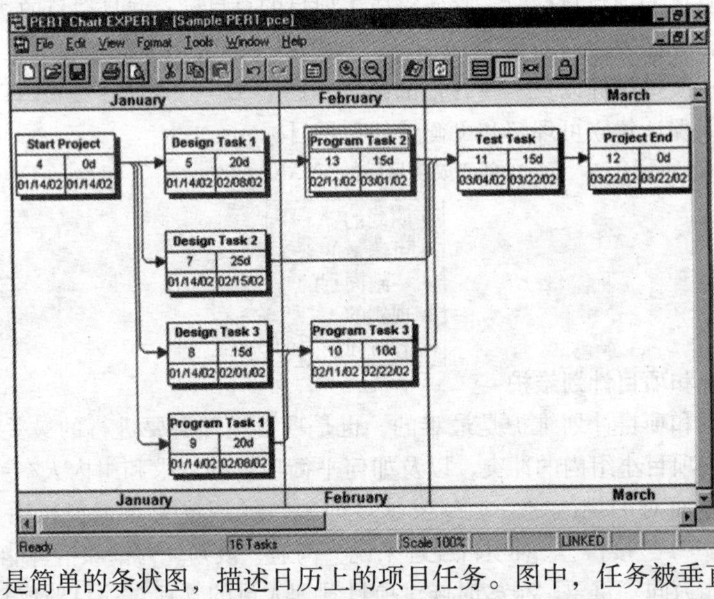

甘特图是简单的条状图，描述日历上的项目任务。图中，任务被垂直列出，而项目的时间限制则被水平列出。甘特图很好展现了项目的日程安排，也显示了任务相对于计划期限的实际进展情况。图表 12—9 展示了如何使用甘特图开展软件开发项目。

图表 12—9　　　　　　微软 Project 项目管理软件的甘特图实例

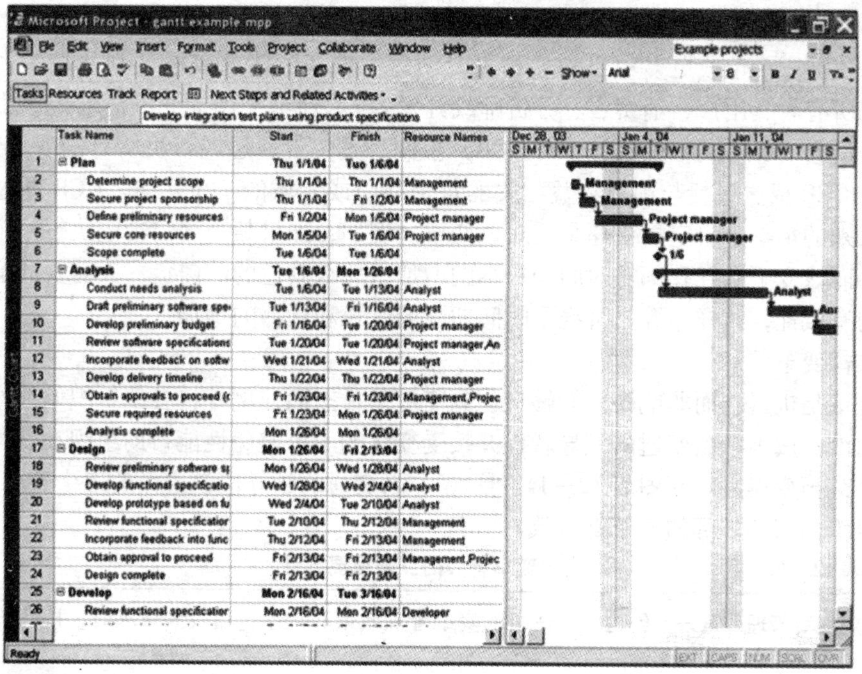

12.1.3　变革管理的基本原理

Snap-on 是为专业人才（如汽车修理师等）制造工具和设备的公司，擅长进行管理变革。最近，公司的销售量下降了 6.7%，而利润却提升了 12%。公司 IT 部门副总裁 Dennis Leitner 管理 IT 部门的日常工作，并领导所有主要软件开发项目的执行工作。每项软件开发的执行都由业务和 IT 部门共同管理。事实上，商业资源被大量用于发放 IT 员工的薪水，同时 IT 员工花费他们 80% 的时间学习业务部门在做些什么，以及思考 IT 如何帮助业务。Leitner 的角色主要集中在战略计划、变革管理和设定绩效的跟踪指标。

动态的组织变化是不可避免的，而组织必须在变革发生时进行有效的管理。在当今迅速变化的环境下，组织要面对无数的挑战和复杂事物。进行有效的变革管理成了重要的核心竞争力。**变革管理**是一套技术，可以协助新系统进行设计和实施中的演变、组成和政策管理。图表 12—10 列示了变革发生比较常见的原因。

图表 12—10　　　　　　　　　**变革发生的常见原因**

1. 定义初始项目范围时遗漏
2. 对初始项目范围的误解
3. 外部事件，如政府管治，带来新的要求
4. 组织的变化，如合并、收购和合作伙伴加入，带来新的商业问题和机遇
5. 可获得更好的技术
6. 采用新技术，新技术迫使企业组织结构、文化和/或流程产生显著的、非期待的变化
7. 用户或管理者希望系统能实现比项目启动之初所确定的、已达成一致的、更多的功能
8. 管理者减少项目资金或将截止日期提前

变革管理系统包括一系列的程序（Procedures）集合。这些程序包括对变革请求进行存档，并基于变革预期的影响考虑变革，以及确定必要的变革步骤。大多数变革管理系统需要一位或更多项目利益相关者创建一份变革请求表格（利益相关者可以是系统所有者、用户、消费者、分析师或开发者）。理论上说，变革请求应该由**变革控制委员会（change control board，CCB）**控制，其负责通过或否决所有的变革请求。典型的 CCB 成员包括与项目利益相关的每个部门或领域的一位代表。CCB 通过分析变革带来的影响来决定接受还是反对该变革。例如，如果某个部门希望执行一个软件变更，而该变更会导致部署时间和成本的增加，那么其他的部门负责人需要同意该项变更的有效性，这样才算是批准了时间期限的延长和预算的增加。

准备变革

变革是机遇，而非威胁。能够意识到变革是常态而非例外，会使组织始终站在时代的前沿。成为一名变通的领导者，并接受变化的不可避免性能帮助组织在变革期间存活，甚至变得兴旺。图表 12—11 列示了一名变通的领导应该遵循的三个重要方针，这对组织内部和外部的变革都有效。

图表 12—11　　**有效变革管理的三条重要方针**

1. **制定变革管理政策**——创建定义清晰的变革管理政策和程序，当收到请求时，按照该政策执行
2. **预期变化**——将变化看成机遇，并把握它
3. **寻找变化**——每隔 6 个月或 12 个月寻找可能成为机遇的变革。回顾成功和失败，并决定是否存在创新的机遇

通用电气（General Electric）通过名为“Work Out”的创新性的管理程序，成功地处理了变革管理。“Work Out”是取走系统中多余工作的想法的缩写，目的在于取消官僚做法，将员工的时间应用到更富生产力的活动中去。“Work Out”这种积极的节约时间和提高生产力的办法取得的结果包括：

■ **报告**：团队计算用来准备常规报告的时间，将所花时间和报告的价值进行比较。相比之下，报告对接受者的价值显然远小于准备这些报告所花费的努力。当报告被取消或减少时，宝贵的时间就被节约下来了。

■ **审批**：审批的过程被适当质疑和调整。某些情况下，人们发现一个简单的购买订单请求需要 12 个审批签字。

■ **会议**：团队衡量开会的必要性，利用技术改变会议举办的方式，例如远程电信会议。

无论变革是否以危机、市场转移或者技术发展为诱因，它都是组织所面临的挑战。成功人士应学习如何预见变革，以及做出恰当的反应。

12.1.4　风险管理的基本原理

经营烟草和粮食产品的 Altria 集团公司，对基于项目风险规避选择项目清晰地定义了一个流程。公司搜集项目相关信息，如现金流、投资回报、接口和监管遵守等信息，给出每个项目的风险值。然后，将这些项目放入网格中，水平轴代表每个项目的风险，纵轴上是值。最后，经理人在对风险和回报进行最优平衡的基础上选择项目。

项目风险是一些不确定事件或情况，一旦发生，将会对项目目标产生正面或负面的影响。**风险管理**是对预先的和正在发生的风险因素进行鉴别、分析和响应的过程。解决项目风险的最佳时机是在项目计划创建之时。图表 12—12 中简略给出了风险管理的元素。

图表 12—12 **风险管理元素**

风险识别——决定哪些风险可能会影响项目，用文档记录它们的特征
定性的风险分析——对风险和环境进行定性分析，并对项目目标分配优先级
定量的风险分析——测量风险的可能性和后果，估计风险对项目目标的影响
风险应对计划——开发程序和技术来应对风险，降低风险对项目目标的威胁

大体而言，项目中的风险变化在项目后期更为明显。图表 12—13 列示了那些不立即显现，但却决定着 IT 项目成功或失败的风险因素。

图表 12—13 **常见的项目风险因素**

商务环境的改变可能会减少预期的收益
不愿报告负面消息或者“打击揭发”
重大的变更管理问题包括抵制变更
急于迅速完成项目，往往让最后的结果打折
与项目紧密相关的执行官，不愿承认项目是个错误
IT 项目中的普遍趋势是过度设计技术解决方案，相信技术解决方案优于基于人的简单解决方案
根据预算制定项目计划，或为证实项目资金需要和计算基本投资回报而制定项目计划

降低风险

组织必须制定减少或降低风险的策略。大多数策略是可行的，且不同的风险类别需要使用不同的策略。在选择风险控制策略时，选择、机会和不精确的重要性必须铭记在心。组织需要采取一些企业级别的行动来改善风险管理能力，这些行动见图表 12—14。

图表 12—14 **改进风险管理能力的行动**

提升项目领导的技能——雇用具有高超项目管理和领导能力以及商业管理能力的项目经理。这些项目经理应很好地承担咨询、督导和教练的角色
从过去经验中学习——经过多年经验的积攒，组织经历过成百上千个大型 IT 项目。在组织内分享这些重要经验，组织对开发方法、软件工具使用和软件开发最佳实践进行了文档记录和重新访问
分享知识——团队工作或团体环境更容易使项目取得成功，因为团队内人员可以分享他们独特的学习经验
创建项目管理文化——引导人们关注项目管理、变革管理和风险管理的重要性。衡量和奖赏项目管理能力，并根据项目的成功与否来提拔员工

审计和税务事务所 KPMG LLP 和软件制造商 SeeCommerce 发布了一个名为 SeeRisk 的服务，帮助公司评估供应链管理风险。SeeRisk 帮助公司建立通用指标体系，通过识别运作中的问题和不当作业的风险测量组织抵制风险的能力。SeeRisk 系统将企业运作和交易系统与外部供应商系统进行整合，目标是通过提高库存的可见性，即知道哪些货物在货架上，哪些货物处在供应链下游，来提高收入，同时降低成本。SeeRisk 可以计算出缺陷组件对公司收入、运作成本可能带来的影响，一旦生产带来的成本，以及最终对公司收益率的影响。

成功的项目管理策略

娱乐设备公司（REI）需要不断开发优质产品，缩短新产品推出时间。为了做到该点，REI 需要有效地管理新产品开发流程、新产品开发项目及相关信息。REI 的 Gear&Apparel 部门采取了一种整合的项目管理方法来设计、管理，以及追踪新产品开发项目，同时对新产品开发工作流进行协同和管理。REI 的策略是整合微软的 .Net 技术、Microsoft Office 企业项目管理（EPM）解决方案和基于 Microsoft Office Visio 2003 的软件，创造一个整合的解决方案用以建立企业流程模型，实验 what-if 情景，并将最优流程转化为详细的项目计划。

项目管理者可以进一步发展这些计划，在部门范围内分配资源、在线管理项目，并寻求全球合作。REI 预言整合方案能提高产品开发项目的效率、连贯性和可测量性，将产品更快速地推向市场。图表 12—15 展示了《首席信息官》（CIO）杂志描述的最重要的五条成功的项目管理策略。

图表 12—15　**最重要的五条成功的项目管理策略**

1. **定义项目成功的标准**。在项目开始时，确保利益相关者对项目是否成功的定义有共同的理解。经常，满足预先设定的日程安排是唯一显然的成功因素，但还有其他的因素。这些因素可以是提升市场份额，达到特定的销售量或者收入，实现特定的消费者满意度，替换遗留的一个高维护成本系统或达到特定的交易处理量和正确率
2. **开发可靠的项目计划**。开发一套计划最难的部分是思考、谈判、平衡和沟通。项目经理必须开发一套可靠和现实的计划。他们花在分析商业问题解决方案上的时间能够减少未来项目的变化
3. **划分和克服困难**。将所有的大任务划分成若干小任务来提供更准确的估计，揭示隐含的工作活动，并允许更准确、细粒度的状态跟踪
4. **对变更做出计划**。事情永远不会精确地按照项目计划进行，因此在预算和日程表的主要阶段的末尾应该包括对随机事件的缓冲以适应变化
5. **管理项目风险**。不能识别和控制风险会导致产生风险支配项目。在确定项目计划时，组织应给出足够时间，利用头脑风暴法集体讨论可能的风险因素，衡量现行的威胁，并决定降低或防止风险的最佳方式

大型 IT 项目需要投入大量的时间和资源。成功的软件开发项目极具挑战性，常常难以捉摸，会浪费大量资源，并伤害利益相关者（包括消费者和员工）的好意。将强大、有效的项目管理、变更管理和风险管理纪律引入大型 IT 项目是组织能够获得成功的基础。曾经，项目经理集中精力便可以在规定时间、规定预算和一致同意的

交付日完成一个项目，而今这种日子已不复存在。

引例问题

丰田的变革

1. 如果丰田在实施项目管理解决方案时失败了或者没能用电子数据表和 Word 文档管理好项目，这对丰田的业务会产生什么样的影响？

2. 为什么机遇、资源和时间成本管理程序对丰田这样的公司有很高的价值？

3. 为什么丰田认为关注使用优秀的项目管理技术很重要？

4. 为什么项目管理、变更管理和风险管理对丰田这样的全球公司如此重要？

5. 为什么丰田认为关注使用可靠的风险管理技术很重要？

6. 为什么丰田认为关注使用可靠的变革管理技术很重要？

7. 如果丰田没有预见到变更，请描述丰田商业上可能遭遇的影响。

8. 解释如果丰田没有分析风险，它将面临的潜在问题。

12.2 外包

学习目标

12.7 指出三个主要的外包选择，并解释每个的优缺点。

12.8 解释外包带来的商业利益。

12.9 指出主要的离岸外包国家。

12.10 指出日渐重要的离岸外包国家。

12.11 指出新兴的离岸外包国家

12.12 评估发展战略外包合作关系的原因。

12.2.1 外包

来自美林证券（Merrill Lynch）、汤姆森金融公司（Thomson Financial）（一家大型金融数据供应商）和其他金融数据提供商的超过 400 名员工曾为美林证券的最大外包计划兴奋工作。价值 10 亿美元的高复杂性财务管理系统被用于提高美林证券财务顾问的工作效率。在新系统的帮助下，美林证券的顾问可以管理更多高价值客户的资产。

新系统代表美林证券实现 IT 项目的方式的转变。20 世纪 90 年代，美林证券开发了之前的全球可信顾问系统（Trusted Global Advisor，TGA）。如同公司其他主要的 IT 系统，该系统是美林自主开发的。许多金融服务机构认为，将关键业务系统外包对自身十分不利。而美林证券签署了一份合同，将其大部分新平台外包给了汤姆森金融公司。

在高速发展的全球商业环境下，组织需要最大化利润，扩大市场份额，以及限制不断增长的成本。企业需要尽最大努力重新思考和采取新流程，特别是关于内包和外包的资源展望。

内包（自主开发）是常见的，它是雇用专业技术人员在组织内部开发和维护组织信息技术系统的方法。内包有助于建立持续的 IT 专业人员供应，以及具备技术和商务能力的高质量劳动力。

外包是组织不愿自己提供服务，而让另一个组织代为提供一种或几种服务的安排。某些情况下，整个信息技术部门被外包出去，包括 IT 计划和商业分析、IT 安装、管理，以及网站和工作站服务。

外包可以是一份大合同，如 IBM 为类似富士施乐（Xerox）的公司提供 IT 服务，也可以是雇佣小承包商和临时办公人员。图表 12—16 比较了公司外包的职责，图表 12—17 列示了公司使用外包的几项主要原因。

图表 12—16　组织职能部门外包的比例

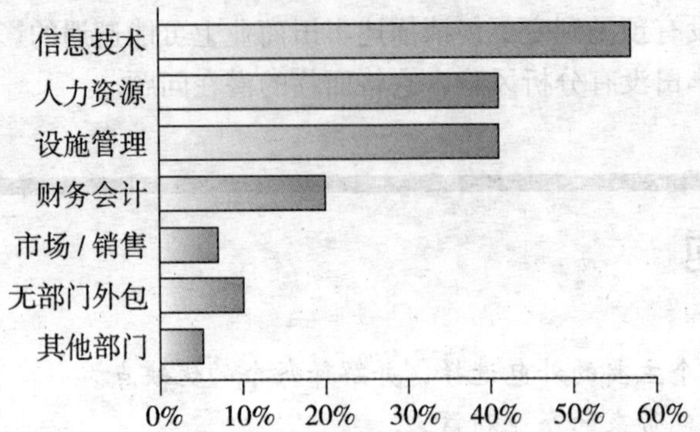

图表 12—17　公司外包的原因

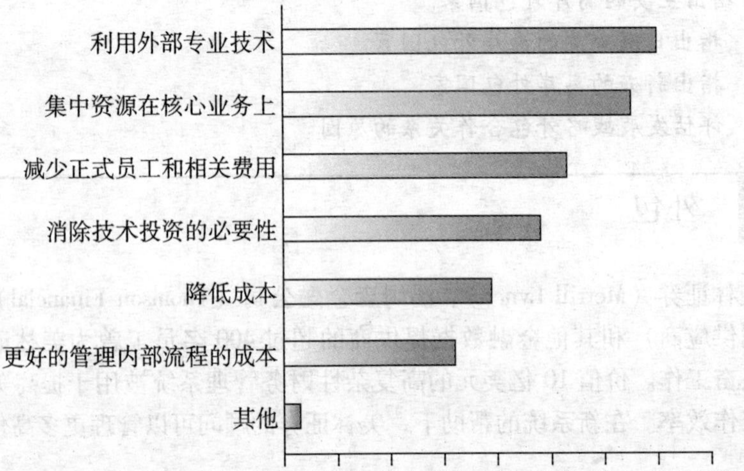

自从伊斯曼柯达公司宣布于 1988 年将信息系统职能外包给 IBM 公司，DEC 和 Businessland 等大型组织发现将它们的 IT 资产、租赁资产和员工转移给外包商是可行的。从来源变化的角度来看，目前的关键问题不是“我们是否应外包 IT?”而是“我们应该在哪以及如何利用高速发展的 IT 服务提供商市场?”一些促进外包市场生长的有影响力的驱动因素包括：

■ **核心竞争力**。最近，很多公司考虑将外包作为收益增长的动力，而非单纯的成本节约措施。外包在保证组织拥有最新的技术基础设施的同时解放了组织，让组织将现金和人力资源重新投资在投资回报率最高的领域，从而将精力集中于收益增长。

■ **成本节约**。雇用中国和印度工人显然比雇用美国的类似工人要便宜很多。技术在加速进步，而公司经常缺少资源、劳动力或专业技术以跟上技术的进步。对 IT 部门来说，维持在 BoB① 状态几乎不可能，尤其是那些成本驱动型的小型和中型企业。

■ **迅速发展**。公司的可持续性取决于其跟上市场发展的速度，以及迅速响应市场变化的能力。利用外包优势，组织可以直接获取最佳实践流程的专业知识。这有利于设计、建立、训练和部署商业流程或功能。

■ **产业变革**。跨产业的高层次重组提出了对外包的需求，外包使企业可以更好地将精力集中于发展核心竞争力。并购和收购活动的显著增加为将多核心和非核心业务职能整合到一家企业中提供了突如其来的需求。与此同时，政府撤销对公共事业和电信行业的市场准入管制，带来了应确保新进入企业遵守政府规章和管制的必要性。公司在以上任何情形下选择外包都能更好地关注所在行业的变革。

■ **互联网**。互联网无处不在的本性作为一种有效的销售渠道使客户更加满意外包。由于互联网的存在，像资金匮乏之类的进入壁垒，在全球电子商务中戏剧性地减少了。每天都有新的竞争者进入市场。

■ **全球化**。由于市场向全球开放，竞争更加激烈。公司雇用外包服务提供商提供国际服务。

12.2.2 外包现象

近几年，由于企业对核心竞争力的关注、通过 Web 实现业务、跨产业整合，以及劳动力市场的短缺，外包市场获得了迅猛的增长。随着组织对外包概念和优势越来越了解，非核心的、基于事务的流程外包在过去几年中获得了重大的发展。

组织选择外包的原因有很多。一些来自战术，而另一些则是出于战略上的考虑。过去，外包通常被用作战术上的选择，如针对一个特定需求或问题的快速修补和短期解决方案，但这些并不能构成一个全面的业务战略。最近几年，很多公司开始使用战略外包。组织和供应商互相合作，从而实现绩效表现的显著改善。

没人会真的希望石油公司将它的勘探和精炼部门外包，制药公司也不可能外包它们的研发部门，并且即便存在也是极少的主要汽车生产商会考虑外包它们的生产计划或营销活动。对它们的业务来说，这些都是核心活动，通常意味着市场差异化，以及竞争优势的来源。企业通常外包它们的非核心职能，如薪酬和信息技术 IT。通过外包 IT，大多数组织能够节约成本，改善服务，关注核心业务。根据研究公司 IDC 的调查，2009 年全世界 IT 外包市场将会达到 2 300 亿美元的规模。

Best Buy 公司是美国头号专业零售商。其销售消费类电子产品、个人电脑、娱乐

① 20 世纪 90 年代中期，世界企业应用软件界借用了一个名词“Best of Breed+”，用来描述新涌现的、具有上述特征的软件系统。人们将这些经过长时期精心培育、发展而推出的、在某一功能领域内集成的，既在某一个方面有优于 ERP 的特长，又有很强的独立性的软件称为“Best-of-Breed（BoB）”应用软件，我们不妨称其为“单项优势”软件系统。

软件和应用程序。Best Buy 需要找寻一家战略 IT 合作伙伴，帮助公司管理 IT 职能，满足企业的商业目标。Best Buy 希望进一步整合它分散的企业 IT 系统，并最小化运营成本。Best Buy 将 IT 外包给了全球管理咨询、技术服务和外包公司——埃森哲（Accenture）。这种综合的外包关系为 Best Buy 带来了惊人的效果，且这种效果在所有关键业务领域都是可见的，例如某关键业务类别的收入增加了 20%，这意味着 2 500万美元的利润增长。

根据普华永道（PricewaterhouseCoopers）对美国发展最快的 452 家公司的 CEO 的调查，“选择部分外包的企业比不选择外包的企业发展更快，做得更大，以及利润更多。很多参与外包的公司声称它们节约了成本，并很满意外包服务提供商。”图表 12—18 列出了行业中存在外包机遇的常见领域。

图表 12—18 **外包机遇**

行业	外包机遇
银行和金融	支票和电子支付流程、信用报告发布、拖欠管理、有价证券和交易流程
保险	索赔报告和调查、政策管理、勘察和风险评估
电信	发票和账单生成、交易处理
医疗保健	电子数据交换、数据库管理、会计
运输	票务和订单处理
政府	贷款处理、公共医疗补助处理
零售	电子支付流程

外包的优势

外包带来的诸多好处包括：

- 提高流程、服务或者职能的质量和效率。
- 降低运作成本。
- 将资源集中于生成利润的核心竞争力上。
- 降低风险，包括大的资本投资的风险。
- 获得外包服务提供商的规模经济。
- 获得外包服务提供商的专业技术和该领域的最佳实践。
- 获得先进的技术。
- 增加灵活性，更快响应变化了的市场需求。
- 避免了昂贵投资。
- 减少正式员工人数和相关的管理费用。
- 减少在紧俏的就业市场中雇用和保留员工的挫败感和相关费用。
- 缩短产品或者服务到达市场的时间。

12.2.3 外包形式的选择

20 世纪 90 年代早期，英国石油公司（British Petroleum，BP）将 IT 外包视为大幅度缩减成本，以及获得更高灵活性和高质量IT资源的方法，IT外包直接改善了企业全局的运作。过去十年中，BP集团的所有公司都将合作外包行动列入了它们的计划。在BP集团选择外包的最初3年，它的IT成本在全球范围内减少了40%，并且持续以每年10%的速度减少，直接为BP节约了上千万美元。

信息技术外包使组织可以跟上市场和技术的进步——减少对人力和金融资源的依赖，更多地保证IT基础设施与不断变化的业务发展并驾齐驱（见图表12—19）。计划、部署和管理IT既是战术上也是战略上的挑战，必须同时考虑到公司的组织、行业和技术问题。三种外包选择的形式：

1. **在岸外包**（**onshore outsourcing**）是为获取服务雇用同一国家内的另一家公司的方法。

2. **近岸外包**（**nearshore outsourcing**）指和邻国的公司订立外包合同。通常两个国家共享一个边境。

3. **离岸外包**（**offshore outsourcing**）指利用发展中国家的企业编写代码或开发系统。在离岸外包中，国家之间通常在地理上相隔甚远。

图表12—19　**外包形式及成本**

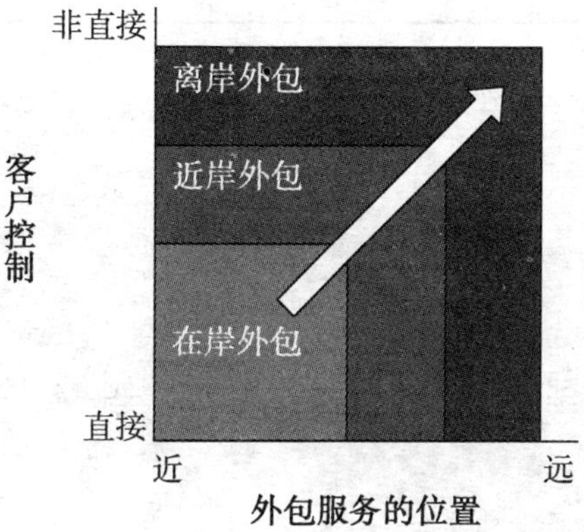

12.2.4 离岸外包

20世纪90年代中期以来，主要的美国公司都将它们很大一部分的软件开发工作外包给海外，主要是印度的服务商，当然也有中国和东欧（包括俄罗斯）、爱尔兰、以色列和菲律宾的服务商。向这些国家进行离岸外包的最大优势在于提供了一份“便宜的好工作”。一位在美国可以挣6.3万美元年薪的程序员，在这些海外国家只能赚到5 000美元年薪（见图表12—20）。美国公司很容易认识到，通过离岸外包它们可以节约30%到50%的成本，但仍能得到相同质量（至少是）的服务。

遍及欧洲和亚洲的发达国家和发展中国家会提供IT外包服务，但是这样的服务多多少少会受到语言、电信基础设施或者监管壁垒等的制约。第一个也是最大的离岸外包市场是印度。那里，熟练掌握英语且技术高超的人们将IT外包服务打造成了价值40亿美元的产业。Infosys、NIIT、Satyam、TCS和Wipro都是印度最大的外包服务提供商，它们中的任何一个都在美国扮演着重要角色。目前有三类外包国家，如图表12—21所示。

1. 领导者——领导外包行业的国家。

2. 紧跟其后的赶跑者——正在成为可靠的外包选择的国家。

3. 新成员——刚进入外包产业的国家。

图表 12—20 **典型的计算机程序员的工资范围**

国家	每年的工资范围（单位：美元）
中国	5 000 ~ 9 000
印度	6 000 ~ 10 000
菲律宾	6 500 ~ 11 000
俄罗斯	7 000 ~ 13 000
爱尔兰	21 000 ~ 28 000
加拿大	25 000 ~ 50 000
美国	60 000 ~ 90 000

图表 12—21 **外包国家类别**

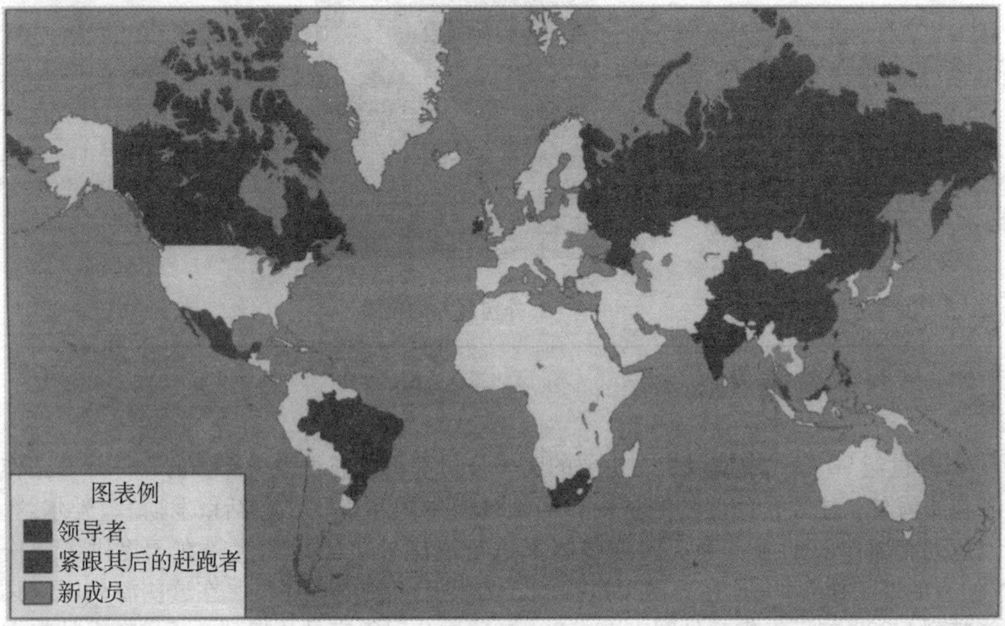

领导者

以下这些国家是外包行业的领导者：

- 加拿大。
- 印度。
- 爱尔兰。
- 以色列。
- 菲律宾。

加拿大

专业技能	■ 软件开发/维护、呼叫中心、技术支持
主要客户	■ Allmerica、安捷伦（Agilent）
优势	■ 虽然劳动力成本很高，但与美国地理位置的接近和文化上的相似使加拿大成为合意的外包国家选择 ■ 呼叫中心的通信周转费用低
劣势	■ 劳动力市场成本高，但比起美国的外包，还不是很昂贵

印度

专业技能	■ 软件开发/维护、呼叫中心、财务处理
主要客户	■ 花旗集团（Citigroup）、通用电气资本公司（GE capital）、美国运通（American Express）
优势	■ 印度是商业流程和 IT 服务外包的领头羊 ■ 每年从 1 000 多所信息技术教育学院毕业的 200 万个熟练的英语口语会话者 ■ 软件开发的坚实历史 ■ 拥有高熟练度的劳动力 ■ 有利的成本结构
劣势	■ 政治不稳定 ■ IT 工人的需求开始超过供给，劳动力成本上涨 ■ 周转费用高，特别是呼叫中心，逐渐成为问题

爱尔兰

专业技能	■ 欧洲共享服务中心、软件开发、呼叫中心
主要客户	■ 英特尔（Intel）、戴尔（Dell）、微软（Microsoft）
优势	■ 因拥有高度熟练的 IT 专业人员而享有名声 ■ 和美国的文化具有很强的亲和力 ■ 低政治和金融风险 ■ 坚实的电信基础设施 ■ 强大的教育系统
劣势	■ 工资成本高，但劳动力成本还是低于美国

以色列

专业技能	■ 软件开发/维护、成套软件实施、应用整合、安全、电子商务
主要客户	■ 美林（Merrill Lynch）、Shaw Industries
优势	■ 拥有高技能的劳动力，包括来自东欧和俄罗斯的科学家和工程师 ■ 卓越的教育系统 ■ IT 创新的温床
劣势	■ 政治不稳定 ■ 员工安全是令人关注的问题 ■ IT 薪水高

菲律宾

专业技能	■ 会计、金融、呼叫中心、人力资源
主要客户	■ 宝洁（Procter & Gamble）、美国国际集团（American International Group）、花旗集团（Citigroup）
优势	■ 高比例的人口以英语为母语并带有美国口音 ■ 文化导致的让客户满意的工作态度 ■ 估计每年有1.5万名技术学生从大学毕业
劣势	■ 菲律宾人在软件开发和维护上不如其他外包国家 ■ 政治上不稳定

紧跟其后的赶跑者

下列国家在外包行业是积极向上并有前途的：

■ 巴西。

■ 中国。

■ 马来西亚。

■ 墨西哥。

■ 俄罗斯。

■ 南非。

巴西

专业技能	■ 软件开发/维护
主要客户	■ 通用电气（General Electric）、固特异轮胎（Goodyear）、富士施乐（Xerox）
优势	■ 从大量的IT劳动力供应中节约很多成本 ■ 巴西是拉丁美洲具有强大工业基础的最大经济中心 ■ 国家重点扶持小型和中型企业的发展，包括IT服务企业 ■ 和美国文化关系密切，时区差异小
劣势	■ 因版权侵犯被国际知识产权保护联盟列在重点监视名单上

中国

专业技能	■ 交易处理、低端软件开发/维护
主要客户	■ 汇丰银行（HSBC Bank）、微软（Microsoft）
优势	■ 大批拥有广泛技能的受良好教育的IT工人 ■ 政府对IT外包提供强大的支持 ■ 电信基础设施正在改善 ■ 加入了世界贸易组织，并赢得了外国投资者的信心 ■ 政府建立了15个国家级别的软件工业园
劣势	■ 英语熟练度低 ■ 工人缺乏西方商业文化的知识 ■ 工人缺乏项目管理的技能 ■ 知识产权保护不足 ■ 盗版

马来西亚

专业技能	■ 无线应用
主要客户	■ 国际商业机器公司（IBM）、壳牌（Shell）、DHL 速递公司（DHL）、摩托罗拉（Motorola）、电子数据系统公司（Electronic Data System Corporation）
优势	■ 很好的商业环境以及政府对 IT 和通信产业的支持 ■ 强大的全球化劳动力 ■ 世界一流的电信基础设施 ■ 接受高等教育的 250 万学生中，一半以上主修自然和技术学科
劣势	■ 劳动力成本比印度高 ■ 供应商比较少，限制了商业的选择 ■ 缺乏熟练的 IT 人才

墨西哥

专业技能	■ 软件开发、呼叫中心
主要客户	■ 美国在线时代华纳（AOL Time Warner）、通用汽车（General Motors），国际商业机器公司（IBM）
优势	■ 可靠的电信基础设施 ■ 类似美国的文化和一样的时区 ■ 美国的第二大贸易合作伙伴 ■ 程序开发员擅长最新的技术，包括 Sun 的 J2EE 和微软的 . Net 技术
劣势	■ 英语熟练度低 ■ 政府腐败

俄罗斯

专业技能	■ 网络设计、复杂软件开发、航空航天工程
主要客户	■ 波音公司（Boeing）
优势	■ 大批拥有自然科学、工程学和数学学位的熟练工人 ■ 适合研发的场所 ■ 程序员既能完成尖端项目，也能适应传统应用开发 ■ 欧洲公司受益于其跟俄罗斯历史文化的亲近，以及地理位置上的邻近
劣势	■ 并不像印度或菲律宾那样，能普遍熟练掌握英语。这使呼叫中心无法实施 ■ 政府腐败和官样文章 ■ 版权盗版 ■ 外包产业支离破碎，很多公司只有 20 名或者更少的程序员，不能吸引大型 IT 项目公司 ■ 电信基础设施需要发挥作用

南非

专业技能	■ 呼叫中心、电子商务、软件开发和 IT 安全
主要客户	■ 美国国际集团（AIG）、英国耆卫保险公司（Old Mutual）、瑞士航空（Swissair）
优势	■ 时区和欧洲一致 ■ 英语是母语 ■ 可靠的电信基础设施
劣势	■ IT 工人量比较少 ■ IT 天才有移民的趋势 ■ 犯罪率高

新成员

以下是刚开始提供外包服务、被认为是外包行业新手的国家：

■ 阿根廷。

■ 智利。

■ 哥斯达黎加。

■ 新西兰。

■ 泰国。

■ 乌克兰。

阿根廷

专业技能	■ 软件开发/维护、呼叫中心
主要客户	■ 美国第一银行（BankOne）、花旗银行（Citibank）、美国信安金融集团（Principal Financial Group）
优势	■ 2001 年的经济崩溃导致劳动力成本低 ■ 经济在 2003 年开始反弹，以超过 8% 的速率增长，但失业率仍然很高 ■ 庞大的劳动力库，包括可靠的工程人才基础
劣势	■ 国家需与债权人达成一致的债务重组协议 ■ 国外的投资者很谨慎

智利

专业技能	■ 软件开发/维护
主要客户	■ 惠普公司（HP）
优势	■ 庞大的拥有熟练技能的 IT 人才库 ■ 最尖端的电信基础设施 ■ 良好的卫星连接和数字网络 ■ 政府对业务流程和软件开发行业的支持 ■ 政府计划对技术工人提供英语学习班
劣势	■ 缺乏熟练的英语 ■ 比邻国成本略高

哥斯达黎加

专业技能	■ 呼叫中心、电子商务
主要客户	■ 优利系统公司（Unisys）
优势	■ 友好的商业环境 ■ 熟练的工程能力的人才库 ■ 受良好教育的劳动力 ■ 良好的成本结构 ■ 英语和西班牙语被广泛使用
劣势	■ 相对较小的劳动力供给

新西兰

专业技能	■ 呼叫中心、电子商务、虚拟主机、网络设计
主要客户	■ 国际商用机器公司（IBM）、微软（Microsoft）、思科（Cisco）
优势	■ 稳定的政治和经济环境 ■ 建立了良好的电信基础设施 ■ 欣欣向荣的呼叫中心产业 ■ 有限的国内劳动力供应。为满足需要，政府放宽了对签证的限制，允许其他国家的工人进入本国，如孟加拉国
劣势	■ 在成本上，新西兰不能和印度、菲律宾竞争

泰国

专业技能	■ 呼叫中心、电子商务、虚拟主机、网络设计
主要客户	■ 戴尔（Dell）、富士通信息系统有限公司（Glovia）、金仕达公司（Sungard）
优势	■ 合理的电信基础设施价格 ■ 成本结构比马来西亚略低
劣势	■ 熟练的 IT 劳动力需求超过供给 ■ 教育程度低于周边国家 ■ 英语不是普遍语种

乌克兰

专业技能	■ 软件开发、网站开发
主要客户	■ 西尔斯·罗巴克公司（Sears，Roebuck and Company）、美国塔吉特公司（Target Corporation）
优势	■ 训练科学家和工程师的历史（苏联在此建立了主要的空间和航空技术工作） ■ 在未来几年里，信息技术外包的增长预计能够翻一番
劣势	■ 不稳定的政治环境 ■ 担心国家可能会渐渐脱离民主的政体和亲近西方的立场

总之，很多国家争先恐后地参与到外包中来。当组织选择外包时，它需要分析它的所有选择，权衡优势和劣势。面临外包抉择时，组织应该在地理政治风险、英语熟

练程度和薪水成本等方面衡量所有国家（见图表 12—22）。

图表 12—22 外包选择

领导者

国家	地理政治风险	英语熟练程度	平均程序员工资（单位：美元）
加拿大	低	好	>1.2 万
印度	中等	好	0.4 万 ~ 1.2 万
爱尔兰	低	好	>1.2 万
以色列	中等	好	>1.2 万
菲律宾	中等	好	0.4 万 ~ 1.2 万

紧跟其后的赶跑者

国家	地理政治风险	英语熟练程度	平均程序员工资（单位：美元）
巴西	中等	低	0.4 万 ~ 1.2 万
中国	低	低	0.4 万 ~ 1.2 万
马来西亚	低	还好	0.4 万 ~ 1.2 万
墨西哥	中等	低	>1.2 万
俄罗斯	中等	低	0.4 万 ~ 1.2 万
南非	中等	好	>1.2 万

新成员

国家	地理政治风险	英语熟练程度	平均程序员工资（单位：美元）
阿根廷	中等	还好	0.4 万 ~ 1.2 万
智利	低	低	<0.4 万
哥斯达黎加	中等	好	0.4 万 ~ 1.2 万
新西兰	低	好	>1.2 万
泰国	低	低	0.4 万 ~ 1.2 万
乌克兰	中等	低	0.4 万 ~ 1.2 万

12.2.5 外包的挑战

外包面临着一些挑战，公司在考虑外包时应想到这些。通过对外包服务提供商的调查研究，很多挑战是可以避免的。这些挑战包括：

■ **合同期长度**。很多 IT 外包合同都在相对较长的一段时间内（几年）有效，因为转移资产和员工，以及保持技术上的投资都需要很高的成本。长期合同往往会带来三个问题：

1. 如果外包服务提供商不合适，停止合同会有一些困难。
2. 很难预见下一个 5 年甚至 10 年（5 年和 10 年是典型合同有效期）企业将需要什么，因此建立合适的合同有很多困难。
3. 在合同期结束后，很难重新构建内部 IT 部门。

■ **竞争力**。有效并创新地使用 IT 可以赋予组织超过其竞争对手的竞争力。内部 IT 部门带来的商业竞争优势可能会在外包安排中丧失。因为内部 IT 部门能更好地理解组织，并致力于组织目标的实现。在外包安排中，IT 职员努力实现的是外包服务提供商的目标，而这些目标可能正好与组织目标相冲突。

■ **机密性**。组织存储在计算机系统中的信息对其成功或生存至关重要，例如价格政策信息、产品配方或价格分析。一些公司决定抵制外包是担心机密的信息被交到外部供应商手中，特别是当外包服务供应商还为该公司同一市场的竞争对手提供服务时。虽然由于保密条款的存在，组织可以排除这种威胁，但组织在确定外包协议的净效益时，必须评估保密原则被违反的潜在风险和成本。

■ **范围定义**。大多数 IT 项目面临着系统范围定义方面的难题。这个问题也让外包安排变得难办。组织和外包服务提供商对合同的不同理解带来了很多难题。在这种情况下，组织认为它们的服务需求都在合同范围内，而服务提供商则确信它超出了外包的范围，需要额外付费。

12.2.6 未来的外包趋势

公司对外包、对外包所带来的效率提升及核心业务的优先顺序认识得越来越清楚。由于企业越来越网络化——意味着全球化、商品化、7×24 小时不间断服务，以及协作——外包越来越不像节约成本的战略，而更像企业的全局战略背景。

外包服务正在被快速的商品化，这将外包的价值等式由高利润和卖方控制转变为典型的买方市场。竞争降低了外包的利润，增加了服务内容，并使买主选择范围增加。美国公司应该考虑就墨西哥和加拿大作为近岸外包合作地，因为这些国家通常能提供有竞争力的价格，也有很多可供选择的外包服务商，例如 IBM 的全球服务（墨西哥和加拿大）、Softtek（墨西哥）、CGI（加拿大）和 Keane（加拿大）。

公司应该寻找有价值基础的服务，而非尽可能低的价格。目前涌现的趋势是公司使用反向拍卖方式来选择离岸外包供应商。这是很危险的。或许它能带来低价，但随之而来的是低价值和低消费者满意度。

在寻找和建立竞争优势的过程中，外包 IT 服务和企业职能正在成为越来越普遍的全球实践。指导原则是将非核心但关键的企业活动移交给那些专业处理这些活动的公司，从而将内部资源节约下来提高组织的核心业务的附加值。外包不再是简单的削减成本和改善服务等级。随着更多的公司意识到外包 IT 职能和业务流程的好处，它们开始寻找新方式创造企业价值。成功的公司发现创新的解决方案促成了成本的降低，选择低效的领域进行外包，更重要的是，学会将外包当成战略武器。

引例问题

丰田的改革

9. 丰田是如何从外包中受益的？

10. 如果你推荐一个国家实施公司外包，你会推荐哪个国家，为什么？

11. 如果丰田决定外包新系统开发的项目管理，请解释丰田将面临的内部 IT 部门的问题。

12. 当丰田考虑外包时，它会遇到哪种类型的道德问题？

13. 当丰田考虑外包时，它会遇到哪种类型的安全问题？

章后案例：持续的项目追踪——多伦多公车局

车辆调度是多伦多公车局（Toronto Transit Commission，TTC）公交系统的核心。该系统每天为 100 万个用户提供服务。多伦多公车局开展了 50 多项工程和建设项目来扩大、升级和维护多伦多的运输系统和结构。其中一个项目叫 Sheppard，包括在城市以北建造一条 6 公里的线路。据估计 Sheppard 需要五年以上的时间完成，耗资高达 8.75 亿美元。

多伦多公车局面临的挑战是保证其 50 个独立项目按预计日期和预算完成，而其中很多项目的造价在 200 万美元和 1 亿美元之间，平均时间跨度是 5 年。对如此多层面、多年，以及常常相互依赖的项目保持管理有序，无疑为组织增加了额外的复杂度。多伦多公车局使用 Primavera Project Planner（P3）为所有工程和建造项目创建了统一的时间进度表。

多伦多公车局的 50 个独立项目平均每个包含 100 到 150 个活动，而其中一些项目的活动则多达五六百个。工程和建设分公司的总调度师 Vince Carroll 说，“能够看到全局至关重要，这不仅是为工作在 TTC 工程和建设分公司的 300 名员工，更是为了整个组织的 9 000 名员工。工程经理需要了解其他项目的进展将如何影响他们的项目，物料和采购经理需要追踪项目的进展情况。高级经理需要与市政府沟通保证资金。市场和公关关系人员需要最新的信息以管理公众期望。最后也是最重要的，实施小组需要时刻了解正在发生的事，据此调整时间进度。”

Carroll 和组内的 25 名员工共同创建、更新和发布了一份主进度表。该进度表显示每个项目的进展状态，展示项目之间的逻辑关系，并提供所有项目的整体概况。主进度表帮助小组有效地定期交流多伦多公交系统中所有现行项目的状况。

主进度表根据项目在资本预算中的先后位置组织这些项目。例如，项目可以根据分配给项目的因范围扩大、状态修复、法律因素和环境因素引起的资金投入进行组织。每个项目都按照逻辑流组织——从计划、分析、设计，一直到维护阶段。最后的报告显示了每个项目的正面和负面的平衡，为所有工程建造项目的状态提供了统一的总览。Carroll 和他的团队使用 PERT 图创建包含时间标度的逻辑表格，然后将此表格上的信息转变成柱形图在主进度表中标示。目前，TTC 将主进度表直接与薪酬系统联系起来，使它可以追踪实际工作时间，并与计划的项目时间作比较。

问题

1. 描述甘特图，并且解释 TTC 是如何使用甘特图表示项目状态的。
2. 描述 PERT 图，并且解释 TTC 是如何使用 PERT 图表示项目状态的。
3. TTC 是如何使用主进度表识别变更管理需求和潜在的解决方案的？
4. TTC 是如何使用主进度表识别风险管理问题和潜在的解决方案的？

词汇表

A

acceptable use policy（AUP） 使用同意条款：指用户在能够进入一个网络或者互联网之前必须同意的条款

accounting 会计

accounting and finance ERP component ERP中的会计及财务组件

accounting department 会计部门

adware 广告软件

agile methodology 敏捷开发方法

analysis phase 需求分析阶段

analytical CRM 分析型客户关系管理：指支持办公室后台操作和战略分析，并且分析型客户管理系统包括的并不局限于直接和客户相关的那些系统

analytical information 可供分析信息

anti-spam policy 反垃圾邮件政策

application architecture 应用架构

application generation component 应用程序生成组件

application service provider（ASP） 应用服务提供商

application software 应用软件

arithmetic/logic unit（ALU） 算术/逻辑单元

artificial intelligence（AI） 人工智能

As-Is process model 现行企业流程模型

asset 资产

associates program（affiliate program） 商务伙伴计划：指通过互联网站形成一种商务上的同盟伙伴关系[①]

association detection 关联检测：检测、发现那些和相关度有关的变量，以及揭示从信息的角度的联合的本质和联合频率

attribute 属性

---

① Affiliate Program是一种国外流行的互联网营销模式，也称为分销联盟计划。1996年，美国互联网上成果型网络广告（Affiliate Program）的构思被提出，特别是Amazon采用了这个Program迅速成长以来，其渗透美国，发展成了当今最流行的交易手法之一。http：//baike.baidu.com/view/689906.html 以Amazon为例，申请加入伙伴计划会得到一组程式码，将之置于自己的网站上后，当网页被浏览时会自动带出Amazon广告，读者点该广告并链接到Amazon下单购买，你就可得到本次消费的某个百分比作为分成。http：//china.digitalwall.com/scripts/display.asp？UID=377。

authentication 证实
authorization 授权
automatic call distribution 自动呼叫分配
availability 可用性

B

backdoor program 后门程序
backup 备份
backward integration 后向一体化
balance sheet 资产负债表
banner ad 横幅广告
benchmark 基准
benchmarking 标杆管理
binary digit (bit) 二进制数字
biometric 生物识别
black-hat hacker 黑帽黑客（怪客）：指那些攻击他人系统去偷窥其系统或者偷取其中信息或者进行破坏的黑客
blog 博客
Bluetooth 蓝牙
Bookkeeping 簿记
break-even point 盈亏平衡点
brick-and-mortar business （传统）实体业务
bullwhip effect 牛鞭效应
business-critical integrity constraint 业务规则完整性约束
business facing process 后台关键运营流程
business intelligence 商务智能
business process 业务流程
business process management (BPM) 业务流程管理
business process management tool 业务流程管理工具
business process model 业务流程模型
business process modeling (or mapping) 业务流程建模
business process outsourcing 业务流程外包
business process reengineering (BPR) 业务流程重组
business requirement 业务需求
business-to-business (B2B) 企业对企业电子商务
business-to-business (B2B) marketplace 企业对企业市场
business-to-consumer (B2C) 企业对消费者电子商务
buyer power 购买力
byte 字节

C

cache memory　缓存

call scripting system　呼叫回应系统

campaign management system　市场活动管理系统

capacity planning　容量规划

capital　资本

central processing unit（CPU）（or microprocessor）　中央处理器（或微处理器）

change control board（CCB）　变更控制面板

change management　变更管理

change management system　变更管理系统

chief information officer（CIO）　首席信息官

chief knowledge officer（CKO）　首席知识官

chief privacy officer（CPO）　首席隐私官

chief security officer（CSO）　首席安全官

chief technology officer（CTO）　技术总监

clickstream　点击流

clickstream data　点击流数据

click-and-mortar business　传统销售和网络销售相结合的商务

click-through　点进：指访问网站并点击广告的人数

click-to-talk　会话点击

client　客户

client/server network　客户端/服务器网络

cluster analysis　聚类分析

coaxial cable　同轴电缆

cold site　冷站：一个没有电脑设施的站点，可供灾难过后员工临时办公

collaboration system　协同系统

collaboration demand planning　协同需求计划

collaborative engineering　协同工程

commercial off-the-shelf（COTS）　商用现货：容易购买的现成的软件产品，用来支持一个或多个业务功能或信息系统

communication device　通讯设备

competitive advantage　竞争优势

complex instruction set computer（CISC）chip　复杂指令集计算机芯片

computer　计算机

computer-aided software engineering（CASE）　计算机辅助软件工程

confidentiality　机密

consolidation　数据整合

consumer-to-business（C2B）　消费者对企业

consumer-to-consumer（C2C） 消费者对消费者

contact center（call center） 呼叫中心

contact management CRM system 客户关系管理的联络管理系统

content filtering 内容过滤

content management system 内容管理系统

content provider 内容提供商

continuous process improvement model 持续的流程改善模型

control unit 控制单元

cookie 是指网站存储在用户硬盘上的小文件，用来存储用户的信息和用户在网站上的活动信息

copyright 版权

core competency 核心竞争力

core competency strategy 核心竞争战略

core ERP component 核心 ERP 组件

corporation（also called，organization，enterprise，or business） 企业

counterfeit software 盗版软件

cracker 有犯罪动机的黑客

critical path 关键路径

critical success factor（CSF） 关键成功因素

CRM analysis technologies 客户关系管理的分析技术

CRM reporting technologies 客户关系管理的报告技术

cross-selling 交叉销售：指向顾客卖额外的商品或服务

cube 数据立方体：指多维数据的表示

customer facing process 前台进程

customer metric 由组织来评估客户关系

customer relationship management（CRM） 客户关系管理

cyberterrorist 网络恐怖分子

cycle inventory 周期性库存

D

data 数据

data administration component 数据管理组件

database 数据库

database management system 数据库管理系统

data definition component 数据定义组件

data dictionary 数据字典

data flow diagram（DFD） 数据流图

data manipulation component 数据操作组件

data mart 数据集市：是数据仓库（data warehouse 的子集）

data mining　数据挖掘

data-mining tool　数据挖掘工具

data model　数据模型

data warehouse　数据仓库

decision support system（DSS）　决策支持系统

demand planning software　需求规划软件

denial-of-service attack（DoS）　拒绝服务攻击：指一个网站由于有太多服务请求而速度减慢或毁坏

dependency　依赖关系

design phase　设计阶段

development phase　开发阶段

digital Darwinism　数字达尔文主义：是指在数字时代，不能适应新环境的组织会被淘汰掉

digital dashboard　数字仪表板：是指从多维组件和以个人喜好量身定做的资料中集成信息

digital divide　数字鸿沟：是指有途径得到技术的人与得不到的人相比有很大的优势

digital wallet　数字钱包

disaster recovery cost curve　灾难恢复的成本曲线

disaster recovery plan　灾难恢复计划

disruptive technology　突破性技术

distributed denial-of-service attack（DDoS）　分布式拒绝服务攻击

distribution management software　分布式管理软件

dividend　股息

document management system（DMS）　文档管理系统

drill-down　向下钻取：是指保证顾客可以得到信息的细节和细节的细节

E

e-business　电子商务

e-business model　电子商务的商业模式

e-commerce　电子商贸（= e-business）

effectiveness IT metric　IT 有效性度量

efficiency IT metric　IT 效率度量

e-government　电子政务

e-logistics　电子物流

electronic bill presentment and payment（EBPP）　电子账单呈现与支付

electronic catalog　电子目录

electronic check　电子支票

electronic data interchange（EDI）　电子数据交换

electronic marketplace, or e-marketplace 电子交易市场
electronic tagging 电子标签
elevation of privilege 权限提升
e-mail privacy policy 电子邮件隐私权政策
e-mall 电子商城
employee monitoring policy 员工监管政策
employee relationship management (ERM) 员工关系管理
encryption 加密
enterprise application integration (EAI) middleware 企业应用集成中间件
enterprise architect (EA) 企业架构师
enterprise architecture 企业架构
enterprise resource planning (ERP) 企业资源计划
entity 实体
entity class 实体类
entity-relationship diagram (ERD) 实体关系图
entry barrier 进入壁垒
environmental scanning 环境扫描
ePolicies 电子政策：商业环境中用于规范计算机使用和网络利用率的产品和政策
e-procurement 电子采购
e-shop (e-store or e-tailer) 电子商店（电子零售商）
ethernet 以太网
ethical computer use policy 计算机用户行为指引
ethics 伦理
executive information system (EIS) 主管决策系统
expense 运营成本
expert system 专家系统
explicit knowledge 显性知识
extended ERP component 扩展的 ERP 组件
extraction, transformation, and loading (ETL) 提取、转化和加载
extranet 外联网
extreme programming (XP) methodology 极限编程方法论

F

failover 故障
fair use doctrine 合理使用原则
fault tolerance 容错
feasibility study 可行性研究
feature creep 特征蠕变（需求漂移）

fiber optic（optical fiber） 光纤
finance 财务
financial accounting 财务会计
financial cybermediary 金融网络中介
financial EDI（financial electronic data interchange） 金融电子数据交换
financial quarter 财务季度
financial statement 财务报表
firewall 防火墙
first-mover advantage 先行者优势
Five Forces model 五力分析模型
flash memory 闪存
for profit corporations 营利性公司
forecast 预测
foreign key 外键
forward integration 前向一体化
fuzzy logic 模糊逻辑

G

Gantt chart 甘特图
genetic algorithm 遗传算法
geographic information system（GIS） 地理信息系统
gigabyte（GB） 十亿字节
gigahertz（GHz） 千兆赫
global inventory management system 全球库存管理系统
global positioning system（GPS） 全球定位系统
goal-seeking analysis 目标搜寻分析
graphical user interface（GUI） 图形用户界面
groupware 群件

H

hacker 黑客
hactivist 激进黑客：结合了hacker（黑客）与activist（激进分子），指有些人因为哲学和政治原因用黑客技术闯入系统，并且经常损毁网站来进行抗议
hard drive 硬盘驱动器
hardware 硬件
hardware key logger 硬键盘按键记录器
help desk 内部技术支持中心
hierarchical database model 层次（状）数据库模型
high availability 高可用性

hoaxes　恶作剧病毒

hot site　热站：独立的并且装备齐全的设施，使公司能在发生灾难之后立即转移至此恢复业务

human resource ERP component　ERP 中的人力资源组件

human resource management（HRM）　人力资源管理

hypertext transfer protocol（HTTP）　超文本传输协议

I

identity theft　身份盗用

implementation phase　实现阶段

income statement（also referred to as earnings report, operating statement, and profit-and-loss（P&L）statement）　收入报表（也称为盈余报告、收益表或利润表）

information　信息

information accuracy　信息精确度

information architecture　信息架构

information cleansing or scrubbing　信息清理

information granularity　信息粒度

information integrity　信息完整性

information partnership　企业间信息系统整合

information privacy policy　信息隐私权政策

information reach　企业全球范围通信用户量

information richness　信息丰裕度

information security　信息安全

information security plan　信息安全规划

information security policy　信息安全政策

information technology（IT）　信息技术

information technology monitoring　信息技术监测

infrastructure architecture　基础设施和构架

input device　输入设备

insider　非法入侵系统者：无意或有意误入系统，导致业务流程受影响的合法用户

insourcing（in-house development）　内包（内部研发）

instant messaging（IM or IMing）　即时通讯

integration　一体化

integrity constraint　完整性约束

intellectual property　知识产权

intelligent agent　智能代理

intelligent system　智能系统

interactive voice response（IVR）　交互式语音应答

interactivity　互动
intermediary　中介
Internet　互联网
Internet service provider（ISP）　互联网服务提供商
Internet use policy　互联网使用政策
Interoperability　互操作性
Intranet　内联网
intrusion detection software（IDS）　入侵检测软件
inventory management and control software　库存管理和控制软件
IT infrastructure　IT 基础设施

J

joint application development（JAD）　联合应用开发：这是一个系统开发方法，指系统相关人员召开会议，有时是数天，来界定或检讨系统的业务需求

K

key logger，or key trapper，software　键盘按键跟踪软件
key performance indicator（KPI）　关键绩效指标
kiosk　公众信息服务亭
knowledge management（KM）　知识管理
knowledge management system（KMS）　知识管理系统

L

Liability　责任
limited liability　有限责任
limited liability corporation（LLC）　有限责任公司
limited partnership　有限责任合伙制/有限责任合伙制企业
list generator　客户列表产生器
local area network（LAN）　局域网
logical view　逻辑视图
logistics　物流
loss　亏损、损失
loyalty program　忠诚度计划：即根据顾客的业务数额来奖励顾客的一种特殊的组织制度

M

magnetic medium　磁介质
magnetic tape　磁带
mail bomb　邮件炸弹：寄发大量电子邮件到一个特定的人或系统造成填装接收

者的磁盘空间，在某些情况下，多到服务器不能处理并且造成服务器停止工作

maintenance　维护

maintenance phase　维护阶段

maintenance, repair, and operations (MRO) materials (also called indirect materials)　维护、维修和运行物料（间接物料）

malicious code　恶意代码

management information system (MIS)　管理信息系统

managerial accounting　管理会计

market basket analysis　市场购物篮分析/购物篮分析

marketing　市场营销

marketing communication　营销传播

marketing mix　营销组合

market maker　做市商：一种中介机构，为市场参与者提供三项服务：(1) 交易场所；(2) 规则来管辖交易；(3) 基础设施，以支持交易

market segmentation　市场细分

market share　市场份额

mass customization　大规模定制

megabyte (MB or M or Meg)　兆字节

megahertz (MHz)　兆赫兹

memory card　存储卡

memory stick　记忆棒

messaging-based workflow system　基于 e-mail 的工作分配系统

metropolitan area network (MAN)　城域网

microwave transmitter　微波发射机

middleware　中间件

mobile commerce, or m-commerce　移动商务

model　模型/模式

modeling　建模

multisourcing　多方外包

multitasking　多任务/多任务处理

N

nearshore outsourcing　近岸外包/近海外包

net income　净收入

network　网络

network database model　网状数据库模型

network operating system (NOS)　网络操作系统

network topology　网络拓扑结构

network transmission media　网络传输媒体/媒介

neural network（an artificial neural network） 神经网络
nonrepudiation 不可否认性/不可抵赖性
not for profit（or nonprofit）corporation 非盈利组织

O

offshore outsourcing 离岸外包：是指代码编写和系统开发承包给发展中国家
online ad 在线广告
online analytical processing 联机分析处理
online broker 线上券商
online service provider（OSP） 在线服务提供商
online training 在线培训
online transaction processing（OLTP） 在线交易处理
onshore outsourcing 在岸外包：是指让同一国家的另一公司为本公司服务
open system 开放式系统
operating system software 操作系统软件
operational CRM 运营型客户关系管理
operations management（also called production management） 运营管理
opportunity management CRM system 客户关系管理系统中的机会管理
opt-in 是指公司只会联络那些答应通过电子邮件接受促销和营销资料的人
output device 输出设备
outsourcing 外包
owner's equity 所有者权益

P

packet tampering 封包篡改
packet-switching 分组交换
partner relationship management（PRM） 合作伙伴关系管理
partnership 合作/合作伙伴
partnership agreement 合作协议
peer-to-peer（P2P）network 对等网络
performance 性能
personalization 个性化
PERT（Program Evaluation and Review Technique）chart 计划评审技术
phishing 网络钓鱼：一种以身份盗窃为目的地获取个人信息的技术，通常采取电子邮件欺骗的方式
physical view 物理视图
pirated software 盗版软件
planning phase 计划阶段
podcasting 播客：音频或视频文件的传播，例如电台节目或音乐视频，通过互

联网在移动设备和个人电脑上播放

polymorphic virus and worm　多态病毒和蠕虫

pop-under ad　隐藏式弹出广告：是在进入网页时不显示，当关闭该网页时才弹出的广告

pop-up ad　弹出广告：是登陆某网页自动弹出的广告

portal　门户网站

predictive dialing　预测拨号：自动地拨出电话，并且当有答复时，电话被转到一个可用的代理

primary key　主键

primary storage　主存储器

privacy　隐私

private exchange　专用交换机

process modeling　过程建模/流程建模

product life cycle　产品生命周期

production and materials management ERP component　ERP 中的生产和物料管理组件

profit　利润

project　项目

project deliverable　项目交付成果

project exclusion　项目排除

project management　项目管理

project management software　项目管理软件

project manager　项目经理

project milestone　项目里程碑

project objective　项目目标

project plan　项目计划

project product　项目产品

project risk　项目风险

project scope　项目范围

protocol　协议

prototype　原型

public key encryption（PKE）　公钥加密系统

pull technology　信息拉技术/拉技术

pure-play（virtual）business　虚拟企业

push technology　信息推技术/推技术

Q

query-by-example（QBE）tool　依例查询工具

R

radio frequency identification（RFID） 射频识别技术

random access memory（RAM） 随机存储器

rapid application development（RAD）（also called rapid prototyping）methodology 快速应用开发（也称快速原型）方法

read-only memory（ROM） 只读存储器

real simple syndication（RSS） 内容聚合

real-time information 实时信息

real-time system 实时系统

recovery 恢复

reduced instruction set computer（RISC）chip 精简指令集计算机芯片

redundancy 冗余

reintermediation 重中介化：借助互联网，以新方式重组传统供应链中的买方、卖方和其他合伙人

relational database model 关系数据库模型

relational integrity constraint 关系完整性约束

reliability 可靠性

report generator 报表生成器

requirements definition document 需求定义文档

response time 响应时间

revenue 收入

reverse auction 反向拍卖：一种拍卖形式，向愿意以低价提供所需产品或服务的组织寻求更低的出价

RFID tag RFID 标签

risk management 风险管理

rivalry among existing competitors 现有竞争者之间的竞争

router 路由器

S

safety inventory 安全库存

sales 销售

sales force automation（SFA） 销售能力自动化：自动跟踪销售过程中所有步骤的系统

sales management CRM system 销售管理 CRM 系统

scalability 可扩展性

scope creep 范围蔓延

script kiddies or script bunnies 脚本小子：收集互联网上的黑客程序，通过点按鼠标的方式使它们进入系统，以造成损害或散播病毒

search engine optimization（SEO） 搜索引擎优化

secondary storage 辅助存储器

secure electronic transaction（SET） 安全电子交易协议

secure socket layer（SSL） 安全套接层协议

selling chain management 销售链管理

sensitivity analysis 敏感性分析

server 服务器

service level agreement（SLA） 服务水平协议

shareholder 股东

shopping bot 比较购物智能代理

sign-off 签核

slice-and-dice 切片和切块：从不同角度看待信息的能力

smart card 智能卡

sniffer 嗅探器

social engineering 社会工程学

social networking analysis（SNA） 社会网络分析

software 软件

sole proprietorship 个人独资企业

solvency 清偿能力

source document 源文件

spam 垃圾邮件

spamdexing 垃圾索引

spoofing 邮件地址伪装

spyware 间谍软件

statement of cash flow 现金流量表

statement of owner's equity（also called the statement of retained earnings or equity statement） 所有者权益报表（也称留存收益表或股本声明）

structured collaboration（or process collaboration） 结构协同（或过程协同）

structured query language（SQL） 结构化查询语言

supplier power 供应商权利

supplier relationship management（SRM） 供应商关系管理

supply chain 供应链

supply chain event management（SCEM） 供应链事件管理

supply chain execution（SCE）software 供应链执行软件

supply chain management（SCM） 供应链管理

supply chain planning（SCP）software 供应链计划软件

supply chain visibility 供应链可见性

sustaining technology 持续技术改进（产品）

switching cost 转换成本

system availability　系统可用性

systems development life cycle（SDLC）　系统开发生命周期

system software　系统软件

T

tacit knowledge　隐性知识

telecommunication system　通讯系统

terabyte（TB）　1 000GB 字节①

test condition　测试环境

testing phase　测试阶段

threat of new entrants　新进入者的威胁

threat of substitute products or services　替代品或者替代服务的威胁

throughput　信息吞吐量

time-series information　时间序列信息

To-Be process model　企业前景流程模型：指如果应用变更改进之后的企业流程模型，它与企业现行业务流程相对（As-Is process model）

token　令牌

transaction　事务

transaction processing system　事务处理系统

transaction speed　事务处理速度

transaction information　事务信息

Transmission Control Protocol/Internet Protocol（TCP/IP）　传输控制协议/因特网协议

transportation planning software　交通规划软件

Trojan-horse virus　特洛伊木马病毒

twisted-pair wiring　双绞线

U

unstructured collaboration（or information collaboration）　信息协作

up-selling　向上销售

user documentation　用户手册

utility software　工具软件

V

value-added network（VAN）　增值网络

value chain　价值链

view　视图

---

① 1 TB = 1 MM B.

viral marketing　病毒式营销

virtual private network（VPN）　虚拟专用网络

virus　病毒

voice over IP（VoIP）　IP 语音

volatility　易失性

W

waterfall methodology　瀑布开发方法

web-based self-service system　基于 Web 的自助服务系统

web content management system（WCM）　Web 内容管理系统

web log　网络日志，即博客

web service　Web 服务

web traffic　网站流量

what-if analysis　what-if 分析

white-hat hacker　白帽黑客：指为系统所有者工作，致力于发现系统薄弱之处并且修改漏洞的人

wide area network（WAN）　广域网

wireless fidelity（wi-fi）　指通过红外或者无线信号将电脑连接起来的一种方法

wireless Internet service provider（WISP）　无线互联网服务提供商

wireless media　无线媒体

wire media　有线媒体

workflow　工作流

workflow management system　工作流管理系统

workshop training　讲习班培训

world wide web（www）　万维网

worm　蠕虫病毒

译后记

本书是“管理信息系统”的课程教材，主要面向商科学生，包括本科生和 MBA。当然，对于企业管理者，尤其是对信息技术与企业战略、信息技术与企业运营、信息技术的部署与实施这类议题感兴趣的管理者，本书提供了易于理解的概念阐述和众多翔实的案例，是非常好的选择。

本书的独特之思想在于：企业应基于业务活动进行技术选择。企业应先讨论业务需求，然后思考解决这些业务需求所需的技术支持。由此，这构成了本书内容的鲜明特色。

本书的初稿翻译由钟佳桂、朱蕾、段冬梅、付吉娜、张帅、徐亚南、陈姗姗等人共同完成。

本书是我组织翻译的第一本教材。由于各种原因，翻译经历了太长时间。最终，我以极大的耐心和努力完成了这本书的统稿、校对工作。

本书的出版得到了东北财经大学出版社李季主任的支持与理解，在这里，我想表达对李主任和东北财经大学出版社真诚的歉意与感谢。

此外，我还想对参加翻译的朱蕾、段冬梅、付吉娜、张帅、徐亚男、陈姗姗同学表达我的歉意和感谢。

由于时间仓促、水平有限，书中难免存在错误之处，望广大读者指出，不吝赐教。

钟佳桂
2012 年 5 月 17 日
于中国人民大学

东北财经大学出版社

Supplements Request Form (教辅材料申请表)

Lecturer's Details（教师信息）			
Name: (姓名)		Title: (职务)	
Department: (系科)		School/University: (学院/大学)	
E-mail: (邮箱)		Lecturer's Address / Post Code: (教师通讯地址/邮编)	
Tel: (电话)			
Mobile: (手机)			

Adoption Details（教材信息） 影印版 □ 双语版□ 翻译版□			
Title: (中文书名) (英文书名) Edition: (版次) Author: (作者)			
Local Puber: (外国出版社)			
Enrolment: (学生人数)		Semester: (学期起止日期时间)	
通过哪种方式获得我社的图书信息 参加会议 □ 邮寄书目 □ 书店□ 网站□ 他人推荐□			

Please fax or post the complete form to（请将此表格传真或 email 至）：

东北财经大学出版社有限责任公司
电话: (86) 0411-84710878/84712996
传真 : (86) 0411-84710878
邮箱：guohebu@126.com
通讯地址: 辽宁省大连市沙河口区尖山街 217 号东北财经大学出版社
邮编：116025

教师反馈表

麦格劳—希尔教育（McGraw-Hill Education）是美国著名教育图书出版与教育服务机构，以出版经典、高质量的理工科、经济管理、计算机、生命科学以及人文社科类高校教材享誉全球，更以网络化、数字化的丰富的教学辅助资源深受高校教师的欢迎。

为了更好地服务中国教育界，提升教学质量，2003 年**麦格劳—希尔教师服务中心**在北京成立。在您确认将本书作为指定教材后，请您填好以下表格并经系主任签字盖章后寄回，**麦格劳—希尔教师服务中心**将免费向您提供相应教学课件，或网络化课程管理资源。如果您需要订购或参阅本书的英文原版，我们也会竭诚为您服务。

书名：			
所需要的教学资料：			
您的姓名：			
系：			
院/校：			
您所讲授的课程名称：			
每学期学生人数：	______人 ____年级	学时：	
您目前采用的教材：	作者：______________ 出版社：______________ 书名：		
您准备何时用此书授课：			
您的联系地址：			
邮政编码：		联系电话	
E-mail：**（必填）**			
您对本书的建议：		系主任签字 盖章	

东北财经大学出版社

大连市沙河口区尖山街 217 号
邮编：116025
电话：0411-84710715
传真：0411-84710731
电子信箱：ts@ dufe. edu. cn
网址：Http：//www. dufep. cn

McGraw Hill Education

麦格劳—希尔教育出版公司教师服务中心
北京清华科技园科技大厦 A 座 906 室
邮编：100084
电话：010-62790299
传真：010-62790292
教师服务热线：800-810-1936
教师服务信箱：instructorchina@ mcgraw-hill. com
网址：http：//www. mcgraw-hill. com. cn